¿Habla español?

¿Habla español?

HOLT, RINEHART AND WINSTON
New York San Francisco Toronto London

An Introductory Course

EDWARD DAVID ALLEN
The Ohio State University

LYNN A. SANDSTEDT
University of Northern Colorado

BRENDA WEGMANN

CONTRIBUTORS:

Pronunciation sections in Chapter One and the Laboratory Manual
  by Servio Becerra, *University of Michigan,* Ann Arbor
Review sections by Richard Woehr, *California State University, Hayward*

¿Habla Español? An Introductory Course
  by Edward David Allen, Lynn A. Sandstedt, Brenda Wegmann
Copyright © 1976 by Holt, Rinehart and Winston
All Rights Reserved
Printed in the United States of America
        0   1   032   9   8   7

Frederick Richard, *Directing Editor for Foreign Languages*
Mary McVey, *Project Editor*
Barbara Alexander, *Production Editor*

Text and cover design by Wendy Cunkle
Cover art: *Interior Landscape,* original serigraph by Joseph Fay
Credits for text illustrations: see page lxii at the end of this book.

Library of Congress Cataloging in Publication Data

Allen, Edward David, 1923–
    ¿Habla español?

    Includes index.
    1. Spanish language—Grammar—1950–   I. Sand-
stedt, Lynn A., 1932–   joint author.   II. Wegmann,
Brenda, 1941–   joint author.   III. Title.
PC4112.A37   468'.2'421   75-40332
ISBN 0-03-012786-6

TABLE OF CONTENTS

PREFACE

¿Habla español? An Introductory Course is a unique beginner's text based on the results of a comprehensive, nationwide survey of over 200 instructors and professors of Spanish. Throughout its development, the text has been reviewed at periodic intervals by a national panel of Spanish instructors whose comments have proven invaluable. This text is designed to give the instructor as much freedom and flexibility as possible in creating his or her own course and to provide that combination of features which most participants in the survey requested. Special features of the book are: concise grammar explanations with abundant examples; mini-dialogues of two to ten lines illustrating grammatical structures in context and introducing only one new grammatical structure at a time; personalized questions to encourage real conversation in class; cultural notes on customs, points of interest and usage; a large variety of exercises and components to choose from, and optional activities including illustrated readings on Hispanic culture.

ORGANIZATION

This book consists of 23 chapters, four review sections and ten illustrated readings. The first chapter emphasizes pronunciation and presents classroom expressions, as well as simple vocabulary and structures to enable the students to introduce themselves. Each of the following 22 chapters is divided into three parts as follows:

    I.   objectives, main dialogue, cultural notes in English, vocabulary list, questions

    II. *Explicación:* three to five grammar topics, each introduced by a mini-dialogue with English translation and accompanied by exercises ranging from very simple oral drills to more challenging work, including personalized questions

    III. *Actividades:* directed oral and written activities that combine and reinforce the grammar topics, vocabulary and culture of the chapter

FLEXIBILITY

The chapters are organized so that the class can begin either with Part I, the main dialogue, or part II, the *Explicación.* The main dialogue serves to illustrate the structures of the chapter within a single, authentic and meaningful context. Thus, by beginning with the main dialogue, the instructor can expose the students to all the grammatical structures of the chapter at once before moving to the grammar section where each structure is taken up separately. On the other hand, by beginning with the *Explicación,* the instructor can present the mini-dialogues first and thus introduce only one grammar point at a time (though still within a meaningful context) before confronting the student with the main dialogue. The vocabulary of Part II has been carefully controlled so that new words are introduced gradually; there is no assumption that the students are familiar with the vocabulary of Part I.

Class recitation of the oral drills indicated in color after each grammar topic is optional. These drills are included in the laboratory manual and tape program. The personalized questions are also optional. These questions were written to be directed to the student by the instructor, but they can be modified in many ways to elicit different responses as suggested in the instructor's manual.

Each chapter is organized around a particular theme, reflected in the topic of the dialogues and the activities. After every odd-numbered chapter (except the first and last chapters) there is an illustrated reading on Hispanic culture. The instructor may present these readings in any way he or she wants and use the text and the photographs as a springboard for a variety of classroom or home assignments for cultural enrichment. The students may be asked to prepare a short paragraph about one of the photographs, or a short report on the theme of the essay.

The four review sections (one after Chapters 6, 12, 18 and 23) are designed to review key grammar points and provide review exercises which the students can do in class or at home as a self-test.

SUPPLEMENTARY MATERIALS

This text may be used in conjunction with any of the following components:

Manual de laboratorio and tape program. Each chapter of this manual corresponds to the respective chapter in this book. There are two

15 to 20 minute laboratory sessions per chapter, which include pronunciation exercises (in the first ten chapters only), a dramatic reading of the main dialogue followed by listening comprehension questions, a dictation, the oral drills in this book, and additional grammar exercises.

Cuaderno de ejercicios. Each chapter of this workbook corresponds to the respective chapter in the book and provides additional practice of the grammatical structures through a variety of written assignments. The workbook may be used as a self-study manual or it may be assigned to give students practice in writing or additional work in specific problem areas.

Manual del instructor. Suggestions are given in this manual for the use of the program. Sample lesson plans and sample tests are also provided.

Readers. This program offers a choice of readers to give students additional reading practice. Any of the three readers may be introduced midway through the course.

Lecturas básicas: A Literary Reader, by Edward J. Mullen, contains 11 easy-to-read stories by Spanish-speaking writers of Spain, Latin America, and the United States.

Lecturas básicas: A Civilization Reader, by Frederick J. Zierten, contains 12 readings that focus on historical events, artistic developments, and current social and economic problems of Latin America.

Lecturas básicas: A Cultural Reader, by Modesto M. Díaz, contains 10 readings that focus on contemporary lifestyles of Spanish-speaking people and their traditional social attitudes and values.

In each of these three books the reading selections are short, have been carefully annotated and are accompanied by appropriate illustrations. Each selection is followed by comprehension questions and exercises for vocabulary development.

ACKNOWLEDGMENTS

We would like to express our deep appreciation to Teresa Méndez Faith and Sharon Duncan for their work on the editing and preparation of the manuscript and to Dick Mold for preparing the Spanish-English end vocabulary.

We would also like to thank the teachers, editors, and consultants who participated in the survey and who reviewed the material. Special thanks is due to Professors Humberto Rasi of Andrews University, Charles Stansfield of the U. of Colorado at Boulder, and Richard Woehr of California State University at Hayward for their extremely helpful suggestions. We are also grateful to the following reviewers whose comments, both positive and critical, were instrumental in creating this text.

James H. Abbot, *The University of Oklahoma*
Milton Azevedo, *The University of Illinois, Urbana*
Clayton Baker, *Indiana/Purdue University, Indianapolis*
Donald Briggs, *Miami-Dade Community College*
Ann K. Fleming, *University of Denver*
William Heflin, *The University of Tennessee*
Sys Inman, *University of Akron*
Douglas R. McKay, *The University of Colorado, Colorado Springs*
Marie S. Rentz, *The University of Maryland*
William Samelson, *San Antonio College*
Charles W. Stansfield, *The University of Colorado, Boulder*
Martin C. Taylor, *The University of Nebraska*
Mildred Wilkinson, *Southern Illinois University, Carbondale*
Vern G. Williamsen, *The University of Missouri*

¿Habla español?

CAPÍTULO *Uno* **1**

UNA ESTUDIANTE EN LA REPÚBLICA DOMINICANA

El español:

OBJECTIVES

Language: In this chapter we introduce, discuss, and practice:
1) Spanish sounds and word stress
2) questions and statements that will enable you to identify yourself or others, academic fields of study, and how you and others feel today
3) the present tense of **estar** *(to be)* and subject pronouns
4) some simple Spanish greetings and what to say when you first meet someone
5) some major differences between Spanish and English capitalization and punctuation
6) ten simple classroom expressions

Culture: You will learn some Spanish names of people and places as you learn to pronounce them.

Introducción

I. THE SOUNDS OF SPANISH: VOWELS*

(1) PROFESORA: Buenos días. Me llamo Isabel García.
¿Cómo se llama usted, señorita?
(2) ESTUDIANTE: Buenos días. Me llamo Elena Ramírez.
(3) PROFESORA: Mucho gusto. Y usted, señor, ¿cómo se
llama?
(4) ESTUDIANTE: Me llamo Miguel Guzmán.
(5) PROFESORA: Buenos días, señor Guzmán.

1. ¿Cómo se llama la profesora? (Se llama . . .)   2. ¿Cómo se
llama la señorita?   3. ¿Cómo se llama el señor?

A. In general, Spanish vowels are short, clear, and tense. English
speakers must avoid the tendency to lengthen them when they are
stressed and to shorten them when they are unstressed. There are

(1) Good morning (Good day). My name is Isabel García. What is your name, miss?
(2) Good morning. My name is Elena Ramírez. (3) Glad to meet you. And you, sir, what
is your name? (4) My name is Miguel Guzmán. (5) Good morning, Mr. Guzmán.

*The Spanish presented in this chapter is standard American Spanish, a dialect of
general usage among educated speakers of Spanish America. There are differences
in dialect and accent among people in the Spanish-speaking world, and some of
these will be pointed out in this chapter.

five simple vowel sounds, represented by the letters *a, e, i* (or *y*), *o* and *u*.

a   This vowel is similar in sound to the first vowel of *father*, but it is more open, tense, and short than that of English. When it is unstressed, it has essentially the same clear sound. The stressed syllable is underlined in the following words.

Adela, Ana, Catalina, Margarita, llama

e   This vowel has a sound similar to the first vowel in the English word *ate*, but shorter and tenser. It varies according to adjacent sounds and can be pronounced like the vowel in the word *pet*.

Elena, me, se, Federico, Teresa, Felipe

i, (y)   These letters are pronounced like the second vowel of *police*.

Miguel, Isabel, Cristina, Felisa, muy *(very)*

o   The *o* is similar to the English *o* of *so* or *no*, except shorter.

Paco, Alfonso, Rodolfo, Ramón, Antonio, Teodoro, como

The **u** is pronounced like the English *oo* in *cool* or *fool* (never the sound of *book* or of the *u* in *universal*). The lips are very rounded in pronouncing this sound.

Susana, Raúl, Jesús, Úrsula

B. Diphthongs

There are two weak vowels in Spanish, *i* and *u*, and three strong vowels, *a, e,* and *o*. Two strong vowels constitute two syllables, or sounds: **Le-al.** However, a combination of two weak vowels or of a weak and a strong vowel is a diphthong, a multiple vowel sound pronounced in the same syllable.

ia   Alicia, Patricia, Santiago
ua   Juan, Juanita, Eduardo
ie   Gabriel, Diego, Javier
ue   Consuelo, Manuel
io   Mario, Antonio, radio, adiós
uo   antiguo, cuota
iu   triunfo, ciudad *(city)*

ui (uy)	Luis, muy (*very*)
ai (ay)	Jaime, aire, baile (*dance*)
au	Paula, Aurelio, Aurora
ei (ey)	rey (*king*), seis (*six*)
eu	Eugenio, Europa, feudal
oi (oy)	hoy (*today*), estoico (*stoic*)

EJERCICIOS

1. Make a list of ten first names you know in Spanish. Can you pronounce them?
2. Many names in English have Spanish equivalents. Find out if your first name has a Spanish equivalent, if it is not a Spanish name already!

PREGUNTAS

1. ¿Cómo se llama usted? (Me llamo . . .) 2. ¿Cómo se llama el profesor o la profesora?

II. THE SOUNDS OF SPANISH: CONSONANTS

(1)	PROFESOR:	Señor Gómez, ¿qué estudia usted?
(2)	SEÑOR GÓMEZ:	Estudio matemáticas, ciencias, ingeniería y español.
(3)	PROFESOR:	Y usted, señorita Vega, ¿qué estudia?
(4)	SEÑORITA VEGA:	Estudio geografía, historia, ciencias políticas y español.
(5)	PROFESOR:	Y usted, señor Vargas, ¿qué estudia?
(6)	SEÑOR VARGAS:	Estudio inglés, francés y español.
(7)	PROFESOR:	¿Y usted, señora Hernández?
(8)	SEÑORA HERNÁNDEZ:	Estudio antropología, psicología, filosofía y español.

1. ¿Qué estudia el señor Gómez? (Estudia . . .)   2. ¿Qué estudia la señorita Vega?   3. Y el señor Vargas, ¿qué estudia?   4. ¿Y la señora Hernández?

Spanish consonants are pronounced as follows:

b, v   The letters *b* and *v* are pronounced in exactly the same way. They have two sounds, however, depending upon where they occur in a word. If they occur at the beginning of a breath group (after a pause) or after an *m* or *n*, they sound much like an English *b*, with the lips touching to form the sound.

Bogotá, Valencia, Verónica, béisbol, burro, también (*also*)

In all other cases, *b* and *v* have a weaker sound. The lips do not quite touch and air escapes to produce friction.

Habana, Sevilla, Córdoba

(1) Mr. Gómez, what are you studying? (2) I am studying mathematics, science, engineering, and Spanish. (3) And you, Miss Vega, what are you studying? (4) I am studying geography, history, political science, and Spanish. (5) And you, Mr. Vargas, what are you studying? (6) I am studying English, French, and Spanish. (7) And you, Mrs. Hernández? (8) I'm studying anthropology, psychology, philosophy, and Spanish.

c, z   In Central and South America and in some parts of Spain, the letters *c* (before *e* and *i*) and *z* are pronounced like an English *s*. However, in most parts of Spain a *c* before *e* and *i*, a *z* before *a*, *o*, and *u*, and a final *z* are pronounced roughly like a *th* sound in the English *thin* or *thought*. (This *th* sound is a characteristic feature of a Castilian pronunciation or accent.)

Alicia, Galicia, Cecilia, Andalucía, Zaragoza, once *(eleven)*, cinco *(five)*

c, qu, k A *c* before an *a*, *o*, *u*, or any consonant other than *h* is pronounced like a *k*. A *qu* or a *k* also represents the *k* sound. (The letter *k* itself occurs rarely in Spanish, mainly in words that have been borrowed from other languages.)

inca, coca, costa, Cuzco, secreto, clase, Quito, Enrique, kilómetro

ch   The *ch* sound is like the English *church* or *reach*.

mucho, chocolate, Chile, cha-cha-chá, Che, Machu Picchu

d   The letter *d* has two variants. At the beginning of a breath group or after an *n* or *l*, it is somewhat like a *d* in English, except that the tongue should be placed behind the front teeth and not behind the gums as with the English *d*.

día, don, Diego, Miranda, Matilde

In all other positions, it is similar to the *th* in the English word *then*.

Felicidad, Eduardo, Ricardo, todos

f   The *f* is pronounced like the English *f*.

café, Felipe, favor, fiesta, foto, francés, filosofía

g, j   The *g* before an *i* or *e* and the *j* are both pronounced approximately like an English *h*.

Jorge, Josefina, geología, Jalisco, ingeniería, región

The *g* before *a*, *o*, and *u* is pronounced approximately like the English *g* of *gate*. In the combinations *gue* and *gui* the *u* is not pronounced, and the *g* has the same English *g* sound.

amigo, amiga, gusto, merengue, guitarra, inglés

In the combinations *gua* and *guo*, the *u* is pronounced like a *w* in English.

antiguo, agua *(water)*

h   The Spanish *h* is silent.

Habana, Honduras, Hernández, hotel, Hugo

l   A single *l* is pronounced like the *l* in the English *lip*, with the tip of the tongue close to the upper teeth.

Luis, Lima, calma, mal, Pablo, lección *(lesson)*, California

ll   In most of the Spanish-speaking world, a double *l* *(ll)* is much like the English *y* of *yes*.

llama, valle, Sevilla

m   The *m* is pronounced like an *m* in English.

mamá, Madrid, matemáticas, mucho, melón

n   The *n* is usually pronounced like an *n* in English, except before certain consonants. Before *b*, *p* or *m* it is pronounced like an *m*.

en *(in)* Madrid, en Bogotá, en Panamá, inmigrante

Before a *g* or a *k* sound or before a *j* (*h* sound), it represents a sound close to the English ending *-ng*.

banco, tango, naranja *(orange)*, inglés

ñ   The sound of *ñ* is roughly equivalent to the English *ny* of *canyon*.

señor, mañana *(tomorrow)*, español

p   The *p* is equivalent to the *p* in *speak* and is never pronounced with the puff of air (aspiration) as in English.

papá, español, apto, política

q   A *q* is always combined with a *u* in Spanish, and represents the sound *k*.

Quito, Enrique

r   There are two ways of pronouncing the single *r*. At the beginning of a word or after the consonant *l*, *n*, or *s*, it has the same sound as the *rr* (see below). Otherwise it has the sound that is produced when the tip of the tongue strikes the alveolar ridge (the ridge above the upper teeth) once as the air stream escapes through the mouth. In rapid speech, it is close to *tt* in some American English dialects *(kitty, Betty)*.

    Pilar, Patricia, Elvira, tortilla

rr   The *rr* sound is produced when the tip of the tongue, under tension, strikes the alveolar ridge (behind the teeth at the roof of the mouth) several times. The *rr* sound is represented in two ways in writing: by a single *r* at the beginning of a word or after *l*, *n*, or *s* and by the *rr*.

    rosa, Rita, rico, radio, Roberto
    Enrique, alrededor *(around)*, Israel
    carro *(car)*, perro *(dog)*—contrasted with caro *(expensive)*, pero *(but)*

s   The *s* is produced with the tip of the tongue against the alveolar ridge. In American Spanish, it is similar to the English *s* in *sent*.

    señor, sí, siesta, filosofía, español

t   The *t* is pronounced with the tip of the tongue touching the back of the upper front teeth, and not the ridge as in English. It never has the aspiration (puff of air) of the English *t*.

    Tomás, foto, Rita, tango, Tito, estudio

x   The *x* has several different sounds in Spanish. Before a consonant, it is pronounced like an English *s*.

    externo, texto

    Before a vowel it is like a *gs*.

    examen, existencia

    In many words *x* used to have the sound of the Spanish *j*. In most of these words the spelling has been changed, but a few words still use the old spelling: México, Quixote, Oaxaca. (The first two of these are often written with the *j* instead of the *x*: Méjico, Quijote.)

y   The *y* sound is like a *y* in English. In most Spanish dialects it also represents the *ll* sound.

maya, yerba *(grass)*, Yolanda

w   The letter *w*, like the letter *k*, occurs rarely, mainly in terms borrowed from other languages.

wagneriano, whisky

EJERCICIOS

1. Make a list in Spanish of five subjects one might study. Learn to pronounce them correctly.
2. Look at the chart on the Spanish alphabet. Learn to pronounce the names of the letters and the examples of the way the letters are used.

PREGUNTAS

1. ¿Qué estudia usted?   2. ¿Estudia usted español?

EN EL LABORATORIO

III. THE SPANISH ALPHABET

There are 30 letters in the Spanish alphabet. The *ch*, *ll*, and *rr*, although they are two-letter groups, stand for only one sound and are considered as single letters.

Letters	Names	Examples
a	a	América, Nicaragua
b	be	Bolivia, Habana
c	ce	Cuzco, Galicia
ch	che	Chile, Machu Picchu
d	de	Durango, Trinidad
e	e	Perú, España
f	efe	Florida, Santa Fe
g	ge	Guatemala, Argentina
h	hache	Honduras, Chihuahua
i	i	Brasil, República Dominicana
j	jota	Jalisco, San Juan
k	ka	kiosko, kilómetro
l	ele	Lima, Barcelona
ll	elle	Sevilla, Antillas
m	eme	Madrid, México
n	ene	Nogales, Santander
ñ	eñe	España, La Coruña
o	o	Océano Pacífico, Colorado
p	pe	Puebla, Pamplona
q	cu	Quito, Querétaro
r	ere	Nicaragua, Ecuador
rr	erre	Costa Rica, Monterrey
s	ese	San Francisco, Los Ángeles
t	te	Toledo, Punta del Este
u	u	Cuba, Uruguay
v	ve or uve	Venezuela, Valencia
w	doble ve	Washington, Ottawa
x	equis	México, examen, extranjero
y	i griega	Yucatán, Paraguay
z	zeta	Zaragoza, La Paz

IV. WORD STRESS

Word Stress (Emphasis of Syllables)

1. Most Spanish words are divided into syllables after a vowel or diphthong; diphthongs are not divided. A single consonant (including *ch*, *ll*, and *rr*) between two vowels begins a new syllable.

co-mo	mu-cho	a-diós
cla-se	va-lle	ai-re
Te-re-sa	gui-ta-rra	au-to

2. Where there are two consonants between vowels, the syllable is usually divided between the consonants.

is-la	ar-tis-ta	Ca-li-for-nia
es-pa-ñol	u-ni-ver-sal	Jor-ge

3. Words ending in a vowel, *n*, or *s* are pronounced with the emphasis on the next-to-the-last syllable.

cla-ses	**co**-mo	es-**tu**-dian
A-na	**bue**-nos	his-**to**-ria

4. Words ending in a consonant other than *n* or *s* have the emphasis on the final syllable.

es-pa-**ñol**	fa-**vor**	Ga-**briel**
se-**ñor**	us-**ted**	es-tu-**diar**

5. Words whose pronunciation differs from the above two patterns have written accents. The emphasis falls on the syllable with the accent.

ca-fé	a-quí	Gó-mez
in-glés	Her-nán-dez	a-diós

6. In a combination of a strong vowel (**a, e,** or **o**) and a weak vowel (**i** or **u**) where the weak vowel is stressed, a written accent divides them into two syllables. (If the weak vowel is not stressed, the combination is a diphthong and is one syllable.)*

pa-ís	dí-a	fi-lo-so-fí-a

*Note that an accent is also used with a few words to distinguish between meanings: sí *yes,* si *if;* él *he, it,* el *the.*

EJERCICIO

Divide the following words into syllables. Then underline the syllable that is stressed.

1. Toledo
2. Honduras
3. usted
4. Brasil
5. estudia
6. Ramírez
7. Ecuador
8. repitan
9. estamos
10. Trinidad

V. SUBJECT PRONOUNS AND PRESENT TENSE OF *ESTAR*

(1) SR. GÓMEZ: Buenas tardes, María. ¿Cómo *estás*?
(2)   MARÍA: *Estoy* bien, señor Gómez, gracias.
(3) SR. GÓMEZ: Y la familia, ¿cómo *está*?
(4)   MARÍA: Miguelito *está* nervioso por los exámenes. Pero papá y mamá *están* bien. Y *ustedes*, ¿cómo *están*?
(5) SR. GÓMEZ: *Nosotros estamos* bien.
(6)   MARÍA: Bueno. Adiós, señor Gómez.
(7) SR. GÓMEZ: Adiós.

1. ¿Cómo está María? 2. ¿Cómo está Miguelito? 3. ¿Cómo está la familia Gómez?

(1) Good afternoon, María. How are you? (2) I'm fine, Mr. Gómez, thanks. (3) And the family, how are they? (4) Miguelito is nervous about his exams. But Mom and Dad are fine. How about you (all)? (5) We're fine. (6) Good. Good-by, Mr. Gómez. (7) Good-by.

A. The subject pronouns and present tense forms of **estar** *(to be)* are:

Person	Singular			Plural		
1st	yo*	estoy	*I am*	nosotros / nosotras	estamos	*we are*
2nd	tú	estás	*you are*	vosotros / vosotras	estáis	*you are*
3rd	él / ella / usted	está	*he is* / *she is* / *you are*	ellos / ellas / ustedes	están	*they are* / *you are*

Tú estás nervioso, Juan.	*You are nervous, Juan.*
¿Cómo está usted, señor García?	*How are you, Mr. García?*
Nosotros (Juan y yo) estamos en Madrid.	*We (Juan and I) are in Madrid.*
Vosotras (María y Rita) estáis aquí.	*You (María and Rita) are here.*
Ustedes (los señores Vega) están en el avión.	*You (Mr. and Mrs. Vega) are on the airplane.*

B. As you can see in the preceding table, there are more subject pronouns in Spanish than in English. This is partly because there are several ways of saying *you* in Spanish: **tú, vosotros (vosotras), usted,** and **ustedes.** In general, **tú,** the familiar singular form, is used in speaking to friends, young children, and family members. It corresponds roughly to "first-name basis" in English. The **usted** form is used in more formal situations, such as with older people or people in authority.

C. In most parts of Spain the plural of **tú** is **vosotros** (masculine), **vosotras** (feminine). However in Latin America, where the **vosotros** form is not generally used, **ustedes** is the plural of both **tú** and **usted.****

D. **Usted** and **ustedes** are frequently abbreviated in written Spanish, as **Ud.** and **Uds.,** or **Vd.** and **Vds.**

*Notice that **yo,** the first person singular subject pronoun, is not capitalized.

Since the **vosotros form is not widely used, except in Spain, it is not practiced extensively in this book.

Ud. está en el aeropuerto.   *You are in the airport.*
Vds. están en la farmacia.   *You are in the drugstore.*

E. The Spanish subject pronouns **él, ella, nosotros, nosotras, voso-
    tros, vosotras, ellos,** and **ellas** show gender, either masculine or
    feminine. In speaking about a group of two or more males, *or* about
    a group that is a mixture of males and females, the masculine forms
    nosotros and **ellos** are used. The feminine forms **nosotras** and **ellas**
    are used only to refer to a group that is exclusively female.

    Él está bien.   *He is fine.*
    Ella está bien.   *She is fine.*
    Ellos (Juan y José) están aquí.   *They (Juan and José) are here.*
    Ellos (Juan y María) están aquí.   *They (Juan and María) are here.*
    Ellas (Rita y Teresa) están aquí.   *They (Rita and Teresa) are here.*
    Nosotros (Elena, Ricardo y yo)   *We (Elena, Ricardo, and I) are in*
        estamos en el aeropuerto.   *the airport.*
    Nosotras (María y Teresa) esta-   *We (María and Teresa) are in*
        mos en el aeropuerto.   *the airport.*

F. Subject pronouns are used far less frequently in Spanish than they
    are in English. This is because in Spanish the verb endings indi-
    cate the nature of the subject of the sentence in much the same way
    that subject pronouns indicate the subject of a sentence in English.
    Therefore, when subject pronouns *are* used in Spanish, they are
    used mainly to avoid confusion or for the sake of emphasis.

    Estoy bien.   *I'm fine.*
    Yo estoy bien.   *I'm* fine.
    Él está aquí.   *He is here.*
    Ella está aquí.   *She is here.*

EJERCICIOS

1. Change each of the following sentences by substituting the correct pro-
    noun for the subject.

    Teresa está bien. → **Ella está bien.**

    1. Roberto está bien.
    2. María y Teresa están en la farmacia.
    3. Juan y Roberto están en España.
    4. Catalina está en el aeropuerto.

5. El señor López está en México.
6. La señora Medina está bien.
7. Roberto y yo estamos en Madrid.
8. Estela y usted están en Los Ángeles.
9. Los señores García están aquí.
10. Teresa y Elena están en el avión.

2. Change each sentence by substituting the new item for the word or words in italics.

   a. Aquí está *Roberto.*
      1. María   2. Teresa y José   3. yo   4. nosotros   5. Luis

   b. ¿Cómo está *el señor López?*
      1. los señores García   2. la señorita Pérez   3. tú
      4. ustedes   5. Juan

PREGUNTAS

1. ¿Cómo está usted?   2. Y la familia, ¿cómo está?   3. ¿Estamos en la clase de español?   4. ¿Están ustedes bien? (Sí, . . .)

VI. CAPITALIZATION AND PUNCTUATION

A. Capitalization

   1. Nouns and adjectives of nationality are not capitalized.

francés	French (adj.)	el francés	the Frenchman
español	Spanish (adj.)	el español	the Spaniard

   2. Names of languages are not capitalized.

el español	Spanish (language)
el inglés	English (language)

B. Punctuation

   1. In writing questions or exclamations, an inverted question mark or exclamation mark precedes the sentence, in addition to the usual marks at the end.

| ¿Cómo se llama ella? | What is her name? |
| ¡Estupendo! | Great! |

2. A dash is used instead of quotation marks to indicate a change of speaker in a dialogue.

| —¿Cómo está usted? | "How are you?" |
| —Estoy bien, gracias. | "I'm fine, thank you." |

3. When quotation marks are used, they are written differently in Spanish than in English.

| Francisco se llama también «Paco». | Francisco is also called "Paco." |

Actividades

ENTREVISTA (INTERVIEW)

Ask a classmate the following questions. Then report the information to the class.

1. ¿Cómo se llama usted?
2. ¿Cómo está usted?
3. ¿Qué estudia usted?

SITUACIÓN

En la universidad

You see a girl (boy) who is in your Spanish class. You say "Good morning" and tell her (him) your name. Then you ask her (him) what her (his) name is. She (He) replies. You say "Glad to meet you." She (He) asks you what you are studying, and you tell her (him). She (He) tells you what she (he) is studying. Then you say good-by.

CLASSROOM EXPRESSIONS

Here are some expressions your teacher may use in class.

Muy bien.	*Very good.*
Repita(n), por favor.	*Repeat, please.*
Otra vez.	*Again.*
En voz alta.	*Out loud.*
Abran los libros.	*Open your books.*
Cierren los libros.	*Close your books.*
Conteste en español.	*Answer in Spanish.*
No comprendo.	*I don't understand.*
¿Cómo se dice . . . ?	*How do you say . . . ?*
¿Qué quiere decir . . . ?	*What does . . . mean?*
¿Cómo se escribe . . . ?	*How do you spell . . . ?*

Cover the English translations of the classroom expressions. Then see if you remember what each Spanish expression means.

CAPÍTULO *Dos*

MADRID

Madrid:

OBJECTIVES

Language: In this chapter we introduce, discuss, and practice:
1) the present tense of regular verbs that end in **-ar**
2) definite and indefinite articles and gender of nouns
3) the plural of nouns and articles
4) how to make Spanish sentences negative
5) cardinal numbers from 1 to 30

Culture: The dialogue takes place on a plane headed for Madrid, the capital of Spain. You will learn about various ways of addressing people in Spanish and something about the geography of Spain.

la capital de España

En un avión. Los señores[1] García, de Venezuela, viajan a Madrid a pasar dos semanas con doña Isabel, una prima.

CATALINA: ¡Ay, Luis! En treinta minutos llegamos a Madrid. ¡Jesús,[2] los pasaportes! ¡Oh!, aquí están. Tú llevas el regalo para doña Isabel, ¿verdad?

LUIS: Sí, aquí está. Calma, por favor. Estás nerviosa por el viaje. 5

PEPITO: Mamá, ¿dónde están los ángeles?

CATALINA: ¿Cómo?[3]

PEPITO: Estamos en el cielo, ¿no?

LUIS: ¡Qué horror! El niño busca ángeles. En las escuelas de hoy enseñan mucha religión, pero los 10 niños necesitan geografía. Pepito, ahora tú escuchas y yo hablo.

PEPITO: Sí, papá.

LUIS: Bueno, la ciudad de Madrid está en el centro de 15 España, en una meseta. . . .

PEPITO: ¿Una qué?

LUIS: Una meseta . . . pues[4] . . . una mesa de tierra.

PEPITO: Ah, los ángeles cenan en la meseta, ¿verdad?

LUIS: Uno . . . dos . . . tres . . . cuatro . . .

PEPITO: ¿Y ahora matemáticas, papá? 20

LUIS: ¡Señorita! *(a la azafata)*. Señorita, por favor, ¿cuándo llegamos a los ángeles?

AZAFATA: Llegamos en ocho minutos. Pero, señor, el avión llega a Madrid y no a Los Ángeles. ¿Está usted bien? 25

En el aeropuerto.

DOÑA ISABEL: Bienvenida, Catalina. ¿Cómo está usted? Y
Pepito, ¿cómo estás, precioso?
PEPITO: Estoy bien, doña Isabel. Pero, ¿dónde está papá?
CATALINA: Está en la farmacia. No está bien. Busca un
tranquilizante. 30
DOÑA ISABEL: ¡Qué lástima! Está nervioso por el viaje, ¿no?

VOCABULARIO

buscar *to look for, search*
cenar *to have supper, dinner*
enseñar *to teach*
escuchar *to listen to*
estar *to be*
hablar *to talk*
llegar *to arrive*
llevar *to carry*
necesitar *to need*
pasar *to spend, pass*
viajar *to travel*

el **avión** *airplane*
la **azafata** *air hostess, stewardess*
el **centro** *center*
el **cielo** *sky, heaven*
la **ciudad** *city*
la **escuela** *school*
la **mesa** *table*
la **meseta** *mesa, plateau*
el **minuto** *minute*
el **niño** *boy, child*
el **pasaporte** *passport*
el **primo** (la **prima**) *cousin*
la **religión** *religion*
el **regalo** *gift*
la **semana** *week*
la **tierra** *earth, land*
el **tranquilizante** *tranquilizer*
el **viaje** *trip, journey*

bueno (-a) *good*
cuatro *four*

dos *two*
el, la *the*
mucho(-a) *much, a lot of*
precioso(-a) *precious*
uno(-a) *a, an, one*
treinta *thirty*
tres *three*

a *at, to*
ahora *now*
con *with*
cuando *when*
¿cuándo? *when?*
de *of, from*
donde *where*
¿dónde? *where?*
en *in, on*
hoy *today*
muy *very*
no *no, not;* **¿no?** *right? true?*
para *for*
pero *but*
pues *well ...*
sí *yes*

¡Ay! *Oh!*
bienvenido (-a) *welcome*
Calma. *Compose yourself.*
¿Cómo? *What? What is it?*
What did you say?
¡Qué horror! *How terrible!*
¡Qué lástima! *What a shame!*
por favor *please*
¿verdad? *really? right?*

NOTAS CULTURALES

1. The titles of address **señor (Sr.)**, **señorita (Srta.)**, and **señora (Sra.)** are used with last names and are roughly the equivalent of *Mr.*, *Miss*, and *Mrs.* There is as yet no equivalent of *Ms.*, though a few feminists have suggested **Sa.** When **señor** is used in the plural, it may refer to a couple (**los señores García** *Mr. and Mrs. García*).

   Spanish also has two titles, **don** and **doña**, which are used only with first names. Originally titles of nobility, they are now used to show respect or deference to someone of higher professional or social position or to an older person. **Don** and **doña** are used when you are too intimate with someone to use **señor** or **señora**, but not intimate enough to be on a first-name basis.

2. Expressions such as **¡Jesús!**, and **¡Dios mío!** are commonly used in Spanish and are not regarded as blasphemous or coarse.

3. When a Spanish speaker does not hear or understand something, he or she usually indicates this by saying **¿Cómo?** where in English it is common to say *Huh?*, *What?*, or *Pardon me?*

4. **Pues, bueno,** and **este** are often used in Spanish when a person is momentarily at a loss for words. English speakers most often say *well, uh,* or *um* in these circumstances.

PREGUNTAS

Complete the sentences with the appropriate words from the dialogue.

1. Los señores García viajan a _____. 2. Luis lleva _____. 3. Aquí _____ el regalo. 4. El niño busca _____. 5. Los niños _____ geografía. 6. La ciudad de Madrid está _____ de España _____. 7. El avión _____ a Madrid en ocho minutos. 8. Pepito está _____, pero el señor García _____ está bien. 9. El señor García está en _____. 10. Busca _____ en la farmacia.

Explicación

I. THE PRESENT TENSE OF REGULAR -AR VERBS

(1) TERESA: Tú *estudias* geografía, Juan, ¿verdad?
(2) JUAN: Sí, Teresa, ahora *estudiamos* la formación de la tierra: montañas, ríos, mesetas. . . .
(3) TERESA: ¿*Hablan* ustedes mucho de ecología?
(4) JUAN: Sí. Por ejemplo, el profesor Vega *enseña* cómo *conservar* energía.
(5) TERESA: ¡Qué interesante! Pues, *deseo conservar* energía ahora. Tú *llevas* los libros, ¿de acuerdo?

1. ¿Quién estudia geografía? 2. ¿Qué estudian ahora? 3. ¿Hablan ellos mucho de ecología? 4. ¿Qué enseña el profesor Vega? 5. ¿Quién desea conservar energía?

A. In Spanish there are three groups, or conjugations, of verbs. Those with infinitives ending in **-ar** are referred to as first conjugation, or **-ar,** verbs.

buscar	*to look for*	hablar	*to talk, speak*
desear	*to want*	llevar	*to carry*
enseñar	*to teach*	necesitar	*to need*
estudiar	*to study*	viajar	*to travel*

B. An infinitive does not show who performs the action or when the action is performed. To show these two things a verb must be conjugated, that is, given specific endings. You did this already when

(1) You are studying geography, Juan. Right? (2) Yes, Teresa. Now we are studying the formation of the earth: mountains, rivers, plateaus. . . . (3) Do you talk a lot about ecology? (4) Yes. For instance, Professor Vega teaches how to conserve energy. (5) How interesting! Well, I want to conserve energy now. You carry the books, okay?

you learned the present tense of **estar,** which is an irregular **-ar** verb.

To conjugate a regular **-ar** verb in the present tense, remove the infinitive ending (**-ar**) and replace it with the endings **-o, -as, -a, -amos, -áis, -an:**

hablar
(to speak)

yo	hablo	nosotros(-as)	hablamos
tú	hablas	vosotros(-as)	habláis
él		ellos	
ella	} habla	ellas	} hablan
usted		ustedes	

Estudio español.	*I study (am studying, do study) Spanish.*
Llevas los libros.	*You carry (are carrying, do carry) the books.*
Él desea viajar.	*He wants to travel.*
Ella enseña geografía.	*She teaches (is teaching, does teach) geography.*
Usted habla mucho.	*You talk (are talking, do talk) a lot.*
Necesitamos hotel.	*We need (do need) a hotel.*
Ellos estudian ecología.	*They study (are studying, do study) ecology.*
Ellas llevan los regalos.	*They carry (are carrying, do carry) the presents.*
Ustedes buscan los pasaportes.	*You are looking for (do look for) the passports.*

C. Notice that the present tense in Spanish can be rendered in several ways in English.

Estudio español.	*I study Spanish.* *I am studying Spanish.* *I do study Spanish.*

It is also often used in place of the future tense, to imply that the action will take place in the immediate future.

Juan lleva el regalo.	*Juan will take (is taking) the present.*

D. Verbs of motion, such as **viajar** and **llegar,** require the preposition
a before a noun that indicates a destination.

Ellos viajan a Los Ángeles. *They are traveling to Los*
Angeles.

Ellos viajan en avión. *They are traveling by plane.*
El avión llega a Madrid. *The plane arrives in Madrid.*
El avión llega hoy. *The plane arrives today.*

EJERCICIOS

1. Answer each question.

Hablo español. ¿Y Roberto? → **Roberto habla español.**

1. Necesito hotel. ¿Y Roberto?
2. Llevo el regalo. ¿Y Catalina?
3. Enseño geografía. ¿Y el profesor Vega?
4. Busco un libro. ¿Y Jaime?
5. Hablo mucho. ¿Y Carmen?

2. Change each sentence, substituting the words or phrases in the list
for the word or phrases in italics.

a. *Roberto* estudia español.
1. María y yo   2. Juan y Silvia   3. tú   4. usted
5. yo

b. *Yo* necesito hotel.
1. nosotros   2. ella   3. ustedes   4. Paco   5. tú

c. *Roberto y María* buscan el pasaporte.
1. yo   2. los señores García   3. Julia   4. Pepito y
yo   5. usted

d. *Nosotros* viajamos a Los Ángeles.
1. él   2. yo   3. ustedes   4. Juan y María
5. Teresa

3. Change the verbs and subjects to the plural.

    Necesito hotel. → **Necesitamos hotel.**

    1. Deseo conservar energía.
    2. Él habla mucho.
    3. Él estudia ecología.
    4. Ella está en el aeropuerto.
    5. Usted busca el pasaporte.

4. Complete the sentences with the appropriate form of the verb in parentheses.

    1. (buscar)   Nosotros _____ el aeropuerto.
    2. (necesitar) Yo _____ hotel.
    3. (llevar)   María y Felipe _____ los regalos.
    4. (estudiar) Ella _____ geografía.
    5. (enseñar) Tú _____ español.
    6. (hablar)   Ellos _____ mucho.
    7. (viajar)   Nosotros _____ a Madrid.
    8. (llevar)   Nosotras _____ los pasaportes.
    9. (desear)   Tú _____ hablar.
  10. (llegar)   La señora Vega _____ a Barcelona.

5. Give the Spanish equivalent.

    1. She is teaching geography. 2. I study Spanish. 3. We are looking for the passport. 4. They are looking for a hotel. 5. I travel a lot. 6. He does talk a lot. 7. You (tú) are carrying the present. 8. You (usted) need the book. 9. You (ustedes) study ecology. 10. Carmen and Teresa are traveling to Los Angeles.

PREGUNTAS

1. ¿Estudia usted español? 2. ¿Qué estudiamos ahora? 3. ¿Desea usted conservar energía? 4. ¿Necesita el profesor el libro de español? 5. ¿Habla usted español? 6. ¿Hablamos español ahora? 7. ¿Desea usted viajar a México? 8. ¿Necesita usted un pasaporte para viajar a España? 9. ¿Lleva usted un libro a la clase? 10. ¿Habla usted mucho? 11. ¿Enseña español el profesor?

II. ARTICLES AND GENDER OF NOUNS

> (1)   PEPITO: *La ciudad* de Madrid está en *el centro* de España, ¿verdad?
>
> (2) DON ARTURO: Sí, está en *una meseta* en *la región* de Castilla.
>
> 1. ¿Dónde está la ciudad de Madrid? 2. ¿En qué región está?
> 3. ¿Está en una meseta?

A. In Spanish all nouns are classified according to their gender—that is, according to whether they are masculine or feminine. This classification seldom corresponds to the sexual nature of the words themselves. When you learn a noun in Spanish it is important that you also learn its gender—that is, whether it is a masculine noun or a feminine noun.

B. Articles in Spanish are also masculine or feminine. The singular definite articles in Spanish are **el** (masculine) and **la** (feminine).

C. Most Spanish nouns ending in **-o** in the singular are masculine. Most nouns ending in **-a** in the singular are feminine.

el libro *the book*	la familia *the family*
el regalo *the present*	la mesa *the table*

D. With nouns that do not end in the singular in **-o** or **-a**, it can be helpful to learn the singular definite article at the same time that you learn the noun itself.

el hotel *the hotel*	la verdad *the truth*
el viaje *the trip*	la ciudad *the city*
el pasaporte *the passport*	la región *the region*

(1) The city of Madrid is in the center of Spain, right? (2) Yes, it's on a plateau in the region of Castile.

E. The singular indefinite articles are **un** (masculine) and **una** (feminine):

un regalo	*a present*	una montaña	*a mountain*
un libro	*a book*	una mesa	*a table*
un hotel	*a hotel*	una ciudad	*a city*

F. The gender of many nouns that refer to people can be changed by changing the noun ending.

el primo	*the (male) cousin*	la prima	*the (female) cousin*
el señor	*the man*	la señora	*the lady*
el hijo	*the son*	la hija	*the daughter*
un niño	*a boy*	una niña	*a girl*
un amigo	*a (male) friend*	una amiga	*a (female) friend*

However, for some nouns the ending does not change, and so the gender of the person the noun refers to is shown by the gender of the article.

un turista	*a (male) tourist*	una turista *a (female) tourist*

G. The definite article is used with titles such as **señor, señora,** or **señorita** when you are talking or asking *about* an individual:

¿Cómo está el señor Martínez?	*How is Mr. Martínez?*
El doctor García está en la farmacia.	*Doctor García is in the drugstore.*
La señorita Vargas busca el libro.	*Miss Vargas is looking for the book.*

But the definite article is not used with titles when you are speaking directly *to* the person with the title.

Buenos días, señor Martínez.	*Good morning (Good day), Mr. Martínez.*
Sí, doctor García.	*Yes, Dr. García.*
¿Cómo está usted, señorita Vargas?	*How are you, Miss Vargas?*

EJERCICIOS

1. Create new sentences by replacing the words or phrases in italics with the words or phrases in the list.

   a. ¿Dónde está *el pasaporte?*
      1. regalo   2. mesa   3. ciudad   4. farmacia
      5. señor

   b. Necesito *una mesa.*
      1. libro   2. pasaporte   3. hotel   4. amigo
      5. amiga

2. Change each definite article in the following sentences to the appropriate indefinite article.

   Busco el libro. → **Busco un libro.**

   1. Tú llevas el regalo.
   2. Viajan a la montaña.
   3. Consuelo busca la farmacia.
   4. Bárbara necesita la mesa.
   5. El avión llega ahora.

3. Give the Spanish equivalent.

   1. Good morning, Miss Vargas.   2. Mr. Gómez teaches geography.
   3. Dr. García, how is the boy? 4. Dr. Álvarez is in Spain with a friend.   5. How are you, Professor Vega?

PREGUNTAS

1. ¿Cómo se llama la capital de España?   2. ¿Cómo se llama el libro de español?   3. ¿Lleva usted un libro ahora?   4. ¿Desea usted viajar a una ciudad de España?

III. PLURAL OF NOUNS AND ARTICLES

En el aeropuerto

(1) AGENTE: Buenos *días. Los pasaportes*, por favor.
(2) RAMÓN: Aquí están.
(3) ISABEL: Ramón, ¿dónde están *los regalos* para *las niñas*?
(4) RAMÓN: ¡Dios mío! ¡Están en el avión!

1. ¿Dónde están Isabel y Ramón? 2. ¿Necesita el agente los pasaportes? 3. ¿Lleva Ramón los pasaportes? 4. ¿Dónde están los regalos para las niñas?

A. The plural of most nouns ending in a vowel is formed by adding **-s.** The plural of most nouns ending in a consonant is formed by adding **-es.**

libro, libros	hotel, hoteles
mesa, mesas	ciudad, ciudades
viaje, viajes	región, regiones*
regalo, regalos	señor, señores

B. The plural definite articles are **los** (masculine) and **las** (feminine).

Buscamos el hotel.	*We are looking for the hotel.*
Buscamos los hoteles.	*We are looking for the hotels.*
Necesitamos la mesa.	*We need the table.*
Necesitamos las mesas.	*We need the tables.*

C. The plural indefinite articles are **unos** (masculine) and **unas** (feminine). In Spanish the plural indefinite article is equivalent in meaning to the English *some* or *several*.

María lleva un regalo.   *María is carrying a present.*

At the Airport
(1) Good morning (Good day). Passports, please. (2) Here they are. (3) Ramón, where are the presents for the girls? (4) Good grief! They're on the plane!

*Note that there is no accent mark on **regiones**, since the accent falls on the next-to-the-last syllable.

María lleva unos regalos.	*María is carrying some presents.*
Ramón está con una señora.	*Ramón is with a lady.*
Ramón está con unas señoras.	*Ramón is with several ladies.*

EJERCICIOS

1. Change the nouns and articles to the plural.

1. Llevas el regalo.
2. Buscan la mesa.
3. Necesito el pasaporte.
4. Habla con la niña.
5. Está con una señora.
6. Necesitas un tranquilizante.
7. Llegan en una semana.
8. Viajamos con una prima.

2. Change the nouns and articles to the singular.

1. Está aquí con unas amigas.
2. Desea unos libros.
3. Viajamos a unas montañas.
4. Llegamos en unos minutos.
5. Lleva los pasaportes.
6. Necesitamos las mesas.
7. Estoy nerviosa por los viajes.
8. Desea hablar con las turistas.

ESPAÑA

IV. NEGATION

(1) PACO: María, ¿deseas cenar en el centro con Eduardo
          y Teresa?
(2) MARÍA: No, Paco. *No deseo* cenar en el centro hoy.
(3) PACO: ¡Qué lástima! Pero ¿por qué?
(4) MARÍA: Porque hoy *no estoy* bien.

1. ¿Desea María cenar en el centro con Eduardo y Teresa?
2. ¿Por qué?

The most common way to make a Spanish sentence negative is to place
the word **no** directly in front of the conjugated form of the verb.

Eduardo no estudia mucho.   *Eduardo doesn't study much.*
Juan no está aquí.   *Juan isn't here.*
No buscamos la farmacia.   *We aren't looking for the*
                                   pharmacy.

EJERCICIOS

1. Change each sentence to the negative.

María está aquí. → **María no está aquí.**

1. Estela está bien.
2. Llevo los pasaportes.
3. Estás en Buenos Aires.
4. El hotel está en las montañas.
5. El señor habla español.

(1) María, do you want to have dinner downtown with Eduardo and Teresa? (2) No,
Paco. I don't want to have dinner downtown today. (3) What a shame! But, why not?
(4) Because today I'm not feeling well.

2. Answer each question in the negative.

¿Deseas cenar en el centro? → **No, no deseo cenar en el centro.**

1. ¿Está nervioso Juan?
2. ¿Buscas el hotel?
3. ¿Están los señores García en Madrid?
4. ¿Hablan mucho los estudiantes?
5. ¿Está usted bien?

PREGUNTAS

1. ¿Estamos en el aeropuerto ahora?   2. ¿Estamos en una farmacia?
3. ¿Busca usted un libro de geografía ahora?   4. ¿Lleva usted un regalo para el profesor?   5. ¿Lleva usted un pasaporte a la clase de español?   6. ¿Viaja usted a Barcelona hoy?   7. ¿Enseña el profesor de español antropología?   8. ¿Está la ciudad de Madrid en México?

V. THE CARDINAL NUMBERS 1 – 30

A. The cardinal numbers 1–30 in Spanish are:

1 uno	12 doce	20 veinte
2 dos	13 trece	21 veintiuno (veinte y uno)
3 tres	14 catorce	22 veintidós (veinte y dos)
4 cuatro	15 quince	23 veintitrés (veinte y tres)
5 cinco	16 dieciséis	24 veinticuatro (veinte y cuatro)
6 seis	(diez y seis)	25 veinticinco (veinte y cinco)
7 siete	17 diecisiete	26 veintiséis (veinte y seis)
8 ocho	(diez y siete)	27 veintisiete (veinte y siete)
9 nueve	18 dieciocho	28 veintiocho (veinte y ocho)
10 diez	(diez y ocho)	29 veintinueve (veinte y nueve)
11 once	19 diecinueve	30 treinta
	(diez y nueve)	

B. The numbers 16 to 19 and 21 to 29 can be written in two ways, but they are usually written as one word. Notice the spelling changes and the use of the accent on numbers ending in **-s.**

¿Cuántos libros están aquí?   *How many books are here?*
Veintiséis.   *Twenty-six.*

C. With the exception of **uno** (**un, una**) and numbers ending in **-uno**, numbers do not show gender agreement with the nouns they modify. **Uno** and numbers that end in **uno** are changed to **un** (**-ún**) before a masculine noun and to **una** before a feminine noun. Notice the accent on numbers ending in **-ún**.

ocho niñas	*eight girls*
dos libros	*two books*
treinta regalos	*thirty presents*
un libro	*one book (a book)*
veintiún niños	*twenty-one children*
veintiuna chicas	*twenty-one girls*

EJERCICIOS

1. Repeat the number that is larger.

tres, cuatro → **cuatro**

1. dos, uno
2. cinco, ocho
3. nueve, siete
4. diez, catorce
5. dieciocho, diecinueve
6. veinte, treinta
7. doce, quince
8. cuatro, veintiséis
9. diecinueve, dieciséis
10. veintiuno, diecinueve

2. Write out each of the numbers.

1. 2 pasaportes
2. 4 chicos
3. 10 montañas
4. 30 minutos
5. 1 avión
6. 13 señores
7. 5 regalos
8. 6 mesas
9. 27 chicos
10. 1 farmacia

3. Read in Spanish.

1. 19
2. 18
3. 22
4. 17
5. 13
6. 15
7. 14
8. 9
9. 11
10. 6

Actividades

ENTREVISTA

Ask a classmate the following questions. Then report the information to the class.

1. ¿Hablas español?
2. ¿Hablas francés?
3. ¿Llevas un libro a la clase de español?
4. ¿Deseas conservar energía?
5. ¿Cenas mucho en el centro?
6. ¿Estás bien?
7. ¿Necesitas unos tranquilizantes?
8. ¿Necesitas estudiar mucho para la clase de español?
9. ¿Viajas mucho? ¿Adónde?
10. ¿Deseas pasar unas semanas en España?

SITUACIÓN

You are in a plane traveling to Madrid. Your friend Roberto asks you when the plane is arriving. You say it is arriving in fifteen minutes. He asks if you are carrying the present for doña Margarita. You say it is here. The stewardess asks you how you are. You say you are nervous about the trip.

CAPÍTULO *Tres* 3

TEATRO COLÓN, BUENOS AIRES

Buenos Aires:

Language: In this chapter we introduce, discuss, and practice:
1) interrogative words and the formation of questions
2) agreement and position of adjectives and shortened forms of some adjectives
3) the verb **ser** *(to be)* and its distinction from **estar**
4) the contractions **al** and **del**
5) the personal **a** before a direct object that refers to a person or group of people

Culture: The dialogue takes place in Buenos Aires, where an English couple is looking for the famous natural history museum there. You will learn something about the city of Buenos Aires, the Argentinean people, and the animals of the region. You will also learn how to ask simple directions and how to carry on a simple telephone conversation.

Bienvenidos al París de Sudamérica

*En un ómnibus. El señor y la señora Smith, de Inglaterra, están de vacaciones
en Buenos Aires. Buscan el museo de historia natural.[1]*

EL SEÑOR SMITH: ¡Dios mío! El tráfico está horrible y el aire
está contaminado.

LA SEÑORA SMITH: El precio del progreso, ¿no? Siempre criticas
todo. La ciudad es bonita.

EL SEÑOR SMITH: Y muy grande. Estamos perdidos. ¿Cómo   5
llegamos al museo?

LA SEÑORA SMITH: ¿Por qué no preguntas a un pasajero?

EL SEÑOR SMITH: Buena idea. *Llama a un pasajero.* Por favor,
señor, ¿dónde está el Museo de la Plata?

EL PASAJERO: Está lejos. Ustedes no son porteños,[2]   10
¿verdad?

EL SEÑOR SMITH: Somos de Inglaterra.

EL PASAJERO: ¡Ah, ingleses! Bienvenidos al París de Sudamérica. Ahora ustedes están cerca del famoso Teatro Colón.   15

LA SEÑORA SMITH: ¿Pero el museo . . . ?

EL PASAJERO: ¿Para qué desean visitar el museo?

LA SEÑORA SMITH: Para mirar las exhibiciones sobre el gaucho[3]
y sobre los animales de la región.[4]

EL PASAJERO: Un momento, por favor. Me llamo Emiliano   20
Tamborini,[5] y soy agente de viajes. Por
casualidad, estamos enfrente de la agencia
Tours Tamborini. Es posible pasar un día en

una verdadera estancia, mirar los animales,
visitar a los gauchos . . .

LA SEÑORA SMITH: Pero, señor, el museo.
EL PASAJERO: ¡Naturalmente, precios especiales para los
turistas ingleses! *El señor Tamborini y los
señores Smith bajan y entran en la agencia.*

VOCABULARIO

bajar *to get off*
criticar *to criticize*
desear *to desire, wish*
llamar *to call*
mirar *to look at*

la **agencia** *agency*
el **aire** *air*
   Colón *Columbus*
el **día** *day*
la **estancia** *cattle ranch*
   Inglaterra *England*
el **museo** *museum*

bonito(-a) *pretty*
contaminado(-a) *contaminated,
   polluted*
especial *special*

lejos *far*
cerca de *near*
enfrente de *in front of*

estar de vacaciones *to be on
   vacation*
¿para qué? *why? for what
   reason?*

pasar *to pass, spend (time)*
preguntar *to question*
ser *to be*
visitar *to visit*

el **ómnibus** *bus*
el **pasajero** *passenger*
el **precio** *price*
   Sudamérica *South America*
el **teatro** *theater*
   todo *everything*
el **tráfico** *traffic*

grande *big, large, great*
perdido(-a) *lost*
posible *possible*
verdadero(-a) *true*

siempre *always*
naturalmente *naturally*
sobre *on*

por casualidad *by coincidence*
¿por qué? *why*

NOTAS CULTURALES

1. The **Museo de Historia Natural,** known also as the **Museo de la Plata,** is a
   famous museum of natural history, science, anthropology, and ethnology.

2. **Porteño** (literally, *port-dweller*) is the usual term given to someone who lives in the city of Buenos Aires, Argentina's capital and main port on the Río de la Plata. In general **porteños** are sophisticated and proud people who frequently refer to their city as the "Paris of South America."

3. The **gaucho,** or Argentine cowboy, is now more a legendary and symbolic figure than a real one. In the early 1800s, thousands of men led a nomadic life on the pampas, or dry grasslands, living off the large wild herds of cattle and horses which had descended from those of the Spanish conquistadors. These men were the **gauchos.** For modern Argentineans, the gaucho has come to represent, in literature and common speech, a romanticized past as well as a carefree independence sometimes associated with the national character. The word is also used for the descendents of the original **gauchos** who now work as ranchhands on the large **estancias** (Argentine ranches) and preserve some of the old traditions.

4. Because of the variety of its terrain, Argentina has a number of unusual animals like the **jaguar** (jaguar), the **cóndor,** the largest bird of flight, a vulture which inhabits the highest reaches of the Andes mountains, and the **capibara,** the largest living rodent, which sometimes attains a weight of 100 pounds and in some parts of South America is hunted by the natives for food. Other animals found in Argentina include the **puma** (mountain lion), the **armadillo,** and the **ñandú,** a large bird similar to the ostrich and incapable of flight. Argentina is a land of geographical contrasts, with jungle-like terrain near the Brazilian border, a lake district in the South sometimes compared to Switzerland, and lovely seaside resorts and beaches on the Atlantic coast.

5. If Emiliano Tamborini sounds more Italian than Spanish to you, you are correct. In fact, a large number of Argentineans are of Italian descent. (A glance at the capital's phone book would confirm this.) The British, French, and Germans have also contributed to Argentina's population.

PREGUNTAS

1. ¿Dónde están los señores Smith? 2. ¿De dónde son ellos? 3. ¿Qué buscan? 4. ¿Están perdidos? 5. ¿Es grande la ciudad de Buenos Aires? 6. ¿A quién pregunta el señor Smith dónde está el museo? 7. ¿Están cerca del Teatro Colón? 8. ¿Para qué desean visitar el museo? 9. ¿Cómo se llama el pasajero? 10. ¿Es profesor el señor Tamborini?

Explicación

I. INTERROGATIVE WORDS AND WORD ORDER IN QUESTIONS

En el teléfono

(1) SEÑORA RIBERA: Hola.

(2)   MIGUEL: *¿Está Teresa en casa?*

(3) SEÑORA RIBERA: Sí. *¿De parte de quién?*

(4)   MIGUEL: Habla Miguel.

(5) SEÑORA RIBERA: Un momento, por favor.

(6)   TERESA: Hola, Miguel. *¿Cómo estás?*

(7)   MIGUEL: Bien, gracias. *¿Estudias con Adela para el examen de mañana?*

(8)   TERESA: Sí. *Deseas estudiar con nosotras, ¿verdad?*

(9)   MIGUEL: Sí. *Paso por la casa en unos minutos, ¿de acuerdo?*

(10)   TERESA: Bueno. Hasta luego.

(11)   MIGUEL: Adiós.

1. ¿Quién desea hablar con Teresa? 2. ¿Está Teresa en casa? 3. ¿Cómo está Miguel? 4. ¿Con quién estudia Teresa? 5. Miguel desea estudiar con ellas, ¿verdad? 6. ¿Cuándo pasa Miguel por la casa?

On the telephone

(1) Hello. (2) Is Teresa home? (3) Yes. Who is calling? (On behalf of whom?) (4) This is Miguel speaking. (5) Just a minute, please. (6) Hello, Miguel. How are you? (7) Fine, thanks. Are you studying with Adela for tomorrow's exam? (8) Yes. You want to study with us, right? (9) Yes. I'll come by the house in a few minutes, okay? (10) Fine. See you later. (11) Good-by.

A. In English, questions that can be answered with a simple yes or no are generally signaled by an inversion of verb and subject: *Are you tired? Is the book new?* In Spanish, such questions can be posed in a number of ways.

¿Está el niño bien?
¿Está bien el niño? }   *Is the boy well?*
¿El niño está bien?

In yes or no questions the voice must rise on the last word to make it clear that the speaker is asking a question, since otherwise the question could be taken as a statement of fact, particularly in the third example, where there is no inversion of subject and verb.

B. A statement can be made into a question by adding a "confirmation tag" at the end to elicit verification or denial of the information contained in the statement. Three common tags in Spanish are **¿de acuerdo?**, **¿verdad?** and **¿no?** The latter is never used after a negative sentence.

Cenamos aquí, ¿de acuerdo?   *We'll have dinner here, okay?*
Ustedes viajan a España,   *You are traveling to Spain,*
    ¿verdad?   *aren't you?*
Los chicos llegan hoy, ¿no?   *The boys are arriving today,*
                                       right?

Notice that **¿de acuerdo?** *(okay?)* is used when some kind of action is proposed.

C. The word order for Spanish questions that elicit information is: interrogative word + verb + subject (if any) + remainder (if any). At the end of such questions the voice normally falls.

INFORMATION QUESTIONS

Interrogative Word	Verb	Subject	Remainder
¿Cómo (how) ⎫ ¿Cuándo (when) ⎬	viajan	los señores	a México?
¿Qué (what)	buscan	los chicos?	
¿Por qué (why) ⎫ ¿Quién (who, singular) ⎬	estudia		aquí?
¿Quiénes (who, plural)	estudian		aquí?
¿Cuánto(-a) (how much)	necesita	usted?	
¿Cuántos(-as) (how many)	están		en el avión?
¿Dónde (where)	están	los turistas?	
¿Adónde (to where)	viajan	las niñas?	
¿Cuál (which)* ⎫ ¿Cuáles (which, plural) ⎬	necesitan	ustedes	ahora?

D. Notice the written accents on interrogative words. **Quién** and **cuánto** have plural forms; **cuánto** also has masculine and feminine forms.

EJERCICIOS

1. Make questions using the following interrogatives.

    a. **¿Qué?**

        Pablo busca el pasaporte. → **¿Qué busca Pablo?**

        1. Miguel busca los libros.
        2. Carmen lleva los libros.
        3. José mira el cielo.
        4. María necesita un pasaporte.
        5. Las azafatas buscan los tranquilizantes.

    b. **¿Quién? (¿Quiénes?)**
       (1–5 above.)

    c. **¿Dónde? ¿Adónde?**
       1. Estela está en la farmacia.
       2. Felipe está en las montañas.

*¿Cuál? (¿Cuáles?) means *Which? Which one? (Which ones?)* It is a pronoun and cannot be used with a noun: **¿Qué libro?** *What (Which) book?* **¿Cuál?** *Which one?* **¿Qué?** *(What?)* can be used as either an adjective or a noun.

3. Viajan a Madrid.
4. El restaurante está en el centro.
5. Viajamos a la capital.

d. **¿Cuándo?, ¿Cuánto? (¿Cuánta?) or ¿Cuántos? (¿Cuántas?)**
   1. El avión llega ahora.
   2. Rafael lleva cuatro libros.
   3. Llegamos en ocho minutos.
   4. Viajamos a Guadalajara mañana.
   5. Cinco niñas están aquí.

e. **¿Cómo?**
   1. Se llama Ernesto.
   2. Miguel está bien.
   3. Viajan en avión.
   4. Habla muy bien el español.
   5. Juan y Pablo están nerviosos.

f. **¿Con quién? (¿Con quiénes?)**
   1. Los señores Gómez hablan con el doctor.
   2. La señora Rodríguez está con los niños.
   3. Juan estudia con Manuel.
   4. Cenamos con los señores Ramírez.
   5. Viajan con el profesor.

g. **¿Por qué?**
   1. Están aquí.
   2. Estudian en casa.
   3. Está en el aeropuerto.
   4. No lleva el regalo.
   5. Necesita hablar con el profesor.

2. Ask for confirmation of the following statements by adding **¿no?**

   1. Está muy cerca.
   2. Estás nervioso.
   3. Ustedes viajan a Venezuela.
   4. Llevamos el regalo.
   5. Necesitas el pasaporte.

3. Ask for confirmation of the following statements by adding **¿verdad?**

   1. Los señores hablan español.

2. Ustedes están aquí.
3. Visitamos la ciudad mañana.
4. Josefina está en la farmacia.
5. Juan desea estudiar en casa.

II. ADJECTIVES

(1)   PEPE: Busco un *buen* restaurante *mexicano*.
(2) MARTA: Enfrente de la universidad está «La Casa *mexicana*».
(3)   PEPE: ¿Preparan *buena* comida *típica*?
(4) MARTA: Sí, preparan platos *típicos mexicanos:* tacos, tamales, enchiladas *verdes*, huevos *rancheros* y frijoles *refritos*.

1. ¿Qué busca Pepe? 2. ¿Cómo se llama el restaurante? 3. ¿Dónde está? 4. ¿Preparan comida típica? 5. ¿Qué platos preparan en el restaurante?

A. Agreement of Adjectives

   1. In Spanish, adjectives, like nouns, are (1) either masculine or feminine, and (2) either singular or plural. An adjective must agree both in *gender* and in *number* with the noun it modifies. The most common singular endings for adjectives are **-o** (masculine) and **-a** (feminine).

el niño bueno	*the good boy*
la niña buena	*the good girl*
un regalo bonito	*a pretty present*
una ciudad bonita	*a pretty city*

   2. Adjectives of nationality that end in consonants and adjectives that end in **-dor, -ón, -án,** and **-ín** are made feminine by adding **-a.**

(1) I'm looking for a good Mexican restaurant. (2) In front of the university is "La Casa mexicana." (3) Do they prepare good authentic food? (4) Yes, they prepare typical Mexican dishes: tacos, tamales, enchiladas with green chili sauce, eggs with tomatoes and onions, and refried beans.

el chico trabajador	*the hard-working boy*
la chica trabajadora	*the hard-working girl*
el profesor portugués	*the Portuguese professor*
la profesora portuguesa*	*the Portuguese professor*

3. Adjectives that don't end in **-o, -a, -dor, -ón, -án,** or **-ín** are the same in the feminine as in the masculine.

la casa interesante	*the interesting house*
el museo interesante	*the interesting museum*
el hotel internacional	*the international hotel*
la agencia internacional	*the international agency*

4. To form the plural of an adjective that ends in a vowel, add an **-s.** To form the plural of an adjective that ends in a consonant, add **-es.**

el plato mexicano	*the Mexican dish*
los platos mexicanos	*the Mexican dishes*
la silla española	*the Spanish chair*
las sillas españolas	*the Spanish chairs*
el chico inglés	*the English boy*
los chicos ingleses	*the English boys (or boys and girls)*
la ciudad grande	*the big city*
las ciudades grandes	*the big cities*

B. Position of Adjectives

1. Most adjectives are descriptive—that is, they specify size, shape, color, type, nationality, and the like. Descriptive adjectives usually follow the nouns they modify.

Preparan comida portuguesa.	*They're preparing Portuguese food.*
El chico bajo estudia español.	*The short boy is studying Spanish.*

2. However, adjectives that specify quantity usually precede the nouns they modify.

Las dos maletas verdes están aquí.	*The two green suitcases are here.*

*Remember that the written accent on the last syllable of the masculine form will not be necessary after you change the adjective to the feminine.

	Compran muchos regalos bonitos.	*They buy many pretty presents.*
	Invitan a unas personas.	*They invite several people.*

3. **Bueno(-a)** may be placed before or after a noun.

Necesito una buena amiga. ⎫	*I need a good friend.*
Necesito una amiga buena. ⎭	

C. Shortened Forms of Adjectives

1. Certain adjectives, such as **bueno** *(good)* and **uno** *(one, a, an)*, drop the final **-o** when they are used before a masculine singular noun.

Necesito un libro interesante.	*I need an interesting book.*
Buscamos un buen hotel.	*We're looking for a good hotel.*

Such adjectives agree in gender and number as usual when they are used before singular feminine nouns and all plural nouns.

EJERCICIOS

1. Create new sentences substituting the word or phrase in the list for the words or phrases in italics.

    a. ¿Dónde está la *señora* italiana?
        1. señor 2. restaurante 3. azafata 4. profesor
        5. estudiante

    b. ¿Dónde están los *señores* mexicanos?
        1. platos 2. aviones 3. niñas 4. tortillas
        5. profesores

2. Change the nouns from the masculine to the feminine.

1. un amigo inglés 2. un turista mexicano 3. el niño español
4. el primo inteligente 5. un chico argentino

3. Change the nouns from the singular to the plural.

1. la comida excelente 2. el viaje interesante 3. la turista inglesa 4. el buen restaurante 5. el hotel internacional

PREGUNTAS

1. ¿En qué restaurante preparan comida mexicana? 2. ¿Prepara usted platos típicos norteamericanos? ¿Mexicanos? ¿Españoles? 3. ¿Preparan buena comida en la cafetería de la universidad? 4. ¿Compra usted muchos regalos? ¿Muchos libros interesantes?

III. PRESENT TENSE OF *SER*; DISTINCTION BETWEEN *SER* AND *ESTAR*

(1)   INÉS: ¿De dónde *es* usted, señor Larkin?
(2) SEÑOR LARKIN: *Soy* de Nueva York.
(3)   INÉS: Ah, *es* norteamericano. Pero habla muy bien el español.
(4) SEÑOR LARKIN: Gracias. Usted *es* muy amable.
(5)   INÉS: ¿Está de vacaciones aquí en San José?
(6) SEÑOR LARKIN: No, *soy* profesor en la Universidad de Costa Rica.

1. ¿De qué ciudad es el señor Larkin? 2. ¿Es inglés el señor Larkin? 3. ¿Habla español? 4. ¿Está de vacaciones? 5. ¿Es el señor profesor o estudiante? 6. ¿En qué ciudad están ellos?

A. The present tense forms of **ser** *(to be)* are:

ser
(to be)

yo	soy	nosotros(-as)	somos
tú	eres	vosotros(-as)	sois
él		ellos	
ella	es	ellas	son
usted		ustedes	

(1) Where are you from, Mr. Larkin? (2) I'm from New York. (3) Oh, you're North American. But you speak Spanish very well. (4) Thank you. You're very kind. (5) Are you on vacation here in San José? (6) No, I'm a professor at the University of Costa Rica.

B. **Ser** is used:

1. To link the subject to a noun or pronoun.

Silvia es italiana.	*Silvia is an Italian.*
Somos turistas.	*We're tourists.*
Jorge es un amigo.	*Jorge is a friend.*
Alicia es estudiante.	*Alicia is a student.*
El señor García es profesor.	*Mr. García is a teacher.*

Note that after **ser**, the indefinite article is not used with a profession or nationality (unless it is modified by an adjective, as you shall see later on in the book).

2. To indicate origin (where someone or something is from).

Soy de los Estados Unidos.	*I'm from the United States.*
¿De dónde es el regalo? Es de México.	*Where is the present from? It's from Mexico.*

3. To indicate where an event takes place.

La ópera es en el Teatro Colón.	*The opera is in Columbus Theater.*
La exhibición es en el museo.	*The exhibit is in the museum.*

4. With **de** to describe what something is made of.

¿Es de oro o de plata el reloj?	*Is the watch (made of) gold or silver?*
Las sillas son de madera.	*The chairs are wooden (made of wood).*

5. With **de** to indicate possession.

El examen es de Ricardo.	*The exam is Ricardo's.*
El libro es de María.	*The book is María's.*

C. **Estar** is used:

1. To indicate location or position.

El hotel está en la avenida Colón.	*The hotel is on Columbus Avenue.*
Nosotros estamos en la biblioteca.	*We are in the library.*
Están de vacaciones en Bogotá.	*They are on vacation in Bogotá.*

2. To indicate the condition of a person or thing at a particular time.

El aire está contaminado.   *The air is polluted.*
¿Cómo estás? Estoy bien,   *How are you? I'm fine, thanks.*
   gracias.
Nosotros estamos perdidos.   *We are lost.*

D. **Ser** and **estar** with adjectives

1. When an adjective expresses a quality or characteristic that you think of as *normal* or *characteristic* of the subject, use **ser.**

Marta es inteligente.   *Marta is intelligent.*
El chico es bajo.   *The boy is short.*
Las chicas son simpáticas.   *The girls are nice.*

2. When an adjective expresses a quality or characteristic of the subject that appears to be the case at a particular time but that may or may not normally be true of the subject, use **estar.**

El señor Cano está perdido.   *Mr. Cano is lost.*
Marta está bonita hoy.   *Marta looks pretty today. (She may not always be pretty, but she looks pretty today.)*

EJERCICIOS

1. Create new sentences, substituting the word or phrase in the list for the word or phrase in italics.

1. ¿De dónde es *usted*?
   a. tú   b. Felipe   c. los señores Larkin   d. el estudiante   e. ustedes

2. *Ricardo* es estudiante.
   a. yo   b. nosotros   c. Paco y Jaime   d. Paco y yo   e. tú

2. Answer in the affirmative, using the verb **ser.**

1. ¿Son de Bolivia los doctores?

2. ¿Es amable el profesor?
3. ¿Somos nosotros inteligentes?
4. ¿Eres la prima de Felipe?
5. ¿Es de madera la mesa?

3. Restate, changing the verbs and subjects from the singular to the plural.

Él es de Chile. → **Ellos son de Chile.**

1. El examen no es de la chica.
2. El señor es profesor de inglés.
3. ¿De dónde es usted?
4. Soy doctor.
5. La ópera es en el teatro.

4. Complete the sentences, using **es** or **está,** as appropriate.

1. Ricardo _____ en Bogotá.
2. _____ interesante.
3. _____ inteligente.
4. _____ amable.
5. _____ en la Calle Colón.
6. _____ de Texas.
7. Marta no _____ aquí.
8. _____ norteamericano.
9. No _____ bien.
10. _____ moderno.
11. _____ cerca.
12. _____ de vacaciones.

5. Complete the sentences, using the appropriate form of **ser** or **estar.**

1. Los profesores ingleses _____ amables.
2. Nosotros _____ estudiantes.
3. El niño _____ aburrido ahora.
4. Tú _____ nervioso hoy.
5. Él _____ muy bajo.
6. ¿_____ el libro para la clase de geografía?

1. ¿Es usted de España? 2. ¿De dónde es usted? 3. ¿De dónde es el profesor de español? 4. ¿Es usted estudiante? 5. ¿Es usted americano (-a)? 6. ¿Es usted inteligente? 7. ¿Es usted amable? 8. ¿Es usted trabajador (-a)? 9. ¿Son brillantes los estudiantes aquí? 10. ¿Son de madera las sillas de la clase? 11. ¿Es de usted el reloj? ¿Es de oro o de plata? 12. ¿Dónde estamos ahora? 13. ¿Está el aire contaminado aquí? 14. ¿Está usted perdido? 15. ¿Cómo está usted? 16. ¿Está la universidad en el centro de la ciudad? 17. ¿Estamos de vacaciones ahora?

IV. CONTRACTIONS *AL* AND *DEL*

(1) SEÑOR GARCÍA: Por favor, señor, ¿dónde está el restaurante «La Estancia»? ¿Está cerca o lejos?
(2) UN SEÑOR: Está allí a la izquierda, *al* lado *del* Hotel Continental.

1. ¿Está el restaurante a la izquierda o a la derecha? 2. ¿Está el restaurante cerca? 3. ¿Está al lado del teatro o al lado del hotel? 4. El señor busca el restaurante «Rancho del Norte», ¿verdad?

A. When the preposition **a** and the masculine definite article **el** occur together, they are combined to form **al.**

> Las chicas llegan al teatro.   *The girls arrive at the theater.*

B. When the preposition **de** and the masculine definite article **el** occur together, they are combined to form **del.**

> Los señores Castillo están lejos   *Mr. and Mrs. Castillo are far*
> del museo.   *from the museum.*

These two forms, **al** and **del,** are the only contractions used in Spanish.

(1) Excuse me, sir. Where is the restaurant "La Estancia"? Is it nearby or far away?
(2) It's there on the left, beside the Continental Hotel.

GAUCHO

EJERCICIOS

1. Create new sentences, substituting the word or phrase in the list for the word or phrase in italics.

   a. Las chicas llegan *al hotel.*
      1. centro 2. restaurante 3. farmacia 4. escuela
      5. aeropuerto

   b. El hotel está cerca *del centro.*
      1. museo 2. farmacia 3. aeropuerto 4. universi-
      dad 5. teatro

2. Form sentences for each group of three words, using them in the order given.

   hotel/izquierda/aeropuerto → **El hotel está a la izquierda del aeropuerto.**

   1. restaurante/lado/farmacia   4. escuela/cerca/teatro
   2. hospital/lejos/ciudad   5. museo/derecha/aeropuerto
   3. biblioteca/enfrente/hotel

PREGUNTAS

1. ¿Desea usted viajar a la ciudad de México? ¿Al Perú? 2. ¿Lleva usted un pasaporte al aeropuerto? ¿A la clase de español? 3. ¿Está usted cerca de la ventana *(window)*? ¿Del profesor? 4. ¿Está la casa de usted lejos de la universidad? ¿Del centro?

V. THE PERSONAL A

(1) EDUARDO: Busco *a* María.
(2)   JULIA: Está en la tienda, Eduardo. Busca un regalo para Roberto. También desea comprar un libro para doña Isabel.

1. ¿A quién busca Eduardo?   2. ¿Dónde está María?   3. ¿Qué busca María?   4. ¿Qué desea comprar para doña Isabel?

A personal **a** must precede a direct object that refers to a person or persons.

Juan mira a la chica.	*Juan is looking at the girl.*
Teresa visita a los señores Navarro.	*Teresa is visiting Mr. and Mrs. Navarro.*
Elena llama a un pasajero.	*Elena calls (beckons) a passenger.*

But

Felipe mira el libro.	*Felipe is looking at the book.*
Visitamos el museo de arte.	*We're visiting the art museum.*

EJERCICIOS

1. Create new sentences, substituting the words or phrases in the list for the words or phrases in italics.

   a. Buscamos *al policía*.
      1. azafata   2. chicas   3. hotel   4. doctor
      5. estudiante

   b. Felipe mira *al niño*.
      1. los estudiantes   2. los pasaportes   3. el profesor
      4. las montañas   5. la azafata

(1) I'm looking for María. (2) She's in the shop, Eduardo. She's looking for a present for Roberto. She also wants to buy a book for doña Isabel.

PREGUNTAS

1. ¿Visita usted a unos amigos hoy? 2. ¿Mira usted al profesor?
3. ¿Llama usted a un amigo por teléfono hoy? 4. ¿Visita usted
mucho al doctor?

Actividades

INTERCAMBIOS (EXCHANGES)

Use the **usted** form of the verbs in asking and answering the following
questions.

Señorita Pérez, ask *Señor Ochoa:*

1. si (*if*) el tráfico está horrible hoy
2. si el aire está contaminado aquí
3. si desea visitar el museo de arte

4. si siempre critica la universidad

5. si prepara comida norteamericana
6. dónde está un buen restaurante mexicano
7. si es trabajador(-a)
8. si es brillante

9. si está de vacaciones
10. si es del Perú

Señor Ochoa, answer:

1. que sí, que está terrible ahora
2. que sí, está contaminado

3. que sí, porque desea mirar las exhibiciones de arte internacional
4. que no, que no critica la universidad, pero que critica a los profesores
5. que no, que prepara comida mexicana
6. que «La Casa mexicana» está cerca de la universidad
7. que sí, que estudia mucho
8. que sí, que es muy inteligente
9. que no, ¡qué lástima!
10. que no, que es de Colorado

Ask a classmate the following questions. Then report the information to the class.

1. ¿Preparas comida mexicana? ¿Preparas tacos? ¿Enchiladas? ¿Guacamole?
2. ¿Está en el centro la universidad?
3. ¿Eres de Buenos Aires? ¿De dónde eres?
4. ¿Eres norteamericano(-a)?
5. ¿Dónde estás ahora?
6. ¿Visitas a unos amigos hoy?
7. ¿Eres estudiante en la Universidad de las Américas?
8. ¿Estudias en casa o en la biblioteca?
9. ¿Es simpático(-a) el profesor (la profesora) de español?
10. ¿Siempre criticas la universidad?

En el teléfono

You are calling a friend on the phone. A lady answers and says hello. You ask if your friend is at home. She says yes, and asks you who's calling. You tell her. She says just a minute please. Your friend comes on the phone and asks how you are. You say fine. You ask if he/she wants to study in the library today. He/she says yes. You say you'll come by the house in a few minutes. He/she says "See you later," and you say good-by.

En el ómnibus

You are on the bus with a friend looking for the natural history museum. Your friend asks a passenger where it is. He/she says it's near the Hotel Internacional, next to the Teatro Colón. You thank the passenger and say you want to look at the exhibits on the animals of the region.

EL MUNDO HISPÁNICO

ESPAÑA

CUZCO, PERÚ

LOS ANDES

¿Desea usted hablar español y pasar unas semanas estupendas? Bueno, un viaje a tierras hispánicas es una idea excelente. ¿Necesita tiempo y mucho dinero? ¿No es posible ahora? Pero siempre es posible viajar con la imaginación, ¿no? . . .

Primero llegamos a México, la gran nación al sur de los Estados Unidos. Observamos dos sierras importantes y una gran meseta donde está la capital, México, ciudad grande, moderna, con muchos parques y bonitos museos. En la costa y la península de Yucatán (donde está la ciudad de Mérida) el clima es tropical. En todas partes encontramos gente simpática y comida deliciosa pero picante.

mundo *world*	tiempo *time*	dinero *money*	gran *large*	al sur
de *south of*	sierras *mountain ranges*	parques *parks*	
clima *climate*	gente *people*	comida *food*	picante *hot (spicy)*

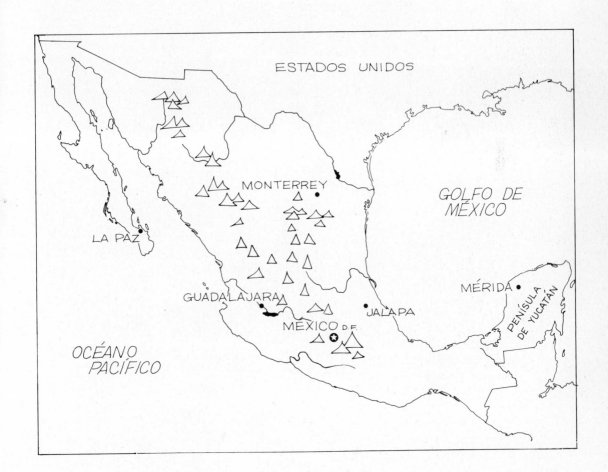

¿O desea usted visitar el Caribe? En tres islas del Mar Caribe la gente habla español: en Cuba, en Puerto Rico y en la República Dominicana. Aquí el clima es muy bueno y el océano muy azul.

Al sur de México está la América Central. Es una región tropical con muchas montañas y volcanes activos. En las seis pequeñas repúblicas de la América Central la gente también habla español: Guatemala, El Salvador, Honduras, Nicaragua, Costa Rica y Panamá. Exportan productos importantes como el café y las bananas (o plátanos).

el Caribe *the Caribbean*   Mar Caribe *Caribbean Sea*   libre *free*
aquí *here*   azul *blue*   montañas *mountains*   pequeñas *small*
también *also*   como *like, such as*   café *coffee*

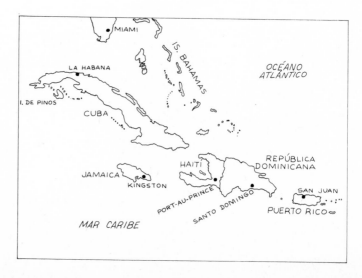

Llegamos luego a los nueve países hispanos de la América del Sur: Venezuela, Colombia y el Ecuador en el norte; el Perú, Bolivia y el Paraguay en el centro; Chile, la Argentina y el Uruguay en el sur. El Brasil y las Guayanas no son países hispanos. En el oeste los Andes dominan el continente.

Es un mundo exótico de animales extraños y grandes contrastes geográficos: selvas impenetrables, desiertos, llanos, y, en el sur, glaciares. Aquí es posible visitar ruinas de civilizaciones muy antiguas y también ciudades muy modernas y cosmopolitas.

luego *then*	países *countries*	norte *north*	sur *south*
oeste *west*	ríos *rivers*	mundo *world*	extraños *strange*
selvas *jungles*	llanos *plains*	antiguas *ancient*	

Finalmente, cruzamos el océano Atlántico y llegamos a España, también un país de contrastes. Forma, con Portugal, la Península Ibérica. Al norte los Pirineos y al sur el Estrecho de Gibraltar separan a España de Europa y de África, respectivamente. España es un país de regiones muy diferentes. En el noroeste y en la costa del Mediterráneo, el clima es ideal, muy moderado. La capital, Madrid, está en la meseta central. Aquí las temperaturas son extremas y en general el clima es árido. En el sur está Andalucía, una región muy fértil, famosa por sus históricas ciudades y la música flamenca.

Y ahora, ¿no desea usted visitar el mundo hispánico?

finalmente *finally*   cruzamos *we cross*   estrecho *strait*
respectivamente *respectively*   árabe *Arabic*   flamenca *Flamenco*
(*Andalusian gypsy music or dance*)

México

1. La biblioteca de la Universidad Nacional, México, D.F.
2. Gente en el centro, México, D.F.

3. *Zapatistas*, 1931, por José Clemente Orozco. Representa una escena de la Revolución Mexicana de 1910. *(Oil on canvas 45 x 55 inches. Collection, The Museum of Modern Art, New York. Given anonymously.)*
4. Panorama de Taxco, famosa ciudad colonial

5

Centroamérica y el Caribe

5. La ciudad de Panamá
6. Una india de San Blas, Panamá
7. El lago de Atitlán, Guatemala
8. En la República Dominicana

6

8

7

9. En una ciudad de Puerto Rico
10. Una estudiante cubana

9

10

Colombia y Venezuela

11. Cartagena, ciudad colonial en la costa del Caribe, Colombia

13

12. La moderna ciudad de Caracas,
    capital de Venezuela
13. El libertador Simón Bolívar
14. En una calle de Caracas

14

Ecuador, Perú y Bolivia

15. Indios de Cuzco, Perú
16. Festival en el Lago Titicaca

15

16

17 18

17. Diseño textil precolombino, Perú
18. Las famosas ruinas de Machu
   Picchu, Perú

19

20

22

19. Llamas en los Andes peruanos
20. Una india del Ecuador
21. En una calle de Quito, la capital de Ecuador
22. Altar colonial, Quito, Ecuador

21

Chile y la Argentina

23. Mar del Plata, centro turístico en el Atlánti[c]
    Argentina
24. Iguazú, Argentina
25. Gauchos en la Argentina
26. En una calle de Buenos Aires, la capital de
    Argentina
27. El Teatro Colón, Buenos Aires

26 27

28. Un rodeo en Chile
29. Panorama chileno

28

29

España

31

33

32

31. Panorama de Andalucía
32. Una frutería
33. En una calle de Sevilla

34. En la costa del Mediterráneo
35. Gente en el centro, Madrid
36. Panorama cerca del Río Duero

34

35

36

37. *Don Manuel Osorio de Zúñiga,* por Francisco de Goya. *(The Metropolitan Museum of Art. The Jules S. Bache Collection, 1949.)*

38. *Mujer con hogazas,* 1905, por Pablo Picasso. *(Philadelphia Museum of Art. Given by Charles E. Ingersoll.)*

39. *San Martín y el mendigo* por El Greco *(National Gallery of Art, Washington, Andrew W. Mellon Collection.)*

37

39

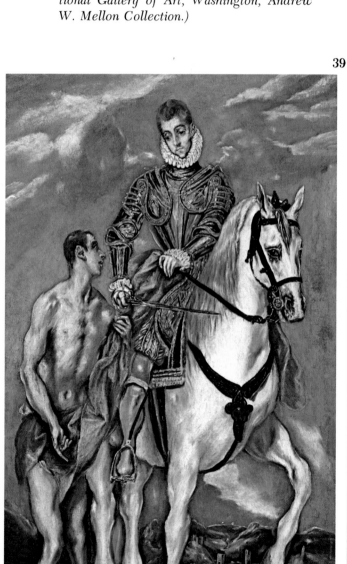

38

CAPÍTULO *Cuatro*

MUSEO NACIONAL DE ANTROPOLOGÍA

México:

OBJECTIVES

Language: In this chapter we introduce, discuss, and practice:
1) regular **-er** verbs in the present tense
2) demonstrative adjectives and pronouns (*this* hat, *those* people, *that one*, and so forth)
3) the present tense of the irregular verb **tener** *(to have)*
4) cardinal numbers 31–100

In addition, you will learn to tell time and say something about your daily schedule. You will also be able to practice situations where you and a friend are deciding in which restaurant to eat and where you are at a bookstore buying a book.

Culture: The dialogue takes place in Mexico City, in the National Museum of Anthropology. You will learn something about the history and peoples of Mexico, the Indian influences, and the ethnic background of the population.

el Museo Nacional de Antropología

Bob, un joven de Nueva York, está en el Museo Nacional de Antropología con Paco, un amigo mexicano.

PACO: ¿Todavía crees que todos los buenos museos están en Nueva York?

BOB: Bueno, casi todos, unos treinta y cinco o cuarenta. Éste es una excepción. Es una maravilla de arquitectura.[1]

PACO: También es estupendo porque la gente común no tiene que leer para aprender. Las cintas presentan la información sobre las civilizaciones del pasado.[2] Así todos los mexicanos aprenden la historia del país.

BOB: Pero hoy día ustedes desprecian a los indios, ¿no? ¿No es verdad que en los países latinos los blancos forman las clases media y alta y controlan el gobierno?

PACO: Eso, en general, es falso. Aquí es casi al revés. Por ejemplo, muchos políticos del país tienen sangre india. La gran mayoría de la clase media es mestiza, y estamos muy orgullosos de esta identidad.

Entran en otra sala.

BOB: ¡Hombre! Aquél debe ser el famoso calendario azteca.[3] ¡Es estupendo!

PACO: Y es un calendario bastante exacto. El año azteca tiene dieciocho meses y cinco días.

BOB: Como hablas del tiempo, ¿qué hora es?

PACO: Son las doce y media.

BOB: ¡Al restaurante, entonces! Debemos comer tacos[4] en honor de Cinteotl, el dios del maíz.

PACO: Tú aprendes pronto, gringo.[5]

BOB: Gracias. Todos los neoyorquinos somos inteligentes.

PACO: ¡Y modestos!

VOCABULARIO

In Spanish, many words that end in **-ción** are similar to words that in English end in *-tion*. In the dialogue for this chapter, there are a number of these cognates ending in **-ción: información, civilización, excepción**. These words are feminine in gender, as are most words in Spanish ending in **-ción**. They will not be included in the vocabulary lists for this or subsequent chapters.

aprender (sobre) *to learn (about)*
comer *to eat*
controlar *to control*
creer *to believe, think*
deber *have to, must, ought to*
despreciar *to look down on, scorn*
formar *to form, constitute*
leer *to read*
tener *to have;* **tener que** + *inf. to have to*

el **mestizo** (la **mestiza**) *mestizo, a person of mixed blood (especially Indian and European)*
el **neoyorquino** *New Yorker*
el **país** *country*
el **pasado** *past*
la **persona** *person*
el **político** *politician*
la **sangre** *blood, heritage*
el **tiempo** *time*
la **verdad** *truth*

la **arquitectura** *architecture*
el **azteca** (la **azteca**) *Aztec*
el **blanco** *white, Caucasian*
la **cinta** *tape*
el **dios** *god*
la **gente** *people*
el **gobierno** *government*
la **hora** *hour*
la **identidad** *identity*
el **indio** (la **india**) *Indian*
el **joven** (la **joven**) *young person*
el **maíz** *corn*
la **maravilla** *marvel, wonder*
la **mayoría** *majority*
el **mes** *month*

alto (-a) *upper; tall*
aquél (aquélla) *that, that one*
azteca *Aztec*
bastante *rather, quite*
común *common, usual, ordinary*
ese (esa) *that*
ése (ésa) *that one*
este (esta) *this*
éste (ésta) *this one*
estupendo (-a) *wonderful, marvelous*
famoso (-a) *famous*
indio (-a) *Indian*

medio (-a) *middle*
orgulloso (-a) *proud*
otro (-a) *other, another*
todo (-a) *all, entire*

así *thus, in this way*
casi *almost*
como *like, as*
entonces *then*
o *or*
para *in order to*
porque *because*
pronto *fast*

también *also, too*
todavía *still, yet*
al revés *the opposite*
en general *in general*
Gracias. *Thank you.*
¡Hombre! *Wow! Hey!*
en honor de *in honor of*
hoy día *nowadays, these
    days*
las doce y media *12:30*
por ejemplo *for example*
¿Qué hora es? *What time
    is it?*

NOTAS CULTURALES

1. The Museum of Anthropology and History of Mexico City is an immense
   structure covered by a roof which hovers 88 feet above the inner court-
   yard, the largest suspended roof in the world. Plants and fountains give a
   cool and pleasant look to the modernistic style of its halls and courts.

2. The museum is intended, in part, as a history book for a people still afflicted
   with a certain amount of illiteracy. Buttons are conspicuously placed near
   the exhibits; when pressed they activate a tape which explains (in Spanish,
   of course) the exhibit. The beginning halls show what anthropology is,
   illustrating its tools and methods. Then follow several halls of exhibits
   from all over the world. However, the largest part of the museum contains
   artifacts from Mexico itself and concentrates on the many and varied
   Indian cultures which successively inhabited its regions.

3. The Aztec calendar stone, or **Piedra del Sol,** is a large carved stone from
   sixteenth century Aztec culture. The year consisted of 18 months, each
   with 20 days, which are represented on the calendar with 20 symbols. Five
   days, considered unlucky and dangerous, followed. During this time the
   Aztecs stayed close to home and behaved cautiously, since it was believed
   that an unfortunate accident might set a pattern of bad luck for the entire
   year ahead.

4. **Tacos,** like many Mexican foods, are made with **tortillas,** flat corn cakes,
   which are cooked and filled with meat, cheese, beans or other vegetables
   and sauces. Corn has been the staple of the Mexican diet from as far back
   as history and mythology record.

5. **Gringo (-a)** is a sometimes pejorative term for a foreigner, mainly for a person from the United States or England. Here, of course, the word is used
   with affection.

1. ¿Dónde están los dos amigos? 2. ¿Quién cree que todos los buenos museos están en Nueva York? 3. ¿Qué presentan las cintas? 4. ¿Desprecian a los indios en México? 5. ¿Es verdad que en México los blancos forman las clases media y alta? 6. ¿Son blancos todos los políticos de México? 7. ¿Es bastante exacto el calendario azteca? 8. ¿Cuántos meses tiene el año azteca? 9. ¿Quién es Cinteotl?

LA PIEDRA DEL SOL

Explicación

I. THE PRESENT TENSE OF REGULAR *-ER* VERBS

(1) JUAN: Luisa, estudias mucho. ¿Qué *lees*?

(2) LUISA: *Leo* un libro de filosofía. *Aprendo* a filosofar.

(3) JUAN: *Creo* que *debes* leer libros prácticos: aprender matemáticas, inglés.

(4) LUISA: Juan, no *debes* despreciar la filosofía. Las grandes ideas del pasado son interesantes.

(5) JUAN: Luisa, ¡es interesante leer sobre el pasado, pero *debes* estudiar para el futuro!

1. ¿Estudia mucho Luisa? 2. ¿Qué lee ella? 3. ¿Qué aprende? 4. ¿Qué cree Juan? 5. ¿Es práctico Juan?

A. Spanish verbs with infinitives ending in **-er** are referred to as second-conjugation, or **-er**, verbs. To conjugate a regular **-er** verb in the present tense, replace the infinitive ending **-er** by the endings **-o, -es, -e, -emos, -éis, -en:**

comer
(to eat)

yo	com**o**	nosotros (-as)	com**emos**
tú	com**es**	vosotros (-as)	com**éis**
él ella usted	com**e**	ellos ellas ustedes	com**en**

(1) Luisa, you study a lot. What are you reading? (2) I'm reading a book on philosophy. I'm learning to philosophize. (3) I think you should read practical books: learn mathematics, English. (4) Juan, you shouldn't look down on philosophy. The great ideas of the past are interesting. (5) Luisa, it's interesting to read about the past, but you'd better study for the future!

B. Other verbs conjugated like **comer** are:

aprender	*to learn*
beber	*to drink*
creer	*to think, believe*
deber	*should, ought, must be*
leer	*to read*

Note that *to think or believe that* is expressed in Spanish with **creer que.**

Creo que la política es interesante.	*I believe (do believe) that politics is interesting.*
¿Qué crees?	*What do you think?*
Aprendes mucho de las cintas, ¿verdad?	*You learn (are learning, do learn) a lot from the tapes, right?*
José debe estar en el museo.	*José must be (should be, probably is) in the museum.*
Debemos estudiar ahora.	*We must (should, ought to) study now.*
Leemos un libro de filosofía.	*We are reading a philosophy book.*
Ustedes comen tacos, ¿no?	*You eat (are eating, do eat) tacos, don't you?*
¿Bebes té o café?	*Do you drink tea or coffee?*

EJERCICIOS

1. Create new sentences, substituting the items in the list for the items in italics.

   a. *Él* come tacos.
      1. yo 2. usted 3. tú 4. ustedes 5. las amigas

   b. *Los estudiantes* aprenden español.
      1. tú 2. ella 3. Carlota y yo 4. yo 5. Manolo

   c. *Yo* bebo mucho té.
      1. usted 2. nosotros 3. los amigos 4. Anita y yo 5. tú

   d. Creo que *Juanita* lee mucho.
      1. Marta 2. ellos 3. Juan y Pablo 4. tú 5. él

2. Select an appropriate sentence ending from the column on the right for each verb in the column on the left.

1. Leen   el pasado
2. Bebemos   enchiladas
3. Comes   los libros de antropología
4. Creo que   café
5. Debo   es inteligente
              el inglés
              estudiar

3. Complete the following sentences by filling in an appropriate form of the verb in parentheses.

1. (leer)   Federico _____ un libro estupendo.
2. (comer)   Los niños _____ enchiladas.
3. (beber)   Yo _____ mucho té.
4. (creer)   Fernando _____ que la política es interesante.
5. (deber)   ¿No _____ tú llevar los libros?
6. (aprender) Nosotros _____ español.
7. (creer)   ¿Qué _____ ellas?
8. (deber)   Yo _____ visitar a la señora Pérez en el hospital.

1. ¿Lee usted un libro ahora? ¿Cómo se llama? 2. ¿Lee usted muchos libros? 3. ¿Aprende usted mucho en la universidad? 4. ¿Qué aprendemos aquí? 5. ¿Bebe usted mucho café? ¿Té? 6. ¿Come usted en la cafetería de la universidad? 7. ¿Come usted mucho? 8. ¿Cree usted que la política es interesante? ¿La antropología? ¿La filosofía? 9. ¿Es importante estudiar las grandes ideas del pasado?

II. DEMONSTRATIVE ADJECTIVES AND PRONOUNS

(1)   ANA: Miguel, ¿en qué restaurante comemos?

(2) MIGUEL: En *este* restaurante francés aquí a la derecha. ¿Entramos?

(3)   ANA: No, no deseo comida francesa *esta* noche.

(4) MIGUEL: De acuerdo, preciosa. ¿Y *ése* italiano allí en la esquina? ¿Qué crees?

(5)   ANA: Creo que *ése* no es bueno.

(6) MIGUEL: De acuerdo, cielo. ¿Y *aquel* restaurante mexicano en la calle Colón?

(7)   ANA: Pero está lejos de aquí.

(8) MIGUEL: Pues, ¿en *esta* cafetería aquí cerca?

(9)   ANA: En *ésa* la comida es cara, ¿no?

(10) MIGUEL: ¡Ay, ay, ay! ¿Por qué no comemos en casa?

1. ¿Dónde está el restaurante francés? 2. ¿Por qué no desea Ana comer allí? 3. ¿Dónde está el restaurante italiano? 4. ¿Cree Ana que éste es bueno? 5. ¿Dónde está el restaurante mexicano? 6. ¿Está éste muy cerca? 7. ¿Cómo es la comida en la cafetería? 8. ¿Dónde desea comer Miguel?

(1) Miguel, what restaurant shall we eat in? (2) In this French restaurant here on the right. Shall we go in? (3) No, I don't want French food this evening. (4) Okay, dear. And that Italian one there on the corner? (5) I think that that one isn't good. (6) Okay, honey. And that Mexican restaurant on Columbus Street? (7) But it's far from here. (8) Well, in this cafeteria right here? (9) The food in that one is expensive, isn't it? (10) Good grief! Why don't we eat at home?

A. Demonstrative Adjectives

1. Demonstrative adjectives are used to point out or indicate a particular person or object. They precede the nouns they modify and agree with them in gender and number.

DEMONSTRATIVE ADJECTIVES

		Singular		Plural
masculine	este	this	estos	these
feminine	esta		estas	
masculine	ese	that	esos	those
feminine	esa		esas	
masculine	aquel	that . . . over there	aquellos	those . . . over there
feminine	aquella		aquellas	

¿Siempre comes en este restaurante?	Do you always eat in this restaurant?
Esta arquitectura es una maravilla.	This architecture is a wonder.
¿Qué aprenden de estas cintas?	What are you learning from these tapes?
¿Ese señor? Es profesor.	That man? He's a teacher.
Esos señores son políticos.	Those men are politicians.
Aquella chica es muy simpática.	That girl (over there) is very nice.
Aquel político es el presidente.	That politician (over there) is the president.

2. Both **ese** and **aquel** correspond to *that* in English. **Ese, esa, esos,** and **esas** are used to indicate persons or objects located fairly close to the person addressed. **Aquel, aquella, aquellos,** and **aquellas** are used to indicate persons or objects that are remote or distant from both the speaker and the person spoken to.

B. Demonstrative Pronouns

1. Demonstrative pronouns in Spanish have the same form as demonstrative adjectives, except that the pronouns have written accents. They agree in gender and number with the noun they replace.

¿Éste? Es un libro de filosofía.	This? It's a philosophy book.

Éstos son calendarios.	*These are calendars.*
Ésta es la idea de Paco.	*This is Paco's idea.*
¿Éstas? Son cintas.	*These? They're tapes.*
Ésa es muy orgullosa.	*That one is very proud.*
Ésas no son enchiladas.	*Those aren't enchiladas.*
¿Ése? Es un estudiante francés.	*That one? He's a French student.*
¿Qué son ésos? Son tacos.	*What are those? They're tacos.*
¿Hablas de aquél o de aquélla?	*Are you talking about that one (masculine) or that one (feminine)?*
¿Aquéllas? Son españolas.	*Those (over there)? They're Spanish.*
Aquéllos no son buenos.	*Those (over there) aren't good.*

2. There are three neuter demonstrative pronouns in Spanish: **esto** *(this)*, **eso** *(that)* and **aquello** *(that—distant)*. They are used to refer to statements, abstract ideas, or something that has not been identified. There are no plural forms, and they do not take a written accent.

Esto no es muy bueno.	*This (situation, idea, etc.) isn't very good.*
¿Qué es eso?	*What's that (thing, situation, etc.)?*
Todo aquello es de don Sancho.	*All that (remote, distant) is Don Sancho's.*

EJERCICIOS

1. Create new sentences, substituting the items from the list for the items in italics.

   a. Compro esa *mesa.*
      1. regalos 2. diccionario 3. casa 4. tranquilizante 5. libros

   b. Hablo con este *señor.*
      1. chica 2. turista 3. niños 4. profesores
      5. azafatas

   c. Aquella *biblioteca* es buena.
      1. hotel 2. tiendas 3. restaurantes 4. farmacia
      5. cafetería

2. Change the nouns to the feminine, and make any other necessary changes in the adjectives.

1. Este chico es inteligente.
2. Ese niño es bueno.
3. Esos amigos son norteamericanos.
4. Esos mexicanos son simpáticos.
5. Ese chileno es bajo.

3. Change the nouns to the plural, and make any other necessary changes in the adjectives.

1. Este restaurante es bueno.
2. Esta comida es típica.
3. Ese hotel es caro.
4. Esa escuela es grande.
5. Este animal es precioso.

4. Replace the following noun phrases with pronouns.

esa noche → ésa

1. estas agencias
2. este teatro
3. aquellos hoteles
4. ese amigo
5. esta biblioteca
6. estos aviones
7. aquel pasajero
8. aquellas chicas
9. esos conciertos
10. esa ciudad

PREGUNTAS

1. ¿Desea usted comer en un restaurante francés esta noche? ¿En un restaurante italiano? ¿En un restaurante mexicano? 2. ¿Es cara la comida en esta cafetería en la universidad? 3. ¿Estudia mucho esta chica? ¿Ésa? ¿Aquélla? 4. ¿Está nervioso este chico? ¿Ése? ¿Aquél? 5. ¿Qué es esto? (Es un libro.) ¿Eso? 6. ¿Qué es esto? (Es una ventana.) ¿Eso? 7. ¿Cómo se llama este chico? ¿Ése? ¿Aquél?

III. PRESENT INDICATIVE OF *TENER*

(1) RAMÓN: Ana, ¿*tienes* ganas de ver una película esta noche?

(2) ANA: Sí, Ramón, pero *tengo* que estudiar para la clase de inglés.

(3) RAMÓN: ¡Qué lástima! La película en el cine Azteca es muy interesante: «El honor y la sangre», con Clint Westwood.

(4) ANA: ¿Y el examen de inglés que *tenemos* mañana?

(5) RAMÓN: Estudias en el cine. ¡La película es en inglés!

(6) ANA: ¡Qué bueno! ¿Llevo el diccionario?

1. ¿Tiene Ana ganas de ver una película? 2. ¿Para qué clase tiene que estudiar? 3. ¿En qué cine tienen una película interesante? 4. ¿Cómo se llama la película? 5. ¿Es en inglés o en español?

A. The verb **tener** is irregular.

tener
(to have)

SINGULAR	PLURAL
tengo	tenemos
tienes	tenéis
tiene	tienen

No tengo mucho trabajo.	*I don't have much work.*
¿Tenemos tiempo para comer?	*Do we have time to eat?*
¿Qué tienes allí?	*What do you have there?*
Un mestizo tiene sangre india.	*A mestizo has Indian blood.*
Ustedes tienen muchos amigos.	*You have many friends.*
Los señores Gómez tienen una farmacia.	*Mr. and Mrs. Gómez have a pharmacy.*

(1) Ana, do you want to see a film tonight? (2) Yes, Ramón, but I have to study for English class. (3) Too bad! At the Aztec Theater they have an interesting film, "Honor and Blood," with Clint Westwood. (4) And the English exam we have tomorrow? (5) You (can) study in the theater. The film's in English! (6) Great! Shall I take the dictionary?

B. **Tener** is used in many idiomatic expressions, many of which will be presented in Chapter 9. Two of the more common expressions using **tener** are **tener que** + infinitive *(to have to + infinitive)* and **tener ganas de** + infinitive *(to feel like + infinitive).*

Tengo que estudiar.	*I have to study.*
Tienen que buscar los pasaportes.	*They have to look for the passports.*
¿Tienes ganas de visitar a Enrique?	*Do you feel like visiting Enrique?*
Tienen ganas de ver la película.	*They want to see (feel like seeing) the film.*

EJERCICIOS

1. Create new sentences, substituting the words in the list for the words in italics.

   a. *Yo* tengo los regalos.
      1. él   2. nosotros   3. Manolo y Rafael   4. tú
      5. Ana

   b. *Ana* tiene ganas de ver una película.
      1. yo   2. tú   3. Fernando y Susana   4. usted
      5. ustedes

   c. *Los chicos* tienen una idea.
      1. ella   2. Paco   3. tú   4. nosotros   5. yo

2. Create ten sentences using the following material. Use each subject pronoun twice.

él	tenemos	el diccionario
yo	tienen	los regalos
ellos	tiene	ganas de viajar
tú	tengo	que estudiar
nosotros	tienes	un amigo chileno
		ganas de comer
		la información
		que buscar un hotel
		ganas de ver una película
		los diez pesos

PREGUNTAS

1. ¿Tiene usted ganas de ver una película? ¿Cuál? 2. ¿Tiene que estudiar mucho esta noche? ¿Y mañana? 3. ¿Tienen un concierto interesante este fin de semana en la universidad? 4. ¿Tienen una película interesante en el cine? 5. ¿Tienen una película en español ahora? 6. ¿Tiene usted muchos amigos latinoamericanos? 7. ¿Tenemos muchos estudiantes brillantes en la clase? 8. ¿Tienes tú un pasaporte? 9. ¿Tienes ganas de viajar? ¿Adónde? 10. ¿Tiene usted sangre india? ¿Europea? ¿Africana? ¿Oriental?

IV. CARDINAL NUMBERS 31–100

En la librería

(1) ESTUDIANTE: Señorita, necesito un libro sobre la civilización azteca.

(2) SEÑORITA: Este libro es muy bueno. ¿Es usted estudiante?

(3) ESTUDIANTE: Sí. ¿Qué precio tiene, por favor?

(4) SEÑORITA: *Ochenta* pesos.

(5) ESTUDIANTE: ¿Y el precio de ése?

(6) SEÑORITA: *Sesenta y cinco.*

(7) ESTUDIANTE: ¿Y aquél allí?

(8) SEÑORITA: *Cincuenta y cinco.*

(9) ESTUDIANTE: Bueno, gracias. Llevo aquél.

1. ¿Dónde está el estudiante? 2. ¿Qué necesita el estudiante? 3. ¿Qué precio tiene el libro que lleva?

In the bookstore

(1) Miss, I need a book on the Aztec civilization. (2) This book is very good. Are you a student? (3) Yes. How much is it, please? (4) Eighty pesos. (5) And that one, how much is that? (6) Sixty-five. (7) And that one over there? (8) Fifty-five. (9) Okay, thank you. I'll take that one over there.

31	treinta y uno (-a)	39	treinta y nueve
32	treinta y dos	40	cuarenta
33	treinta y tres	50	cincuenta
34	treinta y cuatro	60	sesenta
35	treinta y cinco	70	setenta
36	treinta y seis	80	ochenta
37	treinta y siete	90	noventa
38	treinta y ocho	100	cien (ciento)

A. While the numbers *sixteen* to *nineteen* and *twenty-one* to *twenty-nine* are usually written as one word in Spanish, notice that subsequent numbers are always written in the long form: **treinta y uno.**

veintidós muchachas	*twenty-two girls*
treinta y dos muchachas	*thirty-two girls*
cuarenta y una ciudades	*forty-one cities*
noventa y nueve hoteles	*ninety-nine hotels*

B. **Ciento** is shortened to **cien** before a noun.

cien chicos	*one hundred boys*
cien chicas	*one hundred girls*

EJERCICIOS

1. Read in Spanish.

1. 41	6. 92
2. 58	7. 100
3. 93	8. 79
4. 85	9. 44
5. 67	10. 84

2. Write out each of the numbers.

1. 70 pesos	6. 49 chicos
2. 81 libros	7. 55 argentinos
3. 42 conciertos	8. 90 mesas
4. 56 hoteles	9. 97 políticos
5. 65 calles	10. 100 horas

3. Write the numerals for each of the following.

1. treinta y ocho
2. noventa y dos
3. sesenta y siete
4. sesenta y tres
5. setenta y nueve

6. ochenta y cuatro
7. cien
8. cuarenta
9. cincuenta y uno
10. treinta y tres

V. TELLING TIME

ES LA UNA.

ES LA UNA Y CUARTO
(QUINCE).

ES LA UNA Y MEDIA
(TREINTA).

SON LAS DOS MENOS
VEINTE DE LA TARDE.

SON LAS DOS MENOS
CUARTO DE LA
MAÑANA.

SON LAS DOS EN
PUNTO DE LA TARDE.

A. To tell time in Spanish, use a third person form of **ser** (**es** for *one o'clock* and **son** for all other hours) plus the feminine form of the definite article (**la** for *one* and **las** for all others) plus the hour.

¿Qué hora es?	*What time is it?*
Es la una.	*It's 1:00 (one o'clock).*
Son las dos.	*It's 2:00.*
Son las once.	*It's 11:00.*
Son las once en punto.	*It's 11:00 on the dot.*

B. To express the time between the hour and the half hour, add the number of minutes to the hour by using **y.**

Es la una y veinte.	*It's 1:20.*
Son las seis y diez.	*It's 6:10.*
Son las ocho y cinco.	*It's 8:05.*

C. To express the time between the half hour and the next hour, subtract the number of minutes from the next hour by using **menos** *(less).*

Es la una menos veinte.	*It's twenty to 1:00.*
Son las tres menos diez.	*It's ten to 3:00.*
Son las cuatro menos veinticinco.	*It's 3:35.*

D. A quarter past the hour and a quarter till the next hour is expressed by either **cuarto** or **quince.** Half past the hour is expressed by **media** or **treinta.**

Son las cinco y cuarto (cinco y quince).	*It's 5:15.*
Es la una menos cuarto (la una menos quince).	*It's a quarter to 1:00.*
Son las diez y media (las diez y treinta).	*It's 10:30.*
¿A qué hora llega? Llega a las dos y cuarto.	*At what time is he arriving? He's arriving at 2:15.*
Tengo que estar allí a las diez y media.	*I have to be there at 10:30.*

Note the use of the preposition **a** in the last two examples.

E. **De la mañana** is used for A.M., and **de la tarde** or **de la noche** for P.M. **De la tarde** is generally used up until about 7:00 P.M.

José llega al aeropuerto a las tres de la mañana.	*José is arriving at the airport at 3:00 A.M.*
En España cenamos a las diez de la noche.	*In Spain we eat at 10:00 P.M.*
La película es a las cuatro de la tarde.	*The film is at 4:00 P.M.*

EJERCICIOS

1. Give the time on each clock in Spanish.

2. Create new sentences, substituting the items in the list for the item in italics.

El avión llega *a las dos y media de la tarde.*

1. at 6:30 P.M.
2. at 8:45 A.M.
3. at 10:15 P.M.
4. at 9:30 A.M.
5. at 6:45 A.M.

PREGUNTAS

1. ¿Qué hora es? 2. ¿A qué hora debemos estar en la clase de español? 3. ¿A qué hora cena usted? 4. ¿A qué hora de la mañana llega a la universidad? 5. ¿A qué hora llega a casa?

Actividades

INTERCAMBIOS

Use the **usted** form of the verbs in asking and answering the following questions.

Señorita Miura, ask *Señor Varela:*   *Señor Varela,* answer:

1. si cree que la política es interesante
2. si bebe mucho café
3. si debe estudiar en la biblioteca
4. qué es eso
5. qué aprende de este libro
6. cuántos son veinticinco más veinticinco
7. si tiene ganas de ver una película esta noche
8. si tenemos muchos estudiantes en la clase
9. si tiene un pasaporte
10. qué hora es

1. que sí, que es muy interesante
2. que no, que bebe té
3. que no, que estudia en casa
4. que es un libro
5. que aprende español
6. que son cincuenta
7. que no, que tiene que estudiar
8. que sí, que tenemos cuarenta
9. que sí
10. que son las diez

ENTREVISTA

Ask a classmate the following questions, then report the information you have gathered to the class.

1. ¿Crees que es importante o no es importante estudiar el pasado?
2. ¿Qué libros lees ahora?
3. ¿Aprendes mucho en esta universidad?
4. ¿Deseas comer en un restaurante mexicano esta noche? ¿Cuál?
5. ¿Qué película tienes ganas de ver?
6. ¿Tienes amigos latinoamericanos? ¿Mexicanos?
7. ¿A qué hora llegas a la universidad?
8. ¿A qué hora tienes que estar en clase?
9. ¿Tienes 75 pesos?
10. ¿Bebes café con la cena?

SITUACIONES

You and a friend are trying to decide what restaurant to eat in. You ask if he wants French food. He says yes. You ask if he wants to eat in this French restaurant on the right. He says no, that one is expensive. You ask if he'd like to eat in that restaurant on the corner. He says no, that isn't good. You ask about that French restaurant on Colón Street. He says yes, that one is good.

You are at a bookstore. You tell the proprietor you want a book on Mexican politics. He says that he has a very good book. He asks if you are a student, and you reply that you are. You ask how much the book is. He replies that it is 90 pesos. You say fine, you'll take it.

CAPÍTULO *Cinco* 5

CHILE, LOS ANDES

Chile:

OBJECTIVES

Language: In this chapter we introduce, discuss, and practice:
1) the present tense of regular **-ir** verbs
2) the irregular verb **ir** *(to go)*
3) talk about the weather
4) ordinal numbers (first, second, third, and so on)
5) dates (days of the week and months of the year)

These elements will enable you, among other things, to talk about the weather (but not to do anything about it), to talk about travels, and to refer to events during the weeks and months to come. The **Entrevista** at the end of the chapter will provide opportunities to find out where the people in the class are from, where they live, and some of the things they do when they are not studying Spanish.

Culture: The dialogue contrasts the July weather conditions in Canada with those in Chile and points up other contrasts and similarities between the two countries.

un país de inmigrantes

Anita, una estudiante del Canadá, pasa las vacaciones de verano en Santiago
con una familia chilena. Va en auto con los dos hijos de la familia.

ANITA: ¡Caramba! Hace mucho frío.

MARGARITA: Naturalmente. Es el primero de julio. ¿Qué
tiempo hace ahora en Vancouver?

ANITA: Hace calor. Los domingos todo el mundo va a la
playa.   5

ERNESTO: ¡Qué chistoso! En Chile vamos a la playa en
diciembre, enero y febrero.

ANITA: ¿Y esquían ustedes en aquellas montañas cubier-
tas de nieve?[1]

MARGARITA: Ahora sí, pues es invierno.   10

ANITA: ¡Dios mío! Aquí todo está al revés.

ERNESTO: No, ustedes están al revés. Aquí somos normales.

MARGARITA: ¿Vamos a la Alameda?

ANITA: ¿Adónde?

MARGARITA: Es la calle central. El nombre verdadero es   15
Avenida Bernardo O'Higgins[2] en honor del héroe
nacional, el «Jorge Washington» de Chile.

ANITA: ¿Estás segura? ¿No es de Irlanda?

ERNESTO: ¡Qué va! Chile, como el Canadá, es un país de
inmigrantes. Aquí vive gente de origen inglés,   20
italiano, alemán, español . . .

ANITA: ¿Y los indios?

MARGARITA: Existen principalmente en la literatura. Pero,
claro, muchos chilenos somos indios en parte.[3]

ERNESTO: Chicas, es hora de tomar el té.[4]   25

MARGARITA: Es costumbre aquí tomar el té o una merienda a
las seis.

ANITA: La contribución cultural de los ingleses, ¿verdad?

MARGARITA: Posiblemente. Es necesario porque cenamos
tarde, a las nueve o a las diez.   30

ERNESTO: Esta noche vamos a un buen restaurante y luego
tú escribes a Vancouver sobre los platos típicos
de Chile: la cazuela, los erizos . . .[5]

ANITA: ¡Y voy a describir Chile como un país cosmopolita
de muchas sorpresas!   35

VOCABULARIO

Many adverbs are formed in Spanish by adding **-mente** to the singular feminine form of an adjective, just as in English adverbs can be formed by adding *-ly* to the adjective. Some examples of these occur in this dialogue; and you should be aware that the **-mente** ending signals an adverb: **principalmente** *principally*, **posiblemente** *possibly*, **naturalmente** *naturally*.

describir *to describe*
escribir (sobre) *to write (about)*
esquiar *to ski*
existir *to exist*
ir *to go;* **ir a** + infinitive *to be going to* + infinitive
tomar *to take; to drink*
vivir *to live*

el **auto** *auto*
la **avenida** *avenue*
el **calor** *heat, warmth*
la **calle** *street*
la **costumbre** *custom;* **es costumbre** *it's the custom*
el **diciembre** *December*
el **domingo** *Sunday*
el **enero** *January*
el **febrero** *February*
el **frío** *cold*
el **héroe** *hero*

el **hijo** (la **hija**) *son (daughter)*
los **hijos** *sons and daughters, children*
el **inmigrante** *immigrant*
el **invierno** *winter*
el **julio** *July*
la **literatura** *literature*
la **merienda** *snack*
la **nieve** *snow*
la **noche** *night*
el **origen** *origin*
el **país** *country*
la **playa** *beach*
la **sorpresa** *surprise*
tarde *late*
el **tiempo** *weather*
el **verano** *summer*

¿adónde? *where?*
luego *then*
solamente *only*

alemán (-a) *German*

central *main, central*

cosmopolita *(m. & f.) cosmo-politan*

cubierto (-a) de *covered (with)*

chileno (-a) *Chilean*

chistoso (-a) *funny, humorous*

necesario (-a) *necessary*

primero (-a) *first*

seguro (-a) *sure, certain*

verdadero (-a) *true, real*

¡Caramba! *Ha! Wow! Good gracious!*

claro *of course*

en parte *partly*

es hora de *it's time to*

hace calor *it's warm, hot*

hace frío *it's cold*

¡Qué chistoso! *How funny!*

¡Qué tiempo hace? *What's the weather like?*

¡Qué va! *Oh, come on!*

todo el mundo *everyone, everybody*

NOTAS CULTURALES

1. The mountains seen from Chile's capital city, Santiago, are the foothills of the Andes and in the winter are topped with snow.

2. Bernardo O'Higgins is the hero of Chile's war of independence against Spain (1814–1818). His mother was a Chilean, his father an Irish immigrant who began as a traveling peddler in Ireland, moved to Spain, and was later appointed viceroy of Peru by the Spanish government. (This was a most unusual case in socially rigid, colonial Spanish America.) A brilliant and daring general during the war, O'Higgins served afterwards as the first leader of the government of Chile.

3. The Indians of Chile, **los araucanos,** had a much less advanced civilization than the Incas of the north. However, they were fierce fighters: their resistance to the Spaniards lasted until the end of the nineteenth century. Those Indians who were not killed were absorbed through miscegenation to the point that the average Chilean of today is mestizo in appearance.

4. Chileans and many other Latin Americans pause in late afternoon for a **merienda,** a light meal which usually includes biscuits, cookies or pastry accompanied by tea, coffee or a soft drink.

5. **Cazuela,** one of the several distinctive dishes of Chilean cooking, is halfway between a soup and a stew. It consists of large chunks of chicken or beef, whole potatoes, carrots, seasonings, and stock. **Erizos** are sea urchins eaten raw with chopped onions, parsley, and lemon juice, as snacks or appetizers.

PREGUNTAS

1. ¿Dónde pasa Anita las vacaciones de verano? 2. ¿Qué tiempo hace en Chile en julio? 3. ¿Hace frío en Vancouver en el verano? 4. ¿Cuándo van a la playa en Chile? 5. ¿Qué es la Alameda? 6. ¿Cuál es el nombre verdadero de la Alameda? 7. ¿Es Chile un país de inmigrantes? 8. ¿A qué hora toman la merienda? ¿Qué toman? 9. ¿Cenan temprano en Chile? 10. ¿Cuáles son dos platos típicos de Chile?

EN LA PLAYA

Explicación

I. THE PRESENT TENSE OF REGULAR *-IR* VERBS

(1) ALICIA: Juan, ¿qué estudias?
(2) JUAN: No estudio. *Escribo.*
(3) ALICIA: Pues, ¿qué *escribes*?
(4) JUAN: *Escribo* una historia del mundo.
(5) ALICIA: ¡Una historia del mundo!
(6) JUAN: Alicia, estudiar el pasado es comprender el futuro. Una persona *existe* solamente sesenta o setenta años. ¿Para qué *vivimos*? ¿Para qué estamos aquí? ¿Para qué . . . ?
(7) ALICIA: ¿Para qué hablas de esas tonterías? ¿Por qué no comemos ahora, señor Sócrates?

1. ¿Qué escribe Juan? 2. ¿Cuántos años vive una persona? 3. Estudiar el pasado es comprender el futuro. ¿Está usted de acuerdo con esto? 4. ¿Cree usted que Juan habla de tonterías?

A. Spanish verbs with infinitives ending in **-ir** are referred to as third-conjugation, or **-ir**, verbs. To conjugate regular **-ir** verbs in the present tense, replace the infinitive ending **-ir** with the endings **-o, -es, -e, -imos, -ís, -en:**

vivir
(to live)

yo	viv**o**	nosotros (-as)	viv**imos**
tú	viv**es**	vosotros (-as)	viv**ís**
él ⎫ ella ⎬ viv**e** usted ⎭		ellos ⎫ ellas ⎬ viv**en** ustedes ⎭	

(1) Juan, what are you studying? (2) I'm not studying. I'm writing. (3) Well, what are you writing? (4) I'm writing a history of the world. (5) A history of the world! (6) Alicia, to study the past is to understand the future. A person exists only sixty or seventy years. Why are we living? Why are we here? Why . . . ? (7) Why are you talking such nonsense? Why don't we go eat now, Mr. Socrates?

The endings for regular **-ir** verbs in the present tense are the same as the endings for regular **-er** verbs except in the first and second person plural forms (**nosotros vivimos, vosotros vivís**).

B. Other verbs conjugated like **vivir** are:

abrir *to open*	**escribir** *to write*
describir *to describe*	**existir** *to exist*

Escribo una carta.	*I write (am writing) a letter.*
¿Abres la ventana?	*Are you opening the window?*
Describimos a la chica.	*We are describing the girl.*
Existen solamente en la literatura.	*They exist only in literature.*
¿Dónde vive usted?	*Where do you live?*
Vivo en la Calle Séptima.	*I live on Seventh Street.*

EJERCICIOS

1. Change each sentence substituting the new item for the item in italics.

   a. *Yo* escribo una carta.
      1. usted 2. tú 3. ustedes 4. Marta
      5. Pablo y yo

   b. *La señora González* vive en Texas.
      1. tú 2. usted 3. los señores Henderson
      4. María y yo 5. yo

   c. *Juan* describe una película.
      1. nosotros 2. Paco y Anita 3. yo 4. usted 5. tú

   d. *El profesor* abre la ventana.
      1. ellos 2. yo 3. usted 4. tú 5. el señor García

2. Fill in the appropriate form of the verb in parentheses.

   1. (vivir)   Anita _____ en California.
   2. (describir) Nosotros _____ la ciudad.
   3. (abrir)   Enrique _____ la ventana.
   4. (escribir) Los profesores García y Ramírez _____ un libro.
   5. (vivir)   Alberto y yo _____ en la Avenida Colón.

6. (escribir) Tú _____ una historia del mundo.
7. (abrir) Yo _____ el libro.
8. (describir) María y Elena _____ el mundo del futuro.
9. (existir) ¿_____ los ángeles?
10. (vivir) ¿_____ los señores Ramos en la Calle Florida?

PREGUNTAS

1. ¿Escribe usted muchas cartas? 2. ¿Vive usted cerca de la universidad? 3. ¿En qué calle vive? 4. ¿Dónde vive el presidente de los
Estados Unidos? 5. ¿En qué ciudad vivimos nosotros? 6. ¿Existen
los ángeles?

II. THE IRREGULAR VERB *IR*

(1) PACO: Enrique, ¿adónde *vas* de vacaciones este
verano?
(2) ENRIQUE: *Voy* a Viña del Mar, a la playa.
(3) PACO: ¿Con quién *vas*?
(4) ENRIQUE: *Voy* con Pablo. *Vamos* a estar allí tres o
cuatro semanas, durante el mes de
diciembre.
(5) PACO: ¿*Van* en auto?
(6) ENRIQUE: No, *vamos* en ómnibus. Y tú, Paco, ¿adónde
vas?
(7) PACO: Paso las vacaciones aquí en la universidad.
(8) ENRIQUE: ¡Qué lástima, amigo! ¿Por qué no *vas* con
nosotros?

1. ¿Adónde va Enrique de vacaciones? 2. ¿Va a la playa o a las
montañas? 3. ¿Con quién va? 4. ¿Van en avión, en tren o
en ómnibus? 5. ¿Dónde pasa Paco las vacaciones?

(1) Enrique, where are you going for vacation this summer? (2) I'm going to Viña del
Mar, to the beach. (3) Who are you going with? (4) I'm going with Pablo. We're going
to be there three or four weeks, during the month of December. (5) Are you going by
car? (6) No, we're going by bus. And you, Paco, where are you going? (7) I'm spending
the vacation here at the university. (8) What a shame! Why don't you go with us?

A. The present tense forms of the irregular verb **ir** are:

ir

(to go)

SINGULAR	PLURAL
voy	vamos
vas	vais
va	van

¿Vas de vacaciones este invierno?	*Are you going on vacation this winter?*
¿Vamos en auto o en ómnibus?	*Are we going by car or bus?*

B. Like other verbs of motion, the verb **ir** is usually followed by the preposition **a** when a destination is mentioned.

Voy a la playa.	*I'm going to the beach.*
Enrique va a Acapulco.	*Enrique is going to Acapulco.*
Paco y Anita van al café.	*Paco and Anita are going to the café.*

C. The verb **ir** is also followed by the preposition **a** before an infinitive. The **ir a** + *infinitive* construction is often used in place of the future tense to express an action or event that is going to take place.

Voy a tomar un café.	*I'm going to have (a cup of) coffee.*
Va a ser un concierto excelente.	*It's going to be an excellent concert.*
Vamos a ir de vacaciones en la primavera.	*We're going to take a vacation in the spring.*

EJERCICIOS

1. Create new sentences, substituting the words or phrases in the list for the words or phrase in italics.

a. *José* va a las montañas.
    1. Elena y Paco   2. yo   3. nosotros   4. el profesor
    5. tú

b. *Nosotros* vamos al restaurante.
   1. Elena 2. Enrique y Silvia 3. yo 4. tú
   5. Paco y yo

c. *Estela* va a ir al concierto mañana.
   1. nosotros 2. yo 3. Felipe y Roberto 4. la
   señora Rodríguez 5. tú

2. Complete each sentence with the correct present tense forms of **ir**.

1. Nosotros _____ a la playa.
2. Tú _____ al café.
3. ¿_____ ellos a pasar las vacaciones aquí?
4. Felipe _____ a ir a la playa.
5. ¿_____ usted al hospital?
6. María y José _____ al concierto.
7. Yo _____ a necesitar los tranquilizantes.
8. ¿_____ ustedes a ir con nosotros?
9. Nosotros _____ a pasar una semana allí.
10. Yo _____ a Buenos Aires.

3. Using the *ir a* + *infinitive* construction, change the sentences to indicate that María is going to do these things later.

Mira las tiendas. → **Va a mirar las tiendas.**

1. Entra en una tienda.
2. Busca un regalo para una amiga.
3. Prepara la comida.
4. Toma un café.
5. Va al concierto.

PREGUNTAS

1. ¿Adónde va usted de vacaciones este verano? 2. ¿Va con un amigo o una amiga? 3. ¿Cómo va(n) a viajar: en tren, en auto, en avión o en ómnibus? 4. ¿Va usted mucho a la playa? ¿A las montañas? 5. ¿Va usted a ir de vacaciones durante el mes de diciembre? 6. ¿Va usted a tomar un café después de la clase?

III. *HACE* WITH WEATHER EXPRESSIONS; IDIOMS WITH *TENER*

(1) ANITA: *¡Qué calor hace!* Voy a abrir la ventana, Pedro.
(2) PEDRO: ¿Calor? Yo *tengo frío.*
(3) ANITA: Pero yo *tengo calor.* Necesito aire.
(4) PEDRO: Anita, *¡hace frío!*
(5) ANITA: Abuela, ¿crees que *hace frío o calor* hoy?
(6) ABUELA: ¿Frío? ¿Calor? *¡Hace un tiempo magnífico!*

1. ¿Quién tiene frío? 2. ¿Quién tiene calor? 3. ¿Quién va a abrir la ventana? 4. ¿Quién necesita aire? 5. ¿Cree la abuela que hace frío o calor?

A. The third person singular of the verb **hacer** *(to make or do)*, **hace**, is used with certain nouns to make statements about the weather.

Hace calor en el verano.	*It's warm in the summer.*
Hace frío en el invierno.	*It's cold in the winter.*
Siempre hace buen tiempo en la primavera.	*It's always nice weather in the spring.*
Hace viento en el otoño.	*It's windy in the fall.*
Hace sol en las montañas.	*It's sunny in the mountains.*
Hace calor en el verano pero ahora hace fresco.	*It's warm (hot) in the summer but now it's cool.*
¿Qué tiempo hace?	*How's the weather?*
Hace buen tiempo.	*The weather is good.*

B. Note that **mucho** *(very)* is used in many of these expressions.

Hace mucho frío.	*It's very cold.*
Hace mucho viento.	*It's very windy.*
Hace mucho calor.	*It's very hot.*
Hace mucho sol.	*It's very sunny.*

(1) How warm it is! I'm going to open the window, Pedro. (2) Warm? I'm cold. (3) But I'm warm. I need air. (4) Anita, it's cold! (5) Grandmother, do you think it's cold or warm today? (6) Cold? Warm? It's magnificent weather!

C. The idiomatic expression **tener frío** means *to be cold,* while **tener calor** means *to be warm (hot).*

Tenemos calor.   *We're warm (hot).*
¿Tienes frío?   *Are you cold?*

EJERCICIOS

1. Answer, following the example.

¡Qué calor! → **Sí, hace calor hoy.**

1. ¡Qué frío!
2. ¡Qué sol!
3. ¡Qué buen tiempo!
4. ¡Qué viento!
5. ¡Qué calor!

2. Create questions to which the following would be possible answers.

Hace mucho calor hoy. → **¿Qué tiempo hace hoy?**

1. Hace buen tiempo aquí.
2. Hace mucho frío ahora.
3. Hace calor en el verano.
4. Hace viento en las montañas.
5. Donde yo vivo, siempre hace fresco.

3. Give the Spanish equivalent.

1. It's windy in the fall.
2. In the spring, the weather is nice.
3. It's cold in the mountains.
4. What's the weather like today?
5. It's warm in the summer.
6. It's very warm in July.
7. Are you (**tú**) cold today?
8. It's cool in Bogotá.
9. Today the weather is magnificent.
10. It's sunny in Spain.

PREGUNTAS

1. ¿Hace frío hoy? ¿Calor? 2. ¿Hace frío en la clase? ¿Calor?
3. ¿Qué tiempo hace en el invierno? 4. ¿Qué tiempo hace en el
verano? 5. ¿Qué tiempo hace en la primavera? 6. ¿Tiene usted
frío? ¿Calor?

IV. ORDINAL NUMBERS, *FIRST* TO *TENTH*

(1)   SEÑOR OCHOA: Buenas tardes, señor. ¿Tiene un
                         cuarto para esta noche en este hotel?
(2) RECEPCIONISTA: Sí, ¡cómo no!
(3)   SEÑOR OCHOA: ¿A qué precio?
(4) RECEPCIONISTA: En el *primer* piso,* noventa y cinco
                         pesos. En el *segundo* piso, ochenta y
                         cinco.
(5)   SEÑOR OCHOA: ¿Y en el *tercero*?
(6) RECEPCIONISTA: En el *tercer* piso, setenta y cinco.
(7)   SEÑOR OCHOA: ¿Y en el *cuarto*?
(8) RECEPCIONISTA: En el *cuarto* piso, sesenta y cinco.
(9)   SEÑOR OCHOA: ¿Y en el *quinto* piso?
(10) RECEPCIONISTA: Cincuenta y cinco.
(11) SEÑOR OCHOA: Es un buen hotel. Pero ustedes
                         necesitan otro piso más.

1. ¿Qué precio tiene un cuarto en el primer piso (*second floor*)
del hotel? 2. ¿En el segundo piso? 3. ¿En el tercer piso?
4. ¿En el cuarto piso? 5. ¿En el quinto piso? 6. ¿Es un buen
hotel? 7. ¿Qué necesitan?

(1) Good evening, sir. Do you have a room for tonight in this hotel? (2) Yes, of course.
(3) How much are they? (4) On the second floor (literally, *the first floor*), ninety-five
pesos. On the third floor, eighty-five. (5) And on the fourth floor? (6) On the fourth
floor, seventy-five. (7) And the fifth floor? (8) On the fifth floor, sixty-five. (9) And on
the sixth floor? (10) Fifty-five. (11) This is a nice hotel. But you need one more floor.

*__el primer piso:__ literally, *the first floor*. However, in Spanish-speaking countries the
first, or ground, floor is called **la planta baja,** and so **el primer piso** is the second floor.

A. The ordinal numbers *first* to *tenth* in Spanish are:

primero (-a)	*first*	sexto (-a)	*sixth*
segundo (-a)	*second*	séptimo (-a)	*seventh*
tercero (-a)	*third*	octavo (-a)	*eighth*
cuarto (-a)	*fourth*	noveno (-a)	*ninth*
quinto (-a)	*fifth*	décimo (-a)	*tenth*

B. Ordinal numbers agree in number and gender with the nouns they modify.

Voy a viajar en segunda clase.	*I'm going to travel second class.*
Los primeros días de la primavera son magníficos.	*The first days of spring are magnificent.*
¡Ésta es la décima vez!	*This is the tenth time!*

C. The final **-o** of **primero** and **tercero** is dropped before a masculine singular noun.

Voy a tomar el primer ómnibus.	*I'm going to take the first bus.*
Es el tercer libro a la derecha.	*It's the third book on the right.*

EJERCICIOS

Fill in the blanks with the ordinal number indicated in parentheses.

1. Es la _____ vez que estoy aquí. (tenth)   2. Es la _____ puerta a la izquierda. (fifth)   3. Es el _____ día de la semana. (third)   4. Van en el _____ auto. (sixth)   5. Viajamos en _____ clase. (first)   6. Es la _____ avenida a la derecha. (second)   7. Va a viajar en _____ clase. (third)   8. Es el _____ piso del hotel. (first)   9. El _____ concierto es esta noche. (seventh)   10. Es el _____ regalo que compro. (ninth)

PREGUNTAS

1. ¿Vive usted en un apartamento? ¿En qué piso vive?   2. Cuando viaja en avión, ¿viaja en primera clase?

V. DATES

(1) EDUARDO: ¿Qué día es hoy?
(2) ESTELA: Es el primero de noviembre.
(3) EDUARDO: ¿Y cuándo es el cumpleaños de Elena, el dieciséis o el veintitrés?
(4) ESTELA: A ver. Es el dieciséis.
(5) EDUARDO: Es un viernes, ¿verdad?
(6) ESTELA: No, es un domingo. Eduardo, ¡debes escribir eso en el calendario!

1. ¿Qué día es (en el diálogo)? 2. ¿Cuándo es el cumpleaños de Elena? 3. ¿Es un viernes? 4. ¿Dónde va a escribir eso Eduardo?

A. The days of the week in Spanish are all masculine. They are not capitalized.

domingo	*Sunday*	jueves	*Thursday*
lunes	*Monday*	viernes	*Friday*
martes	*Tuesday*	sábado	*Saturday*
miércoles	*Wednesday*		

B. The definite article is almost always used with the days of the week as the equivalent of *on*, when *on* could be used in English.

Hoy es jueves.	*Today is Thursday.*
Ella llega el martes.	*She's arriving (on) Tuesday.*
Estudio el viernes.	*I am studying (on) Friday.*

C. The plurals of **sábado** and **domingo** are formed by adding **-s: los sábados, los domingos.** The plurals of the other days are formed simply with the use of the plural article **los.**

(1) What day is it today? (2) It's the first of November. (3) And when is Elena's birthday —the sixteenth or the twenty-third? (4) Let's see. The sixteenth. (5) That's a Friday, right? (6) No, it's a Sunday. Eduardo, you'd better write that on the calendar!

Vamos al parque los domingos.	*We go to the park on Sundays.*
Estoy en la universidad los lunes.	*I'm at the university on Mondays.*
Teresa está en casa los miércoles.	*Teresa is home on Wednesdays.*

D. The months of the year in Spanish are all masculine and are not capitalized.

enero	*January*	julio	*July*
febrero	*February*	agosto	*August*
marzo	*March*	septiembre	*September*
abril	*April*	octubre	*October*
mayo	*May*	noviembre	*November*
junio	*June*	diciembre	*December*

E. With one exception, *the first* (**el primero**), cardinal numbers are used to express dates.

Van al concierto el primero de septiembre.	*They're going to the concert on September 1st.*
Viajan a España el 10 de mayo (el diez de mayo).	*They are traveling to Spain on May 10th.*
Hoy es el 27 de febrero (el veintisiete de febrero).	*Today is February 27th.*
Llegamos el lunes, cuatro de noviembre.*	*We're arriving on Monday, November 4th.*
¿Qué día es hoy? Hoy es jueves, veintitrés de octubre.	*What day is today? Today is Thursday, October 23rd.*

*The definite article **el** is not repeated after the day of the week.

JOVEN CHILENO

EJERCICIOS

1. Create new sentences, substituting the words or phrases in the list for the word or phrase in italics.

a. Hoy es el *dos* de noviembre.
   1. cuatro   2. veintitrés   3. primero   4. dieciocho
   5. treinta

b. Juanita estudia *hoy*.
   1. el viernes   2. el lunes   3. los miércoles   4. los sábados   5. el martes

2. Give the following dates in Spanish.

1. Friday, April 3rd
2. Monday, May 5th
3. Saturday, June 22nd
4. Wednesday, November 17th
5. Sunday, August 31st
6. Tuesday, January 6th
7. Thursday, December 7th
8. Saturday, March 1st
9. Wednesday, September 30th
10. Sunday, February 29th

3. Write the dates of the following holidays in Spanish.

1. Christmas
2. Independence Day (U.S.A.)
3. Mexico's Independence Day (September 16th)
4. New Year's Day (Día del Año Nuevo)
5. All Saints' Day (November 1st)
6. Columbus Day (Día de la Raza)
7. Washington's birthday
8. Día de los Reyes (January 6th)

PREGUNTAS

1. ¿Qué día es hoy?   2. ¿Qué día es mañana?   3. ¿Cuándo es el Día del Año Nuevo?   4. ¿Cuándo es el cumpleaños de usted?

Actividades

Use the **usted** form of the verbs in asking and answering the following questions.

Señorita Diego, ask Señor Cabrillo: *Señor Cabrillo,* answer:

1. dónde vive	1. que vive en la calle Sacramento
2. si escribe muchas cartas	2. que sí
3. si va a un concierto esta noche	3. que no, que va a estar en casa
4. si va a Acapulco en el mes de diciembre	4. que no, que va en enero
5. en qué capítulo del libro de español estamos	5. que estamos en el quinto capítulo
6. qué tiempo hace hoy	6. que hace viento
7. si hace mucho frío hoy	7. que no, pero que hace fresco
8. si va a la clase de español los domingos	8. que no
9. si esquía mucho en el invierno	9. que sí, que va a las montañas a esquiar
10. si cena tarde	10. que no, que cena a las cinco

ENTREVISTA

Ask a classmate the following questions. Then report the information to the class.

1. ¿De qué origen nacional eres? ¿Inglés? ¿Italiano? ¿Alemán? ¿Francés? ¿Africano? ¿Chino? ¿Japonés? ¿Indio? ¿Español? ¿Mexicano? ¿Cubano?
2. ¿Dónde vives?
3. ¿Qué día es tu cumpleaños?
4. ¿Dónde vas a pasar el verano?

5. ¿Adónde vas después de la clase de español?
6. ¿Vas a estar en casa esta noche?
7. ¿Tienes un día favorito de la semana? ¿Cuál?
8. ¿Estás en casa los lunes? ¿Los domingos?

SITUACIÓN

You and a friend are planning a trip to Mexico. You say you are going the first of June. Your friend asks you what the weather is like there in June. You reply that the weather is magnificent. Your friend says that Mexico is a cosmopolitan country. You say that you are going to be there until July 15th.

LA GENTE

Pero, ¿es posible? ¿Es española esa muchacha rubia de ojos azules? Sí, señor.

En Galicia, una región del noroeste de España, la gente es de origen céltico, como los irlandeses y escoceses. En casa hablan gallego, una lengua similar al portugués, y en las fiestas tocan gaitas. Tenemos que ir a Andalucía en el sur para encontrar al español de piel oscura y de pelo y ojos negros.

Vemos así que la gente y la cultura de España, como la geografía, es muy variada. La historia española refleja una mezcla de razas y culturas. Todavía hoy coexisten en el país tipos humanos muy variados y cuatro lenguas diferentes: el español, la lengua oficial; el gallego, una lengua que es como el portugués; el catalán, una lengua romance del noreste; y el vasco, una lengua antigua del norte.

rubia *blonde*   ojos *eyes*   irlandeses *Irish*   escoceses *Scots*
gallego *Galician*   fiestas *holidays*   tocan *they play*
gaitas *bagpipes*   piel *skin*   oscura *dark*   pelo *hair*
negros *black*   refleja *reflects*   romance *Romance*

¿Y si cruzamos el Atlántico? Pues, también descubrimos una gran variedad. Los españoles que llegan al Nuevo Mundo continúan la tradición de fusión racial. En lugares como México, por ejemplo, gran parte de la gente es mestiza, producto de la mezcla entre indios y españoles. Están muy orgullosos de su herencia india.

por ejemplo *for example*   herencia *heritage*

En otras partes de Hispanoamérica, como en el Perú, los indios forman la mayor parte de la población y muchos viven en pequeños pueblos de las montañas, separados de la vida moderna de las ciudades grandes y cosmopolitas.

En el Caribe la influencia africana es importante. La mayoría de la gente de la República Dominicana es mulata, una combinación de negro y blanco. En Cuba una minoría es negra y mulata. Casi todo el resto de la población es de origen español. Puerto Rico es único porque muchos puertorriqueños son una mezcla de indios, negros y españoles.

mayoría *majority*   casi *almost*   población *population*

En países como la Argentina y el Uruguay casi todo el mundo es de
origen europeo: español, italiano, francés, inglés, alemán, polaco,
etcétera. En Chile también predominan los europeos, aunque parte de
la población refleja cierta mezcla india.

todo el mundo *everybody*   aunque *although*   cierta *a certain*

CAPÍTULO *Seis*

6

JÓVENES PUERTORRIQUEÑOS, NUEVA YORK

Nueva York:

OBJECTIVES

Language: In this chapter we introduce, discuss and practice:
1) **e** to **ie** stem-changing verbs
2) the expression **hay** *(there is, there are)*
3) three verbal structures that express obligation: **tener que**, **deber** and **hay que**
4) possessive adjectives

You will be able to talk and write about things you want using the verb **querer** or about things you have using possessives. In the **Entrevista** the topics you and the rest of the class will talk about are jobs, families, apartments, and preferences in movies and actors or actresses.

Culture: In the dialogue two Puerto Ricans compare life in New York with life in Puerto Rico.

los puertorriqueños

Dos puertorriqueños están en la oficina de empleo del Gobierno Municipal de Nueva York. Uno lleva en la mano un formulario de empleo.

RAFAEL: ¡Juan! ¿Por qué estás aquí?

JUAN: Busco empleo. ¿Y tú?

RAFAEL: Yo también. Pero no entiendo este formulario.

JUAN: A ver. Empiezas con tu nombre aquí.

RAFAEL: Bien. Escribo Rafael Álvarez Balboa.[1]   5

JUAN: No, m'ijo.[2] Aquí prefieren nombres cortos. ¿Por qué no escribes simplemente Ralph López?

RAFAEL: Pero no es mi nombre.

JUAN: ¿Quieres el trabajo o no?

RAFAEL: Realmente, no. Quiero aprender a ser plomero, pero es 10 imposible. Creo que el sindicato laboral no acepta a puertorriqueños.

JUAN: Eso no es verdad. Hay leyes que prohíben la discriminación.

RAFAEL: Bueno, por ahora pienso trabajar como mecanógrafo y 15 ganar chavos[3] para regresar a la Isla.[4]

JUAN: ¿De veras? ¿Prefieres Puerto Rico a Nueva York?

RAFAEL: ¡Cómo no! Mi esposa y yo vivimos en un rascacielos, en una sección pobre y sucia del Bronx. En nuestro barrio hay robos, personas adictas a las drogas,   20 crímenes, basura por todas partes . . .

JUAN: Pero en San Juan no hay empleos.

RAFAEL: Pero hay sol y alegría. No hace mucho frío en el invierno, como aquí.

JUAN: Bueno, ustedes llevan su vida y mi esposa y yo, la   25
nuestra. Ahora, ¡manos a la obra!

RAFAEL: Bien. ¿Qué quieren en esta parte sobre "Professional
Background"?

JUAN: Información sobre tus empleos anteriores.

RAFAEL: Tengo uno ahora. Vendo frutas y legumbres en el   30
mercado italiano.

JUAN: ¿Y prefieres ser mecanógrafo en una oficina?

RAFAEL: No, pero necesito dos empleos para ganar más. En el
mercado italiano solamente trabajo de noche y los
sábados y domingos.   35

VOCABULARIO

aceptar *to accept*
empezar (ie) *to begin*
entender (ie) *to understand*
ganar *to earn; win*
hay *there is, there are*
pensar (ie) *to think; to plan
  or intend*
preferir (ie) *to prefer*
prohibir *to prohibit*
querer (ie) *to want; like (to),
  love (to)*
regresar *to return*
trabajar *to work*
vender *to sell*

la alegría *joy, happiness*
el barrio *neighborhood,
  community*
la basura *garbage*
el crimen *crime*
la droga *drug*
el empleo *job, work*
la esposa (el esposo) *wife
  (husband)*
la fruta *fruit*
el formulario (del empleo)
  (employment application) form
la legumbre *vegetable*
la ley *law*

la mano *hand*
el mecanógrafo (la mecanógrafa)
  typist
el mercado *market*
la oficina *office*
la noche *night*
la obra *work*
el plomero *plumber*
el rascacielos *skyscraper*
el robo *theft, robbery*
el sindicato (laboral) *(labor) union*
el sol *sun*
el trabajo *work*

adicto (-a) *addicted*
anterior *former, previous*
corto (-a) *brief, short*
mi *my*
nuestro (-a) *our*
puertorriqueño (-a) *Puerto
  Rican*
su *your, his, her, their*
sucio (-a) *dirty*
tu *your*

a ver *let's see*
¡Cómo no! *Of course!*
de noche *at night*
¿de veras? *really?*

llevar una vida *to lead a life*
¡Manos a la obra! *Let's get to work!*

por ahora *for now*
por todas partes *everywhere*
realmente *really, in reality*

NOTAS CULTURALES

1. Most people of Spanish descent use both their father's and mother's surnames (**apellidos**), sometimes separating them by **y**. The father's name is customarily put first. Consequently the mother, father, and children of the same family have different last names. For example, if Rafael Álvarez (y) Balboa marries Ana García (y) Mendoza, their children's last name will be Álvarez (y) García (the two maternal grandmothers' names generally being dropped). Many married women drop their mother's last name, and put **de** in front of their husband's name, to indicate their married state; so Ana would probably sign her name Ana García de Álvarez Balboa. Nowadays many would abbreviate this to Ana de Álvarez Balboa or even to Ana de Álvarez.

2. **M'ijo** is short for **mi hijo** *(my son)* and denotes friendship or empathy with the person addressed. (**M'ija** is used when speaking to a girl or woman.)

3. The word **chavos,** a colloquial Puerto Rican expression, means *money* (**dinero**).

4. Many Puerto Ricans refer to their homeland as **la Isla del Encanto** *(the Isle of Enchantment)* or simply as **la Isla.** Because of its natural beauty, agreeable climate, and Hispanic atmosphere, most Puerto Ricans who leave to find work long to return, though they know that overpopulation and a lack of jobs are serious problems. Since Puerto Rico is a United States commonwealth, its inhabitants are U.S. citizens, and there is no visa required for entry.

PREGUNTAS

1. ¿Qué lleva uno de los puertorriqueños en la mano?   2. ¿Qué buscan Juan y Rafael?   3. ¿Entiende Rafael el formulario?   4. ¿Qué quiere aprender Rafael?   5. ¿Cuál es el nombre corto que Juan prefiere?   6. ¿Hay leyes que prohíben la discriminación?   7. ¿Qué piensa hacer Rafael para regresar a Puerto Rico?   8. ¿Qué hay en la sección del Bronx donde viven Rafael y su esposa?   9. ¿Tiene Rafael un empleo ahora?   10. ¿Por qué prefiere Rafael Puerto Rico a Nueva York?

Explicación

I. STEM-CHANGING VERBS *E* TO *IE*

En el cine

(1)   ANA: Margarita, *¿quieres* una coca-cola, un café
o . . . ?

(2) MARGARITA: Una coca, por favor.

(3)   ANA: Yo *prefiero* café. *¿Quieres* esperar aquí?

(4) MARGARITA: De acuerdo. [. . .]

(5) MARGARITA: Ana, la película *empieza.* Pero estas
señoras hablan y hablan.

(6)   ANA: Perdón, señora. ¡Es imposible entender!

(7)   SEÑORA: ¿Cómo? ¿Usted no *entiende*? Señorita,
¡ésta es una conversación privada!

1. ¿Qué quiere Margarita, un café o una coca? 2. ¿Qué prefiere Ana? 3. ¿Por qué no entienden la película Ana y Margarita? 4. ¿Cómo es la conversación de las señoras?

A. There are certain groups of Spanish verbs known as stem-changing verbs. These verbs have regular endings, but show a change in the stem when the stem is stressed. In the following verbs the **e** of the stem is changed to **ie**.

At the movie theater
(1) Margaret, do you want a coke, coffee or . . . (2) A coke, please. (3) I prefer coffee. Do you want to wait here? (4) Okay. [. . .] (5) Ana, the film is beginning. But these ladies are talking and talking. (6) Excuse me, ma'am. It's impossible to hear (understand)! (7) What? You can't hear? Miss, this is a private conversation!

pensar		entender		preferir	
(to think)		*(to understand)*		*(to prefer)*	
pienso	pensamos	entiendo	entendemos	prefiero	preferimos
piensas	pensáis	entiendes	entendéis	prefieres	preferís
piensa	piensan	entiende	entienden	prefiere	prefieren

In the first- and second-person plural forms the stress does not fall on the stem and so the stem vowel **e** does not change.

B. Other **e** to **ie** stem-changing verbs are:

empezar   *to begin*   querer   *to want*
perder   *to lose*

No entiendo la conversación.   *I don't understand the conversation.*

Empiezas mañana.   *You begin tomorrow.*
Juan quiere aprender a ser plomero.   *Juan wants to learn to be a plumber.*
Pienso ir a México.   *I'm thinking of going (planning to go) to Mexico.*

Pienso en ella día y noche.   *I think of her day and night.**
¿Entiende usted el formulario?   *Do you understand the form?*
Preferimos café.   *We prefer coffee.*
Ellos pierden el dinero.   *They lose the money.*

*****Pensar** takes the preposition **en** when it means *to think of or about.*

EJERCICIOS

1. Create new sentences, substituting the words or phrases in the list for the words or phrases in italics.

   a. *Yo* prefiero vivir en Puerto Rico.
       1. tú   2. nosotros   3. Carlos y yo   4. ellos
       5. Silvia y Roberto

   b. *Yo* no entiendo este formulario.
       1. Rafael   2. usted   3. ustedes   4. María   5. los puertorriqueños

c. *Nosotros* queremos empezar.
    1. Juan   2. tú   3. Beto y Manolo   4. el plomero
    5. yo

d. ¿Piensa *usted* ir a Nueva York?
    1. los muchachos   2. él   3. ellos   4. nosotros
    5. tú

e. *El señor Gómez* pierde el trabajo.
    1. nosotros   2. yo   3. ella   4. tú   5. usted

2. Change the italicized words from the singular to the plural or vice versa and make any other necessary changes.

   1. *Él* quiere una coca.
   2. ¿Entiende *usted* a la señora?
   3. *Queremos* viajar al Perú.
   4. *Ustedes* prefieren café, ¿verdad?
   5. *Ellas* quieren aprender inglés.
   6. *Los niños* pierden la carta.
   7. *Empiezo* a trabajar a la una.
   8. *Nosotros* pensamos cenar tarde, ¿y *ustedes*?
   9. *Yo* pierdo el dinero.
  10. ¿Entiendes *tú* la película?

3. Complete each sentence with the appropriate form of the verb in parentheses.

   1. (querer)   Nosotros _____ café.
   2. (perder)   Yo _____ el trabajo.
   3. (preferir)   Carlos _____ ir al Teatro Apolo.
   4. (empezar)   Los conciertos _____ a las nueve.
   5. (pensar)   ¿Qué _____ usted de la película?
   6. (entender) Nosotros _____ la lección.
   7. (preferir)   Tú _____ las películas italianas, ¿no?
   8. (empezar)   Juanita _____ a trabajar a las ocho.
   9. (perder)   Los chicos _____ los libros.
  10. (pensar)   Yo no _____ en el examen.

PREGUNTAS

1. ¿Entiende usted español?   2. ¿A qué hora empieza usted a estudiar?   3. ¿Prefiere usted café o té?   4. ¿Adónde quiere usted viajar en el verano?   5. ¿Prefiere usted vivir en una ciudad grande o en una región rural?   6. ¿Piensa usted ir a la playa el domingo?

II. HAY

(1) MIGUEL: Silvia, busco un apartamento.
(2)   SILVIA: ¿Por qué no vives en el barrio San Ignacio? Está cerca del centro.
(3) MIGUEL: Prefiero estar aquí cerca de la universidad. Allí *hay* robos, basura, drogas . . .
(4)   SILVIA: Es verdad. En las ciudades grandes *hay* problemas. Pero también *hay* conciertos, películas, teatro. La vida es interesante.
(5) MIGUEL: ¡Y corta!

1. ¿Qué busca Miguel?   2. ¿Dónde está el barrio San Ignacio? 3. ¿Quiere Miguel vivir allí? ¿Por qué?   4. ¿Hay problemas en las ciudades grandes?   5. ¿Hay también actividades culturales?

A. **Hay** means both *there is* and *there are*. It has no subject.

Hay un ómnibus aquí.	*There is a bus here.*
¿Hay muchos estudiantes en la clase?	*Are there many students in the class?*
Hay problemas en el barrio.	*There are problems in the community.*
No hay empleo aquí.	*There are no jobs (there is no employment) here.*

(1) Silvia, I'm looking for an apartment. (2) Why don't you live in the San Ignacio area? It's close to the downtown section. (3) I prefer to be here, near the university. There there are robberies, garbage, drugs . . . (4) That's true. In big cities there are problems. But there are concerts, films, theater. Life is interesting. (5) And short!

SAN JUAN, PUERTO RICO

EJERCICIOS

1. Answer the following questions in the affirmative using **hay.**

¿Hay muchos apartamentos cerca de la universidad? → **Sí, cerca de la universidad hay muchos apartamentos.**

1. ¿Hay problemas en este barrio?
2. ¿Hay muchos estudiantes aquí?
3. ¿Hay un museo en esta universidad?
4. ¿Hay muchas chicas en esta clase?
5. ¿Hay mucho tráfico en esta ciudad?

2. Give the Spanish equivalent.

1. How many books are there here?   2. Is there a good restaurant nearby?   3. Are there many offices downtown?   4. There are no jobs in this city.   5. There are many immigrants in this country.   6. There is a theater on Columbus Street.

PREGUNTAS

1. ¿Hay muchos problemas en las ciudades grandes? 2. ¿Qué problemas hay? 3. ¿Hay muchos robos en el barrio donde usted vive? 4. ¿Hay una buena película en el cine hoy? ¿Cómo se llama? 5. ¿Hay muchas actividades culturales donde usted vive?

III. EXPRESSIONS OF OBLIGATION: *TENER QUE, DEBER, HAY QUE*

(1) SEÑORA SÁNCHEZ: Pedro, *debes* ir ahora. No *debes* llegar tarde a la escuela.

(2) PEDRO: Mamá, no *tengo que* ir. Hoy estudio en casa.

(3) SEÑORA SÁNCHEZ: ¿Cómo? Claro que *tienes que* ir. Si no estás listo dentro de diez minutos . . .

(4) PEDRO: Pero mamá, no *hay que* ir a la escuela hoy. ¡Es sábado!

1. ¿Quién no debe llegar tarde a la escuela? 2. ¿Tiene Pedro que ir a la escuela? 3. ¿Cuándo tiene que estar listo Pedro? 4. ¿Hay que ir a la escuela los sábados?

A. **Tener que** plus infinitive is a common expression of obligation or compulsion meaning *to have to* or *must*. It is a personal expression in that it refers specifically to the individual or individuals who must carry out the action stated.

Tengo que buscar empleo.	*I have to (must) look for employment.*
Tenemos que pensar en el sindicato.	*We have to (must) think about the union.*
Tienen que empezar ahora.	*They have to (must) begin now.*

B. **Deber** plus infinitive is another common personal expression of duty or obligation, but it does not convey so strong a sense of compulsion or obligation as **tener que.**

Debo ir a la biblioteca.	*I should (must, ought to) go to the library.*

(1) Pedro, you'd better go now. You mustn't be late for school. (2) Mama, I don't have to go. Today I'm studying at home. (3) What? Of course you have to go. If you aren't ready in ten minutes . . . (4) But Mama, we don't have to go (there's no need to go) to school today. It's Saturday!

Debes buscar empleo.	*You should (must, ought to) look for employment.*
No deben hablar así.	*You shouldn't talk like that.*

C. **Deber** may also indicate probability or likelihood.

Deben estar en casa.	*They're probably at home.*
Debe ser la una.	*It must be (probably is) one o'clock.*

D. **Hay que** plus infinitive is an impersonal expression of obligation or compulsion meaning *one has to, one must,* or *it is necessary to.*

Pero hay que conservar energía.	*But one (you, we, anybody) should conserve energy.*
Ahora hay que trabajar.	*Now we (one, anybody) must work.*

EJERCICIOS

1. Create new sentences, substituting the words or phrases in the list for the words or phrases in italics.

a. *Ellos* tienen que trabajar mucho aquí.
   1. yo   2. Silvia   3. Miguel y yo   4. nosotros
   5. los puertorriqueños

b. *Rafael* debe aprender inglés.
   1. mis hijos   2. tu prima   3. nosotros   4. yo   5. tú

c. Hay que *llegar* a las seis.
   1. trabajar   2. comer   3. empezar   4. estudiar
   5. ir

2. Answer in the negative.

¿Tenemos que cenar con él? → **No, no tienen que cenar con él.**

1. ¿Tienes que ir ahora?
2. ¿Debe usted preparar la comida?
3. ¿Hay que trabajar el lunes?
4. ¿Debo empezar temprano?
5. ¿Tiene Juan que buscar empleo?

3. Give the Spanish equivalent.

1. I should study tonight. 2. José has to be there at five o'clock.
3. One must eat to live. 4. They have to travel to Valencia.
5. They're probably in the library. 6. Ana ought to eat at home
tonight. 7. It must be nine o'clock. 8. One must (should)
conserve energy.

PREGUNTAS

1. ¿Debe una persona llegar tarde a la clase? 2. ¿Tiene usted que
estudiar mucho? 3. ¿Tiene que estudiar en la biblioteca?
4. ¿Debemos hablar español en esta clase? 5. ¿Tiene usted que
buscar empleo ahora? 6. ¿Hay que ir a la universidad el sábado?
7. ¿Debemos conservar energía?

IV. POSSESSIVE ADJECTIVES

(1) Señor Morales: ¿Cómo van los estudios de *mi* hijo
Ricardo, profesor?
(2)   El profesor: Realmente, no muy bien.
(3) Señor Morales: Pero ¿qué pasa?
(4)   El profesor: *Su* hijo no estudia mucho. Por
ejemplo, en *su* última composición,
sobre la lucha entre los conquistadores y los aztecas, no hay mucha
información.
(5) Señor Morales: Entiendo. Pero es *mi* culpa. En
nuestra casa no hablamos mucho de
básquetbol.

1. ¿Cómo van los estudios de Ricardo? 2. ¿Estudia mucho?
3. ¿Hay mucha información en su composición? 4. ¿Hablan
mucho de básquetbol en la casa del señor Morales?

(1) How are my son Ricardo's studies going, professor? (2) In reality, not too well.
(3) But what's going on? (4) Your son doesn't study much. For example, in his most
recent composition, on the struggle (competition) between the conquistadors and the
Aztecs, there's not much information. (5) I understand. But it's my fault. In our house
we don't talk much about basketball.

A. Possessive adjectives are placed in front of the nouns they modify (the items possessed) and agree with them in number and gender. They do not agree with the possessor.

POSSESSIVE ADJECTIVES

Singular Possession		Plural Possession	
mi abuelo	*my grandfather*	mis regalos	*my presents*
mi abuela	*my grandmother*	mis maletas	*my suitcases*
tu abuelo	*your grandfather*	tus regalos	*your presents*
tu abuela	*your grandmother*	tus maletas	*your suitcases*
nuestro abuelo	*our grandfather*	nuestros regalos	*our presents*
nuestra abuela	*our grandmother*	nuestras maletas	*our suitcases*
vuestro abuelo	*your grandfather*	vuestros regalos	*your presents*
vuestra abuela	*your grandmother*	vuestras maletas	*your suitcases*
su abuelo	*his, her, your, their grandfather*	sus regalos	*his, her, your, their presents*
su abuela	*his, her, your, their grandmother*	sus maletas	*his, her, your, their suitcases*

Mis hermanas viven en San Juan.	*My sisters live in San Juan.*
Tu esposa trabaja en Brooklyn, ¿verdad?	*Your wife works in Brooklyn, doesn't she?*
Su vida es interesante.	*His (her, your, their) life is interesting.*
Sus empleos anteriores son muy interesantes, señor.	*Your previous jobs are very interesting, sir.*
Nuestra oficina está cerca del mercado.	*Our office is near the market.*
Nuestros formularios están aquí.	*Our forms are here.*

B. **Nuestro (-a)** and **vuestro (-a)** are the only possessive adjectives that show gender as well as number. All other possessive adjectives show number only.

C. Because **su** and **sus** have several potential meanings *(his, her, your, their)*, sometimes for the sake of clarity it is better to use the following construction to show possession:

definite article + noun + **de** $\left\{\begin{array}{l}\text{él}\\\text{ella}\\\text{usted}\\\text{ellos}\\\text{ellas}\\\text{ustedes}\end{array}\right.$

Su madre va también.
La madre de ella va también. $\left.\right\}$ *Her mother is going also.*

EJERCICIOS

1. Create new sentences, substituting the words or phrases in the list for the words or phrases in italics.

   a. Nuestra *prima* tiene que ir.
      1. amigas   2. abuelos   3. doctor   4. profesor
      5. hijas

   b. ¿Dónde está su *maleta*?
      1. familia   2. pasaporte   3. formularios   4. comida
      5. regalos

2. Restate, changing the words in italics to the plural. Make any other necessary changes.

   ¿Dónde está *mi amigo*? → **¿Dónde están mis amigos?**

   1. *Nuestro apartamento* está cerca.
   2. *Su hija* está perdida.
   3. ¿Es ésta *tu maleta*?
   4. ¿Cómo se llama *su abuelo*?
   5. No entienden *nuestra costumbre*.

3. Restate, changing the words in italics to the singular. Make any other necessary changes.

   1. *Sus primas* son bonitas.
   2. *Nuestros hijos* no quieren aprender francés.
   3. ¿Buscas a *tus amigos*?
   4. *Mis libros* no están en esa mesa.
   5. ¿Son ellos *tus abuelos*?

4. Answer affirmatively in two ways following the example.

¿Es ésta la comida de Ricardo? → **Sí, es la comida de él. Sí, es su comida.**

1. ¿Es ésta la casa de Estela?
2. ¿Son éstos los pasaportes de los turistas ingleses?
3. ¿Es éste el auto de Alfonso?
4. ¿Son éstas las maletas del señor?
5. ¿Son éstos los formularios de Isabel?
6. ¿Son éstas las hijas de doña Ana?

5. Give the Spanish equivalent.

1. His grandmother is Spanish. 2. Their apartment is pretty. 3. Our university is nearby. 4. My life is interesting. 5. Her mother arrives tomorrow. 6. Your friends are here. 7. My grandparents live in San Juan. 8. There are no crimes in our neighborhood. 9. Their children have to work. 10. Your neighborhood is far away.

PREGUNTAS

1. ¿Cómo se llama su madre? 2. ¿Cómo se llama su profesor (-a)? 3. ¿Trabaja su madre? 4. ¿Tienen empleo muchos de sus amigos? 5. ¿Hay muchos estudiantes en nuestra clase? 6. ¿Es éste su libro? 7. ¿Cómo se llama su restaurante favorito?

NUEVA YORK

Actividades

INTERCAMBIOS

Use the **usted** form of the verbs in asking and answering the following questions.

Señor Morales, ask *Señorita González:*   *Señorita González*, answer:

1. si quiere un café ahora
2. si vive cerca de la universidad
3. si tiene un empleo ahora
4. si hay leyes que prohíben la discriminación
5. si tiene un nombre corto
6. si su casa está cerca de un rascacielos
7. si tiene ganas de ver una película con sus amigos
8. si tiene esposa (esposo)
9. si su auto es bueno
10. si hay mucha información en sus composiciones

1. que no, que prefiere una coca
2. que no, que vive en un barrio pobre y sucio
3. que sí, que vende frutas en el mercado italiano
4. que sí, que hay leyes contra la discriminación
5. que sí, que es un nombre muy corto
6. que no, que no está en el centro
7. que sí, que quiere ir al cine esta noche
8. que no
9. que no, que va a vender ese auto
10. que sí, que son excelentes

ENTREVISTA

Ask a classmate the following questions. Then report the information to the class.

1. ¿Tienes empleo? ¿Buscas empleo?
2. ¿Trabajas en una oficina? ¿En un mercado?
3. ¿Ganas mucho dinero?

4. ¿Vas al cine con tus amigos?
5. ¿Prefieres las películas americanas o las películas europeas? ¿Las películas americanas o las películas japonesas?
6. ¿Quién es tu actor favorito? ¿Tu actriz favorita?
7. ¿Cuántas personas hay en tu familia? ¿Quiénes son?
8. ¿Prefieres vivir en una ciudad grande? ¿Qué problemas hay en las ciudades grandes?

SITUACIÓN

En la oficina de empleo

You and a friend are filling out an employment application form. You tell him you don't understand the form and that you would actually like to learn to be a plumber. You tell him you don't want to live in a big city and you really don't want the job. He says he thinks he will work to earn money and then return to Puerto Rico.

PRIMER REPASO

I. THE PRESENT TENSE

A. Review the following Spanish verbs in the present tense.

1. Regular -ar verbs (llegar): **llego, llegas, llega, llegamos, llegáis, llegan**
2. Regular -er verbs (creer): **creo, crees, cree, creemos, creéis, creen**
3. Regular -ir verbs (existir): **existo, existes, existe, existimos, existís, existen**
4. Stem-changing **e** to **ie** verbs (empezar): **empiezo, empiezas, empieza, empezamos, empezáis, empiezan**
5. Irregular verbs:

   a. ser: **soy, eres, es, somos, sois, son**
   b. estar: **estoy, estás, está, estamos, estáis, están**
   c. tener: **tengo, tienes, tiene, tenemos, tenéis, tienen**
   d. ir: **voy, vas, va, vamos, vais, van**

B. Complete the following sentences with the present tense of the verb in parentheses.

1. Yo (estar) _____ triste porque tú no (estar) _____ aquí.
2. Los señores García (buscar) _____ a su prima, Isabel.
3. Pepito, ahora tú (escuchar) _____ y yo (hablar) _____.
4. ¿Qué (creer) _____ usted? ¿Que yo (ser) _____ idiota?
5. Nosotros (deber) _____ conservar energía.
6. Los agentes (querer) _____ los pasaportes.

7. Yo (pensar) _____ que Portugal (ser) _____ un país importante.
8. Yo (tener) _____ dos semanas de vacaciones. ¿Cuántas (tener) _____ tú?
9. Yo (ir) _____ a Venezuela este verano.
10. ¿Qué (tener) _____ que hacer nosotros?
11. Mis padres (ir) _____ en avión pero mis amigos y yo (ir) _____ en auto.
12. Adela (vivir) _____ ahora en Buenos Aires y (estar) _____ muy contenta.

II. THE VERBS *SER* AND *ESTAR*

A. **Ser** is used to indicate: identification (**norteamericano**), origin (**de Nueva York**), events (**en el Teatro Colón**), material (**de oro**), and possession (**de Luis**). It is also used with adjectives (**inteligente**) to indicate qualities which we consider to be normal or characteristic of the nouns they modify.

Estar is used to indicate: location or position (**cerca de la plaza**) and condition (**bien**). It is also used with adjectives (**contento, perdido**) to indicate either a change or the result of a previous action.

B. Complete the following narration with an appropriate form of **ser** or **estar**. In each case, state why you have chosen **ser** or **estar**.

Tengo un amigo, Felipe, que _____ argentino. Felipe no _____ de Buenos Aires; _____ de otra ciudad importante, Córdoba. Córdoba _____ en el interior de la Argentina. Felipe _____ un chico muy inteligente y simpático. Esta noche debemos ir a una cena que _____ en casa de una de nuestras amigas, pero Felipe no _____ bien. Si _____ enfermo *(sick)* esta noche, no va a ir.

III. ADJECTIVES

A. Adjectives agree in gender and number with the nouns they modify.

1. The possessive adjectives are: **mi(-s), tu(-s), su(-s), nuestro(-a, -os, -as)** and **su(-s)**. They precede the nouns they modify.
2. The demonstrative adjectives are: **este, esta, estos, estas** *(this, these);* **ese, esa, esos, esas** *(that, those—near you);* **aquel, aquella, aquellos, aquellas** *(that, those—over there).* They also precede the nouns they modify.

B. Complete the sentences with the appropriate possessive or demonstrative adjective, as indicated by the cue in parentheses.

1. ¿Dónde está _____ pasaporte? (my)
2. _____ ideas son brillantes. (your, familiar)
3. ¿Cuándo empiezan _____ vacaciones? (their)
4. _____ agente de viajes es Fernando Olivera. (our)
5. _____ familia está en Puerto Rico. (your, formal)

1. ¿Hay muchos teatros en _____ ciudad? (this)
2. ¿Son ricos _____ señores? (those, over there)
3. _____ libro es de Manuel. (this)
4. No entiendo _____ formularios. (those, by you)
5. _____ chica es chilena. (that, by you)

IV. QUESTIONS FOR CONVERSATION

1. ¿Qué hora es? ¿A qué hora llega a la universidad? ¿A qué hora llega a casa?
2. ¿Qué tiempo hace? ¿En qué meses hace buen tiempo? ¿En qué meses hace mal tiempo?
3. ¿Qué día es hoy? ¿Cuál es una fecha (date) importante para usted? ¿Por qué?
4. ¿En qué piso de este edificio (building) estamos ahora? ¿Cuántos pisos hay?
5. ¿Cuántos estados hay en los Estados Unidos? ¿Cuáles quiere usted visitar? De los países latinos, ¿cuáles quiere usted visitar?
6. ¿Qué tiene usted que hacer todos los días? ¿Qué debe usted hacer? ¿Hay que hacer muchas cosas desagradables (unpleasant) en la vida? ¿Cuáles son?
7. ¿Debe usted practicar español? ¿Hay que ir al laboratorio de lenguas?

V. SUPPLEMENTARY TRANSLATION EXERCISE

A. Review the following words and expressions.

bajar de *to get off*
buscar *to look for*
deber + infinitive *should, ought to*

entrar en *to go in, enter*
esto, eso, aquello *this (thing, stuff), that*
hacer calor *to be warm, hot (outside)*

hay que + infinitive   *one has to, it's necessary*
para + infinitive   *in order to*
pensar + infinitive   *to plan to (on)*

por   *because of*
tener que + infinitive   *must, to have to*

B. Give the Spanish equivalent.

1. When it's very hot, everyone goes to the beach. 2. Poor María Luisa! She's nervous because of the trip, isn't she? 3. Three men get off the bus and enter the agency "Tours Tamborini." 4. In order to live in this neighborhood, it's necessary to be rich. 5. They're looking for a job but they don't understand that application form. 6. All that belongs to Isabel Magaña. 7. But Mom, we don't have to go to school today. It's Sunday. 8. Do you plan on leaving early?

CAPÍTULO *Siete*

Los Ángeles:

OBJECTIVES

Language: In this chapter we introduce, discuss and practice:
1) direct object pronouns
2) stem-changing verbs **o** to **ue, u** to **ue**
3) the irregular verbs **dar** *(to give)*, **hacer** *(to make or do)*, and **ver** *(to see)*

In addition, you will learn some vocabulary related to political and social situations or problems and practice a situation checking in at a hotel.

Culture: The dialogue takes place in Los Angeles where a group of Spanish-speaking students, mainly of Mexican descent, are discussing their community.

problemas del barrio

En el apartamento de Andrea.

ANDREA: Primero tenemos que discutir nuestra participación
en la próxima campaña política. Los candidatos Smith
y Díaz prometen mucho para los chicanos.[1]
¿Los vamos a apoyar?

JACINTO: Si ustedes quieren apoyarlos está bien, pero yo no doy[5]
mi apoyo. ¿No recuerdan las últimas elecciones?
Ahora los candidatos nos prometen mucho. Después,
cierran las puertas de sus oficinas y no nos quieren
ver.

ELVIRA: Estoy de acuerdo con Jacinto. Además, veo que hay   10
problemas más urgentes: el desempleo, el bajo nivel
de instrucción . . . Los niños como mi hermano
necesitan nuestra ayuda. No pueden estudiar bien a
causa del inglés. Primero tienen que aprender inglés,
entenderlo y hablarlo bien. Debemos organizar   15
cursos de inglés para los chicos.

MANUEL: No. Debemos insistir en programas bilingües.* Las
escuelas deben enseñar geografía, matemáticas,
historia y todo lo demás en español.

ELVIRA: Eso no nos ayuda. Estamos en los Estados Unidos, y   20
la lengua de aquí es el inglés.

MANUEL: Pero nosotros somos de la raza[2] y nuestra lengua es el
español. ¿No estás orgullosa de la cultura de
Aztlán,[3] Elvira?

*The symbol ¨ indicates that the letter u is pronounced.

ELVIRA: Siempre volvemos al mismo tema: el orgullo. ¿Qué 25
crees tú, Jacinto?

JACINTO: Creo que un problema muy importante es el hambre.
Chicas, son las dos. Es hora de ir a la cocina y preparar el almuerzo.

ELVIRA: ¡Qué insolencia! ¿Por qué tenemos que prepararlo 30
nosotras? Andrea, creo que Jacinto necesita una
lección sobre la igualdad de los sexos.

VOCABULARIO

apoyar *to support*
ayudar *to help, to assist*
cerrar (ie) *to close*
dar *to give*
discutir *to discuss*
hacer *to do, to make*
poder (ue) *to be able, can*
prometer *to promise*
recordar (ue) *to remember*
ver *to see*
volver (ue) *to return*

el almuerzo *the lunch*
el apoyo *support*
la ayuda *help*
la campaña *campaign*
el candidato (la candidata)
   candidate
la cocina *kitchen*
el curso *course*
el desempleo *unemployment*
las elecciones *elections*
el estado *state* (los Estados
   Unidos) (the *United States*)
el hambre *hunger*
el hermano (la hermana) *brother
   (sister)*
la igualdad *equality*
la lección *lesson*
la lengua *language*
el nivel *level*
el orgullo *pride*

la puerta *door*
la raza *race, ethnic group*
el problema *problem*
el programa *program*
el sexo *sex*
el tema *subject, theme*

bajo (-a) *low, short*
cerrado (-a) *closed, shut*
orgulloso (-a) *proud*
político (-a) *political*
próximo (-a) *next*
último (-a) *last, most recent*
unido (-a) *united*
urgente *urgent, pressing*

además *besides, moreover*
contra *against*
después *later, afterwards*
lo *it*
los *them*
más *more*
nos *us*
quizás *maybe, perhaps*

a causa de *because of*
estar de acuerdo con *to agree
  (be in agreement) with*
todo lo demás *everything else*

NOTAS CULTURALES

1. The term **chicano** refers to the people and culture of Mexican-American heritage. Not all people of Mexican-American ancestry call themselves **chicano;** some prefer the term **mexicano-americano.**

2. The term **la raza** *(the race)* is used by many Spanish Americans to refer to all people of Hispanic origin and is sometimes extended to include American Indians. The day set aside to celebrate the discovery of the Americas (Columbus Day) is referred to by Spanish-speaking people as **El día de la Raza.**

3. **Aztlán** is the term many Mexican-Americans use to refer to the southwestern region of the United States. According to legend (which has some support from anthropology), this region was the place of origin of the Aztecs, who later migrated southward establishing a large and powerful empire in Mexico.

PREGUNTAS

1. ¿Dónde están Andrea y sus amigos? 2. ¿Qué tienen que discutir primero? 3. ¿Quiere Jacinto apoyar a los candidatos Smith y Díaz? 4. ¿Qué hacen los candidatos después de la campaña política? 5. ¿Qué problemas son más urgentes para Elvira? 6. ¿Qué quiere organizar ella? 7. ¿Está de acuerdo Manuel? 8. ¿Por qué cree Elvira que enseñar a los niños en español no ayuda? 9. ¿Qué piensa usted de este problema? ¿Está usted de acuerdo con Elvira o con Manuel? 10. Según Elvira, ¿qué necesita Jacinto?

Explicación

I. DIRECT OBJECT PRONOUNS

(1) RAFAEL: Cecilia, ¿vas a apoyar al candidato demócrata, Ramón García, en las próximas elecciones?

(2) CECILIA: No, no *lo* voy a apoyar, Rafael. Apoyo a Josephine Smith, una republicana.

(3) RAFAEL: ¿Una mujer? ¿Y tú *la* vas a apoyar?

(4) CECILIA: Sí, porque ella habla de la igualdad de las mujeres, una cuestión muy importante, Rafael.

(5) RAFAEL: Pero García es de la raza. Habla del barrio, del desempleo, de problemas urgentes . . . ¿*Me* entiendes?

(6) CECILIA: Nosotras, las mujeres, apoyamos a Smith. Ella *nos* necesita.

1. ¿Va a apoyar Cecilia a Ramón García? 2. ¿A quién apoya ella? 3. ¿De qué habla Smith? 4. ¿De qué habla García? 5. ¿Apoyan las mujeres a García?

A. Direct object pronouns replace the direct object of a sentence and receive the direct action of the verb. For instance, in the sentence *I have it* (the book), the direct object pronoun is *it*.

(1) Cecilia, are you going to support the Democratic candidate, Ramón García, in the elections? (2) No, I'm not supporting him, Rafael. I'm supporting Josephine Smith, a Republican. (3) A woman? And you are supporting her? (4) Yes, because she speaks about the equality of women, a very important issue, Rafael. (5) But García is one of the raza. He speaks about the community, unemployment, urgent problems. . . . Do you understand me? (6) We women are supporting Smith. She needs us.

DIRECT OBJECT PRONOUNS

	Singular			Plural
me	*me*		nos	*us*
te	*you* (tú)		os	*you* (vosotros)
lo	*him, it, you* (usted)		los	*them, you* (ustedes)
la	*her, it, you* (usted)		las	*them, you* (ustedes)

B. **Lo** and **la** are the direct object pronouns which correspond to the subject pronouns **él, ella** and **usted. Lo** is used to refer to a person or thing of masculine gender, and **la** is used to refer to a person or thing of feminine gender. **Lo** is also used to refer to actions or situations.*

¿El libro? No lo tengo.	*The book? I don't have it.*
¿La chica? No la busco.	*The girl? I am not looking for her.*
No lo entiendo a usted.	*I don't understand you.*
¡No lo creo!	*I don't believe it!*

C. **Los** and **las** are the direct object pronouns which correspond to the subject pronouns **ellos, ellas** and **ustedes. Los** is used to refer to people or things of masculine gender, and **las** is used to refer to people or things of feminine gender. **Los** is used to refer to groups where the genders are mixed.

¿Los plomeros? No los necesitamos.	*The plumbers? We don't need them.*
¿Las enchiladas? Las comemos ahora.	*The enchiladas? We are eating them now.*
¿Las cámaras y los pasaportes? Estela los tiene.	*The cameras and passports? Estela has them.*

D. **Te,** which corresponds to the subject pronoun **tú,** is used when referring to family, friends, and children. In Latin America the plural of **te** is **los** or **las.** In most areas of Spain, the plural of **te** is **os** which corresponds to the subject pronoun **vosotros(-as).**

Te necesito ahora.	*I need you now.*

---

*In Spain it is common practice to use **le** (**les**) instead of **lo** (**los**) as the masculine direct object pronoun to refer to a man (men) and to use **lo** (**los**) to refer to things. However, this distinction is not observed in Latin America.

Te buscan en el restaurante.   *They are looking for you in the restaurant.*

Os llamo mañana.   *I'll call you (both, all) tomorrow.*

E. Direct object pronouns are placed directly before a conjugated verb form.

¿Me entiendes?	*Do you understand me?*
José no lo tiene.	*José does not have it.*
Nos miran ahora.	*They are looking at us now.*

F. Direct object pronouns are placed after an infinitive and are attached to it.

Es imposible describirlo.	*It is impossible to describe it.*
No tengo que ayudarla.	*I don't have to help her.*
Vamos a visitarte mañana.	*We are going to visit you tomorrow.*

However, if the infinitive is part of a verb construction, the direct object pronoun can either be attached to the infinitive, as above, or it can be placed in front of the entire verb construction. In spoken Spanish the latter position is more common.

Quiero leerlo ahora.
Lo quiero leer ahora.   }   *I want to read it now.*

Tiene que buscarnos en el restaurante.
Nos tiene que buscar en el restaurante.   }   *He (she) has to look for us in the restaurant.*

EJERCICIOS

1. Answer the questions in the affirmative, using direct object pronouns.

   Apoyas a este candidato? → **Sí, lo apoyo.**

   1. ¿Quieres los tacos?
   2. ¿Llevas a Irma?
   3. ¿Miras el calendario?
   4. ¿Entiendes a Enrique?
   5. ¿Buscas las cintas?

2. Answer the questions in the negative using direct object pronouns.

¿Dónde están los regalos? → **¿Los regalos? Yo no los tengo.**

1. ¿Dónde están los pasaportes?
2. ¿Dónde están las cartas?
3. ¿Dónde están las legumbres?
4. ¿Dónde está la cámara?
5. ¿Dónde están los formularios?

3. Change the sentences, attaching the direct object pronoun to the infinitive.

La voy a llamar. → **Voy a llamarla.**

1. Me va a visitar.
2. No lo van a entender.
3. Nos van a buscar.
4. ¿Cuándo los vas a leer?
5. ¿Quién lo va a describir?

4. Restate the sentences replacing the direct object with the corresponding pronoun.

José necesita el libro. → **José lo necesita.**

1. Elvira quiere el empleo.
2. Apoyo al candidato.
3. No queremos los regalos.
4. No tienes las frutas.
5. Quiero su número de teléfono.
6. Ayudo a los chicos.
7. Llaman a la azafata.
8. Antonio lee la carta.
9. Isabel mira el calendario.
10. Visitamos los museos.

5. Answer the questions in the affirmative using direct object pronouns.

a. ¿Nos busca Enrique? → **Sí, los busca.**

1. ¿Te necesitan?
2. ¿Me entiendes?

3. ¿Nos llama usted mañana?
4. ¿La visita a ella el martes?
5. ¿Te apoya Enrique?
6. ¿Nos ayudas?

b. ¿Tienes que llevar a los niños? → **Sí, tengo que llevarlos.**

1. ¿Quieres buscar el libro?
2. ¿Va a describir la ciudad?
3. ¿Necesita estudiar las lecciones?
4. ¿Tienen que preparar la comida?
5. ¿Van a vender el auto?
6. ¿Te van a ayudar?

PREGUNTAS

1. ¿Va usted a apoyar a los candidatos republicanos en las próximas elecciones? ¿Los apoya generalmente? 2. ¿Prefiere usted apoyar a los candidatos demócratas? ¿Los apoya generalmente? 3. ¿Llama usted a sus amigos por teléfono? ¿Los llama mucho? 4. ¿Llama usted a sus amigas por teléfono? ¿Las llama mucho? 5. ¿Necesita usted un

auto? ¿Por qué lo necesita? 6. ¿Necesita usted su libro ahora? ¿Lo necesita esta noche?

II. STEM-CHANGING VERBS: *O* TO *UE*, *U* TO *UE*

(1) JUAN: Por favor, señor, ¿cuánto *cuesta* un cuarto para dos en este hotel?

(2) EL SEÑOR: Ochenta pesos.

(3) JUAN: Está bien. ¿*Puedo* reservar uno?

(4) EL SEÑOR: Bien. ¿A nombre de . . . ?

(5) JUAN: Juan B. Méndez y señora.

(6) EL SEÑOR: ¿Por cuántas noches?

(7) JUAN: Solamente una. Mañana temprano *volvemos* a Asunción.

(8) EL SEÑOR: *Vuelven* mañana temprano, ¿eh? La recepcionista *puede* despertarlos.

(9) JUAN: No es necesario. *Duermo* como un gato. Todos los días abro los ojos a las seis y media en punto.

(10) EL SEÑOR: En ese caso, ¿*puede* usted despertar a la recepcionista, por favor?

1. ¿Cuánto cuesta un cuarto para dos personas en el hotel? 2. ¿Puede Juan reservar uno? 3. ¿Por cuántas noches van a estar allí? 4. ¿Adónde vuelven mañana? 5. ¿Vuelven por la tarde? 6. ¿Quién puede despertarlos si quieren? 7. ¿Cómo duerme Juan? 8. ¿A qué hora de la mañana abre los ojos todos los días?

(1) Sir, how much does a room for two cost in this hotel, please? (2) Eighty pesos. (3) Fine. Can I reserve one? (4) Okay. In the name of . . . ? (5) Mr. and Mrs. Juan B. Méndez. (6) For how many nights? (7) Only one. Early tomorrow morning we are returning to Asunción. (8) You're returning early tomorrow? The desk clerk can wake you. (9) That's not necessary. I sleep like a cat. Every morning I open my eyes at 6:30 on the dot. (10) In that case, can you wake the desk clerk, please?

A. Certain Spanish verbs show a stem change from **o** to **ue** when the stem is stressed. This change does not occur in the first and second person plural forms because the stress does not fall on the stem.

recordar		**volver**		**dormir**	
(to remember)		*(to return)*		*(to sleep)*	
recuerdo	recordamos	vuelvo	volvemos	duermo	dormimos
recuerdas	recordáis	vuelves	volvéis	duermes	dormís
recuerda	recuerdan	vuelve	vuelven	duerme	duermen

B. Other **o** to **ue** stem-changing verbs are:

almorzar	*to have lunch*	**encontrar**	*to find*
costar	*to cost*	**poder**	*to be able*

Recuerdo las últimas elecciones.	*I remember the last elections.*
¿No encuentras el libro aquí?	*You don't find the book here?*
¿Con quién almuerza usted hoy?	*With whom are you having lunch today?*
Podemos organizar un curso sobre la literatura chicana.	*We can organize a course on chicano literature.*
Vuelven a Texas el jueves.	*They are returning to Texas on Thursday.*
¿Cuánto cuesta este auto?	*How much does this car cost?*
Elvira siempre duerme bien en las montañas.	*Elvira always sleeps well in the mountains.*

C. In the verb **jugar** the stem change is from **u** to **ue**.

jugar	
(to play)	
juego	jugamos
juegas	jugáis
juega	juegan

Juego al tenis.	*I play tennis.*
Paco y Miguelito juegan en el patio.	*Paco and Miguelito are playing on the patio.*

Before the name of a sport or game, **jugar** takes the preposition **a**, as in the example above.

EJERCICIOS

1. Create new sentences, substituting the words or phrases in the lists for the words or phrases in italics.

   a. *Yo* no recuerdo las elecciones.
       1. Jacinto   2. los estudiantes   3. mi hija   4. tú
       5. ustedes

   b. *Nosotros* podemos reservar un cuarto.
       1. mi señora   2. Ramón   3. Juan y yo   4. usted
       5. ellas

   c. Mañana *ellos* vuelven a Asunción.
       1. tú   2. los señores Méndez   3. yo   4. nosotros
       5. mi hermana

   d. *Yo* duermo como un gato.
       1. mi esposo   2. ellos   3. mis hijos   4. tú   5. la recepcionista

   e. *Mis padres* juegan al tenis.
       1. usted   2. ella   3. los turistas   4. nosotros
       5. Jorge y yo

2. Restate changing the verbs to the plural.

   No vuelvo a casa. → **No volvemos a casa.**

   1. Duermo como un gato.
   2. Almuerzo a las doce.
   3. No puedo ir a Antigua.
   4. Recuerdo a esa chica.
   5. No encuentro la casa.

3. Complete each sentence with the appropriate form of each verb in parentheses.

   1. (poder)   Nosotros _____ pasar por tu casa.
   2. (volver)   Roberto _____ a las seis.
   3. (recordar)   ¿No _____ tú su número?
   4. (jugar)   José y Miguelito _____ en el patio.

5. (almorzar) Yo no _____ en el hotel.
6. (costar) La comida _____ mucho aquí.
7. (encontrar) Esa cámara nosotros la _____.
8. (volver) ¿Cuándo _____ tus hermanas?
9. (almorzar) ¿A qué hora _____ tú?

PREGUNTAS

1. ¿Cuánto cuesta su libro de español? 2. ¿Vuelve usted temprano o tarde de la universidad? 3. ¿A qué hora vuelve, generalmente? 4. ¿Duerme usted bien por la noche? ¿Por la tarde? ¿En la clase de español? 5. ¿Juega usted al tenis? 6. ¿Dónde almuerza usted? 7. ¿Puede usted preparar una comida mexicana?

III. THE PRESENT TENSE FORMS OF *DAR*, *HACER*, *VER*

(1) MIGUEL: ¿Qué *haces*, Fernando?
(2) FERNANDO: *Hago* un pastel para Juana. Es su cumpleaños. ¿Quieres ayudarme?
(3) MIGUEL: Ahora no tengo tiempo. Voy al teatro a *ver* al conjunto «Los Tres Locos». *Dan* un concierto de música folklórica a las cinco.
(4) FERNANDO: Bueno, hasta luego. Te *veo* esta noche en casa de Juana.

1. ¿Qué hace Fernando? 2. ¿Quiere Miguel ayudarlo? ¿Por qué? 3. ¿Adónde va Miguel? 4. ¿Qué tipo de concierto da el conjunto «Los Tres Locos»? ¿A qué hora?

(1) What are you doing, Fernando? (2) I'm making a cake for Juana. It's her birthday. Do you want to help me? (3) I don't have time now. I'm going to the theater to see the group "The Three Madmen." They're giving a concert of folk music at five o'clock. (4) Okay, good-by for now. I'll see you tonight at Juana's house.

The verbs **dar, ver** and **hacer** have regular endings in the present tense except in the first person singular.

dar *(to give)*		ver *(to see)*		hacer *(to do, make)*	
doy	damos	**veo**	vemos	**hago**	hacemos
das	dáis	ves	véis	haces	hacéis
da	dan	ve	ven	hace	hacen

Hago una sopa.
Doy el dinero a Carmen.
Veo a Andrea.

I'm making a soup.
I am giving Carmen the money.
I see Andrea.

Remember that the personal **a** precedes a direct object that is a person.

EJERCICIOS

1. Create new sentences, substituting the words or phrases in the lists for the words or phrases in italics.

a. ¿Qué hace usted?
   1. Enrique y Tomás   2. nosotros   3. tú   4. usted
   5. yo

b. *Nosotros* damos un concierto.
   1. mi hija   2. tú   3. yo   4. usted   5. ellos

c. *Ella* no los ve.
   1. Tomás   2. yo   3. nosotros   4. su hermana
   5. tú

2. Complete each sentence with the appropriate form of each verb in parentheses.

1. (hacer)   ¿Qué _____ usted con esos formularios?
2. (ver)   Yo no _____ una farmacia en esta calle.
3. (dar)   Yo _____ veinte pesos a Teresa.
4. (hacer)   ¿Qué _____ nosotros mañana?
5. (ver)   María, ¿tú _____ a Jorge?

6. (hacer)   ¿Qué _____ yo con este niño?
7. (dar)   El conjunto _____ un concierto a las ocho.
8. (hacer)   ¿Qué tiempo _____ en el invierno?

PREGUNTAS

1. ¿Qué hace usted ahora?   2. ¿Qué va a hacer esta noche?
3. ¿Hace usted muchos errores cuando habla español?   4. ¿Va a ver a unos amigos esta tarde?   5. ¿A quién va a ver después de la clase?
6. ¿Ve mucho a sus amigos? ¿A sus padres?   7. ¿Da usted dinero a causas políticas o sociales? ¿A qué causas?

Actividades

INTERCAMBIOS

Use the **usted** form of the verbs in asking and answering the following questions.

Señor Orozco, ask *Señorita Díaz:*

1. si juega al tenis

2. si quiere jugar al tenis mañana

3. si va a apoyar al candidato demócrata en las próximas elecciones

Señorita Díaz, answer:

1. que sí juega, pero no muy bien

2. que sí quiere, pero no puede

3. que no, que no lo va a apoyar

4. cómo es la clase de español
5. si va a ver a su primo el domingo
6. si hay un concierto de música folklórica esta noche

7. qué hace el sábado
8. si quiere hacer un viaje

4. que es imposible describirla
5. que no, que no lo va a ver

6. que el conjunto «Las Maravillas» da un concierto a las nueve

7. que va a ver a su familia
8. que sí, que quiere ir a España el próximo verano

ENTREVISTA

Ask a classmate the following questions. Then report the information to the class.

1. ¿Con quién almuerzas hoy?
2. ¿Dónde vas a almorzar?
3. ¿A qué hora almuerzas, generalmente?
4. ¿A qué hora empiezan tus clases?
5. ¿A qué hora vuelves a casa después de las clases?
6. ¿Qué haces de noche? ¿Duermes o trabajas?
7. ¿Ves mucho a tu familia? ¿A tus amigos?
8. ¿Me entiendes cuando hablo español?

PROBLEMAS URGENTES

A. Match the persons listed with the political or social issue you think they would be likely to consider most important. Then create a sentence stating that

_____ cree que _____ es un problema urgente.

un señor muy rico
una mecanógrafa
un detective
un profesor de español

un hombre en un sindicato laboral
una persona que no tiene comida
un ecólogo

el desempleo
el hambre
la contaminación del aire
la discriminación contra las mujeres
el robo

el crimen

la falta de (*lack of*) instrucción bilingüe

B. Match these same people with the course of action you think they would be most likely to advocate to correct these problems. Then create a sentence stating that

_____ **piensa que hay que** _____.

un señor muy rico	conservar energía y tierra
una mecanógrafa	apoyar a los candidatos que prometen mantener el orden público
un detective	tener maestros bilingües en las escuelas
un profesor de español	buscar a los criminales
un hombre en un sindicato laboral	tener sindicatos poderosos y empleo para todos
una persona que no tiene comida	organizar una protesta contra el gobierno
un ecólogo	prohibir la discriminación contra mujeres

C. Take the role of **usted** in the following conversation.

—Creo que un problema urgente es el crimen. ¿Y usted?

Usted: _____

—Apoyo a los candidatos que prometen mantener el orden público. Y usted, ¿a quién apoya?

Usted: _____

—¿Qué acciones podemos tomar contra los problemas que tenemos?

Usted: _____

SITUACIÓN

En el hotel

You ask the man at the desk how much a room in the hotel costs and he tells you 60 pesos. You ask if you can reserve one. He says yes and asks you in whose name. You tell him. He asks you for how many nights and you reply that it is only for one night. You are returning to the United States tomorrow. He says the desk clerk can wake you if you like. You reply that it is not necessary.

LOS HISPANOS DE LOS ESTADOS UNIDOS

¿Por qué vemos letreros como éstos en tiendas de Nueva York, Chicago, Los Ángeles, o San Francisco? La respuesta está en los ocho o nueve millones de hispanos que viven en los Estados Unidos. Hay tres grupos principales: los mexicano-americanos, los puertorriqueños y los cubanos. Hoy día viven en este país unos cinco o seis millones de mexicano-americanos, dos millones de puertorriqueños y casi un millón de cubanos. ¿Sabe usted, por ejemplo, que aproximadamente el 30% (treinta por ciento) de la población de Miami es de origen cubano? ¿Y que en Nueva York viven más puertorriqueños que en San Juan, la capital de Puerto Rico?

letreros *signs*   respuesta *answer*   más *more*

La presencia hispana en el territorio del suroeste de los Estados Unidos es muy anterior a la presencia anglosajona. Nombres geográficos como Nevada, Colorado, Santa Fe, San Francisco o Las Vegas reflejan su origen hispano. La Misión de Santa Bárbara (en la fotografía) fue fundada por padres españoles en 1786.

Con la victoria militar de 1848 (mil ochocientos cuarenta y ocho), los Estados Unidos reciben de México el territorio que hoy forma el suroeste. Muchos mexicano-americanos de esta región son descendientes de los primeros colonizadores españoles; otros son trabajadores mexicanos que vienen a este país a trabajar en el campo. Casi siempre el trabajo es duro y los salarios muy bajos.

muy anterior a *much earlier than*   fue fundada *was founded*   duro *hard*

Afortunadamente, hoy la situación es diferente. En años recientes, grupos de mexicano-americanos bajo líderes como César Chávez insisten en obtener sus derechos. Los jóvenes están orgullosos de su identidad y muchos prefieren usar el nuevo nombre de «chicano» en vez de mexicano-americano. Ahora muchas escuelas del suroeste tienen programas bilingües, y los «chicanos» empiezan a ocupar puestos importantes en el gobierno.

afortunadamente *fortunately*   bajo *under*   derechos *rights*
sienten *feel*   en vez de *instead of*   puestos *posts, positions*

La historia de los puertorriqueños en los Estados Unidos empieza realmente con la victoria norteamericana en la guerra de 1898 (mil ochocientos noventa y ocho) contra España. La isla de Puerto Rico pasa a ser territorio de los Estados Unidos. Hoy los puertorriqueños son ciudadanos de los Estados Unidos. Como en el caso de los mexicanos, mucha gente sale de la isla para buscar trabajo en Nueva York y otras ciudades. Esta familia puertorriqueña vive en Nueva York.

pasa a ser *becomes*   ciudadanos *citizens*

Los cubanos forman el tercer grupo de personas que hablan español en los Estados Unidos. Están aquí como exilados políticos del régimen socialista-comunista de Fidel Castro. Aunque viven en todos los estados, una gran mayoría vive en Miami. Allí tienen un barrio muy próspero con teatros, colegios, tiendas y restaurantes cubanos.

CAPÍTULO *Ocho*

LOS MARIACHIS

Guadalajara:

OBJECTIVES

Language: In this chapter we introduce, discuss, and practice:
1) indirect object pronouns
2) the verbs **saber** and **conocer**
3) stem-changing verbs **e** to **i**
4) the verbs **preguntar** and **pedir**
5) direct and indirect object pronouns in the same sentence

Culture: The dialogue takes place at an outdoor café in Guadalajara, Mexico. The theme of the chapter is music and dance.

en la plaza de los mariachis

Tres amigos, estudiantes de la Universidad de Guadalajara.[1]

TOMÁS: ¿Qué pedimos? ¿Café?

CONCHITA: No. Prefiero una cerveza.

ELENA: Yo también.

TOMÁS: ¡Mozo! Tres cervezas, por favor.

MOZO: Ahorita[2] se las sirvo.   5

CONCHITA: Quiero pedirles un consejo.

TOMÁS: ¡Cómo no! Te lo damos gratis.

ELENA: ¿Otra pelea con Enrique?

CONCHITA: Sí, otra vez.

ELENA: Pues, te digo la verdad. Enrique es un   10
muchacho estupendo para novio, pero
debe ser horrible para marido.

CONCHITA: ¿Por qué?

ELENA: Sabe bailar la cumbia, la samba, el merengue.[3] Conoce a todo el mundo. Es inteli-   15
gente y guapo. Pero no es fiel.

CONCHITA: Sí, es un Tenorio.[4] Yo lo sé.

TOMÁS: Y, al mismo tiempo, es celoso.

CONCHITA: Me llama todos los días.

ELENA: Para saber si estás en casa y preguntarte qué   20
haces.

CONCHITA: ¿Tu novio no te llama?

ELENA: No, Albert sigue muchos cursos y está muy
ocupado con sus estudios. En realidad, es un
poco frío y aburrido, pero siempre me dice   25
la verdad.

TOMÁS: Aquí llegan los mariachis.

ELENA: Los veo.

CONCHITA: ¡Ay, los conozco! Son amigos de Enrique.

LOS MARIACHIS: Buenas tardes, damas y caballeros. Primero   30
le vamos a cantar una canción especial a la
señorita Conchita González, de parte de un
admirador secreto:

Dicen que no tengo duelo, llorona,
porque no me ven llorar.   35
Hay muertos que no hacen ruido, llorona,
y es más triste su pesar.[5]

CONCHITA: ¡Qué emoción! A pesar de sus defectos,
Enrique sabe hacerme feliz.

TOMÁS: Y triste.   40

ELENA: Pues, así es el amor.

VOCABULARIO

bailar *to dance*
cantar *to sing*
conocer *to know, to be*
  acquainted with
decir (**i**) *to say, to tell*
llorar *to cry, to weep, to*
  mourn
pedir (**i**) *to ask for, to order*
saber *to know, to know how to*
seguir (**i**) *to follow, to*
  continue
servir (**i**) *to serve*

el **admirador** (la **admiradora**)
  admirer
el **amor** *love*
la **canción** *song*
la **cerveza** *beer*
el **consejo** *advice*

el **defecto** *fault, defect*
el **duelo** *grief, sorrow*
la **llorona** *weeping lady, mourner*
el **mozo** *waiter*
el **muchacho** *boy*
el **muerto** *dead person*
el **novio** (la **novia**) *boyfriend*
  (girlfriend)
la **pelea** *fight*
el **ruido** *noise*
el **Tenorio** *playboy*

aburrido (**-a**) *boring*
celoso (**-a**) *jealous*
feliz *happy*
fiel *faithful*
guapo (**-a**) *good-looking*
ocupado (**-a**) *busy*
otro (**-a**) *another*

secreto (-a) *secret*
triste *sad*
a pesar de *in spite of*
al mismo tiempo *at the same
time*
¡Cuidado! *Be careful!*
damas y caballeros *ladies &
gentlemen*

de parte de *on behalf of*
No me importa. *I don't care (it
doesn't matter to me).*
otra vez *again*
un poco *a little*
seguir un curso *to take a
course*
todos los días *every day*

NOTAS CULTURALES

1. Guadalajara is Mexico's second largest city, with a population of over one and a half million. The **mariachis** originated in Guadalajara. They are brightly-costumed, strolling musicians who sing and play string instruments and trumpets. They play typical Mexican music, including the **ranchera,** usually a sad complaint of unrequited love. They may be hired for parties, serenades, or simply for a song or two. The name **mariachi** is derived from the French word for *wedding* and dates back to Emperor Maximilian's brief reign in Mexico in the 19th century. These musicians were frequently employed then to entertain at marriage feasts.

2. In Mexican usage, **ahorita** means *right now* as opposed to **ahora,** which means *in a little while.*

3. The **cumbia, samba,** and **merengue** are three popular Latin American dances.

4. **Un Tenorio** is a lady-killer, a man who runs after women. The name comes from that of the hero of a seventeenth-century Spanish play, **El burlador de Sevilla** *(The Seducer of Seville),* by Tirso de Molina, a work which served as the basis of later works by several authors: the Spanish romantic poet Zorrilla, the French playwright Molière, the English poet Lord Byron, and many others. The hero's complete name is **don Juan Tenorio.** Many Spanish-speaking people use his last name as a synonym for this type of man, while English-speaking people usually speak of a *Don Juan.*

5.   *They say I'm not in sorrow, llorona,
because they don't see me weep.
There are dead people who make no noise, llorona,
and more sorrowful is their pain.*

This song, «**La llorona**» *("The Crying Woman"),* is very old and popular. Some verses seem to symbolize the fall to the Spaniards of the great Indian civilizations of the past. One of the popular refrains is the following:

Ay de mí, llorona,
llorona de ayer y hoy.
Ayer maravilla fui, llorona,

y ahora ni sombra soy.

Woe is me, llorona,
Llorona of yesterday and today.
Yesterday I was something
wonderful, llorona,
And today I'm not even a shadow.

PREGUNTAS

1. ¿Qué piden los estudiantes? 2. ¿Qué quiere Conchita pedir a sus amigos? 3. ¿Por qué es Enrique un muchacho estupendo para novio? 4. ¿Es fiel Enrique? ¿Es celoso? 5. ¿Llama Enrique a Conchita todos los días? ¿Para qué? 6. ¿Llama Albert a Elena todos los días? 7. ¿Es frío y aburrido Tomás? 8. ¿Quiénes llegan? 9. ¿De quién son los mariachis amigos? 10. ¿Quién es el admirador secreto? 11. Y el amor, ¿nos hace felices o tristes?

BAILE FOLKLÓRICO, MÉXICO

Explicación

I. INDIRECT OBJECT PRONOUNS

> (1) SEÑORA PÉREZ: Marta, ¿dónde estás?
> (2) MARTA: Aquí, mamá.
> (3) SEÑORA PÉREZ: *Te* quiero hablar. Hoy debes escribir*le* una carta a tu abuela.
> (4) MARTA: ¡Ay, mamá! Ahora no *le* quiero escribir.
> (5) SEÑORA PÉREZ: Sí, preciosa, y después vamos al centro. Si *le* escribes la carta, *te* compro un regalo.
> (6) MARTA: ¿Vas a comprar*me* un regalo? Bueno, ¿dónde hay un lápiz?
>
> 1. ¿A quién tiene que escribir Marta? 2. ¿Quiere la niña escribir la carta? 3. Después de escribir a su abuela, ¿qué va a comprarle su mamá?

A. Indirect object pronouns receive the action of the verb indirectly. That is, they indicate *to whom* or *for whom* something is done, said, made, or whatever. For instance, in the sentence *I am buying you a present, you* is an indirect object pronoun.

B. Except for the third person singular and plural forms, the indirect object pronouns are the same as the direct object pronouns.

(1) Marta, where are you? (2) Here, Mom. (3) I want to talk to you. You have to write a letter to your grandmother today. (4) Oh, Mom! I don't want to write to her now. (5) Yes, darling, and then we'll go downtown. If you write the letter to her, I'll buy you a gift. (6) You're going to buy me a gift? Okay, where is a pencil?

Singular	*Plural*
me *(to, for) me*	nos *(to, for) us*
te *(to, for) you*	os *(to, for) you*
le *(to, for) you, him, her, it*	les *(to, for) you, them*

Le hablo.	*I'm speaking to him (her).*
Les quiero escribir.	*I want to write to them.*
María me da su lápiz.	*María is giving me her pencil.*
Quieren escribirte.	*They want to write to you.*

C. Indirect object pronouns follow the same rules for placement as do direct object pronouns; that is, they precede a conjugated verb form or they can come after and be attached to an infinitive.

Te queremos vender ese libro. ⎫	*We want to sell you that book.*
Queremos venderte ese libro. ⎭	
Debemos darles la dirección. ⎫	*We should give them the*
Les debemos dar la dirección. ⎭	*address.*

D. Ordinarily it is clear from the context what or whom the indirect object pronoun refers to. Occasionally, however, a prepositional phrase (**a él, a usted,** and the like) is used or is necessary for emphasis or clarity.

Le hablo a { **él / ella / usted** } Les hablo a { **ellos / ellas / ustedes** }

E. In Spanish the indirect object pronoun is customarily included in the sentence even when the indirect object noun is also expressed.

Juan le da el regalo a María.	*Juan is giving the present to María.*
Les hablamos a los niños.	*We are speaking to the children.*

EJERCICIOS

1. Answer each of the following questions affirmatively.

¿Te escribe Manuel una carta? → **Sí, Manuel me escribe una carta.**

1. ¿Nos escribe Manuel una carta?
2. ¿Me escribe Manuel una carta?
3. ¿Le habla Manuel a Jacinto todos los días?
4. ¿Te da un regalo Isabel?
5. ¿Les canta Isabel una canción a ustedes?
6. ¿Te busca la recepcionista el cuarto?
7. ¿Me busca la recepcionista el cuarto?
8. ¿Les da la profesora el libro a ellos?
9. ¿La azafata le habla a Conchita?
10. ¿Nos prepara la comida?

2. Create new sentences using the cues and the corresponding indirect object pronoun.

Ricardo me habla. a Eduardo → **Ricardo le habla a Eduardo.**

a. Jaime me habla.
   1. a Pablo 2. a los hijos de Luisa 3. a nosotros 4. a ellos 5. a ella

b. Ellas te compran una cámara.
   1. a usted 2. a María 3. a Ramón y Pedro 4. a ustedes 5. a nosotros

c. Ramón me da la información.
   1. a nosotros 2. a él 3. a Paco 4. a usted 5. a ella

3. Give the Spanish equivalents.

1. We write to her. 2. We write to him. 3. We write to you.
4. We ask her why. 5. We buy her a gift. 6. We make you a gift.
7. We give them a gift. 8. She speaks to us. 9. She writes to us.
10. He gives us a gift.

PREGUNTAS

1. ¿Les escribe cartas a sus padres? ¿A sus amigos? 2. ¿Les escribe mucho? 3. ¿Habla mucho con sus padres por teléfono? ¿Con sus amigos? 4. ¿Les habla de sus estudios? ¿De qué hablan? 5. ¿Me quiere comprar un regalo?

II. THE PRESENT TENSE FORMS OF *SABER*, *CONOCER*

(1) JUAN: María, ¿*sabes* bailar la cumbia?

(2) MARÍA: Sí, Juan. También *sé* bailar el tango.

(3) JUAN: ¡Qué bueno! Entonces me puedes enseñar. ¿Quieres ir al baile este sábado? *Conozco* un buen restaurante donde podemos cenar antes.

(4) MARÍA: Este sábado voy al baile con Esteban Ramírez. ¿Lo *conoces*?

(5) JUAN: Creo que sí. ¿Ese chico frío y aburrido?

(6) MARÍA: Juan, ¡Esteban es muy inteligente y simpático! Y *conoce* a todo el mundo.

(7) JUAN: ¿Simpático? Es un Tenorio* de primera clase.

(8) MARÍA: Ay Juan, ¡estás celoso!

1. ¿Sabe María bailar la cumbia? ¿Y el tango? 2. ¿Sabe Juan bailar la cumbia? ¿Y el tango? 3. ¿Quiere María ir al baile con Juan? 4. ¿Con quién va María al baile? 5. ¿Conoce Juan a Esteban? 6. ¿Quién conoce a todo el mundo? 7. Según Juan, ¿cómo es Esteban? 8. Según María, ¿cómo es Esteban? 9. ¿Quién está celoso?

*See **Nota cultural 4.**

(1) María, do you know how to dance the cumbia? (2) Yes, Juan. I also know how to dance the tango. (3) Great! Then you can teach me. Do you want to go to the dance this Saturday? I know a good restaurant where we can have dinner first. (4) This Saturday I'm going to the dance with Esteban Ramírez. Do you know him? (5) I think so. That cold and boring guy? (6) Juan, Esteban is very intelligent and nice! And he knows everyone. (7) Nice? He's a first-class Don Juan. (8) But Juan, you're jealous!

A. The verbs **saber** and **conocer** are irregular in the first person singular.

saber		conocer	
(to know, know how to)		(to know or be acquainted with)	
sé	sabemos	**conozco**	conocemos
sabes	sabéis	conoces	conocéis
sabe	saben	conoce	conocen

B. **Saber** means to have knowledge of facts or information about something or someone. **Conocer** means to know or to be acquainted with a person, place, or thing. Note that **conocer** takes a personal **a** before a direct object that refers to a person or group of persons.

Conozco a Conchita pero no sé donde está.

I know (am acquainted with) Conchita but I don't know (have information about) where she is.

Sé jugar al tenis pero no conozco este club.

I know how to (I can) play tennis but I don't know (I'm not familiar with) this club.

EJERCICIOS

1. Create new sentences, substituting the words or phrases in the list for the words or phrases in italics.

a. *Tú* sabes bailar la cumbia, ¿verdad?
   1. el muchacho 2. tu novio 3. los colombianos
   4. la mexicana 5. ustedes

b. *Elena* conoce un buen restaurante.
   1. nosotros 2. yo 3. Tomás y yo 4. tú 5. mis amigos

2. Complete the sentences with the correct form of **saber** or **conocer**.

1. Yo _____ a esa señora.
2. Ustedes _____ la verdad.

3. José _____ bailar la cumbia.
4. Elena _____ a todo el mundo.
5. Nosotros _____ la historia de este país.
6. Yo _____ vivir bien.
7. ¿_____ usted al señor Rodríguez?
8. ¿_____ usted hablar español?
9. Nosotros _____ jugar al tenis.
10. Tú _____ a mi padre, ¿verdad?

3. Give the Spanish equivalent.

1. I know her. 2. She knows how to dance the merengue. 3. Do you know how to speak Spanish? 4. The mariachis don't know us. 5. Do you know this city well?

CASA DE MÚSICA, ESPAÑA

PREGUNTAS

1. ¿Sabe usted bailar el cha-cha-chá? ¿El tango? ¿La cumbia?
2. ¿Sabe qué día de la semana es hoy? 3. ¿Sabe qué día es mi cumpleaños? 4. ¿Sabe mucho sobre los aztecas? 5. ¿Conoce a muchos latinoamericanos? 6. ¿Conoce un buen restaurante mexicano?
7. ¿Qué países conoce usted?

III. STEM-CHANGING VERBS *E* TO *I*

(1) CONCHITA: Margarita, quiero *pedirte* un consejo. Gustavo es muy celoso.

(2) MARGARITA: Lo sé. Te *sigue* a todas partes, ¿verdad?

(3) CONCHITA: No, pero todos los días me llama para ver si estoy en casa. *Dice* que no soy fiel.

(4) MARGARITA: ¡Qué insolencia! ¿Y qué le *dices* tú?

(5) CONCHITA: Le *digo* que me hace infeliz. Pero por eso te *pido* tu ayuda. ¿Qué debo hacer?

(6) MARGARITA: ¿Por qué no lo llamas tú todas las noches para ver si él está en casa?

(7) CONCHITA: No puedo hacer eso. Si estoy en casa todas las noches, ¿cómo voy a ver a Miguel y a José?

1. ¿Qué le pide Conchita a Margarita? 2. ¿Quién es celoso? 3. ¿Sigue Gustavo a Conchita a todas partes? 4. ¿Qué hace Gustavo todos los días? 5. ¿Qué quiere saber él? 6. ¿Qué dice él? 7. ¿Y qué le dice ella a él? 8. ¿Qué dice Margarita que debe hacer Conchita? 9. ¿Por qué no puede seguir ella ese consejo?

A. Certain **-ir** verbs show a stem change from **e** to **i** when the stem syllable is stressed.

pedir *(to ask for)*		seguir *(to continue, to follow)*		servir *(to serve)*	
pido	pedimos	sigo	seguimos	sirvo	servimos
pides	pedís	sigues	seguís	sirves	servís
pide	piden	sigue	siguen	sirve	sirven

(1) Margarita, I want to ask you for some advice. Gustavo is very jealous. (2) I know it. He follows you everywhere, right? (3) No, but every day he calls me to see if I'm at home. He says I'm not faithful. (4) What insolence! And what do you say to him? (5) I tell him he makes me miserable. But that's why I'm asking for your help. What should I do? (6) Why don't you call him every night to see if he's at home? (7) I can't do that. If I'm home every night, how can I see Miguel and José?

Pido un café.	*I'm ordering (asking for) coffee.*
Seguimos a los niños.	*We're following the children.*
El mozo nos sirve el desayuno.	*The waiter is serving us breakfast.*
Rafael sigue cuatro cursos.	*Rafael is taking four courses.*

B. The verb **decir** is also an **e** to **i** stem-changing verb; in addition, the first person singular of the present tense is irregular.

decir
to say, tell

digo	decimos
dices	decís
dice	dicen

Te digo la verdad.	*I'm telling you the truth.*
¿Qué dice el doctor?	*What does the doctor say?*

EJERCICIOS

1. Create new sentences, substituting the words or phrases in the list for the words or phrases in italics.

a. *Ella* pide café.
 1. tú 2. nosotros 3. yo 4. Miguel y José
 5. ustedes

b. *Roberto* les dice la verdad.
 1. yo 2. ellas 3. Conchita y yo 4. los niños
 5. nosotros

c. ¿Sigues *tú* muchos cursos?
 1. tu hermano 2. los hijos 3. tu novia
 4. Margarita 5. nosotros

d. *El mozo* sirve la comida.
 1. las señoritas 2. tú 3. nosotros 4. yo 5. usted

2. Restate, changing the verbs to the plural.

1. Les sirvo una comida típica.
2. ¿Me sigue a la Avenida Bolívar?

3. Te pido un favor.
4. ¿Qué digo ahora?
5. Dice que no.

3. Restate, changing the verbs to the singular.

1. Le decimos la verdad.
2. Te pedimos un favor.
3. Siguen tres cursos.
4. ¿Cuándo me sirven?
5. ¿Qué le pedimos?

PREGUNTAS

1. Cuando está en un restaurante mexicano, ¿qué pide? 2. ¿Pide consejos a sus padres? 3. ¿Quién le pide consejos a usted? 4. ¿Quién le sirve el desayuno? 5. ¿Cuántos cursos sigue usted?

IV. *PREGUNTAR VS. PEDIR*

(1)	JOSÉ:	Papá, necesito dinero.
(2)	SEÑOR ORTEGA:	¿Otra vez? ¿Por qué no le *preguntas* a tu mamá dónde está su bolso?
(3)	JOSÉ:	Mamá no está en casa.
(4)	SEÑOR ORTEGA:	¡Caramba! Los niños de hoy no saben el valor de un peso.
(5)	JOSÉ:	Sí, papá, sé el valor de un peso. Por eso te *pido* diez.

1. ¿Qué quiere el niño? 2. ¿A quién puede preguntar dónde está su bolso? 3. ¿Quién no está? 4. ¿Qué cree el papá? 5. ¿Cuántos pesos pide el niño?

(1) Dad, I need money. (2) Again? Why don't you ask your mother where her purse is? (3) Mom isn't home. (4) Good grief! The children of today don't know the value of a peso. (5) Dad, I know the value of a peso. That's why I'm asking you for ten.

Pedir means to ask for something, to request (someone) to do something. **Preguntar** means to ask a question.

Pedimos la cena.

We're ordering (asking for) dinner.

Me piden un favor.

They're asking me for a favor.

Me preguntan dónde están.

They ask me where they are.

¿Por qué no le preguntas al policía?

Why don't you ask the policeman?

EJERCICIOS

1. Complete each sentence with the correct form of **pedir** or **preguntar.**

1. José le _____ treinta pesos.
2. Concha le _____ al policía dónde está la farmacia.
3. Yo le _____ un favor.
4. Nosotros les _____ dinero.
5. Ellos me _____ por qué.
6. ¿Por qué no le _____ tú al agente?
7. ¿No vas a _____ un café?
8. Margarita me _____ consejos.
9. Y yo le _____ por qué.
10. Te quiere _____ cuándo es el concierto.

PREGUNTAS

1. En un restaurante, ¿pide usted café o té? 2. ¿Pide muchos favores a sus amigos? 3. ¿Pide dinero a sus padres? 4. ¿Cómo pregunta una persona a un policía dónde está el museo de arte? 5. ¿Cómo pregunta usted qué hora es?

LAS CASTAÑUELAS

V. DIRECT AND INDIRECT OBJECT PRONOUNS IN THE SAME SENTENCE

> (1) ARTURO: Josefina, ¿conoces la canción «Guantanamera»?
>
> (2) JOSEFINA: No, Arturo. ¿*Me la* puedes cantar?
>
> (3) ARTURO: No, pero puedo *leértela*. Es parte de un poema de José Martí, el poeta cubano.
>
> 1. ¿Conoce Josefina la canción «Guantanamera»?   2. ¿Se la puede cantar Arturo?   3. ¿Quién es el autor del poema del cual la canción es parte?   4. ¿De dónde es?

A. When an indirect and a direct object pronoun are used in the same sentence, the indirect object pronoun is always placed directly before the direct object pronoun. The two object pronouns (indirect-direct) both precede a conjugated form of the verb.

Te doy cinco pesos.	*I am giving you five pesos.*
Te los doy.	*I am giving them to you.*

B. The object pronouns can also be attached to an infinitive (with the indirect object preceding the direct object). Note that when two object pronouns are attached to the infinitive, an accent is required over the last syllable of the infinitive.

Voy a pedirte un consejo.	*I am going to ask you for some advice.*
Voy a pedírtelo. Te lo voy a pedir.	*I am going to ask you for it.*

C. If a third person indirect object pronoun (**le, les**) is used in conjunction with a third person direct object pronoun (**lo, la, los, las**), the indirect object pronoun is replaced by **se**. The various meanings of **se** may be clarified by adding to the sentence: **a él, a ella, a usted, a ellos, a ellas, a ustedes.**

(1) Josefina, do you know the song "Guantanamera"? (2) No, Arturo. Can you sing it to me? (3) No, but I can read it to you. It's part of a poem by José Martí, the Cuban poet.

Elena les da su cámara (a ellos).	*Elena is giving them her camera.*
Elena se la da (a ellos).	*Elena is giving it to them.*
El mozo le sirve el té (a ella).	*The waiter is serving her the tea.*
El mozo se lo sirve (a ella).	*The waiter is serving it to her.*
Yo le dejo los regalos (a usted).	*I am leaving the presents for you.*
Yo se los dejo (a usted).	*I am leaving them for you.*

EJERCICIOS

1. Answer the questions in the affirmative according to the examples.

¿A quién le das la carta? → **Se la doy a Esteban.**

1. ¿A quién le das el dinero?
2. ¿A quién le escribes la carta?
3. ¿A quién le preguntas el número?
4. ¿A quién le dices eso?
5. ¿A quién le pides el libro?

¿Te van a dar un auto? → **Sí, me lo van a dar.**

1. ¿Te van a escribir una carta?
2. ¿Te van a dar un tranquilizante?
3. ¿Te van a servir el almuerzo?
4. ¿Te van a preparar la comida?
5. ¿Te van a hacer un pastel?

2. Create sentences starting with **Le doy** and using the nouns listed. Then replace the nouns with the appropriate object pronouns.

el lápiz, a José → **Le doy el lápiz a José. Se lo doy.**

1. la cámara, a María
2. los consejos, a los niños
3. el dinero, a los mariachis
4. los pesos, al mozo
5. la comida, a mi hija

6. el animal, a mis hermanos
7. el número, a la recepcionista
8. la cerveza, a Jaime

3. Give the Spanish equivalent.

1. I give you my book. I give it to you. 2. He asks me for help. He asks me for it. 3. She tells them the truth. She tells it to them. 4. Ricardo serves us the dinner. He serves it to us. 5. We ask him for advice. We ask him for it.

PREGUNTAS

1. ¿Conoce usted la canción «Guantanamera»? ¿Nos la quiere cantar? 2. ¿Tiene su libro de español? ¿Me lo puede dar? 3. ¿Tiene un lápiz? ¿Se lo puede dar a un amigo? 4. ¿Te piden consejos tus amigos? ¿Cuándo te los piden?

Actividades

INTERCAMBIOS

Use the **usted** form of the verbs in asking and answering the following questions.

Señorita Gómez, ask *Señor Suárez:*

1. si conoce a la señora Fernández
2. si sabe bailar la cumbia
3. si siempre dice la verdad
4. si le puede dar diez pesos a usted

Señor Suárez, answer:

1. que no la conoce
2. que sí, que la baila bien
3. que sí
4. que sí se los puede dar

5. si le escribe muchas cartas al presidente de los Estados Unidos
6. si le va a comprar un café después de la clase
7. cuántos cursos sigue
8. si su novia (-o) lo (la) llama todos los días
9. si conoce la canción «Cielito lindo»
10. si le puede dar su libro de español

5. que no le escribe
6. que sí, si quiere
7. que sigue tres cursos
8. que sí, para saber si está en casa
9. que sí, que se la puede cantar
10. que sí, que puede dárselo

ENTREVISTA

Ask a classmate the following questions. Then report the information to the class.

1. ¿Conoces a un Tenorio?
2. ¿Sabes esquiar? ¿Bailar el tango?
3. ¿Siempre dices la verdad?
4. ¿Le pides ayuda a tu familia? ¿Te la da?
5. ¿Te sigue tu novio (-a) a todas partes? ¿Es celoso (-a)?

CANCIONES Y BAILES

Complete each sentence with the appropriate word from the list following.

1. Sé bailar _____. la llorona, el merengue, el duelo
2. «Guantanamera» es _____. un baile, un libro, una canción
3. Los _____ cantan bien. mariachis, rascacielos, porteños
4. Un tipo de canción mexicana se llama la _____. cumbia, pelea, ranchera
5. Un conjunto musical es _____. un tipo de guitarra, un concierto de música folklórica, un grupo de cantantes (singers)

SITUACIÓN

You are at an outdoor café in Guadalajara with a friend. You order a coke, and your friend orders coffee. The waiter says he will serve them to you right away. Your friend asks you if you are listening to the music. You say yes, the mariachis are arriving. They are singing a special song to a **señorita** from her "secret admirer."

CAPÍTULO *Nueve* 9

TUNA UNIVERSITARIA

Madrid:

OBJECTIVES

Language: In this chapter we shall introduce, discuss, and practice:
1) the verb **gustar,** *to please or be pleasing*
2) reflexive verbs and pronouns
3) six irregular verbs
4) some idiomatic expressions with **tener**
5) two verbs with infinitives ending in **-ucir**

You will learn to talk about things you like and don't like and will practice a situation at a doctor's office.

Culture: The dialogue takes place in Madrid, where a group of students are out for the evening.

las cuevas

Un grupo de estudiantes españoles y norteamericanos de la Universidad de Madrid están en una de las cuevas.[1]

FERNANDO: ¿Nos sentamos aquí?

SHARON: Está bien. ¿Tienen sed?

FERNANDO: Sí, como siempre. Mozo, por favor, ¿puede traernos sangría[2]?

MOZO: En seguida se la traigo, señor.   5

ESTEBAN: ¡Hola, guapa! Voy a sentarme aquí a tu lado, morena. ¡Quiero la luz de tus ojos porque aquí está muy oscuro!

FERNANDO: Hay que tener cuidado, Patsy. Esteban es el maestro de los piropos.[3]   10

PATSY: Entonces, me voy.

ESTEBAN: ¡Caramba! ¿Por qué te pones nerviosa?

SHARON: De veras, Esteban es totalmente inofensivo.

PATSY: Bueno, me quedo.

MOZO: La sangría, señores.   15

SHARON: ¡Oigo música! Viene la tuna.[4]

LA TUNA: «Me gustan todas, me gustan todas, me gustan todas en general . . .»

ESTEBAN: Si quieres, Patsy, te traduzco la letra.

PATSY: No es necesario. La entiendo perfectamente.   20

LA TUNA: «Pero esa rubia, pero esa rubia, pero esa rubia me gusta más.»

SHARON: Me encanta esa música. La tuna toca bien. ¿Pero por qué no se quitan esas capas? Deben tener mucho calor.   25

FERNANDO: Las capas son réplicas de un traje universitario muy antiguo, del siglo dieciséis. Es una tradición. ¿Más sangría?

PATSY: No, gracias. Tengo que conducir.

ESTEBAN: No debes preocuparte, guapa. Puedo llevarte a casa. [30]

PATSY: Por eso precisamente me preocupo.

Pasan unas horas. Los muchachos se divierten mucho. Por fin, Fernando se levanta.

ESTEBAN: Hombre, ¿por qué te vas? Todavía no sale el sol.

FERNANDO: Es que salgo temprano para Barcelona. Y como no quiero perder el tren, debo irme a casa a acostarme.

ESTEBAN: Bueno Fernando, buen viaje. [35]

FERNANDO: Gracias. Con permiso.[5]

TODOS: Hasta luego. Adiós.

VOCABULARIO

acostarse (ue) *to go to bed*
conducir *to drive*
divertirse (ie) *to enjoy oneself*
encantar *to fascinate, delight*
gustar *to please, be pleasing*
irse *to go away*
levantarse *to get up*
oír *to hear*
ponerse *to get, become*
preocuparse *to worry*
quedarse *to remain, stay*
quitarse *to take off*
salir (para) *to leave (for)*
sentarse (ie) *to sit down*
tocar *to play (a musical instrument)*
traducir *to translate*
traer *to bring*
venir *to come*

la capa *cape*
la letra *lyrics*
la luz *light*
el maestro *master*

el moreno (la morena) *dark-haired person, brunette*
el ojo *eye*
la réplica *replica, copy*
el rubio (la rubia) *blond*
la sangría *wine punch*
el traje *uniform; suit; costume*
el tren *train*
inofensivo (-a) *harmless*
universitario (-a) *university*

entonces *then, in that case*
oscuro (-a) *dark*
temprano *early*
todavía *still, yet*

a tu lado *next to you*
¡Buen viaje! *Have a good trip!*
de veras *really, truthfully*
en seguida *at once, right away*
no sale el sol *the sun isn't up, isn't rising*
perder el tren *to miss the train*
por fin *finally*
tener cuidado *to be careful*
tener sed *to be thirsty*

NOTAS CULTURALES

1. **Las cuevas** *(the caves)* are "nightclubs" in Madrid, usually located in basements. Some of them feature flamenco music, while others simply provide an atmosphere where young people can come with guitars and other instruments to sing and dance.

2. **Sangría** is a traditional Spanish punch made of red wine, lemon and other fruit juices, sugar, and sometimes a shot of cognac.

3. **Piropos** are elaborate compliments made by men to women, often to women passing by on the street. Some Spaniards consider it an art to be able to instantly devise a **piropo** appropriate to a particular occasion. This is a time-honored custom and is usually not taken as harmful or offensive.

4. The **tunas** are groups of students who sing and play guitars and other instruments, usually receiving some recompense from bystanders. This is a tradition which goes back to the Middle Ages, when many a poor scholar did indeed have to sing for his supper. Nowadays, each school within a university generally has its own **tuna.** Sometimes the students stroll through the streets at night, dressed in academic gowns, and serenade their girlfriends. Often the girlfriends toss down ribbons to them to wear on their robes.

5. **Con permiso** is the expression to use when passing in front of someone, leaving a group, turning your back on someone, or eating in front of someone who is not also eating. Literally it asks the person's permission to proceed with the action. However, to say *Excuse me* should you bump into someone or step on his or her toe you say **Perdón** (or **Perdone** in Spain).

PREGUNTAS

1. ¿Dónde están los estudiantes? 2. ¿Tienen sed? ¿Qué piden?
3. ¿Quién es el maestro de los piropos? 4. ¿Se pone Patsy nerviosa?
5. ¿Entiende Patsy la letra de la música? 6. ¿Le gusta a Sharon la música? 7. ¿Quiere Patsy más sangría? ¿Por qué? 8. ¿Quién se va?
9. ¿Quién sale para Barcelona? 10. ¿Por qué se va Fernando a casa?
11. ¿Qué piensa usted de la costumbre de decir piropos? ¿Puede usted inventar un piropo original?

Explicación

I. THE VERB *GUSTAR*

> (1) JUANA: Ana, ¿te *gusta* esta música que tocan en la radio?
> (2) ANA: No, Juana. No me *gustan* los conjuntos «rock».
> (3) JUANA: Pues, ¿te *gusta* la música clásica?
> (4) ANA: Sí, y la música folklórica también.
>
> 1. ¿Le gusta a Ana la música en la radio?   2. ¿Le gustan los conjuntos «rock»?   3. ¿Le gusta la música clásica? ¿La música folklórica?

A. **Gustar** means *to please* or *to be pleasing*. **Gustar** can be used to express the equivalent of the English expression *to like*. However, in Spanish the person, thing or idea that is pleasing (pleases) is the *subject* of the sentence. **Gustar** is usually used in the third person singular or plural, depending on whether the subject is singular or plural. An indirect object pronoun is used with it.

Me gusta la idea.	*I like the idea. (The idea pleases me.)*
Te gustan las enchiladas.	*You like enchiladas. (Enchiladas are pleasing to you.)*
Le gusta el dinero.	*He (she, you) likes money.*
Nos gustan los restaurantes franceses.	*We like French restaurants.*

B. The prepositional phrase **a** + noun or pronoun is often used or is necessary for emphasis or clarity. It is usually placed at the beginning of the sentence.

(1) Ana, do you like the music they're playing on the radio? (2) No, Juana. I don't like rock groups. (3) Well, do you like classical music? (4) Yes, and folk music also.

A Fernando le gusta el chocolate.	*Fernando likes chocolate.*
A ellos les gusta el concierto.	*They like the concert.*
A usted le gustan las canciones italianas.	*You like Italian songs.*

C. If what is liked (or what is pleasing) is an action in the infinitive, the third person singular of **gustar** is used.

| No me gusta bailar. | *I don't like to dance.* |
| A María le gusta cantar. | *María likes to sing.* |

D. Other verbs that function like **gustar** include **fascinar, encantar,** and **importar.**

Me encanta la música.	*The music enchants me. (I'm delighted with it, I love it.)*
Me fascinan los tangos.	*Tangos fascinate me.*
No nos importa el dinero.	*The money isn't important (doesn't matter) to us.*

EJERCICIOS

1. Create new sentences, substituting the words or phrases in the list for the words or phrases in italics.

   a. No me gusta *el chocolate.*
      1. la idea   2. las canciones   3. los mariachis
      4. esta música   5. esquiar

   b. A *Eduardo* le gusta bailar.
      1. a Conchita   2. a nosotros   3. a ellos   4. a Paco y María   5. a Silvia

2. Create a sentence stating that you like the following:

   bailar → **Me gusta bailar.**

   1. hablar español
   2. la cerveza

3. los conciertos de música clásica
4. el tenis
5. las canciones mexicanas
6. ir a la playa

3. Make a question asking whether or not someone likes the following:

el museo de antropología → **¿Te gusta el museo de antropología?**

1. el té
2. las legumbres
3. las películas francesas
4. viajar
5. ir al cine
6. el chocolate

4. Answer in the affirmative.

¿Te gusta cantar? → **Sí, me gusta.**

1. ¿Te importa la ecología?
2. ¿Te encantan las costumbres de aquí?
3. ¿Te fascina la civilización azteca?
4. ¿A ustedes les gusta la película?
5. ¿A María le gusta esquiar?
6. ¿A Juan y Pedro les importan los problemas del barrio?

5. Give the Spanish equivalent.

1. I like the coffee.
2. He likes the concerts.
3. It doesn't matter to me.
4. This city fascinates me.
5. The songs delight her.

PREGUNTAS

1. ¿Le gusta bailar? 2. ¿Le importa la política? 3. ¿Le encanta la música clásica? 4. ¿Le gustan los conjuntos «rock»? 5. ¿Le gusta la música latina?

II. REFLEXIVE VERBS AND PRONOUNS

> (1) PEDRO: ¿Vas a la fiesta esta noche, José?
> (2) JOSÉ: No. Voy a *quedarme* en casa. No *me divierto* mucho en las fiestas.
> (3) PEDRO: Pero José, siempre *nos divertimos* mucho: bailamos, cantamos, hablamos con la gente.
> (4) JOSÉ: No bailo, no canto, y no me gusta hablar. Voy a *acostarme* temprano. Y mañana, *me* voy a *levantar* a las siete.
> (5) PEDRO: ¿*Te levantas* a las siete los domingos? ¡Ay, ay, ay!
>
> 1. ¿Va José a la fiesta? 2. ¿Se divierte mucho en las fiestas?
> 3. ¿Se divierte Pedro en las fiestas? 4. ¿Qué hace él? 5. ¿Va José a acostarse tarde? 6. ¿A qué hora va a levantarse?

A. In a reflexive construction the action of the verb reflects back to and acts upon the subject of the sentence. Examples of the reflexive in English are: *I enjoy myself, he dresses himself, they wash themselves.*

REFLEXIVE PRONOUNS

Singular		Plural	
me	*myself*	nos	*ourselves*
te	*yourself*	os	*yourselves*
se	{ *himself* *herself* *yourself* *itself*	se	{ *themselves* *yourselves*

(1) Are you going to the party tonight, José? (2) No. I'm going to stay home. I don't enjoy myself much at parties. (3) But José, we always have a good time: we dance, sing, talk to people. (4) I don't dance, I don't sing, and I don't like to talk. I'm going to go to bed early. And tomorrow I'm going to get up at seven o'clock. (5) You get up at seven o'clock on Sundays? Good grief!

Except for the third person **se** (singular and plural) reflexive pronouns have the same forms as direct and indirect object pronouns.

B. Reflexive verbs in Spanish are conjugated with the reflexive pronouns. The pronoun **se** attached to an infinitive indicates that the verb is reflexive.

levantarse
(to get up)

me levanto	nos levantamos
te levantas	os levantáis
se levanta	se levantan

C. The following are reflexive verbs. Stem changes are indicated in parentheses.

divertirse (ie)	*to enjoy oneself*	llamarse	*to be named (call oneself)*
irse	*to leave*	quedarse	*to remain, stay*
lavarse	*to wash*	quitarse	*to take off (clothing)*
despertarse (ie)	*to wake up*	sentarse (ie)	*to sit down*

D. Like indirect and direct object pronouns, reflexive pronouns precede a conjugated form of the verb.

¿Nos sentamos aquí?	*Shall we sit here?*
Me divierto mucho en las fiestas.	*I enjoy myself a lot at parties.*
¿Ya te acuestas?	*Are you going to bed already?*
Entonces, me voy.	*Then I'm leaving.*

E. Reflexive pronouns may also follow and be attached to an infinitive.

¿No vas a quedarte? ¿No te vas a quedar?	*Aren't you going to stay?*
Van a quitarse esas capas. Se van a quitar esas capas.	*They're going to take off those capes.*

F. In a sentence with both a reflexive and a direct object pronoun, the reflexive pronoun precedes the direct object pronoun.

Se lava la cara.	*She washes her face.*
Se la lava.	*She washes it.*
¿Te quitas el sombrero?	*Are you taking off your hat?*
¿Te lo quitas?	*Are you taking it off?*

G. Most reflexive verbs are also used non-reflexively. In some cases the use of the reflexive pronoun changes the meaning of the verb.

Se llama Conchita.	*Her name is Conchita (she calls herself Conchita). (reflexive)*
José llama a Conchita.	*José calls Conchita. (non-reflexive)*
Me voy ahora.	*I'm leaving now. (reflexive)*
Voy ahora.	*I'm going now. (non-reflexive)*
Nos lavamos todos los días.	*We wash ourselves every day. (reflexive)*
Lavamos el auto todos los días.	*We wash the car every day. (non-reflexive)*
Los niños se acuestan temprano.	*The children go to bed early. (reflexive)*
Los acostamos temprano.	*We put them to bed early. (non-reflexive)*

EJERCICIOS

1. Create new sentences substituting the words or phrases in the list for the words or phrases in italics.

   a. *Yo* me quedo aquí.
      1. tú 2. usted 3. nosotros 4. María
      5. Fernando y José

   b. *Los muchachos* se divierten mucho.
      1. yo 2. todo el mundo 3. María y yo 4. tú
      5. ustedes

   c. *Ella* se sienta.
      1. Fernando 2. nosotros 3. Carmen 4. yo 5. tú

   d. *Nosotros* nos acostamos temprano.
      1. mis hijos 2. yo 3. ustedes 4. tú 5. ellos

   e. *Tú* debes irte a casa.
      1. yo 2. ustedes 3. los niños 4. tu novia
      5. nosotras

   f. *Él* va a levantarse a las siete.
      1. yo 2. ustedes 3. nosotros 4. tú 5. Susana
      y yo

2. Restate, changing the verbs from the plural to the singular.

   1. ¿Nos sentamos aquí?
   2. Nos vamos ahora.
   3. Se levantan a las ocho.
   4. Se acuestan temprano.
   5. ¿Cómo se llaman?

3. Give the Spanish equivalent.

   1. I always get up early. 2. When do you go to bed? 3. Do you enjoy yourself at parties? 4. They take off their hats. 5. Are we staying here? 6. I'm sitting down here. 7. Her name is Carmen. 8. He is going away. 9. I am washing the car. 10. Where do you want to sit?

PREGUNTAS

1. ¿A qué hora se levanta usted? 2. ¿A qué hora se acuesta? 3. ¿Se divierte mucho en la clase de español? 4. ¿Va a quedarse en casa esta noche? 5. ¿Prefiere quedarse en casa o ir a una fiesta? 6. ¿Qué hace usted en una fiesta?

III. MORE IRREGULAR VERBS

(1)   Mozo: *¿Pongo* el pan aquí, señora?
(2) Consuelo: Sí. ¿Y nos puede traer dos cafés, por favor?
(3)   Mozo: En seguida se los *traigo*.
(4) Consuelo: María, ¿cuánto tiempo vas a quedarte aquí?
(5)   María: *Salgo* para Buenos Aires el viernes.
(6) Consuelo: Pues, ¿quieres ver los sitios de interés: la catedral, los museos, la universidad, los parques. . . ?
(7)   María: Sí, ¡cómo no! ¿Por qué no *salimos* mañana?
(8) Consuelo: Bueno, *vengo* a tu hotel a las nueve de la mañana.

1. ¿Qué pone el mozo en la mesa? 2. ¿Qué pide Consuelo? 3. ¿Va el mozo a traerlos en seguida? 4. ¿Cuándo sale María para Buenos Aires? 5. ¿Qué quiere Consuelo enseñarle? 6. ¿A qué hora viene ella al hotel de María? 7. ¿Cuáles son los sitios de interés donde usted vive?

A. Several Spanish verbs take an **-ig-** or a **-g-** in the first person singular of the present tense. **Hacer,** presented in Chapter 7, is one such verb. Others are:

(1) Shall I put the bread here, ma'am? (2) Yes. And can you bring us two cups of coffee please? (3) I'll bring them to you right away. (4) María, how long are you going to be here? (5) I'm leaving for Buenos Aires Friday. (6) Well, do you want to see the sites of interest: the cathedral, the museums, the university, the parks . . . ? (7) Yes, of course! Why don't we go tomorrow? (8) Good. I'll come to your hotel at nine in the morning.

traer		**oír**	
(to bring)		*(to hear)*	
traigo	traemos	oigo	oímos
traes	traéis	oyes	oís
trae	traen	oye	oyen

poner		**venir**	
(to put, place)		*(to come)*	
pongo	ponemos	vengo	venimos
pones	ponéis	vienes	venís
pone	ponen	viene	vienen

salir	
(to leave, go out)	
salgo	salimos
sales	salís
sale	salen

¿Oyes música?	*Do you hear music?*
¿Pongo la sangría aquí, señor?	*Shall I put the sangría here, sir?*
Salgo temprano para Barcelona.	*I leave (I'm leaving) early for Barcelona.*
Enrique trae las frutas del mercado.	*Enrique is bringing the fruits from the market.*
¿Con quién vienes a la fiesta?	*Who are you coming to the party with?*

B. When **poner** is used reflexively (**ponerse**), it can mean *to become (get)* or *to put on.*

Siempre me pongo nervioso en las fiestas.	*I always get nervous at parties.*
José se pone el sombrero.	*José puts on his hat.*

C. Note that **oír** takes a **y** between the stem and the ending in the second and third person singular and the third person plural forms. There is a written accent mark on the **i** of the first and second person plural forms.

D. **Venir** is an **e** to **ie** stem-changing verb. It is conjugated like **tener**, presented in Chapter 4.

EJERCICIOS

1. Create new sentences, substituting the words or phrases in the list for the words or phrases in italics.

   a. *Juan* viene a las cinco.
      1. tú   2. yo   3. Julio y Fernando   4. usted
      5. nosotros

   b. *Tú* sales mañana para Granada.
      1. nosotros   2. mi novio   3. María   4. yo
      5. ustedes

   c. *Carlos* oye música.
      1. ellos   2. nosotros   3. tú   4. yo   5. mis tíos

   d. *Yo* pongo la comida en la mesa.
      1. José   2. nosotros   3. tú   4. ustedes   5. Concha y Elena

   e. ¿Qué le traigo *yo*?
      1. mi hermano   2. los señores   3. nosotros
      4. ustedes   5. tú

2. Restate, changing the verbs to the plural.

   1. Pongo las legumbres aquí.
   2. Salgo con Esteban.
   3. Traigo las cervezas.
   4. Oigo a la chica.
   5. Vengo a las tres.

3. Restate, changing the verbs to the singular.

   1. ¿Dónde ponemos las maletas?
   2. Salimos para México mañana.
   3. Te traemos un regalo.
   4. Vienen esta noche.
   5. No oyen bien.

PREGUNTAS

1. ¿A qué hora viene usted a la clase de español? ¿A qué hora sale?
2. ¿Trae su libro de español a la universidad?   3. ¿Oye usted bien?
4. ¿Cuándo se pone usted nervioso(-a)?

IV. IDIOMATIC EXPRESSIONS WITH *TENER*

(1) EL MÉDICO: *¿Cuántos años tiene* usted, señor García?

(2) SEÑOR GARCÍA: Treinta y ocho.

(3) EL MÉDICO: ¿Y por qué está aquí hoy?

(4) SEÑOR GARCÍA: *Tengo dolor de cabeza y de estómago.* También *tengo calor y sed.* Y estoy muy cansado.

(5) EL MÉDICO: *Tiene que acostarse temprano,* tomar aspirinas, y *tener cuidado* con la comida. Pero no debe preocuparse: *no tiene fiebre* y el pulso es normal.

(6) SEÑOR GARCÍA: ¡Qué maravilloso! Voy a morir sano.

1. ¿Cuántos años tiene el señor García? 2. ¿Tiene dolor de cabeza? ¿Tiene dolor de estómago? 3. ¿Tiene calor? ¿Sed? 4. ¿Está cansado? 5. ¿Qué tiene que hacer, según el médico? 6. ¿Tiene fiebre? 7. ¿Es el pulso normal? 8. ¿Cómo va a morir?

A. There are many expressions in Spanish that use the verb **tener.**

tener ganas de	*to want to*
tener . . . años	*to be . . . years old*
tener prisa	*to be in a hurry*

B. The construction **tener** + a noun can often be rendered in English by the verb *to be* + an adjective.

tener		to be	
	calor		*warm, hot*
	cuidado		*careful*
	razón		*right*
	sueño		*sleepy*
	hambre		*hungry*
	sed		*thirsty*

(1) How old are you, Mr. García? (2) Thirty-eight. (3) And why are you here today? (4) I have a headache and stomach ache. Also, I'm hot and thirsty. And I'm very tired. (5) You must go to bed early, take aspirin, and be careful about the food you eat. But you shouldn't worry: you don't have a fever and your pulse is normal. (6) Wonderful! I'm going to die healthy.

C. In other instances **tener** is equivalent to *to have*, but note that the indefinite article is not used in Spanish in these cases.

tener dolor de cabeza, de   *to have a headache, a stomach*
   estómago   *ache*
tener fiebre   *to have a fever*

EJERCICIOS

1. Create new sentences, substituting the words or phrases in the list for the words or phrases in italics.

   a. *Yo* tengo hambre.
      1. él   2. nosotros   3. Esteban   4. Luis y su novia
      5. tú

   b. *Ana* tiene razón.
      1. yo   2. tú   3. Pepe y yo   4. usted   5. ustedes

   c. *Los chicos* tienen mucho calor.
      1. ella   2. Juan   3. tú   4. nosotros   5. yo

2. Create a sentence using each of the following expressions with **tener.** Use a different subject for each sentence.

tener calor	tener sed
tener razón	tener sueño
tener hambre	tener prisa
tener frío	tener ganas de

3. Give the Spanish equivalent.

1. You're right.   2. I'm warm.   3. She's hungry.   4. They're in a hurry.   5. He's careful.   6. Are you sleepy?   7. We want to see it. 8. Is he thirsty?

PREGUNTAS

1. ¿Cuántos años tiene usted?   2. ¿Tiene hambre ahora?   3. ¿Tiene dolor de cabeza? 4. ¿Tiene sueño? 5. ¿Tiene prisa hoy? 6. ¿Tiene ganas de hacer un viaje?

V. PRESENT TENSE FORMS OF VERBS ENDING IN -*UCIR*

Verbs that end in **-ucir** have the ending **-zco** in the first person singular of the present tense. The other forms are regular.

traducir		**conducir**	
(to translate)		*(to drive)*	
traduzco	traducimos	conduzco	conducimos
traduces	traducís	conduces	conducís
traduce	traducen	conduce	conducen

Si quieres, te traduzco la letra.   *If you want, I'll translate the words for you.*

No tomo sangría porque esta noche conduzco.   *I'm not drinking sangría because tonight I'm driving.*

EJERCICIOS

1. Create new sentences, substituting the words or phrases in the list for the words or phrases in italics.

   a. *José* conduce un auto nuevo.
      1. Eduardo 2. Irma y yo 3. ustedes 4. yo
      5. ella

   b. *Tú* traduces un libro.
      1. Paco 2. yo 3. mi novio 4. tú 5. nosotros

2. Restate, changing the verbs to the singular.

   1. Conducen un auto nuevo.
   2. Conducimos bien.
   3. ¿Te traducimos la carta?
   4. ¿Traducen ustedes la lección?
   5. ¿Cómo conducen ellas?

PREGUNTAS

1. ¿Sabe usted conducir? ¿Qué tipo de auto conduce? 2. ¿Si traducimos literalmente la expresión *con permiso*, ¿qué quiere decir?

Actividades

INTERCAMBIOS

Use the **usted** form of the verbs in asking and answering the following questions.

Señorita Balboa, ask *Señor Martín:*

1. cuántos años tiene
2. si va a salir con una amiga o un amigo esta noche
3. si va a divertirse con ella o él
4. si se pone nervioso cuando habla español
5. a qué hora se acuesta generalmente

Señor Martín, answer:

1. que tiene dieciocho años
2. que sí, que sale con una amiga
3. que sí, que siempre se divierten mucho
4. que no, que no se pone nervioso
5. que se acuesta a las once

ENTREVISTA

Ask a classmate the following questions. Then report the information to the class.

1. ¿A qué hora te levantas?
2. ¿Sales temprano para la universidad?
3. ¿Conduces un auto nuevo?
4. ¿Tienes cuidado cuando conduces?
5. ¿Te gustan los autos grandes?
6. ¿Tienes mucha prisa hoy?
7. ¿Vas a quedarte en casa esta noche?
8. ¿Tienes hambre ahora? ¿Sueño? ¿Sed?
9. ¿Tienes dolor de cabeza durante los exámenes?
10. ¿Te gusta hablar español?

¿QUÉ HACE?

Give the verb form which corresponds to each of the following people, telling what they do.

un estudiante → **estudia**

1. un conductor
2. un traductor
3. un bailador
4. un cantante
5. un trabajador
6. un admirador
7. un ganador
8. un viajero
9. un visitante
10. un sirviente

SITUACIONES

En la oficina del médico

The doctor asks you how old you are. You reply that you are 20. He asks why you are there, and you reply that you have a stomach ache and that you are also tired and cold. He tells you that you don't have a fever but that you should take some aspirins.

En las cuevas

You say you love this music and that the **tuna** plays very well. Someone offers you more **sangría,** but you say no thank you, you have to drive. You are going to Barcelona early tomorrow morning, and you have to go home and go to bed. Your friends wish you a good trip, then you excuse yourself and say good-by.

LA MÚSICA

En España hay una gran variedad de música y bailes folklóricos. Estos jóvenes son de Cataluña y bailan la sardana, baile típico de esa región noreste. La sardana es un baile muy antiguo y refleja, como muchos otros bailes regionales, características culturales particulares y el amor que la gente siente por su región (Cataluña, en este caso).

Hay muchas regiones diferentes en España y cada una tiene su música y baile característicos. Puede ser la muñeira melancólica de Galicia, la jota rápida de Aragón o el baile típico de cualquier otra región. Pero siempre la gente del lugar conoce su baile y sabe bailarlo con gusto, especialmente en las fiestas. Un baile famoso es el flamenco de Andalucía. Es un baile muy sensual, acompañado de voz, guitarra y castañuelas. Tradicionalmente, los gitanos son los maestros del flamenco.

muñeira *popular dance of Galicia*   jota *Aragonese and Valencian dance and tune*   cualquier *any*   castañuelas *castanets*   gitanos *gypsies*

También es rico y variado el folklore de Hispanoamérica. Aquí la música y los bailes reflejan una combinación de elementos indígenas, españoles y africanos. En general, los instrumentos musicales de cuerda son de origen español, los de viento de origen indio, y los de percusión de origen africano. Instrumentos típicos hispanoamericanos son, por ejemplo, el arpa paraguaya de la fotografía, las diferentes flautas indígenas en la región de los Andes (la quena en el Perú o la zampoña en Bolivia); las guitarras y sus diversas variantes como el charango en la región andina, la vihuela en el Río de la Plata y el guitarrón de México.

cuerda *string*   arpa paraguaya *Paraguayan harp*   flautas *flutes*
quena *kind of Indian flute*   zampoña *pan pipes*   charango *kind of bandore*
or small guitar used by Indians   andina *Andean*   vihuela *an early*
guitar   guitarrón *large guitar*

El papel que en los tiempos medievales tienen los juglares y trovadores en España corresponde hoy día a los payadores de la Argentina y del Uruguay. El payador canta melodías tristes sobre la vida solitaria del gaucho o sobre sus desilusiones amorosas. En las reuniones o en las fiestas populares improvisa canciones que acompaña con la guitarra. Muy populares son las payadas o competencias entre dos payadores que se turnan. Cada uno canta, improvisando la letra. Muchas veces los espectadores dan los temas y los payadores tienen que improvisar canciones sobre cada tema. La competencia puede durar horas o días.

juglares *minstrels*   payadores *Gaucho singers*
competencias *competitions* se turnan *take turns*
improvisando *improvising* letra *lyrics* temas *themes, subjects*
durar *last* se rinde *gives up*

Estos son dos artistas del famoso Ballet Folklórico de México. Hoy día este conjunto viaja por todo el mundo con su programa espectacular. Pero la música mexicana no es la única que busca su inspiración en el folklore. Así, por ejemplo, las melodías tristes de la quena andina, los sonoros ritmos del Caribe y muchos otros temas y tradiciones indígenas influyen en la música actual de toda Hispanoamérica. Actualmente, gente de todo el mundo conoce y baila ritmos típicamente hispanoamericanos como el tango, la rumba, la zamba, el mambo o el cha-cha-chá.

todo el mundo *the whole world*   influyen *have influence*   actual *of the present (time)*   actualmente *presently*

Este grupo de jóvenes del Caribe baila uno de los ritmos populares de esta región durante un desfile hispano en las calles de Nueva York.

desfile *parade*

CAPÍTULO *Diez* 10

UN PARTIDO DE FÚTBOL

Madrid

OBJECTIVES

Language: In this chapter, we introduce, discuss, and practice:
1) formal **usted** and **ustedes** commands
2) familiar **tú** commands
3) position of reflexive and object pronouns with commands
4) the reciprocal reflexive, *each other* or *one another*

You will learn to give and understand directions to reach a certain place from another place, and how to ask and answer questions concerning directions.

Culture: The dialogue takes place in Madrid, where some fans of the soccer team of Madrid are watching a game on television. The theme of the chapter is sports.

un partido de fútbol

En casa de Ana y Eduardo Valderrama, Eduardo y su amigo cubano, Pablo Alberti, miran un partido de fútbol en la televisión.[1]

EDUARDO: ¿Dónde está mi cerveza? Dámela, por favor.

PABLO: Aquí está. Toma.

EDUARDO: ¡Cuidado con el catalán, muchachos![2] ¡Corran! ¡No lo dejen pasar! ¡Uf!

PABLO: ¡Qué fastidio! *Los dos se miran, tristes.* 5

LA VOZ DE
LA TELEVISIÓN: Y ahora, escuche unas palabras sobre un producto importante en el mundo moderno. No ofenda a sus amigos. Compre usted «Escorpión», el desodorante penetrante para hombres. El noventa por ciento de los futbolis- 10 tas usan . . .

EDUARDO: ¿Qué le pasa al Real Madrid?[3] Es un equipo fantástico, pero hoy no juega bien.

PABLO: No sé. Si no ganamos hoy, no vamos al campeonato mundial. *Entra Ana Valderrama.* 15

ANA: Buenas tardes, señor Alberti.

PABLO: Muy buenas, señora.

EDUARDO: No nos interrumpas, Ana. Es un momento crítico.

ANA: No seas ridículo. Son los anuncios. Háganme el 20 favor de comer estos sándwiches.

PABLO: Muchas gracias. *Toma uno y empieza a devorarlo.*

EDUARDO: ¿Comer? ¿Mientras pierde el Real Madrid?

ANA: Cálmate. No es para tanto. 25

EDUARDO: Sal de aquí, Ana. Estos partidos son serios para nosotros, los hombres. A veces provocan guerras.[4]

PABLO: Pásame la sal, por favor. *Ana se la da.* Gracias.

ANA: ¡La guerra! ¡Otro juego insensato de los hombres! 30

EDUARDO: De los hombres, ¿eh? ¡No te olvides de Helena de Troya! *Ana se va.*

PABLO: Hombre, eres un poco duro con tu mujer, ¿no?[5] 35

EDUARDO: No te preocupes. Ella no se ofende. Después de 22 años, ya nos entendemos.

PABLO: ¡Mira! ¡Cómo corre Martínez! ¡Gol! *Se levantan y empiezan a bailar.*

LOS DOS: ¡Gol! ¡Viva el Real Madrid![6] 40

VOCABULARIO

correr *to run*
dejar *to allow, let*
devorar *to devour*
interrumpir *to interrupt*
ofender *to offend*
ofenderse *to become offended*
olvidarse (de) *to forget (about)*
pasar *to pass; to get by*
provocar *to provoke*
usar *to use*

el **anuncio** *commercial, advertisement*
el **campeonato** *championship*
el **desodorante** *deodorant*
el **equipo** *team*
el **futbolista** *soccer player*
el **gol** *goal*
la **guerra** *war*
el **juego** *game, amusement*
la **palabra** *word*

el **partido** *game, match*
la **sal** *salt*
la **voz** *voice*

duro (-a) *harsh, hard*
insensato (-a) *senseless, stupid*
mundial *worldwide*
penetrante *effective*
serio (-a) *serious*

a veces *at times*
¡Cálmate! *Calm down!*
hacer el favor de *to do the favor of*
mientras *while*
Muy buenas. *Good afternoon.*
No es para tanto. *It's not that important.*
¡No lo dejen pasar! *Don't let him get by!*

¡Qué fastidio!   *What a nuisance!*
¿Qué le pasa a . . . ?   *What's the matter with . . . ?*
Toma.   *Take it.*

el **noventa por ciento**   *ninety percent*
Ya nos entendemos.   *We understand each other now.*

UN PARTIDO DE FÚTBOL
EN LA ARGENTINA

NOTAS CULTURALES

1. **El fútbol** is *soccer*, the most popular sport in Europe and Latin America. (Football as practiced in Canada and the United States is **el fútbol americano.**)

2. One of the teams is from **Cataluña,** a region in northeastern Spain which has its own traditions and language. The **catalanes** rival the **madrileños** (people from Madrid) in soccer.

3. **El Real Madrid** is one of the best soccer teams in Europe and has won the world championship many times.

4. In the late 1960s two Central American republics—El Salvador and Honduras—declared war after a soccer match but later called it off when tempers had cooled down. The soccer match was only an isolated factor in the tension between the two countries, however.

5. **¡Viva!** is the equivalent of *Hooray!* and is a command form of **vivir** meaning *May he (she, it) live!*

PREGUNTAS

1. ¿Qué miran Eduardo y Pablo?   2. ¿De dónde es Pablo?   3. ¿Qué toma Eduardo?   4. ¿Qué es «Escorpión»?   5. ¿Qué es el Real Madrid? ¿Juega bien hoy?   6. Si el Real Madrid gana, ¿qué va a pasar? 7. ¿Qué les trae Ana a Eduardo y Pablo?   8. Según Ana, ¿cuál es un juego insensato de los hombres? ¿Y otro? ¿Está usted de acuerdo con ella?   9. ¿Se ofende Ana porque Eduardo es un poco duro?   10. ¿Se entienden Ana y Eduardo?

Explicación

I. FORMAL *USTED* AND *USTEDES* COMMANDS

(1) SEÑOR SMITH: Señor, ¿nos puede decir cómo llegar al estadio municipal?

(2) UN SEÑOR: Sí, por supuesto. *Vayan* derecho una cuadra hasta la Calle Séptima. *Doblen* a la izquierda. *Sigan* por la Calle Séptima hasta la Avenida San Agustín.

(3) SEÑORA SMITH: Señor, *espere* un momento, por favor. A ver . . . vamos hasta la Calle Séptima, doblamos a la izquierda, seguimos por la Calle Séptima hasta la Avenida San Agustín.

(4) UN SEÑOR: Exacto. El estadio está allí a la derecha. Si ustedes van al partido de fútbol, no *lleguen* tarde. ¡Hoy es el campeonato mundial!

1. ¿Adónde quieren ir los señores Smith? 2. ¿Qué calle siguen hasta la Avenida San Agustín? 3. ¿Doblan a la izquierda o a la derecha? 4. ¿Por qué no deben llegar tarde?

A. To form the singular formal (**usted**) command of regular verbs, drop the **-o** ending from the first person singular (**yo**) form of the present tense and add **-e** for **-ar** verbs and **-a** for **-er** and **-ir** verbs.

(1) Sir, can you tell us how to get to the municipal stadium? (2) Yes, of course. Go straight one block to Seventh Street. Turn left. Continue down Seventh Street to San Agustín Avenue. (3) Sir, wait a minute, please. Let's see . . . we go to Seventh Street, turn left, follow Seventh Street to San Agustín Avenue. (4) Right. The stadium is there on the right. If you're going to the soccer game, don't arrive late. Today is the world championship!

(Yo) compro este libro. Compre (usted) este libro, señor.	*I am buying this book. Buy this book, sir.*
(Yo) leo la explicación. Lea (usted) la explicación, señorita.	*I am reading the explanation. Read the explanation, miss.*
(Yo) abro la puerta. Abra (usted) la puerta, señora.	*I am opening the door. Open the door, ma'am.*

B. The **ustedes** command is formed by adding an **-n** to the singular **usted** command form. This form is used in the same situations in which one would use the **ustedes** form of address.

Compren (ustedes) estos libros.	*Buy these books.*
Lean (ustedes) la explicación, señoras.	*Read the explanation, ladies.*
Abran (ustedes) las puertas, niños.	*Open the doors, children.*

C. The negative command is formed by adding **no** before the verb.

No tome el té.	*Don't drink the tea.*
No coman los sándwiches.	*Don't eat the sandwiches.*

D. If a verb has an irregularity or a stem change in the first person singular, present tense, this irregularity or stem change is carried over into the command forms.

No salga todavía.	*Don't leave yet.*
No pierdan el dinero.	*Don't lose the money.*
Duerman un poco.	*Sleep a little while.*

E. A number of verbs have a spelling change in the **usted** and **ustedes** command forms to preserve the sound of the infinitive ending.

c to **qu**	buscar	yo busco →	busque(n)
	tocar	yo toco →	toque(n)
g to **gu**	jugar	yo juego →	juegue(n)
	llegar	yo llego →	llegue(n)
z to **c**	empezar	yo empiezo →	empiece(n)

F. Some irregular formal **usted** and **ustedes** commands are:

ir	**vaya(n)**		estar	**esté(n)**
ser	**sea(n)**		dar	**dé, den**
saber	**sepa(n)**			

Vayan al mercado.	*Go to the market.*
No sean malos, niños.	*Don't be naughty (bad), children.*
Sepan la lección para mañana.	*Know the lesson for tomorrow.*
Dé dinero a los pobres.	*Give money to the poor.*
No esté triste.	*Don't be sad.*

G. Although the pronouns **usted** and **ustedes** are generally omitted, they may be used to soften a command.

Escuche usted, por favor.	*Listen, please.*

EJERCICIOS

1. Create new sentences, substituting the words or phrases in the lists for the words or phrases in italics.

   a. *Sirva* la sangría.
      1. tome 2. mire 3. describa 4. prepare
      5. beba

   b. No *lleguen* tarde.
      1. vayan 2. vengan 3. salgan 4. vuelvan
      5. duerman

2. Make formal **usted** or **ustedes** commands from the following statements.

   a. Usted come los sándwiches. → **Coma los sándwiches.**

   1. Usted lee la historia.
   2. Usted habla español.
   3. Usted no sale ahora.
   4. Usted escucha bien.
   5. Usted mira a la chica.
   6. Ustedes juegan al tenis.
   7. Ustedes no compran el auto.
   8. Ustedes dan los lápices a María.

9. Ustedes no dejan los libros aquí.
10. Ustedes saben la lección para el viernes.

b. La señora pide perdón. → **Señora, pida perdón.**

1. El señor viene acá.
2. La señorita sale de aquí.
3. La señora no pide la comida.
4. El señor duerme un poco.
5. El mozo pone los sándwiches aquí.
6. Los chicos van al mercado.
7. Las señoritas hacen un favor.
8. Los niños son buenos.
9. Las señoras tienen cuidado.
10. El señor vuelve mañana.

3. Answer the following questions with an affirmative **usted** or **ustedes** command.

¿Debo hablar español? → **Sí, hable español.**
¿Debemos comprar el auto? → **Sí, compren el auto.**

1. ¿Debo preparar la comida?
2. ¿Debo dejar los sándwiches?
3. ¿Debo volver mañana?
4. ¿Debo buscar el pasaporte?
5. ¿Debo llevar el diccionario?
6. ¿Debemos salir de aquí?
7. ¿Debemos hacer el trabajo?
8. ¿Debemos comprar la televisión?
9. ¿Debemos ir al parque?
10. ¿Debemos llegar a las seis?

4. Answer the questions from **Ejercicio 3** with a negative **usted** or **ustedes** command.

¿Debo hablar español? → **No, no hable español.**

5. Give the Spanish equivalent.

1. Open the window, miss. 2. Follow Seventh Street, ma'am.
3. Eat, children. 4. Wait a minute, sir. 5. Don't go tomorrow,
miss; go Tuesday.

PREGUNTAS

1. Dé a un estudiante direcciones para ir de aquí a la biblioteca.
2. Para ir de aquí a la cafetería. 3. Para ir de aquí a la oficina del profesor.

II. INFORMAL *(TÚ)* COMMANDS

(1) JUAN: Paco, ¿cómo llego a la casa de Virginia?
(2) PACO: *Toma* la Calle Asunción hasta la Avenida de la Victoria. Allí, *dobla* a la derecha. Después, *ve* a la segunda calle a la izquierda; no *sigas* la primera. *Sigue* por la segunda calle, la Calle Cabrillo, hasta el parque.
(3) JUAN: ¿Vive en un apartamento o en una casa?
(4) PACO: Es un apartamento grande enfrente del parque. ¡*Recuerda* las direcciones!

1. ¿Adónde quiere ir Juan? 2. ¿Qué calle toma hasta la Avenida de la Victoria? 3. ¿Dobla a la derecha o a la izquierda allí? 4. ¿Qué calle sigue hasta el parque? 5. ¿Vive Virginia en una casa?

A. Informal (**tú**) affirmative commands for regular verbs are the same as the third person singular, present-tense form. The pronoun **tú** is rarely used.

Gloria mira el partido.	*Gloria is looking at the game.*
Mira (tú) el partido.	*Look at the game.*
Juan come la hamburguesa.	*Juan is eating the hamburger.*
Come la hamburguesa.	*Eat the hamburger.*
Julia abre la ventana.	*Julia is opening the window.*
Abre la ventana.	*Open the window.*

(1) Paco, how do I get to Virginia's house? (2) Take Asunción Street to the Avenida de la Victoria. There turn right. Then take the second street to the left; don't take the first one. Follow the second street, Cabrillo Street, to the park. (3) Does she live in an apartment or in a house? (4) It's a big apartment building in front of the park. Remember the directions!

B. Some irregular affirmative **tú** commands are:

decir	**di**	salir	**sal**
hacer	**haz**	ser	**sé**
ir	**ve**	tener	**ten**
poner	**pon**	venir	**ven**

Irene, di gracias.	*Irene, say thank you.*
Ve al mercado, Jorge.	*Go to the market, Jorge.*
Haz el trabajo.	*Do your work.*
Sé bueno, Paco.	*Be good, Paco.*
Ven acá, María.	*Come here, María.*
¡Ten cuidado, José!	*Be careful, José!*
Sal ahora.	*Leave now.*
Pon tu poncho aquí.	*Put your poncho here.*

C. Negative **tú** commands are formed by adding an **-s** to the formal **usted** forms.

No hable (usted) con ella hoy.	*Don't speak with her today.*
No hables (tú) con ella hoy.	
No abra (usted) la puerta.	*Don't open the door.*
No abras (tú) la puerta.	
No ponga (usted) las sillas aquí.	*Don't put the chairs here.*
No pongas (tú) las sillas aquí.	
No llegue (usted) tarde.	*Don't arrive late.*
No llegues (tú) tarde.	

EJERCICIOS

1. Create new sentences, substituting the words or phrases in the list for the words or phrases in italics.

  a. *Pon* tus libros aquí.

     1. deja 2. compra 3. abre 4. busca 5. vende

  b. No *salgas* tarde.

     1. vayas 2. llegues 3. vuelvas 4. duermas
     5. vengas

2. Make informal **tú** commands from the following statements.

Enrique hace el trabajo. → **Enrique, haz el trabajo.**

1. Susana espera una hora.
2. Mi hijo vende chocolate.
3. Marta habla español.
4. Carlos come la ensalada.
5. Eduardo es bueno.
6. Jorge dice la verdad.
7. Marta viene aquí.
8. Enrique sale de aquí.
9. Pablo está aquí temprano.
10. Ana pone las legumbres en la mesa.

3. Make the following informal **tú** commands negative.

Mira a esa chica. → **No mires a esa chica.**

1. Escribe la carta, Carmen.
2. Habla inglés, Consuelo.
3. Pide dinero, Enrique.
4. Deja esas cosas, Linda.
5. Come los sándwiches, Ana.
6. Pregunta al policía, Jorge.
7. Lee ese libro, Eduardo.
8. Toma el café, Teresa.
9. Espera a tu hermano, Alonso.
10. Ven aquí, niño.

4. Answer the following questions with an affirmative **tú** command.

¿Tengo que esperar? → **Sí, espera.**

1. ¿Tengo que estudiar?
2. ¿Tengo que escribir?
3. ¿Tengo que trabajar?
4. ¿Tengo que venir?
5. ¿Tengo que comer?
6. ¿Tengo que salir?
7. ¿Tengo que volver?
8. ¿Tengo que cantar?

1. Dé a un estudiante direcciones para ir de aquí a la biblioteca (con la forma **tú**).   2. Para ir de aquí a la cafetería.   3. Para ir de aquí a la oficina del profesor.

UN PARTIDO DE TENIS

III. POSITION OF REFLEXIVE AND OBJECT PRONOUNS WITH COMMANDS

En el partido de básquetbol

(1) JOSÉ: *¡Siéntense* y dejen ver! Señora, *¡siéntese,* por favor!

(2) ROSA: José, *cálmate.* No es para tanto. ¿Puedes ver ahora?

(3) JOSÉ: Sí, Rosa. Es un partido fantástico, ¿no?

(4) ROSA: ¡Qué calor hace! *Levántate*, José, y *déjame* pasar. Voy a comprar una coca.

(5) JOSÉ: Rosa, *¡no te vayas ahora!* Bueno, si te vas, *cómprame* una cerveza.

1. ¿Qué le dice José a la señora? 2. ¿Qué dice Rosa a José?
3. ¿Puede José ver? 4. ¿Es un partido aburrido, según José?
5. ¿Tiene Rosa frío? 6. ¿Qué quiere ella? 7. ¿Qué quiere él?

A. Reflexive and object pronouns are attached to affirmative commands, familiar and formal. A written accent is required over the stressed vowel of the command form in order to maintain the proper stress pattern when pronouns are added. As with statements or questions, reflexive or indirect object pronouns always precede direct object pronouns.

Cómprame un auto.	*Buy me a car.*
Cómpramelo.	*Buy it for me.*
Pídele cinco centavos a papá.	*Ask Dad for five cents.*
Pídeselos a papá.	*Ask Dad for them.*

At the basketball game.

(1) Sit down and let (everyone) see! Lady, sit down, please! (2) José, calm down. It's not that important. Can you see now? (3) Yes, Rosa. It's a fantastic game, isn't it? (4) It's hot in here! Get up, José, and let me by. I'm going to buy a coke. (5) Rosa, don't go now! Well, if you're going, buy me a beer.

Compren ustedes el desodorante «Escorpión».	*Buy the deodorant "Scorpion."*
Cómprenlo ustedes.	*Buy it.*
Lávate las manos.	*Wash your hands.*
Lávatelas.	*Wash them.*

B. Object pronouns precede negative commands, familiar and formal. Again, reflexive indirect object pronouns precede direct object pronouns.

No me diga la verdad ahora.	*Don't tell me the truth now.*
No me la diga ahora.	*Don't tell it to me now.*
No le pidas los pesos a tu tío.	*Don't ask your uncle for the pesos.*
No se los pidas a tu tío.	*Don't ask your uncle for them.*
No se quite el suéter.	*Don't take off your sweater.*
No se lo quite.	*Don't take it off.*

EJERCICIOS

1. Create new sentences, substituting the words or phrases in the lists for the words or phrases in italics.

   a. (las cartas) Déja*las* aquí.
   1. el pasaporte 2. la cerveza 3. las maletas 4. los sándwiches 5. la sangría

   b. (los libros) No *los* compre, señora.
   1. maletas 2. regalo 3. mesa 4. trajes 5. pan

2. Replace the nouns with pronoun objects.

   a. Escribe la carta, Susana. → **Escríbela, Susana.**

   1. Lee la historia, Pablo.
   2. Toma la coca, Carmela.
   3. Pídele cinco centavos, Concha.
   4. Compra este sándwich, Miguel.
   5. Abre tu libro, Bárbara.
   6. Mire el partido, señora.
   7. Deje las sillas aquí, señor.
   8. Escriban los números, niños.

b. No pongas las enchiladas allí. → **No las pongas allí.**

1. No traigas el dinero, Mónica.
2. No hagas ese trabajo, Pablo.
3. No ponga el reloj en la mesa, señorita.
4. No diga la verdad, señora.
5. No comas estos sándwiches, Miguel.
6. No lleve las maletas, señor.
7. No compren «Escorpión», señores.
8. No busques un regalo, Federico.

3. Make formal **usted** or **ustedes** commands from the following sentences.

La señora se sienta. → **Señora, siéntese.**

1. La señorita se calma.
2. El señor se queda con nosotros.
3. Los niños se acuestan ahora.
4. El señor se sienta cerca de la puerta.
5. Las señoras se levantan.

4. Make informal **tú** commands from the following sentences.

La niña se calma. → **Niña, cálmate.**

1. Enrique se quita el suéter.
2. Pablo se lava las manos.
3. Susana se queda con Ana.
4. Mi hijo se acuesta ahora.
5. María se sienta aquí.

5. Make the commands in **Ejercicios 3** and **4** negative.

6. Give the Spanish equivalent.

1. Sit down, Ana. 2. Go to bed, my daughter. 3. Don't get up, Enrique. 4. Calm down, Catalina. 5. Don't stay here, Susana. 6. Go to bed, children. 7. Sit down, ma'am. 8. Don't stand up, sir.

IV. RECIPROCAL REFLEXIVES

The reflexive pronouns **nos** and **se** may be used with a first or third person plural verb form, respectively, in order to express a reciprocal action. This construction corresponds to the English *each other, one another*.

Todos se miran.   *They all look at one another.*
Ya nos entendemos.   *We understand each other now.*
No nos vemos mucho.   *We don't see each other often.*

PREGUNTAS

1. ¿Nos vemos aquí en la clase de español los domingos? 2. ¿Se ayudan usted y sus amigos? 3. ¿Se entienden su madre y su padre? ¿Se critican mucho? ¿Se necesitan?

Actividades

INTERCAMBIOS

Use the **usted** form of the verbs in giving the following commands, based on the example. Then use the **tú** form.

levantarse → **Levántese. Levántate.**

1. sentarse
2. calmarse
3. ir a la biblioteca
4. quitarse el suéter
5. no interrumpirnos
6. tener cuidado

7. salir a tomar un café
8. no dormir en la clase
9. abrir la puerta
10. no hablar inglés

UN ANUNCIO

Make up a commercial advertisement (radio or television), using the following phrases:

Escuche unas palabras sobre . . .
un producto importante
Compre usted . . .
todo el mundo usa . . .
No se olvide . . .

SITUACIÓN

You are at the world championship soccer game, rooting for the Real Madrid. You yell, "Run, don't let him get by!" Your friend tells a man in front of you to sit down. You ask if he can see now and he replies yes. He says it's a fantastic game and that the Real Madrid is playing well. You think they are going to win the world championship. Your friend yells to you, "Look, a goal!" You say, "Hooray for the Real Madrid."

CAPÍTULO *Once* 11

UN PARTIDO DE JAI ALAI

San Sebastián:

OBJECTIVES

Language: In this chapter we introduce, discuss, and practice:
1) the preterite tense of regular and stem-changing verbs
2) comparisons of equality *(as . . . as)*
3) adjectives: comparative and superlative forms

You will be able to relate events that occurred in the past, using the preterite tense, and make comparisons between various things. At the end of the chapter you may be asked to prepare a short paragraph about sports, the theme of this chapter.

Culture: The dialogue takes place in San Sebastián, a northern coastal town in the Basque region of Spain, near the French border. Two couples are discussing soccer, jai alai, and bullfighting. These are popular sports in Spain, Mexico, and many other Hispanic countries.

los deportes

Dos matrimonios están en un café de San Sebastián, a las siete de la tarde.[1]

SEÑOR BLANCO: Buenas tardes. ¿Ya pidieron?

SEÑOR MORENO: Sí, pedimos jerez[2] para todos.

SEÑOR BLANCO: ¡Vamos! ¿No recordaste que mi señora
no toma bebidas tan fuertes como el
jerez? ¿Verdad, María?   5

SEÑORA BLANCO: Pues, yo . . .

SEÑOR BLANCO: ¡Mozo! Traiga un vino de Málaga y un
vaso de agua para la señora, por favor.[3]

MOZO: En seguida, señor.

SEÑOR MORENO: Bueno, ¿qué hay de nuevo?   10

SEÑOR BLANCO: Anoche asistimos a un partido de jai
alai.[4]

SEÑOR MORENO: ¿Y te gustó?

SEÑOR BLANCO: Me gustó muchísimo. Participaron los
mejores jugadores de España. El mejor   15
es Pardo. Empezó muy bien. Ganó doce
puntos seguidos.

SEÑOR MORENO: ¡Fenómeno! ¿Y siguió así?

SEÑOR BLANCO: No. Después jugó muy mal.

SEÑOR MORENO: ¿Perdiste dinero?[5]   20

SEÑOR BLANCO: Perdí ochenta pesetas, pero no importa.
Me divertí.

SEÑORA MORENO: ¿Y tú, María? ¿te divertiste también?

SEÑORA BLANCO: Pues, yo . . .

SEÑOR BLANCO: ¡Claro que se divirtió! A mi mujer le   25
encantan los deportes.
SEÑORA MORENO: Francamente, yo prefiero la corrida de
toros. Es un deporte más emocionante
que el jai alai o el fútbol.
SEÑOR MORENO: Y menos violento.   30
SEÑOR BLANCO: ¡Qué idea más ridícula! En las corridas
siempre hay un muerto.
SEÑOR MORENO: Sí, pero es el toro el que muere.
SEÑORA MORENO: Y después les dan la carne a los pobres.
SEÑOR BLANCO: Pero el verano pasado murió un torero.   35
SEÑORA MORENO: ¿Y no se hirieron veinte futbolistas?
SEÑOR BLANCO: Sí, pero . . . ¡La corrida es un deporte
violento!
SEÑOR MORENO: ¡Civilizado!
SEÑOR BLANCO: ¡Violentísimo!   40
SEÑOR MORENO: ¡Civilizadísimo!

Entra Adriana Blanco, una joven de 17 años.

ADRIANA: ¡Hola! Buenas tardes.
TODOS: Muy buenas.
SEÑOR BLANCO: Hija, llegas oportunamente para resolver una disputa. Vamos a escuchar la   45
voz de la futura generación. ¿Qué piensas
Adrianita, de la corrida de toros? Un
espectáculo para salvajes, ¿verdad?
ADRIANA: No, papá. Creo que es la poesía más
pura, un drama simbólico, bellísimo.   50
SEÑOR MORENO: Ah, los menores de hoy; ¡son tan
razonables!
SEÑOR BLANCO: ¡Bah! ¡Un grupo de rebeldes y desconformes!

VOCABULARIO

asistir (a) *to attend*
herirse (ie) *to get hurt, become injured*

participar *to participate*

el **agua** (f.) *water*
la **bebida** *drink, beverage*
la **carne** *meat*
la **corrida de toros** *bullfight*
el **deporte** *sport*
el, la **desconforme** *non-conformist*
la **disputa** *controversy, dispute*
el **espectáculo** *spectacle, show*
el **jugador** *player*
el **matrimonio** *married couple*
el, la **menor** *minor*
la **muerte** *death*
la **peseta** *Spanish monetary unit*
la **poesía** *poetry*
el **punto** *point*
el, la **rebelde** *rebel*
el, la **salvaje** *savage*
el **torero** *bullfighter*
el **toro** *bull*

el **vaso** *glass*
el **vino** *wine*

bellísimo(-a) *very beautiful*
emocionante *exciting*
fuerte *strong*
muchísimo(-a) *very much*
puro(-a) *pure*
razonable *reasonable*
seguido(-a) *consecutive*
simbólico(-a) *symbolic*

anoche *last night*
así *like that*
menos *less*
tan *so, as*
tanto *so much*
¡Fenómeno! *Fantastic!*
¿Qué hay de nuevo? *What's new?*
¡Qué idea más ridícula! *What a ridiculous idea!*
tan fuertes como *as strong as*
¡Vamos! *Come on!*

NOTAS CULTURALES

1. Between the hours of about 6:00–8:00 P.M., it is customary in Spain to go out to bars and restaurants for snacks (**tapas**) to help tide one over until the 9:00 or 10:00 P.M. supper hour. A few simple **tapas,** such as olives or sausage, usually come free when you buy a drink; many places also feature a varied and elaborate selection for a price: shellfish, octopus, sardines, salads, potatoes, omelettes, and so forth. The town of San Sebastián, where the dialogue takes place, is a popular seaside resort in the North of Spain, the region of the Basque people.

2. **El jerez** *(sherry)* comes from the South of Spain and takes its name from the town of Jerez de la Frontera (*sherry* is an English corruption of the word **jerez**). Its production and exportation have been largely in the hands of several families of English descent. Though imitations are produced in many parts of the world, true sherry comes only from southern Spain.

3. **Vino de Málaga** is a sweet, heavy wine from the South of Spain, with a reputation as a "lady's wine."

4. **Jai alai,** or **la pelota vasca** *(Basque ball),* is a fast and strenuous game originated by the Basque people and now popular in Spain, Mexico, Cuba, and,

to a lesser extent, in some other Hispanic countries and in certain parts of the United States. It is usually played in a rectangular court called a **frontón,** with spectators seated on one side, which has a protective screen, and walls on the other three sides. The ball is thrown against the walls with the aid of curved baskets attached to the players' hands. Two or three players are on each team. The extremely high velocity often attained by the ball makes the game somewhat dangerous.

5. It is common to bet money on jai alai games.

PREGUNTAS

1. ¿Dónde están los dos matrimonios?   2. Según el señor Blanco, ¿toma su señora bebidas tan fuertes como el jerez?   3. ¿A qué asistieron los señores Blanco?   4. ¿Quiénes participaron en el partido? 5. ¿Quién ganó doce puntos seguidos?   6. ¿Ganó dinero el señor Blanco?   7. ¿Se divirtió él? ¿Y su señora?   8. ¿Qué deporte le gusta a la señora Moreno?   9. ¿Cree la señora Moreno que la corrida de toros es más violenta que el fútbol? ¿Qué cree usted?   10. Según el señor Blanco, ¿cómo son los menores de hoy?   11. ¿Cuál de las personas en el diálogo es muy dominadora?

UNA CORRIDA DE TOROS

Explicación

I. THE PRETERITE TENSE OF REGULAR AND STEM-CHANGING VERBS

(1)   EVA: Te *llamé* anoche, Alfonso, pero no *contestaste*.
(2) ALFONSO: *Asistí* a un partido de jai alai* con Elena.
(3)   EVA: ¿Les *gustó*?
(4) ALFONSO: Sí, mucho. Pedro Ramos y Paco González *jugaron* muy bien.
(5)   EVA: ¿*Ganaste* dinero?
(6) ALFONSO: *Perdí* treinta pesos, pero Elena *ganó* cuarenta. Así que *ganamos* diez. Y *nos divertimos* mucho.

1. ¿A quién llamó Eva? 2. ¿Contestó él el teléfono? 3. ¿A qué asistieron Elena y Alfonso? 4. ¿Les gustó el partido? 5. ¿Quiénes jugaron bien? 6. ¿Ganó Alfonso dinero? ¿Y Elena?

A. The preterite tense is used to relate actions or events that occurred and were completed in the past. The preterite tense of regular -ar verbs is formed by adding the endings **-é, -aste, -ó, -amos, -asteis, -aron** to the stem.

comprar

compr**é**	compr**amos**
compr**aste**	compr**asteis**
compr**ó**	compr**aron**

*See **Notas culturales** 4 and 5 of this chapter.

(1) I called you last night, Alfonso, but you didn't answer. (2) I went to a jai alai game with Elena. (3) Did you like it? (4) Yes, very much. Pedro Ramos and Paco González played very well. (5) Did you win money? (6) No, I lost thirty pesos, but Elena won forty. So we won ten. And we had a very good time.

B. The preterite tense of regular **-er** and **-ir** verbs is formed by adding the endings **-í, -iste, -ió, -imos, -isteis, -ieron** to the stem.

volver		escribir	
volví	volvimos	escribí	escribimos
volviste	volvisteis	escribiste	escribisteis
volvió	volvieron	escribió	escribieron

C. While the preterite forms of stem-changing **-ar** and **-er** verbs are all regular (**pensé, volví**), stem-changing **-ir** verbs show a change in the third persons singular and plural of the preterite tense. The stem change is from **e** to **i** or **o** to **u**.

pedir		dormir	
pedí	pedimos	dormí	dormimos
pediste	pedisteis	dormiste	dormisteis
pidió	pidieron	durmió	durmieron

Other verbs that are conjugated like **pedir** are: **divertirse, seguir, servir,** and **preferir. Morir** is conjugated like **dormir.**

Alfredo siguió tres cursos el semestre pasado.	*Alfredo took three courses last semester.*
Murieron tres toreros el año pasado en las corridas.	*Three bullfighters died last year in the bullfights.*

D. A number of verbs have a spelling change in the first person singular of the preterite tense. Verbs ending in **-gar, -car,** and **-zar** have the following spelling changes, respectively: **g** to **gu, c** to **qu,** and **z** to **c.** These changes are required to preserve the sound of the last syllable of the infinitive.

llegar		tocar		empezar	
llegué	llegamos	toqué	tocamos	empecé	empezamos
llegaste	llegasteis	tocaste	tocasteis	empezaste	empezasteis
llegó	llegaron	tocó	tocaron	empezó	empezaron

Te busqué anoche en el concierto.	*I looked for you last night at the concert.*
Llegué a las ocho ayer.	*I arrived at eight o'clock yesterday.*

EJERCICIOS

1. Create new sentences, substituting the words or phrases in the list for the words or phrases in italics.

   a. *Las chicas* cantaron y bailaron.
      1. tú   2. ellos   3. nosotros   4. yo   5. usted

   b. *(Yo)* Me levanté muy tarde el domingo.
      1. mi prima   2. tus padres   3. nosotros   4. ustedes
      5. tú

   c. *El torero* salió para Madrid.
      1. nosotras   2. los García   3. yo   4. ustedes   5. tú

   d. *José* comió mucho ayer.
      1. yo   2. nosotros   3. tú   4. Paco y Pablo
      5. Conchita

   e. *Yo* perdí la dirección.
      1. tú   2. nosotros   3. José   4. Juan y Jaime
      5. Silvia

   f. *El político* empezó el viaje a las siete de la mañana.
      1. tú   2. usted   3. los jugadores   4. nosotros
      5. yo

   g. *Tomás* le pidió ayuda al policía.
      1. ustedes   2. nosotros   3. las muchachas   4. tú
      5. yo

   h. ¿Dormiste *(tú)* bien anoche?
      1. Julio   2. usted   3. nosotros   4. ellos   5. los
      señores Bécquer

2. Restate, changing the verbs to the preterite.

   1. El maestro asiste al partido.
   2. Paco sigue un curso de inglés.
   3. Hablamos de la corrida de toros.
   4. ¿Juegan ustedes al jai alai?
   5. Llego tarde a la oficina.
   6. Sus padres vuelven de Santiago el lunes.
   7. ¿Se divierte Patricia en la fiesta?

8. El estudiante se preocupa por el examen.
9. Alfredo pide huevos rancheros.
10. Pedro le promete ser fiel a Catalina.

3. Give the Spanish equivalent.

1. The doctor talked with the bullfighter. 2. She bought the fruit here. 3. She did not have a good time at the movies. 4. Everyone began the test at eight o'clock. 5. Didn't you write to them yesterday? 6. We returned from Asunción late last night. 7. Rafael served the coffee. 8. We ate at ten o'clock last night. 9. I took four courses last semester. 10. The team played well.

PREGUNTAS

1. ¿A qué hora cenó usted anoche?   2. ¿Miró la televisión?   3. ¿Le gustaron los programas que miró?   4. ¿A qué hora se acostó? 5. ¿Durmió bien?   6. Y esta mañana, ¿a qué hora se levantó? 7. ¿Comió antes de venir a la universidad?   8. ¿Leyó la lección para hoy?*

II. COMPARISONS OF EQUALITY

(1)   TERESA: Hola, Bárbara. ¿Qué hay de nuevo?
(2) BÁRBARA: Busco un apartamento en tu barrio.
(3)   TERESA: ¿Por qué?
(4) BÁRBARA: No quiero pagar *tanto como* pago ahora. Además, el apartamento que tengo es tan pequeño que no puedo invitar a mis amigos. Cuando vienen tres personas, ¡una tiene que sentarse en el corredor!
(5)   TERESA: No es *tan pequeño como* mi cuarto. Cuando entra el sol, ¡tengo que salir yo!

1. ¿Qué busca Bárbara?   2. ¿Por qué?   3. ¿Es su apartamento tan pequeño como el cuarto de Teresa?

A. Comparisons of equality are formed by using **tan ... como** and **tanto(-a, -os, -as) ... como.**

   Juana es tan alta como Pablo.   *Juana is as tall as Pablo.*

---

*Note that the third persons singular and plural of the preterite tense of **leer** are **leyó** and **leyeron.** The other forms are all regular. This change is made because an *i* between two vowels becomes a *y*.

(1) Hi, Barbara. What's new? (2) I'm looking for an apartment in your neighborhood. (3) Why? (4) I don't want to pay as much as I pay now. Besides, the apartment that I have is so small that I can't invite my friends over. When three people come, one has to sit in the hall! (5) It's not as small as my room. When the sun comes in, I have to get out!

No tenemos tanto tiempo como ellos.	*We don't have as much time as they do.*
Él tiene tantas oportunidades como yo.	*He has as many opportunities as I do.*
José come tanto como yo.	*José eats as much as I do.*

Tan is used before an adjective. Before a noun, **tanto(-a, -os, -as)** is used. **Tanto como** means *as much as.*

Tan can also mean *so:* ¡**Es tan inteligente!**

EJERCICIOS

1. Create new sentences, substituting the words or phrases in the list for the words or phrases in italics.

   a. María asistió a tantos *partidos* como José.
      1. conciertos   2. clases   3. bailes   4. espectáculos   5. fiestas

   b. *Pedro* es tan pequeño como Alfonso.
      1. Luisa   2. tus amigos   3. esas muchachas
      4. Tito y Mirta   5. mi hermano

   c. Benito *jugó* tanto como Enrique.
      1. ganó   2. perdió   3. pidió   4. comió   5. compró

2. Answer in the affirmative.

   1. ¿Es Juan tan grande como José?
   2. ¿Somos tan inteligentes como Pepe?
   3. ¿Ganó José tanto dinero como Julia?
   4. ¿Habló Enrique tanto como Guillermo?
   5. ¿Comió usted tanto como yo?
   6. ¿Durmió Felipe hoy tanto como ayer?
   7. ¿Asistimos a tantos conciertos como películas?
   8. ¿Organizaron tantas protestas este año como el año pasado?
   9. ¿Es este programa tan ridículo como el otro?
   10. ¿Hace tanto calor hoy como ayer?

1. ¿Le gusta a usted el tenis tanto como el béisbol?   2. ¿Es usted tan inteligente como sus profesores?   3. ¿Tiene usted tanto tiempo para divertirse este semestre (trimestre) como el semestre (trimestre) pasado?   4. ¿Tiene usted tantas amigas como amigos?   5. ¿Es usted tan alto(-a) como su novia(-o)? ¿Como sus padres?   6. ¿Le gustan a usted los autos americanos tanto como los autos europeos?

III. COMPARISONS OF INEQUALITY AND THE SUPERLATIVE

(1) ADELA: Eduardo, ¿son mis ojos *más brillantes que* el sol?

(2) EDUARDO: Sí, Adela, son *brillantísimos.*

(3) ADELA: Y soy *la mejor violinista de* la orquesta, ¿verdad?

(4) EDUARDO: Claro, Adela, *la mejor.*

(5) ADELA: ¿Y soy *la muchacha más inteligente y menos vanidosa* que conoces?

(6) EDUARDO: Por supuesto, amor.

(7) ADELA: Ah, Eduardo, ¡sólo tú puedes decir cosas tan lindas!

1. Según Eduardo, ¿quién tiene ojos más brillantes que el sol?
2. ¿Y quién es la mejor violinista de la orquesta?   3. ¿Quién es la chica más inteligente y menos vanidosa que conoce Eduardo, según él?

A. Comparisons of Inequality

1. In Spanish, comparisons of inequality are expressed with **más** (*more*) and **menos** (*less*). **Más** or **menos** precedes a noun or adjective and **que** follows it.

(1) Eduardo, are my eyes brighter than the sun? (2) Yes, Adela, they're very bright. (3) And I'm the best violinist in the orchestra, right? (4) Of course, Adela, the best. (5) And am I the most intelligent and least vain girl that you know? (6) Of course, love. (7) Oh, Eduardo! Only you can say such beautiful things!

Tengo más problemas que tú.	*I have more problems than you.*
Es un deporte más emocionante que el fútbol.	*It's a more exciting sport than soccer.*
Soy más alto que Josefina.	*I'm taller than Josefina.*
Siempre tengo menos dinero que él.	*I always have less money than he has.*
Este libro es menos interesante que el otro.	*This book is less interesting than the other.*

2. The English *more than* is expressed in Spanish with **más que;** *less than* is **menos que.**

Ganaron más que nosotros.	*They won more than we did.*
Compré menos que José.	*I bought less than José did.*

Before a number, **de** instead of **que** is used to mean *than.**

Seguimos así por más de diez minutos.	*We continued like that for more than ten minutes.*
Esperé menos de dos horas.	*I waited less than two hours.*

B. Superlative of Adjectives

1. To express the superlative *(the most, the least),* a definite article or possessive adjective is used; it is placed before the noun modified as *the most* or *the least* + adjective.

Juan es el jugador más importante del equipo.	*Juan is the most important player on the team.*
Son sus poemas menos interesantes.	*They are his (her) least interesting poems.*

2. The noun may not be expressed; it is sometimes understood.

Juan es el más importante del equipo.	*Juan is the most important (one) on the team.*
Julia es la menos trabajadora de la familia.	*Julia is the least hard-working (one) in the family.* †

*However, in a negative sentence, **que** can be used with the meaning of *only:* **No tengo más que diez centavos.** *I only have ten cents.*

†The preposition **de** is used after a superlative to express the English *in* or *of:* **Es la mujer más rica de este país.** *She's the richest woman in this country.*

C. Irregular Comparative and Superlative Forms

1. There are four commonly-used adjectives that are irregular in the comparative and superlative: **bueno** *(good)*, **malo** *(bad)*, **pequeño** *(small)*, and **grande** *(big)*.

ADJECTIVE	COMPARATIVE	SUPERLATIVE
bueno	mejor	el mejor
malo	peor	el peor
pequeño	menor	el menor
	(más pequeño)	(el más pequeño)
grande	mayor	el mayor
	(más grande)	(el más grande)

2. The comparative of **bueno** is **mejor** *(better)*, and the comparative of **malo** is **peor** *(worse)*. The feminine forms are the same as the masculine forms; the plurals are formed by adding **-es.**

Este jugador es mejor que los otros.	*This player is better than the others.*
Las condiciones aquí son peores que las condiciones allí.	*The conditions here are worse than the conditions there.*

In the superlative form, both **mejor** and **peor** usually precede the nouns they modify.

José es el mejor violinista de la orquesta, pero es el peor estudiante de la clase de español.	*José is the best violinist in the orchestra, but he's the worst student in the Spanish class.*
Las mejores tiendas están en la calle Misión.	*The best stores are on Mission Street.*

3. The comparative of **pequeño** is **menor,** and the comparative of **grande** is **mayor. Mayor** and **menor** are commonly used with people and mean *older (bigger)* or *younger (smaller)*. The feminine forms are the same as the masculine forms; the plurals are formed by adding **-es.**

Anita es mayor que yo.	*Anita is older than I am.*
Paco y Pancho son menores que Felipe.	*Paco and Pancho are younger than Felipe.*

When referring to physical size, however, *bigger* is expressed by **más grande** and *smaller* is expressed by **más pequeño.**

Paco es más grande que yo.	*Paco is bigger (in size) than I am.*
Anita es más pequeña que Antonio.	*Anita is smaller (in size) than Antonio.*

In the superlative form, both **menor** and **mayor** usually follow the nouns they modify.

Adriana es mi hermana mayor; Enrique y Pedro son mis hermanos menores.	*Adriana is my older sister; Enrique and Pedro are my younger brothers.*

D. The Absolute Superlative

1. One way to express the superlative quality of an adjective is to use **muy** *(very)*: **La casa es muy grande.** A second way is to add **-ísimo** (**-ísima, -ísimos, -ísimas**) to the adjective. If the adjective ends in a vowel, drop the final vowel before adding the **-ísimo** ending.

Estos vasos son carísimos.	*These (drinking) glasses are very expensive.*
La casa es grandísima.	*The house is very big.*

2. **Muchísimo(-a, -os, -as)** is used to express *very much* or *very many.*

Tengo muchísimo que aprender.	*I have a lot to learn.*
¿Hay muchas oportunidades aquí? —Sí, hay muchísimas.	*Are there many opportunities here? —Yes, there are very many.*

EJERCICIOS

1. Create new sentences, substituting the words or phrases in the list for the words or phrases in italics.

a. José es más *alto* que Elena.
   1. simpático 2. joven 3. grande 4. celoso
   5. trabajador

b. Es el drama menos *interesante* de este autor.
   1. impresionante   2. simbólico   3. importante
   4. aburrido   5. triste

c. Es la mujer más *rica* que conozco.
   1. nerviosa   2. ridícula   3. chistosa   4. práctica
   5. trabajadora

d. *Los problemas* aquí son peores que antes.
   1. los restaurantes   2. el crimen   3. la discriminación   4. los profesores   5. los hoteles

e. Es mi *hermano* mayor.
   1. hermana   2. primo   3. primas   4. hermanos
   5. primos

2. Complete the sentences by choosing the correct word or phrase in parentheses.

   1. Ramón Pérez es (más, menos) famoso que Pablo Picasso.
   2. Una hora tiene (más de, más que) cuarenta minutos.
   3. Juan durmió diez horas; Juanita durmió seis horas. Juan durmió (más de, más que) Juanita.
   4. El océano Pacífico es el océano (mayor, más grande) del mundo.
   5. Es el político más inteligente (en, de) la campaña.

3. Restate, using a different form of the superlative adjective, following the examples.

   Estos vasos son carísimos. → **Estos vasos son muy caros.**
   El hotel es muy grande. → **El hotel es grandísimo.**

   1. Juana es altísima.
   2. Pablo es muy guapo.
   3. Los señores García son pobrísimos.
   4. Es un niño malísimo.
   5. Son muy violentos.

4. Create sentences by adding the appropriate comparative following the example.

   Millard Fillmore / es / famoso / Abraham Lincoln → **Millard Fillmore es menos famoso que Abraham Lincoln.**

1. Nueva York / es / grande / San Agustín
2. febrero / tiene / días / agosto
3. un día / tiene / 25 horas
4. un auto / es / caro / una bicicleta
5. el 21 de diciembre / es / día / corto / año

5. Give the Spanish equivalent.

1. Today is the most important day of my life. 2. Her poems are worse than her compositions. 3. She is the best friend I have. 4. Paco is less vain than Pedro. 5. Adela is our younger sister. 6. That child is taller than the others. 7. Those glasses cost less than twenty pesos. 8. He's the worst actor in the world.

EN LA CORRIDA

PREGUNTAS

1. ¿Quién es el mejor futbolista de los Estados Unidos? ¿Del mundo? ¿El mejor basquetbolista? ¿Tenista? 2. ¿Cuál es el deporte más violento, según su opinión? 3. ¿Sabe usted más español ahora que antes? 4. ¿Cómo se llama el mejor escritor de nuestro tiempo, según su opinión? 5. ¿Tiene usted un hermano o una hermana mayor? ¿Menor? 6. ¿Es usted el más pequeño de su familia? ¿El menor? 7. ¿Tiene usted un apartamento grandísimo? 8. ¿Tiene usted muchísimo que estudiar esta noche?

Actividades

Use the **usted** form of the verbs in asking and answering the following questions.

Señor Marín, pregúntele a
la señorita Vásquez:

1. qué cree de la corrida de
   toros
2. si asistió a un partido de jai
   alai anoche
3. si participó en el campeonato mundial el año pasado
4. si el fútbol es más emocionante que el básquetbol
5. quién es el mejor jugador de
   tenis
6. si los menores de hoy son
   más razonables que los
   menores de ayer
7. si toma bebidas tan fuertes
   como el jerez
8. cuántos cursos siguió el
   semestre pasado
9. si le gustaron sus profesores

10. a qué hora se acostó anoche

Señorita Vásquez, contéstele:

1. que cree que es un drama
   simbólico
2. que sí, que se divirtió
   muchísimo
3. que sí, que su equipo ganó
   el campeonato
4. que no, que es menos
   interesante
5. que no sabe, que no le gusta
   ese deporte
6. que no, que son todos
   rebeldes y desconformes
7. que no, que toma agua
8. que siguió dos cursos, y
   aprendió mucho
9. que sí, que le gustaron
   mucho
10. que se acostó a las once

ENTREVISTA

Ask a classmate the following questions. Then report the information to the
class.

1. ¿Asististe a clase ayer?
2. ¿Dónde pasaste tus vacaciones el verano pasado?

3. ¿Eres el mejor estudiante de la universidad? ¿El peor?
4. ¿Tienes tanto dinero hoy como ayer? ¿Más? ¿Menos?
5. ¿Tienes un hermano o una hermana menor? ¿Mayor?
6. ¿Eres el más simpático de la clase?
7. ¿Te levantaste tarde o temprano ayer? ¿A qué hora llegaste a la universidad?
8. ¿Jugaste al tenis la semana pasada?
9. ¿Asististe a una fiesta recientemente? ¿Bailaste mucho?
10. ¿Te escribió un admirador secreto la semana pasada?

LOS DEPORTES

Prepare a paragraph about a sport or a sports event, perhaps one that you attended recently. You might give some information about whether or not you enjoy the sport, who the best players are, what teams you like, whether you attend games often, whether there are other sports you like better, and if you play the sport yourself.

LOS DEPORTES

En el mundo hispánico de hoy hay un gran entusiasmo por los deportes en general. El trabajador moderno, el ama de casa, el estudiante, todos pasan gran parte del día en estado de tensión. Pero en los deportes, como participantes o espectadores, encuentran momentos de placer y una manera agradable de evadir, por unas horas, responsabilidades y preocupaciones.

El básquetbol, el boxeo, la natación, el tenis, las carreras de automóviles y de caballos y muchos otros deportes son populares en los países hispanos. Hoy día hay equipos femeninos en casi todos los deportes. Sin embargo, el vólibol siempre fue uno de los deportes preferidos y más populares entre las mujeres. Muchas escuelas tienen sus equipos femeninos de vólibol y participan todos los años en los campeonatos interescolares.

ama de casa *housewife*   placer *pleasure*   agradable *pleasant*
boxeo *boxing*   natación *swimming*   carreras de automóviles y de caballos *car and horse races*   sin embargo *however*

  El béisbol es uno de los deportes favoritos en la América Central,
México, Venezuela y las islas del Caribe. Otro deporte favorito es el
ciclismo. En todos los países hispanos son muy populares las carreras
de bicicleta durante los meses del verano, y en muchos países hay
campeonatos internacionales de ciclismo.

ciclismo *cycling*   carreras de bicicletas *bicycle races*

Estos niños panameños juegan al fútbol, el deporte más popular del mundo hispánico. Como se ve en la fotografía, este deporte no es el fútbol americano tan conocido en los Estados Unidos. El fútbol de España y de la América Latina se llama *soccer* en inglés. Hay que golpear la pelota con los pies, sin tocarla con las manos. Cada equipo tiene once jugadores. Se juega al fútbol en Europa tanto como en el mundo hispano y los campeonatos mundiales son allí tan emocionantes e importantes que muchas veces obreros y jefes dejan de trabajar para escuchar el partido por radio o verlo por televisión.

panameños *from Panama*   tan conocido *so well known*   golpear *to hit*
emocionantes *exciting*   dejan de trabajar *stop working*

Otro deporte popular en el mundo hispánico es la pelota, también conocida con el nombre de jai alai. Éste juego se originó en las provincias vascas, al norte de España, pero ahora se practica en todo el país tanto como en México, Cuba y otros países hispanoamericanos. En general se juega en un frontón que tiene tres paredes y un cuarto lado abierto al público. El juego requiere dos parejas de jugadores que se oponen. Los jugadores usan cestas especiales para lanzar la pelota contra la pared. Como la pelota adquiere gran velocidad, el jai alai es uno de los deportes más peligrosos del mundo.

vascas *Basque*   frontón *rectangular court*   paredes *walls*
lado *side*   abierto *open*   parejas *couples*   cestas *baskets*
lanzar *to throw*   peligrosos *dangerous*

La maravillosa y variada naturaleza del mundo hispánico invita a practicar deportes tan diversos como la caza, la pesca, los paseos en canoas o en veleros, las caminatas por los bosques o el alpinismo. Todos los años los picos nevados de España y Sudamérica atraen a innumerables esquiadores, alpinistas y aficionados al esquí y al alpinismo. En esos países, como en otras partes del mundo, la gente que vive en la ciudad aprovecha sus vacaciones o los fines de semana para dejar el medio urbano e integrarse, por lo menos temporalmente, al mundo natural.

la caza *hunting*   la pesca *fishing*   los paseos en canoas o en veleros *canoeing or sailing*   las caminatas por los bosques *walks in the forests*   el alpinismo *mountain climbing*   picos nevados *snow-covered peaks*   aprovecha *utilize*   por lo menos *at least*

CAPÍTULO *Doce* 12

LA CATEDRAL DE SEVILLA, ESPAÑA

Sevilla:

OBJECTIVES

Language: In this chapter we introduce, discuss, and practice:
1) the preterite tense of irregular verbs
2) affirmative and negative words
3) relative pronouns **que, quien, cuyo**

Culture: The dialogue takes place in Seville, Spain, where a group of students are at the top of the famous tower of the cathedral, "la Giralda," discussing the history of the city and the various cultures that have dominated it. In the mini-dialogues you will learn about various foods and drinks that you might see on a menu of a Spanish or South American restaurant.

La Giralda

Un grupo de estudiantes de vacaciones en España suben a la Giralda, la torre de la Catedral de Sevilla.[1]

LUISA: ¡Por fin! ¡Qué subida más brutal!

FERNANDO: Pero vale la pena. No hay ninguna vista de Sevilla como ésta, ni por su extensión ni por su belleza.

ESTEBAN: Tienes razón. Allí está el Guadalquivir y la Torre del Oro.[2]

MARÍA: Y el barrio de Santa Cruz. Anoche fuimos allí a ver baile flamenco.[3]

LUISA: ¡Miren el alcázar! ¡Qué sencillo parece el laberinto[4] ahora! Desde aquí podemos apreciar la grandeza de la España árabe.

AMPARO: Y de la España cristiana. La vista de la catedral[5] es magnífica.

ESTEBAN: ¿Quién construyó esta torre, Fernando?

FERNANDO: La empezó un jefe árabe en el siglo doce, y la terminó su sucesor, Almanzor.

ESTEBAN: Me imagino que esta torre fue un sitio ideal para esperar el ataque del enemigo.

AMPARO: Y el enemigo vino en 1248. Fue el gran rey cristiano cuyo nombre llevas tú, Fernando.

FERNANDO: Sí, Fernando el Santo.[6] Tuve la oportunidad de verlo el año pasado.

MARÍA: ¿Qué dijiste?

FERNANDO: Dije que lo vi el año pasado. Por lo menos vi su
cadáver que se conserva perfectamente intacto, sin
ninguna descomposición. Su tumba está en la 25
catedral y cada año la abren el día de su fiesta.

LUISA: Alguien me enseñó un libro sobre eso. Es un
milagro.

ESTEBAN: ¡Qué ingenuos son ustedes! Yo no creo en milagros.

FERNANDO: Pues, yo lo vi. Ve mañana a la catedral. Es el día 30
de su fiesta.

ESTEBAN: Nunca pierdo el tiempo con supersticiones
vulgares. Prefiero visitar las ruinas de Itálica.[7] Los
romanos fueron un pueblo sensato.

AMPARO: No es verdad. Los romanos fueron más supersti- 35
ciosos que nosotros. ¡Hoy nadie cree en la
mitología!

VOCABULARIO

apreciar to appreciate
conservar to preserve, keep
construir to build, construct
esperar to wait for; to hope
imaginarse to imagine
parecer (zc) to appear, seem,
   look (like)
terminar to finish
valer to be worth; valer la
   pena to be worth the
   trouble

el alcázar castle, royal palace
el ataque attack
la belleza beauty
el cadáver corpse
la descomposición decay
el enemigo enemy
la extensión extent, length
la fiesta feast, party; día de
   fiesta holiday
la grandeza grandeur
el jefe chief

el milagro miracle
el pueblo people; village
el rey king
el, la romano(-a) Roman
la ruina ruin
la subida ascent, climb
la tumba tomb

cada each, every
comparable (con) comparable
   (to)
cuyo whose
flamenco(-a) term used to
   describe Andalusian gypsy
   dance, song, music
ingenuo(-a) ingenuous, naive
ningún, ninguna none, not
   one, not any
pasado: año pasado last
   year
sencillo(-a) simple, easy
sensato(-a) sensible, wise

venezolano(-a) *Venezuelan*
vulgar *vulgar, common*

alguien *someone*
nadie *nobody, no one*
ni . . . ni *neither . . . nor*
nunca *never*

a lo alto de *at the top of*

desde *from, since*
por fin *finally*
perder el tiempo *to waste time*
tener la oportunidad de *to have the chance to*
Vale la pena. *It's worth the trouble, worthwhile.*

NOTAS CULTURALES

1. **La Giralda,** the exquisite tower of the cathedral of Seville, is a popular landmark which can be seen from almost any part of the city. The bottom section was the minaret of the sumptuous mosque built by the Moslem rulers of southern Spain in the 1100s and later demolished by the Christians. The top section, called the Triumph of Faith, was added by the Christian rulers during the Renaissance. The pinnacle turns around in the wind and so has given rise to the popular name of the tower, **la Giralda** *(the Weather Vane).* To see a spectacular view of Seville, the visitor must climb a winding ramp up to the top of the 250-foot tower.

2. **El Guadalquivir** is one of the five principal rivers of Spain and the only one which is somewhat navigable. The cities of Cádiz, Seville, and Córdoba are situated on its shores. **La Torre del Oro** *(the Tower of Gold)* is an old Moorish tower on the banks of the river in Seville. At one time it was joined by a heavy chain to a similar tower on the other side, serving as an ancient "toll gate" to stop ships from entering the harbor. According to legend, the tower used to be covered with golden tiles, long since plundered.

3. The Santa Cruz district, the old Jewish section of the city (**la Judería**), has narrow streets, flower-filled patios, and quaint and colorful houses. Several places there feature flamenco dancing and guitar music. This district is considered one of the places in Spain where it is still occasionally possible to see an authentic and inspiring performance.

4. **El laberinto** is a labyrinth or maze made of hedges in one of the many gardens of varied styles (Arabian, Renaissance, English, modern) adjoining the **alcázar** (fortress, castle) of Seville. The **alcázar** itself, reputed to be the most beautiful of Spain, is a good example of the typical layering of different cultures. It was founded by Julius Caesar, and recent excavations under the basement have unearthed ruins of elaborate baths from Roman times. Besides an Arabian section, there are several Christian sections from various centuries. It was here that Isabella I received Columbus after his second voyage.

5. The Cathedral of Seville is a beautiful example of Spanish gothic architecture and a treasure-house of gold, silver and jeweled artifacts and historical documents. It is the third largest cathedral in the world (after St. Peter's in Rome and St. Paul's in London).

6. King Ferdinand III of Castilla y Leon, called **el Santo** (*the Saint*) because he was later canonized by the Catholic Church, captured Seville from the Moslems in 1248.

7. Itálica is an ancient Roman town whose ruins are about eight kilometers (five miles) north of Seville.

PREGUNTAS

1. ¿Qué es la Giralda?   2. ¿Qué pueden ver los estudiantes desde allí?   3. ¿Para qué fueron María y sus amigos al barrio de Santa Cruz?   4. ¿Dónde está el laberinto?   5. ¿Quién construyó la Giralda? ¿Cuándo?   6. ¿Quién vino en 1248 para atacar a los árabes?   7. ¿Qué abren el día de la fiesta de Fernando el Santo?   8. ¿Quién no cree en supersticiones?   9. ¿Cree usted en supersticiones?   10. ¿Qué hay en Itálica?

SEVILLA

Explicación

I. PRETERITE TENSE OF IRREGULAR VERBS

(1) TOMÁS: ¿Qué *hiciste* anoche, Eva?

(2) EVA: *Fui* a «La Cazuela», un restaurante español. Fernando me *dijo* que era muy bueno. *Quiso* acompañarnos, pero no *pudo*.

(3) TOMÁS: ¿Con quién *fuiste*?

(4) EVA: Con Ramona. La comida española es muy diferente a la comida de aquí. Pedí paella, un plato con arroz, pescado, camarones y otros mariscos.

(5) TOMÁS: ¿Y qué pidió Ramona?

(6) EVA: Primero, gazpacho andaluz, una sopa fría de tomates, pepinos, cebollas y pimientos. Después, pidió una tortilla, que el mozo le *trajo* con una ensalada.

(7) TOMÁS: ¿Una tortilla?

(8) EVA: Sí, en España una tortilla es un «omellette».

1. ¿Qué hizo Eva anoche? 2. ¿Quién quiso ir pero no pudo? 3. ¿Con quién fue Eva? 4. ¿Qué pidió Eva? 5. ¿Qué le trajo el mozo a Ramona? 6. ¿Qué quiere decir *tortilla* en España?

(1) What did you do last night, Eva? (2) I went to "La Cazuela," a Spanish restaurant. Fernando told me it's very good. He wanted to come with us, but he couldn't. (3) Who did you go with? (4) With Ramona. Spanish food is very different from the food here. I ordered paella, a dish with rice, fish, shrimp, and other shellfish. (5) And what did Ramona order? (6) First, gazpacho Andalusian style, a cold soup of tomatoes, cucumbers, onions, and peppers. Then she ordered a *tortilla* (in Spain, an omelette; in Mexico and other places in the Americas, a flat bread-like staple made of corn), which the waiter brought with a salad. (7) One tortilla? (8) Yes, in Spain it's an omelette.

A. There are a number of verbs in Spanish that have irregular pret-
erite-tense forms, both stems and endings. These forms do not have
written accents.

INFINITIVE	PRETERITE STEM	PRETERITE ENDINGS
hacer	hic-	
querer	quis-	
venir	vin-	-e
		-iste
poder	pud-	-o
poner	pus-	-imos
saber	sup-	-isteis
		-ieron
estar	estuv-	
tener	tuv-	

The endings in the chart are attached to form the preterite of all of
the verbs listed. There is only one spelling change, in the third
person singular of **hacer, hizo,** which involves a change from *c* to *z*
to retain the sound of the infinitive.

Y usted, señor, ¿qué hizo anoche?	*And you, sir, what did you do last night?*
Luisa no pudo ir.	*Luisa couldn't go.*
Tuve un accidente de automóvil la semana pasada.	*I had an automobile accident last week.*
Estuviste en el parque hasta las seis.	*You were in the park until six o'clock.*
El mozo puso el desayuno en la mesa.	*The waiter put breakfast on the table.*

B. The preterite forms of **decir, traer, conducir,** and **traducir** are also
irregular.

decir

dije	dijimos
dijiste	dijisteis
dijo	dijeron

traer

traje	trajimos
trajiste	trajisteis
trajo	trajeron

conducir

conduje	condujimos
condujiste	condujisteis
condujo	condujeron

traducir

traduje	tradujimos
tradujiste	tradujisteis
tradujo	tradujeron

Notice that the third person plural ending is **-jeron**, rather than **-ieron**.

Dijeron que lo vieron el año pasado.	*They said they saw him last year.*
¿Qué trajeron ustedes?	*What did you bring?*

C. **Ir** and **ser** have the same forms in the preterite tense.

ir, ser

fui	fuimos
fuiste	fuisteis
fue	fueron

Fuimos allí anoche a ver baile flamenco.	*We went there last night to see flamenco dancing.*
Fue un sitio ideal para hablar.	*It was an ideal place to talk.*

D. **Dar** is considered irregular in the preterite because it requires the preterite endings for regular **-er** and **-ir** verbs rather than the endings for **-ar** verbs.

dar

di	dimos
diste	disteis
dio	dieron

EJERCICIOS

1. Create new sentences, substituting the words or phrases in the list for the words or phrases in italics.

   a. *Fernando* no quiso ir.
      1. yo 2. Paco y Pablo 3. tú 4. nosotros
      5. ustedes

   b. ¿Viniste *(tú)* a las seis?
      1. él 2. ellas 3. nosotros 4. yo 5. Alonso

   c. *Yo* tuve un accidente de automóvil.
      1. tú 2. la profesora 3. el señor García
      4. nosotros 5. ellos

d. *Alejandro* no estuvo en la farmacia.
      1. yo 2. usted 3. Julia 4. tú 5. los señores
Gómez

e. *María y yo* hicimos una comida española.
      1. tú 2. los muchachos 3. yo 4. Miguel
5. Juan y yo

f. A las diez *Carlos* fue a la plaza.
      1. nosotros 2. las señoras 3. yo 4. usted 5. tú

2. Restate, changing the verbs from the present tense to the preterite tense.

1. Guillermo no puede traducir el poema.
2. ¿Traes el vino y el pan?
3. Me da bastante dinero.
4. Tenemos ganas de ir al centro.
5. Los señores Pérez vienen de Barcelona el lunes.
6. No saben que él está aquí.
7. José va al cine.
8. Siempre dicen la verdad.
9. Está en la biblioteca.
10. ¿Qué haces?

3. Give the Spanish equivalent.

1. Ana brought me a magnificent gift. 2. We came here last week.
3. Yesterday we had an automobile accident. 4. Enrique could not go. 5. Catalina was in the airport until six o'clock. 6. They finally told her the truth. 7. Did you (**tú**) do this? 8. On Wednesday Roberto went to Los Angeles.

PREGUNTAS

1. ¿Fue usted a un partido de fútbol ayer? ¿Fueron sus amigos?
2. ¿Dónde estuvo usted ayer a mediodía? ¿A las dos de la tarde? ¿A las cuatro de la mañana? 3. ¿Pudo usted dormir anoche? 4. ¿Se puso el abrigo esta mañana? 5. ¿Fue usted a una fiesta anoche? ¿A ver una película? 6. ¿Qué hizo anoche? 7. ¿Tuvo usted la oportunidad de visitar a un amigo o a una amiga ayer? 8. ¿Le dio un consejo su amigo?

II. AFFIRMATIVE AND NEGATIVE WORDS

(1) RAFAEL: ¿Qué vas a desayunar, Ellen?

(2) ELLEN: Voy a pedir dos huevos fritos con jamón. *Alguien* me dijo que un buen desayuno es necesario para la salud.

(3) RAFAEL: Yo *nunca* desayuno mucho, *ni* huevos, *ni* jamón, sólo café con leche y pan tostado con mantequilla.

(4) ELLEN: ¡Eres un hispano típico! Pero debes comer *algo* más. ¿No quieres *algún* jugo o un chocolate?

(5) RAFAEL: No, gracias.

(6) ELLEN: ¿*Tampoco* quieres un coctel de frutas?

(7) RAFAEL: No, *tampoco*. Recuerda que para el almuerzo comemos mucho.

(8) ELLEN: ¡Ah, tienes razón! Parece que voy a aumentar *algunos* kilos aquí en México.

1. ¿Qué va a pedir Ellen? 2. ¿Quién nunca desayuna mucho? 3. ¿Va a pedir o huevos o jamón Rafael? 4. ¿Quiere Rafael algún jugo? 5. ¿Quiere un coctel de frutas?

(1) What are you going to have for breakfast, Ellen? (2) I'm going to order two fried eggs with ham. Someone told me a good breakfast is necessary for the health. (3) I never eat much for breakfast—neither eggs, nor ham, only coffee with (hot) milk and toast and butter. (4) You're a typical Spanish-speaking person! But you should eat something more. Don't you want some kind of juice or chocolate? (5) No, thanks. (6) Don't you want a bowl of fruit either? (7) No, not that either. Remember that we eat a lot for lunch. (8) Oh, you're right! It looks like I'm going to gain a few pounds here in Mexico! (A **kilo** is short for **kilogramo**, 2.2 pounds. The metric system is used throughout the Spanish-speaking world.)

La Margarita
Calle Vicente 22

Desayunos
7 a 11 a. m.

JUGO DE NARANJA, TOMATE, PAPAYA	$4.00
2 HUEVOS — TIBIOS, FRITOS O REVUELTOS	$6.00
JAMÓN, CHORIZO	$7.00
CAFÉ CON LECHE	$4.00
PAN TOSTADO CON MANTEQUILLA	$2.00

Breakfast
7:00 to 11:00 a. m.

ORANGE, TOMATO, PAPAYA JUICE	4 pesos
2 EGGS — SOFT BOILED, FRIED OR SCRAMBLED	6 pesos
HAM, SAUSAGE	7 pesos
COFFEE WITH HOT MILK	4 pesos
TOAST WITH BUTTER	2 pesos

AFFIRMATIVE WORDS	NEGATIVE WORDS
sí *yes*	no *no*
alguien *someone, anyone*	nadie *no one, not anyone*
algo *something*	nada *nothing, not anything*
algún, alguno(-s), alguna(-s) *some, any*	ningún, ninguno(-s), ninguna(-s) *none, not any, no, neither (of them)*
también *also*	tampoco *not either, neither*
siempre *always*	nunca, jamás *never, not ever*
o . . . o *either . . . or*	ni . . . ni *neither . . . nor*

A. The negative words **nadie, nada, ninguno, tampoco** and **nunca** can be placed either before or after the verb.

No me lo dijo nadie. ⎫
Nadie me lo dijo. ⎭   *No one told me it.*

No pudo ir tampoco. ⎫
Tampoco pudo ir. ⎭   *He (she) couldn't go either.*

No le trajimos nada. ⎫
Nada le trajimos. ⎭   *We didn't bring him (her) anything.*

No voy nunca al cine. ⎫
Nunca voy al cine. ⎭   *I never go to the movies.*

Notice that **no** precedes the verb when some other negative word follows the verb. **No** is omitted when the negative word precedes the verb.

B. **Alguno** and **ninguno** can refer either to people or things, while **alguien** and **nadie** refer only to people. **Alguno** and **ninguno** usually refer to certain members or elements of a group that the speaker or writer has in mind. Before a masculine singular noun, **alguno** becomes **algún** and **ninguno** becomes **ningún**.

Aquí nadie sabe hablar italiano.	*No one here knows how to speak Italian.*
Ninguno de ellos sabe hablar italiano.	*Neither of them knows how to speak Italian.*
¿Hay alguien aquí?	*Is there anyone here?*
¿Hay algunos estudiantes de nuestra clase en esta oficina?	*Are there some students from our class in this office?*
¿Va usted a ser rico algún día?	*Are you going to be rich some day?*

No tengo ningún libro sobre Francia.	*I don't have any book(s) about France.**

The personal **a** is used with the pronouns **alguien, nadie** and with **alguno** and **ninguno** when they refer to people in the same way that it is used with nouns or other pronouns.

¿Busca usted a algunos amigos de Enrique?	*Are you looking for some friends of Enrique's?*
No se lo voy a decir a nadie.	*I'm not going to tell it to anyone.*

C. Several negatives can be used in the same sentence.

¡No vamos a dar nada a nadie, nunca!	*We're not going to give anything to anyone, ever!*

D. *Either . . . or* is expressed with **o . . . o.** *Neither . . . nor* is expressed with **ni . . . ni,** which takes the plural form of a verb when used with the subject.

Josefina fue o al cine o a la playa.	*Josefina went either to the theater or to the beach.*
Ni Julio ni Lucía pudieron ir.	*Neither Julio nor Lucía could go.*

EJERCICIOS

1. Change the negative constructions in the following sentences as indicated in the example.

Nadie vive en esa casa. → **No vive nadie en esa casa.**

1. Jamás voy al cine sin dinero.
2. Ningún chico fue al baile.
3. Nada trajeron de la playa.
4. Ni el jerez de España ni la cerveza de México me gustan.
5. Nadie nos sirve el desayuno.
6. Ellas nunca piden enchiladas.
7. Los chilenos tampoco fueron.
8. Nunca veo a mis padres los sábados.

Note that the singular noun **libro is used to render the plural books in English.*

2. Change the following sentences to the negative.

    a. Alguien quiere ir al cine. → **Nadie quiere ir al cine.**

        1. Siempre estudio los domingos.
        2. También puede ir.
        3. Alguien me lo dijo.
        4. Alfonso y Teresa también están aquí.
        5. Algún chico sabe tocar la guitarra.

    b. Hay algo de comer en la cocina. → **No hay nada de comer en la cocina.**

        1. Esta librería tiene algunos libros interesantes.
        2. Miguel trajo a alguien a la fiesta.
        3. ¡Diga usted algo!
        4. Vamos a la playa o a las montañas.
        5. Francisco siempre come a las diez.

3. Give the Spanish equivalent.

    1. Pedro never finishes anything. 2. There is no one more intelligent than she. 3. Somebody ought to say something to him. 4. There is not one boy in the class. 5. She didn't say anything to me. 6. Neither Enrique nor Lucinda understands the lesson. 7. I'm going to buy either a bicycle or a new car. 8. I never want to see them again! 9. No music is as beautiful as the music of Spain. 10. Esteban didn't see her either.

PREGUNTAS

1. ¿Hay algo que no le gusta comer a usted?   2. ¿Aumenta usted algunos kilos cuando viaja? ¿Pierde usted algunos kilos?   3. ¿Siempre desayuna usted mucho?   4. ¿Desayuna usted huevos o jamón? ¿Qué desayuna?   5. ¿Hay alguien en la biblioteca hoy? ¿Y los domingos? 6. ¿Va usted a ser rico algún día?

III. RELATIVE PRONOUNS *QUE, QUIEN, CUYO*

A. **Que** is the most commonly-used equivalent for *that, which, who,* and *whom,* when referring to both persons and things.

El rosbif es el plato que me gusta más.	*Roast beef is the dish (that) I like best.*
Éstos son los vasos de que hablo.	*These are the glasses (which) I'm talking about.*
El jugador que ganó es mi primo.	*The player who won is my cousin.*
¿Quién es la mujer que toca la guitarra?	*Who is the woman (who is) playing the guitar?*

Frequently the relative pronoun in English *(that, which, who)* is omitted, but in Spanish it is always used.

B. **Quien** (**quienes** in the plural) refers only to people. It is usually used as the object of a preposition. When used as an indirect object, **quien** (**quienes**) must be preceded by the preposition **a.**

Es el torero de quien me habló, ¿verdad?	*He's the bullfighter you talked to me about, right?*
Ésos son los amigos con quienes almorzamos.	*Those are the friends we had lunch with.*
Ésta es la chica a quien le pedí un favor.	*This is the girl I asked a favor of.*

C. **Cuyo** means *whose* or *of which.* It agrees with the noun it modifies, not the possessor.

Adriana es la señorita cuyas opiniones ofendieron a mi papá.	*Adriana is the young lady whose opinions offended my dad.*

El señor Blanco es el señor cuya hija murió en el accidente.	*Mr. Blanco is the man whose daughter died in the accident.*
Es la ciudad cuyo nombre nunca recuerdo.	*It's the city the name of which I never remember.*

EJERCICIOS

1. Create new sentences, substituting the words or phrases in italics for the words or phrases in the list.

   a. Es el *chico* de quien hablo.
      1. chica   2. mujeres   3. hombres   4. estudiantes
      5. doctor

   b. Es la mujer cuyo *hermano* está en el hospital.
      1. hermana   2. padres   3. primo   4. tía   5. amigas

2. Combine each pair of sentences into one using the relative pronouns **que, quien,** or **cuyo.**

   Este reloj es para Alicia. Lo compré en Buenos Aires. → **Este reloj que compré en Buenos Aires es para Alicia.**

   1. Escuchan la canción. La tocan los mariachis.
   2. Juegas con unos muchachos. Son de Puerto Rico.
   3. Perdí un libro aquí ayer. ¡Allí está!
   4. El señor Pérez es doctor. Sus pacientes son muy ricos.
   5. Son viajeros. Cenamos con ellos esta noche.
   6. El señor Gómez es un hombre inteligente. Hablé con él ayer.

3. Give the Spanish equivalent.

   1. Those are the glasses I bought in Spain.   2. The woman I am talking about is going to sing.   3. Mrs. Meléndez is the woman whose brother is a doctor.   4. The sherry that you like is very expensive.   5. They are the students whose teacher lives near your house.   6. The man I saw yesterday is Teresa's husband.

Actividades

INTERCAMBIOS

Use the **usted** form of the verbs in asking and answering the following questions.

Señorita Castro, pregúntele
al señor Méndez:

1. si estuvo en Sevilla el año pasado
2. si tuvo la oportunidad de ver baile flamenco
3. si estudia para sus exámenes o si espera algún milagro
4. si tiene algunos enemigos
5. si conoció a algún visitante extranjero el verano pasado

Señor Méndez, contéstele:

1. que sí, que fue a la Giralda y vio la ciudad
2. que sí, y que vale la pena verlo
3. que siempre espera algún milagro
4. que no tiene ningún enemigo
5. que sí, que conoció a un francés, le enseñó la ciudad y lo trajo a la universidad

ENTREVISTA

Ask a classmate the following questions. Then report the information to the class.

1. ¿Qué hiciste anoche?
2. ¿Dónde estuviste ayer a las diez de la mañana? ¿A las cuatro de la tarde?
3. ¿Crees en algunas supersticiones? ¿En milagros?
4. ¿Dónde esperas estar en veinte años? ¿Qué esperas hacer?
5. ¿Fuiste recientemente a algún concierto o a alguna película que te gustó? ¿A cuál?

CRUCIGRAMA

Change each verb to the preterite tense and fill in the squares.

Across
1. es/va
2. tienes
7. puede
8. hace
9. son/van

Down
1. soy/voy
2. trae
3. viene
4. estoy
5. dice
6. damos

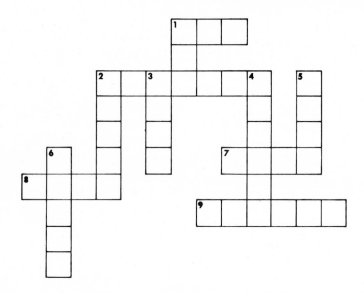

REFRANES

Match the Spanish proverb with its English equivalent.

Más vale tarde que nunca.
No hay rosas sin espinas.
Cuando algo dicen algo hay.
Para aprender nunca es tarde.
Ojos que no ven, corazón que no siente.
Al buen entendedor, pocas palabras.

Out of sight, out of mind.
Better late than never.
A word to the wise is sufficient.
Every rose has its thorns.
Where there's smoke there's fire.

It's never too late to learn.

SEGUNDO REPASO

I. ADDITIONAL VERBS IN THE PRESENT TENSE

A. Review the following Spanish verbs in the present tense.

1. Stem-changing verbs **o** to **ue** (**volver**): **vuelvo, vuelves, vuel-ve, volvemos, volvéis, vuelven**
2. Stem-changing verbs **e** to **i** (**pedir**): **pido, pides, pide, pedimos, pedís, piden**
3. Verbs with an irregularity in the first-person singular (**yo**): **traigo, pongo, salgo, hago, doy, sé, conozco, traduzco, conduz-co, veo**
4. Irregular verbs:
   a. **venir: vengo, vienes, viene, venimos, venís, vienen**
   b. **decir: digo, dices, dice, decimos, decís, dicen**
   c. **oír: oigo, oyes, oye, oímos, oís, oyen**

B. Complete the following sentences with the present tense of the verb in parentheses.

1. Yo nunca (recordar) _____ quiénes son los candidatos.
2. Raúl y Jacinto no (poder) _____ trabajar aquí.
3. ¿Qué (servir) _____ tú esta noche? ¿Sangría?
4. Pues, yo te (decir) _____ la verdad. Todo el mundo (decir) _____ que Enrique es un marido celoso.
5. En seguida yo se la (traer) _____, señora.
6. Desde aquí nosotros (ver) _____ la Giralda. ¿Qué (hacer) _____? ¿Subimos?
7. Yo (poner) _____ el vino aquí, y tú (poder) _____ poner el queso allí.
8. Yo (venir) _____ de la corrida de toros.
9. Yo (salir) _____ ahora para ir al partido de fútbol. (salir) ¿_____ ustedes conmigo?
10. Yo (conocer) _____ a varios jugadores de jai alai, y mi her-mana Antonia (conocer) _____ a Pardo, el mejor jugador de España.

11. ¿Me preguntas qué tipo de trabajo (hacer) _____ yo? Pues, mi novia y yo (hacer) _____ anuncios comerciales de televisión.

12. Yo (saber) _____ que a mis hermanos les gusta la cerveza, pero yo nunca se la (dar) _____.

II. SOME PRONOUNS IN SPANISH

A. Review the following chart of subject, indirect object, and direct object pronouns in Spanish.

SUBJECT PRONOUNS	OBJECT PRONOUNS	
	Indirect	*Direct*
yo	me	me
tú	te	te
él, ella, usted	le (se)	lo la
nosotros(-as)	nos	nos
vosotros(-as)	os	os
ellos, ellas, ustedes	les (se)	los las

1. Subject pronouns generally tell who carries out the action expressed by a verb: **Ustedes van a México, ¿no?**
2. Indirect object pronouns generally answer the question *To whom (what)?* or *For whom (what)?*: **Adela me escribe y me dice que hay mucha contaminación del aire en Madrid.**
3. Direct object pronouns tell who or what receives the action expressed by a verb: **Juan critica mucho el gobierno. Juan lo critica mucho.**
4. The indirect object pronoun **se** replaces **le** or **les** before the direct objects **lo, la, los,** or **las: ¿Quieren tres cafés? Ahorita se los sirvo.**

B. Answer the following questions (in the affirmative or the negative) replacing the words in italics with the appropriate indirect or direct object pronoun.

1. ¿Los señores García van a pasar *dos semanas* en Venezuela?
2. ¿Tú llevas *el regalo* en la mano?

3. ¿Usted cree que los argentinos critican mucho *a ustedes*?
4. ¿*Me* puedes buscar en el Museo de la Plata?
5. ¿Quiere usted dar*les los pasaportes*?
6. ¿Quieres preguntar eso *a estos pasajeros*?
7. Si *te* visito en una estancia, ¿*te* voy a ver en un ambiente natural?
8. ¿Las cintas presentan la información *a la gente común*?
9. ¿Puedes recitarnos *los nombres de los países latinos*?
10. ¿Debemos comer *tacos* en honor del dios del maíz?
11. ¿Tienes tú *la hora*?
12. ¿Anita escribe mucho *a ustedes* desde Santiago de Chile?
13. ¿*Me* quieres?
14. ¿Los candidatos demócratas nos prometen *muchos empleos*?
15. ¿*Le* vas a dar *tu número de teléfono*?

III. REFLEXIVE VERBS

A. The reflexive verb pronouns in Spanish are **me, te, se, nos, os,** and **se.** These pronouns are used with certain verbs to show that the subject of the sentence receives the action indicated by the verb (**lavarse, divertirse**). Reflexive pronouns precede a conjugated verb form (¿**Nos sentamos aquí?**), but often follow and are attached to an infinitive (**Voy a quedarme en casa**). Some reflexive verbs have reflexive equivalents in English (**lavarse** to *wash oneself*), but there are many that do not (**divertirse** to *have a good time*).

B. Restate, changing the pronouns and verbs from the plural to the singular.

¿Nos sentamos aquí? → ¿**Me siento aquí?**

1. Siempre nos divertimos en el apartamento de Andrea.
2. Ellos se van de aquí por última vez.
3. ¿Os laváis la cara?
4. Nos levantamos de la mesa.
5. Ustedes se llaman Alberti, ¿verdad?
6. Siempre nos ponemos el sombrero en la corrida de toros.
7. ¿Os quedáis en Madrid?
8. ¿Por qué no se quitan ustedes esas capas? ¡Son ridículas!

IV. COMMAND FORMS

A. 1. Review the following table of command forms.

PERSON	INFINITIVE	AFFIRMATIVE	NEGATIVE
tú	cantar	canta	no cantes
	comer	come	no comas
	pedir	pide	no pidas
usted	cantar	cante	no cante
	comer	coma	no coma
	pedir	pida	no pida
ustedes	cantar	canten	no canten
	comer	coman	no coman
	pedir	pidan	no pidan

2. Some irregular **usted** and **ustedes** commands are:

ir: vaya(n)   estar: esté(n)
ser: sea(n)   dar: dé, den
saber: sepa(n)

3. Some irregular affirmative **tú** commands are:

decir: di   salir: sal
hacer: haz   ser: sé
ir: ve   tener: ten
poner: pon   venir: ven

4. Reflexive and object pronouns are attached to affirmative commands: **Lávate las manos; lávatelas en seguida.** With negative commands, these same pronouns precede the verb: **No te laves las manos; no te las laves.**

B. Convert the following statements into commands.

Tú haces el trabajo. → **Haz el trabajo.**
Usted no ve a esa chica. → **No vea a esa chica.**
Tú me lo pides. → **Pídemelo.**

1. Ustedes hablan despacio.
2. Tú hablas español.
3. Usted no los apoya.
4. Tú no vas al mercado hoy, Rosa.
5. Usted me las sirve ahorita.
6. Usted no es un Tenorio.
7. Tú le dices la verdad.
8. Usted me trae una cerveza, por favor.
9. Tú tienes cuidado, Patsy.
10. Ustedes no se ponen tan nerviosos.
11. Usted me traduce la letra.
12. Usted me da el desodorante «Escorpión», por favor.
13. Ustedes no escuchan la televisión.
14. Tú no ofendes a tus amigos.
15. Tú vienes al partido de fútbol.

V. THE PRETERITE TENSE

A. Review the following verbs in the preterite tense.

1. Regular -ar verbs (pensar): **pensé, pensaste, pensó, pensamos, pensasteis, pensaron.** (Note that the changes **e → ie** and **o → ue** affect the present tense *only:* **pienso, piensas. . . .**)
2. Regular **-er** and **-ir** verbs (**volver**): **volví, volviste, volvió, volvimos, volvisteis, volvieron.** (But **vuelvo, vuelves. . . .**)
3. Vowel change **e → i** and **o → u** in the third persons singular and plural of **-ir** stem-changing verbs: **pedir, divertirse, seguir, servir, preferir, dormir, morir** (me **divertí, te divertiste, se divirtió . . . se divirtieron; dormí, dormiste, durmió . . . durmieron**)
4. Irregular verbs:

    a. Verbs with **u** stems, first person: **pude (poder), puse (poner), supe (saber), estuve (estar), tuve (tener)**
    b. Verbs with **i** stems, first person: **quise (querer), vine (venir), hice (hacer)**
    c. Verbs with **j** stems: **dije (decir), traje (traer)**
    d. The verbs **ir** and **ser: fui, fuiste, fue, fuimos, fuisteis, fueron.** (The context indicates the meaning of these verbs.)
    e. The verb **dar: di, diste, dio, dimos, disteis, dieron**

B. Change the verbs in the following sentences from the present tense to the preterite.

1. Primero tienen que aprender inglés.
2. ¿Qué pides? ¿Un café?
3. Enrique sabe hacerme feliz.
4. Ya los veo.
5. Se lo damos gratis.
6. Le cantamos una canción especial.
7. Fernando se va a casa a acostarse.
8. No tienes tiempo para ver el partido de fútbol.
9. ¿Quién pierde el partido?
10. Se divierten mucho.
11. Participan los mejores jugadores de España.
12. Los árabes traen a España una rica cultura.
13. El nombre verdadero del Cid es Ruy Díaz de Vivar.
14. Cierra las puertas y no nos quiere ver.
15. Salgo temprano para la estación.

VI. QUESTIONS FOR CONVERSATION

1. ¿Conoce usted a muchas personas? ¿Dónde y cuándo las conoció?
2. ¿Qué consejos les pide a sus padres? ¿Qué consejos les pide a sus amigos?
3. ¿Qué comidas le gustan a usted? ¿Cuáles no le gustan?
4. Cuando usted tiene sueño, ¿qué hace? ¿También cuando está en la clase de español?
5. ¿Es el español una lengua tan expresiva como el inglés? ¿Cree usted que hay lenguas más expresivas que otras?

VII. SUPPLEMENTARY TRANSLATION EXERCISE

1. Of all your friends, I'm the most intelligent and least vain, right?
2. Don't you want a fruit cocktail either? 3. Someone called but no one answered. 4. When it's hot, I always stay at home. 5. What's new? 6. We understand each other well.

CAPÍTULO *Trece* 13

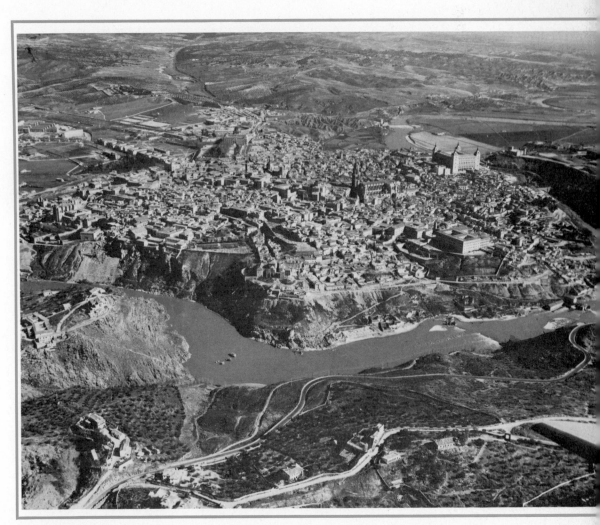

VISTA AÉREA DE TOLEDO

Toledo:

OBJECTIVES

Language: In this chapter we introduce, discuss and practice:
1) the imperfect tense of regular verbs
2) the imperfect tense of **ir, ser** and **ver**
3) prepositional pronouns
4) the use of adjectives as nouns

You will learn that there is more than one past tense in Spanish, and will practice using the imperfect and the preterite to describe past interests, activities and events.

Culture: The dialogue takes place in the Spanish city of Toledo, so you will learn about this historical city and become familiar with various cultural influences in Spain (Jewish, Arab, and Christian). You will also read about eating **churros** in a **churrería.**

un importante centro cultural

Un autobús lleno de turistas latinoamericanos entra a la ciudad de Toledo, España.

GUÍA: . . . los romanos, visigodos, árabes y cristianos que hicieron estos muros y puentes.[1] En la época del rey cristiano, Alfonso X,[2] la ciudad era un importante centro cultural. Se estableció aquí la famosa Escuela de Traductores donde trabajaban juntos los maestros árabes, judíos y cristianos. . . .

SR. BLANCO: ¡Cómo habla el tipo! Nunca se calla la boca.

SRTA. DIENER: Pero es interesante.

SRA. VEGA: Para usted, quizás. Yo tengo ganas de ir a comprar joyas.[3]

SRTA. DIENER: Es interesante para mí porque soy judía y . . .

SR. ROSENSTEIN: ¡Ah! ¿Es usted judía? Déjeme presentarme. Carlos Rosenstein, de Buenos Aires, a sus órdenes.

SRTA. DIENER: Mucho gusto. Carmelita Diener. Soy de Colombia.

GUÍA: . . . importancia. Todos los días iban y venían por estas calles los sabios de toda Europa. Ahora, ¿hay preguntas?

SR. BLANCO: Sí. ¿Cuántos años tenía El Greco[4] cuando pintó «Vista de Toledo»?

GUÍA: Bueno . . . ¿El Greco? Voy a hablar de él más tarde. Ahora, señores, pueden salir, pero no se

	pierdan. El autobús sale en dos horas, a las 25 once en punto.
SR. ROSENSTEIN:	¿Tiene usted prisa, Carmelita?
SRTA. DIENER:	Sí, quiero visitar la Sinagoga del Tránsito, pues en ella está el Museo Sefardí.[5]
SR. ROSENSTEIN:	Está por aquí. Venga usted conmigo. 30

Dos horas después.

SRA. VEGA:	¡Miren los broches que compré!
SR. BLANCO:	Me gustan los amarillos. ¿Cuánto le costó el grande?
SRA. VEGA:	Cien pesetas.
SR. BLANCO:	¿Por qué no compró usted aretes? 35
SRA. VEGA:	Costaban demasiado en esa joyería. Además, generalmente no los uso.
GUÍA:	¡Hora de salir! ¿Dónde están la señorita Diener y el señor Rosenstein?
SRA. VEGA:	Los vi en una churrería.[6] Tomaban chocolate 40 y estaban muy juntos.
SR. BLANCO:	No faltaba más. Esta nueva generación no tiene vergüenza.
SRA. VEGA:	Perdone, señor. ¿No hacíamos lo mismo nosotros cuando éramos jóvenes? Entonces 45 veíamos el mundo de manera diferente, ¿no?
SR. BLANCO:	Yo, señora, nunca fui tan joven.
SRA. VEGA:	¡Ya lo creo!

TARRAGONA, ESPAÑA

VOCABULARIO

establecer (zc) *to establish*
perderse *to get lost*
pintar *to paint*
presentar *to present, introduce*
usar *to use*

el árabe (la árabe) *Arab*
el arete *earring*
el autobús *bus*
el broche *brooch*
el cristiano (la cristiana) *Chris-tian*
la época *epoch*
el guía (la guía) *guide*
las joyas *jewelry*
la joyería *jewelry store*
el judío (la judía) *Jew*
la manera *way, manner*
el muro *wall*
el puente *bridge*
el sabio *learned person*
la sinagoga *synagogue*
el tipo *guy*
el traductor (la traductora) *trans-lator*
el visigodo (la visigoda) *Visigoth*

amarillo(-a) *yellow*
árabe *Arab*
cristiano(-a) *Christian*
judío(-a) *Jewish*
juntos *together, close*

sefardí *Sephardic*
visigodo(-a) *Visigothic*

demasiado *too much*

a sus órdenes *at your service*
conmigo *with me*
lleno de *full of*
lo mismo *the same, the same thing*
Mucho gusto. *Glad to meet you.*
por aquí *over here*
¡No faltaba más! *What nonsense!*
no tiene vergüenza *is shameless*
nunca se calla la boca *he never shuts up*
¡Ya lo creo! *That's for sure!*

NOTAS CULTURALES

1. Parts of the defensive walls around Toledo and the two bridges across the Tajo River were built by each of the successive conquerors of Spain: Romans, Visigoths, Arabs, and Christians.

2. Alfonso X of Castile was known as **El Sabio** *(the wise man)* because he devoted most of his energies to scholarly projects such as poetry, law codes, and the writing of a history of the world. Many ancient manuscripts (including those of Aristotle, Euclid, Ptolemy, Hippocrates, and Averroës) would have been lost to the Western world were it not for the School of Translators, greatly encouraged by Alfonso X, which employed Arab, Jewish, and Christian scholars to translate ancient texts into Latin.

3. The jewelry and metal work of Toledo have been distinctive and famous for centuries. The trade is handed down from father to son, and in many

shops the visitor can enter and watch as the craftsman works with the fine strands of yellow and green gold which characterize authentic jewelry of Toledo. During the Middle Ages, Toledo was also famous for the making of swords, which are still made for decorative use.

4. Domenico Theotocopoulos (1541–1614), known as El Greco *(the Greek)*, is considered one of the world's great painters. Born in Greece, he moved first to Italy and then to Spain, where he perfected his art. He lived for many years in Toledo, and many of his paintings are on display in different buildings of that city.

5. The synagogue called **El Tránsito,** located in the Jewish Quarter (**la Judería**) of Toledo, is considered one of the most beautiful in the world. The building is a fine example of the **mudéjar** style of architecture, the style perfected by Arab craftsmen living under Christian rule. Attached to the synagogue is a small museum on the history of the Sephardic Jews (**los sefardíes**), the Jews who lived in Spain and Portugal before they were expelled from Spain at the end of the fifteenth century, and their descendants. Another, even older, synagogue is nearby. It was later transformed into a church and is now called **Santa María la Blanca.**

6. A **churrería** is a small shop or stand which sells **churros,** a doughnut-like pastry used for dunking in coffee or in the thick, frothy hot chocolate called **chocolate especial.** This is typical fare for **desayuno** *(breakfast)* or **merienda** *(snack)*.

PREGUNTAS

1. ¿Qué ciudad visitan los turistas? 2. ¿Cómo era Toledo en la época del rey Alfonso X? 3. ¿Qué quiere comprar la señora Vega? 4. ¿De dónde son Carlos y Carmelita? 5. ¿Quién pintó «Vista de Toledo»? 6. ¿Cuándo va a salir el autobús? 7. ¿Por qué tiene prisa Carmelita? 8. ¿Por qué no compró aretes la señora Vega? 9. ¿Qué hacían Carlos y Carmelita en la churrería? 10. Según el señor Blanco, ¿cómo es la nueva generación?

Explicación

I. THE IMPERFECT TENSE OF REGULAR VERBS

(1) INÉS: Elena, ¿*sabías* que el semestre pasado José *trabajaba* y *estudiaba* al mismo tiempo?

(2) ELENA: ¿En serio, Inés? ¿Cómo *obtenía* tan buenas notas?

(3) INES: Pues *sabía* organizarse: *trabajaba* por la mañana, *asistía* a clases por la tarde y *estudiaba* por la noche.

(4) ELENA: ¿Y qué *hacía* los fines de semana?

(5) INÉS: *Practicaba* deportes y *salía* con sus amigos.

(6) ELENA: ¡Qué muchacho más admirable! ¿Y por qué lo dejaste?

(7) INÉS: ¡Porque no le *quedaba* tiempo para novias!

1. ¿Qué hacía José los días de semana? ¿Y los sábados y domingos? 2. ¿Obtenía buenas o malas notas? 3. ¿Cuándo estudiaba? ¿Cuándo trabajaba? 4. ¿Por qué dejó Inés a su novio?

A. The imperfect tense of regular -ar verbs is formed by adding the endings **-aba, -abas, -aba, -ábamos, -abais,** and **-aban** to the stem of the infinitive.

hablar

habl**aba**	habl**ábamos**
habl**abas**	habl**abais**
habl**aba**	habl**aban**

(1) Elena, did you know that last semester José was working and studying at the same time? (2) Really, Inés? How did he get such good grades? (3) Well, he knew how to organize himself: he worked every morning, attended classes in the afternoon and studied at night. (4) And what did he do on weekends? (5) He played sports and went out with his friends. (6) What a guy! And why did you leave him? (7) Because he had no time left for girlfriends!

B. To form the imperfect of regular **-er** or **-ir** verbs, the endings **-ía,
-ías, -ía, -íamos, -íais,** and **-ían** are added to the stem.

comer		vivir	
comía	comíamos	vivía	vivíamos
comías	comíais	vivías	vivíais
comía	comían	vivía	vivían

C. The imperfect tense is used:

1. To express a customary or repeated past action.

Ustedes comían en la cafetería todos los días.	You used to eat in the cafeteria every day.
Ellos me visitaban cada verano.	They visited me every summer.

2. To express a progressive past action.

Hablábamos con nuestros amigos.	We were talking with our friends.
Su padre leía el periódico.	His (her, your) father was reading the newspaper.

3. To describe a situation or condition that existed for a prolonged period of time.

La chica trabajaba más el semestre pasado.	The girl worked more last semester.
Yo pensaba que Ana quería ir a España.	I thought that Ana wanted to go to Spain.
Tenía veinte años en 1915.	She was twenty years old in 1915.

D. There are several possible translations of the imperfect in English.

Ellos estudiaban juntos.

They used to study together.
They were studying together.
They studied together (often, from time to time).

E. Because the first and third person singular imperfect forms are identical, subject pronouns are used more frequently with these forms to identify the subjects of the verb.

Ella estudiaba y yo preparaba la cena.	She was studying and I was preparing supper.

UNA CHURRERÍA

F. Contrast between the imperfect and the preterite.

1. The imperfect emphasizes duration of time, while the preterite functions to report a past completed action or event or to limit an action or event in the past by indicating when it began or ended.

Todos los días Pedro llegaba de la oficina a las seis.	*Pedro arrived from the office at six o'clock every day.*
Pedro llegó tarde a la fiesta.	*Pedro arrived at the party late.*
Estudiaba mucho el año pasado.	*I studied a lot last year.*
Empecé a estudiar a las ocho.	*I began to study at eight o'clock.*

2. Often the preterite and imperfect are used in the same sentence to report that an action that was in progress in the past (expressed with the imperfect) was interrupted by another action or event (expressed with the preterite).

Paco miraba la televisión cuando Teresa lo llamó.	*Paco was watching television when Teresa called him.*
Encontré las joyas que buscaba.	*I found the jewelry I was looking for.*
Mirabel tenía treinta años cuando fue a España.	*Mirabel was thirty years old when she went to Spain.*
Había* mucha niebla y no pudimos salir a tiempo.	*There was a lot of fog and we couldn't leave on time.*

*Había *(there was, there were)* is the imperfect form of **hay** presented in Chapter 6.

EJERCICIOS

1. Create new sentences, substituting the words or phrases in the list for the words or phrases in italics.

   a. *Él* estudiaba los domingos.
      1. yo 2. Luis y Elena 3. nosotros 4. tú
      5. ustedes

   b. ¿Qué decían *Carmelita y Carlos*?
      1. los turistas 2. tú 3. mis hermanos 4. ellas
      5. Ramón

   c. *Ellos* tenían mucho dinero.
      1. la chica 2. nosotros 3. tú 4. sus primos
      5. yo

   d. *Nosotros* hablábamos español.
      1. yo 2. usted 3. Roberto y yo 4. tú 5. los
      maestros

2. Restate, changing the verbs to the imperfect.

   1. El fútbol me gusta muchísimo.
   2. Hablas y escribes muy bien en la clase de español.
   3. Isabel vive en un barrio de Los Ángeles.
   4. Pienso ir de vacaciones a Sevilla.
   5. Nos divertimos en los partidos de béisbol.
   6. Yo nunca desayuno mucho.
   7. No tenemos dinero.
   8. Nadie quiere ir a la playa.
   9. ¿A qué hora salen de la oficina?
   10. Ella canta y yo bailo.

3. Complete each passage with the appropriate preterite or imperfect form of the verb in parentheses.

   1. Nosotros (llegar) _____ tarde al partido porque no (saber) _____ cómo llegar al estadio y (tener) _____ que preguntar.

   2. Mario (comprar) _____ el periódico que (necesitar) _____, pero Isabel no (comprar) _____ nada porque no (tener) _____ dinero.

3. Anoche fui al centro y (comer) _____ tarde. En el restaurante (haber) _____ mucha gente y el mozo no (poder) _____ servirme en seguida.

4. Lucía no (encontrar) _____ los libros que (buscar) _____ y por eso no (escribir) _____ la composición que su profesor le (pedir) _____.

4. Give the Spanish equivalent.

1. The glasses cost too much and I didn't buy them. 2. We used to ski. 3. They were learning to play the guitar. 4. She used to live in Los Angeles. 5. They met each other on Saturdays. 6. I always ate late when I lived in Spain.

PREGUNTAS

1. ¿Trabajaba o estudiaba usted el año pasado? 2. ¿Qué hacía usted los fines de semana? 3. ¿A qué hora del día prefería usted estudiar? 4. ¿Practicaba usted algún deporte en el pasado? ¿Y ahora? 5. ¿Estaba usted muy ocupado con sus estudios el semestre (trimestre) pasado? 6. ¿Tenía usted tiempo para novios(-as)? 7. ¿Tenía usted un novio(-a) con quien salía mucho?

EL ALCÁZAR, SEGOVIA

II. THE IMPERFECT TENSE OF *IR*, *SER*, AND *VER*

(1) ELENA: Pero Inés, si tú y José trabajaban y estudiaban, ¿cuándo *se veían*?

(2) INÉS: En realidad *nos veíamos* todos los días porque *éramos* compañeros de clase. *Íbamos* a la biblioteca para estudiar juntos.

(3) ELENA: Todavía no entiendo por qué lo dejaste. Estaban siempre juntos. ¿Qué más querías?

(4) INÉS: ¡Quería ser su novia y no solamente su compañera de estudios!

1. ¿Se veían todos los días Inés y su novio? 2. ¿Eran compañeros de trabajo o de estudios? 3. ¿Pasaban los dos mucho tiempo juntos? ¿Adónde iban? 4. ¿Eran felices Inés y su novio? ¿Por qué?

A. There are only three verbs that are irregular in the imperfect: **ir, ser,** and **ver.**

ir		**ser**		**ver**	
iba	íbamos	era	éramos	veía	veíamos
ibas	ibais	eras	erais	veías	veíais
iba	iban	era	eran	veía	veían

B. The imperfect of **ser** is used to express time of day in the past.

Eran las ocho de la mañana.   *It was eight in the morning.*

(1) But Inés, if you and José were both working and studying, when did you see each other? (2) Actually we saw each other every day because we were classmates and we went to the library to study together. (3) I still don't understand why you left him. You were always together. What more did you want? (4) I wanted to be his girlfriend, not just his study partner!

EJERCICIOS

1. Create new sentences, substituting the words or phrases in the list for the words or phrases in italics.

   a. *Nosotros* íbamos todos los días a la playa.
      1. ella   2. yo   3. Paco y mi hermano   4. tú
      5. Javier

   b. *Nosotros* éramos pobres.
      1. ustedes   2. Pepe   3. ellas   4. Ana María   5. yo

   c. *Él* lo veía cuando iba a la ciudad.
      1. Elena   2. yo   3. ustedes   4. mis padres
      5. nosotros

2. Replace the nouns in italics in the following sentences with the words from the list and make all necessary changes.

   El señor García era rico. Iba *al teatro* todos los días. Allí veía a *sus amigos*.

   1. Los candidatos / parque / admiradores
   2. Nosotros / ciudad / primos
   3. La venezolana / ópera / compañeras
   4. Tú / centro / amigas
   5. Yo / playa / chicas

3. Change the following passage to the past tense using forms of the imperfect and preterite as appropriate.

El robo

Es una noche de invierno. Toda la familia González duerme: el padre, la madre, y los tres niños. Es una familia bastante rica. Su casa es muy grande. Tiene muchas puertas y ventanas.

A las doce en punto, un hombre entra en la casa y va a la sala donde ve unas joyas en la mesa. Las toma y sale rápidamente de la casa.

PREGUNTAS

1. El semestre pasado, ¿veía usted mucho a sus amigos? 2. ¿Iba usted mucho al cine? 3. Cuando usted era niño, ¿era feliz? ¿Cómo era su familia?

III. PREPOSITIONAL OBJECT PRONOUNS

(1) CLAUDIA: Jorge, ¿qué le compraste a Marisa para su cumpleaños?

(2) JORGE: Como *a ella* le gustan las joyas, le compramos unos aretes bonitos.

(3) CLAUDIA: ¿Por qué hablas en plural? ¿Quién fue *contigo*?

(4) JORGE: Tu hermano Ricardo fue *conmigo*. ¡Y también te compramos algo *a ti*, Claudia!

1. ¿Con quién fue Jorge de compras? 2. ¿Qué le compraron a Marisa? 3. ¿A quién le gustan las joyas?

A. Pronouns used as objects of prepositions in Spanish are:

SINGULAR		PLURAL	
mí	*me, myself*	nosotros(-as)	*us, ourselves*
ti	*you (fam.), yourself*	vosotros(-as)	*you (fam.), yourselves*
usted	*you*	ustedes	*you*
él	*him*	ellos	*them*
ella	*her*	ellas	*them*

B. Prepositional pronouns always follow a preposition and have the same forms as subject pronouns, except for **mí** and **ti**.

(1) Jorge, what did you buy Marisa for her birthday? (2) Since she likes jewelry, we bought her a pretty pair of earrings. (3) Why are you speaking in the plural? Who went with you? (4) Your brother Ricardo went with me. And we also bought something for you, Claudia!

Tengo un regalo para ella.	*I have a gift for her.*
Ella no quiere salir sin ti.	*She does not want to leave without you.*
A mí me gusta pintar.	*I like to paint.*

C. The preposition **con** combines with **mí** to form **conmigo** and with **ti** to form **contigo.**

Ellos van conmigo a Europa.	*They are going with me to Europe.*
Ella quiere estudiar contigo.	*She wants to study with you.*

D. The subject pronouns **yo** and **tú** are used instead of **mí** and **ti** after the prepositions **entre, excepto,** and **según.**

Hay muchas diferencias entre tú y yo.	*There are many differences between you and me.*
Según tú, ella es muy simpática.	*According to you, she is very nice.*

EJERCICIOS

1. Create new sentences, substituting the words or phrases in the list for the words or phrases in italics.

   a. Fue a la Giralda con *él.*
      1. ellos 2. ella 3. nosotros 4. ustedes 5. tú

   b. ¿Es para *usted* el regalo?
      1. mí 2. él 3. ella 4. ti 5. nosotros

   c. Asistieron al partido *conmigo.*
      1. sin nosotros 2. con ellas 3. con nosotros 4. sin él 5. contigo

2. Restate, changing the preposition **sin** to **con** and making any other necessary changes.

   1. Iba al cine sin ti.
   2. Va al concierto sin ellos.
   3. Salió para Madrid sin mí.
   4. Vienen a la escuela sin ella.
   5. Cenan todos los días sin nosotros.

3. Give the Spanish equivalent.

1. This present is for you (formal).   2. They are traveling with me.
3. Are these jewels for her?   4. According to you (fam.), we are not
lost.   5. They came without us.

1. ¿A usted le gusta comprar regalos?   2. ¿Adónde va cuando sale con
sus amigos?   3. ¿Quiere ir al centro conmigo este sábado?   4. ¿Qué
le regala su novio(-a) a usted?

IV. ADJECTIVES USED AS NOUNS

(1) GIOVANNI: ¿Te gusta la comida italiana, Luisa?
(2)   LUISA: Realmente, no. Prefiero *la china* o *la fran-*
               cesa. Pero hoy como estoy contigo tengo
               ganas de comer espaguetis.
(3) GIOVANNI: ¿Pedimos vino tinto o blanco?
(4)   LUISA: Yo prefiero *el tinto.*

1. ¿Dónde están Luisa y su amigo?   2. ¿Le gusta a Luisa la
comida italiana? ¿Y la francesa?   3. ¿Quién prefiere vino tinto
con la comida en vez de blanco?

A. Many adjectives can be used as nouns. When used in this way ad-
    jectives are generally preceded by a definite article or a demonstra-
    tive adjective. They must agree in gender and number with the
    noun they represent.

    la muchacha francesa   →   la francesa
    el joven inglés   →   el inglés
    estos aretes pequeños   →   estos pequeños
    este poncho verde   →   este verde

(1) Do you like Italian food, Luisa? (2) Not really. I prefer Chinese or French. But
today, since I am with you, I feel like having spaghetti. (3) Shall we ask for red or white
wine? (4) I prefer the red.

B. As shown above, adjectives of nationality and descriptive adjectives (those that state color, size, height and so forth) are commonly used as nouns. Equivalent English expressions usually require a noun or the word *one* or *ones*.

La francesa es traductora.	*The French woman is a translator.*
No me gusta esta falda verde; prefiero la roja.	*I don't like this green skirt; I prefer the red one.*
Aquí está un arete, pero ¿dónde está el otro?	*Here is one earring, but where is the other one?*

EJERCICIOS

1. Create new sentences, substituting the words or phrases in the list for the words or phrases in italics.

   a. *La comida* italiana me gusta más que la francesa.
      1. la música   2. los autos   3. el chocolate   4. las películas   5. los vinos

   b. *La falda* verde es más bonita que la roja.
      1. los vasos   2. los aretes   3. la bicicleta   4. el poncho   5. los platos

2. Change the following sentences as shown in the example.

   Los broches amarillos son bellísimos, pero me gustan más los broches azules. → **Los broches amarillos son bellísimos, pero me gustan más los azules.**

   1. La muchacha rubia llegó tarde, pero la muchacha morena llegó temprano.
   2. El vino tinto está en la mesa, pero no sé dónde está el vino blanco.
   3. Los aretes pequeños son bonitos, pero prefiero los aretes grandes.
   4. El chocolate español es bueno, pero el chocolate francés es mejor.
   5. Este restaurante es bueno, pero el otro restaurante está más cerca.

PREGUNTAS

1. ¿Qué vino le gusta más? ¿El blanco o el tinto? 2. ¿Qué tipo de música prefiere usted? ¿La clásica o la folklórica? 3. ¿Cree usted que los autos japoneses son tan buenos como los americanos? ¿Mejores? ¿Peores?

Actividades

INTERCAMBIOS

Use the **usted** form of the verbs in asking and answering the following questions.

Señorita Suárez, pregúntele al *señor Ramos:*

1. si hablaba mucho cuando era niño
2. qué deportes practicaba el semestre (trimestre) pasado
3. si iba a la playa el verano pasado
4. qué hacía cuando el profesor entró
5. si tenía un auto el año pasado

6. dónde vivía cuando tenía diez años

7. cuál era su programa de televisión favorito cuando era niño
8. si quería ser detective cuando era niño

Señor Ramos, contéstele:

1. que hablaba todo el tiempo

2. que no practicaba ningún deporte porque tenía que trabajar todos los días

3. que sí, que iba cada semana

4. que leía cuando el profesor entró

5. que sí, que tenía un Volkswagen pero que tuvo que venderlo

6. que vivía en San Francisco, cerca del parque Golden Gate

7. que era «Misión imposible»

8. que no, que quería ser actor

9. si ayer había mucha gente en la cafetería a la hora del almuerzo

9. que no sabe porque usted no almorzó en la cafetería

10. quién era su profesor de español el semestre (trimestre) pasado

10. que era el señor Snyder

MI VIDA

Complete the following paragraph with the appropriate imperfect forms of the verbs in parentheses.

Cuando yo (tener) _____ siete años mi papá nunca me (dejar) _____ salir solo. Siempre (salir) _____ con mi hermana. Ella siempre (querer) _____ visitar a sus compañeras. Cada vez que (protestar) _____, mi papá no me (escuchar) _____. ¡Qué vida tan dura (llevar) _____ yo!

Now write a similar paragraph describing yourself or the things you did when you were seven years old. You may want to use some of the following verbs:

ir	gustar	visitar
vivir	ser	tener
comer	jugar	levantarse

SITUACIONES

En la joyería

Greet the jeweler and admire the jewels. Ask him how much the brooches are. Tell him you think they're too expensive. Then say you wish to buy earrings for a friend. Tell him you like the little ones better than the big ones. Tell him you'll take the yellow ones. Pay him and say good-bye.

En la churrería

Greet the waiter and tell him you would like a table near the window. Order a hot chocolate and two **churros.** Tell him you like French chocolate but prefer Spanish. Pay him a compliment on the **churrería** and say you are enjoying the food. Ask how much it is. Pay the bill and say good-bye.

LA ESPAÑA DEL PASADO

En las Cuevas de Altamira, al norte de España, se conservan algunas de las pinturas más antiguas del mundo. Son dibujos realistas de animales que datan de hace veinte o treinta mil años. En tiempos prehistóricos se desarrollaba allí una cultura de origen europeo, mientras que en el sur de la península floreció una cultura africana que dejó dibujos muy diferentes: figuras estilizadas de hombres y mujeres. Así, desde sus principios, España se caracterizó por su variedad de razas y culturas.

Los primeros habitantes de España, históricamente conocidos, son los iberos. Éstos se mezclaron después con los celtas, invasores del norte. Alrededor del siglo XI A.C. llegaron los fenicios y griegos y establecieron centros comerciales en las costas. Luego vinieron los cartagineses del norte de África. Explotaron las numerosas minas y convirtieron el país en una base militar para atacar a los romanos, sus enemigos mortales. La guerra fue larga y terrible, pero terminó en 218 A.C. con el triunfo de los romanos.

dibujos *drawings*	se desarrollaba *was developing*	mientras que *while*
floreció *flourished*	principios *beginnings*	conocidos *known*
iberos *Iberians*	se mezclaron *were mixed*	celtas *Celts*
invasores *invaders*	alrededor de *around*	A.C. (antes de Jesucristo) B.C.
fenicios *Phoenicians*		

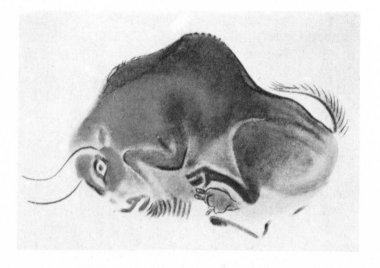

Los romanos eran ingenieros formidables y construyeron puentes, edificios, caminos y acueductos por todo el país. Algunas de estas construcciones se usan todavía, como el famoso acueducto de Segovia, que vemos en la foto. Pero ninguna de estas construcciones puede compararse en valor con la influencia cultural de Roma. Esta influencia se ve en la lengua, ya que el latín vulgar formó la base del español moderno; en el sistema de leyes; en las ideas estéticas; y también en la religión católica, proclamada como religión oficial por Teodosio, un emperador romano nacido en España.

Por otra parte, también son importantes las contribuciones de España a Roma. Además de sus recursos naturales, le dio tres emperadores y algunos de sus mejores escritores: el poeta Lucano, el satirista Marcial y el filósofo Séneca.

Con el tiempo el Imperio Romano empezó a decaer y en el siglo quinto algunas tribus de origen germánico penetraron sus fronteras. Los visigodos y varias otras tribus ocuparon España, pero su cultura tuvo poco impacto en el modo de ser del pueblo.

formidables *superb*	puentes *bridges*	edificios *buildings*
caminos *roads*	lengua *language*	ya que *since*
recursos *resources*	emperadores *emperors*	decaer *decay*
visigodos *Visigoths*		

En el año 711 los musulmanes invadieron la península ibérica, hecho que distinguiría a España para siempre del resto de Europa. Estos invasores (árabes, africanos y asiáticos) creían en la necesidad de convertir al mundo al Islamismo por medio de la guerra santa. En siete años conquistaron la península y sólo fueron derrotados al llegar a los Pirineos. Los musulmanes establecieron en España una cultura que durante mucho tiempo fue la más espléndida del mundo occidental. Construyeron verdaderas maravillas como la Mezquita de Córdoba. Sus innumerables columnas y arcos de herradura que se ven en esta foto simbolizan el poder infinito de Alá. En el siglo X, los sabios de toda Europa viajaban a Córdoba, Granada y otros centros para aprender de los musulmanes nuevos conocimientos de ciencias, matemáticas, medicina, agricultura y poesía.

hecho *(an) event*   distinguiría *would distinguish*   por medio de *by means of*   fueron derrotados *were defeated*   Pirineos *Pyrenees* mezquita *mosque*   arcos de herradura *horseshoe arches*   Alá *Allah* conocimientos *discoveries, knowledge*

**Cronica del muy
essorçado caualle
ro el Cid ruy diaz
campeador.**

Poco después de la llegada de los musulmanes, grupos de cristianos rebeldes se refugiaron en las montañas del norte de España. Desde allí empezaron la guerra de la Reconquista que duró casi ocho siglos. Esos pequeños núcleos de resistencia crecieron hasta formar los reinos cristianos de Asturias, León, Galicia, Castilla, Navarra y Aragón. El momento crítico llegó en la Castilla del siglo XI cuando los cristianos alcanzaron una superioridad militar. La figura principal de esta época fue El Cid, héroe nacional de España, cuyas aventuras forman la base de un bello poema épico. Este retrato del Cid es de 1525. El Cid nunca perdió una batalla y ganó el respeto de los musulmanes por su gran talento diplomático. Como buen español supo combinar el idealismo con el pragmatismo, pues aunque luchaba por el rey y la religión, también hacía guerra para «ganar el pan».

llegada *arrival*   rebeldes *rebel*   Reconquista *reconquest*
duró *lasted*   crecieron *grew*   alcanzaron *reached*
retrato *portrait*   aunque luchaba *even though he was fighting*
para «ganar el pan» *to earn a living*

Poco a poco los reinos cristianos del norte se unían y ganaban terreno, mientras que el poder musulmán se desintegraba por disensiones internas. A fines del siglo XV, la España cristiana se unificó gracias al matrimonio de Fernando de Aragón e Isabel de Castilla, conocidos como los Reyes Católicos. Ésta es su tumba en la Catedral de Granada. En 1492, Granada, el último reino musulmán, cayó bajo las fuerzas armadas de los Reyes Católicos, y el mismo año Cristóbal Colón descubrió un Nuevo Mundo en nombre de España. Hay un refrán español que dice: «Cuando se te cierra una puerta, otra hallarás abierta». Para los españoles se cerró la larga época de la Reconquista, pero también empezó otra de nuevas conquistas. Ahora los españoles podían utilizar la disciplina militar y psicológica adquirida durante los 700 años de la Reconquista: para la colonización del Nuevo Mundo. Otra vez, ellos luchaban por la gloria de Dios y de su rey y también para ganar el pan. En los siglos XVI y XVII el imperio español era más vasto que el antiguo imperio romano y España era la nación más poderosa del mundo.

mientras que *while*   a fines *at the end*   cayó bajo *fell under*
refrán *saying*   hallarás abierta *you will find open*   más vasto *bigger*

CAPÍTULO *Catorce* 14

LA CATEDRAL, MÉXICO, D.F.

México, D. F.:

OBJECTIVES

Language: In this chapter we introduce, discuss, and practice:
1) contrastive meanings of certain verbs in the imperfect and preterite
2) **hacer** with expressions of time to express the duration of an action or to mean *ago*
3) other uses of **se**
4) long forms of possessive adjectives and possessive pronouns

Culture: The dialogue takes place in Mexico City and provides some information about the history of Mexico.

antigua capital azteca

*En una oficina cerca del Zócalo, México, D.F., dos agentes de la compañía
Gigante Universal le dan la bienvenida a John Thompson, uno de los agentes
norteamericanos en viaje de negocios.[1]*

HÉCTOR: ¡Bienvenido, John! Veo que recibió mi recado. Esta
mañana supe que usted estaba aquí. ¿Cómo está?

JOHN: Muy bien, gracias. Hace mucho tiempo que no nos
vemos.

HÉCTOR: Es cierto, John, unos tres años, ¿no? Quiero presen- 5
tarle a Alonso Rodríguez, otro agente nuestro.

JOHN: Ya nos conocemos. ¿Recuerda, Alonso? Nos conocimos hace dos años en Tampico.

ALONSO: ¡Cómo no! Ahora recuerdo.

JOHN: No sabía que usted vivía en la capital. 10

ALONSO: Estoy aquí con la familia desde marzo. La compañía
quería trasladarme y no pude oponerme.

JOHN: ¿Hacía muchos años que vivían en Tampico?

ALONSO: Cinco años. Teníamos muchos amigos allá. No queríamos mudarnos, pero . . . 15

HÉCTOR: Claro. ¡Así es la vida! ¿Es su primer viaje a la capital,
John?

JOHN: Sí. Todo me parece extraño y fascinante.

HÉCTOR: La ciudad está construida sobre las ruinas de la
antigua capital azteca, que estaba situada en medio de 20
un gran lago.[2]

ALONSO: Un poco al estilo de Venecia, ¿no?

HÉCTOR: Así es. Por eso, algunas partes de la ciudad se hunden
y otras se elevan un poco cada año.

ALONSO: Aquí cerca, en el sitio de la catedral, los aztecas tenían   25
su gran templo.

JOHN: ¡Qué interesante! Dígame, Héctor, ¿usted se va a
quedar aquí para siempre?

HÉCTOR: ¿Quién sabe? La compañía quería trasladarme hace
tres meses, pero mi esposa no quiso mudarse. El jefe   30
me dijo, «Ándele,[3] la mujer sigue al hombre». Pero él
no conocía bien a mi Conchita. No pude convencerla.

JOHN: ¡Cuidado! Si no se muda, se puede perder el ascenso.

ALONSO: A veces creo que los tiempos no cambian. Nuestros
jefes son como los antiguos sacerdotes aztecas, y noso-   35
tros somos los sacrificados.[4]

JOHN: ¡Caramba! Usted está muy pesimista hoy.

HÉCTOR: John tiene razón. ¿Qué les parece si tomamos una
copa? Hay un buen café en la Calle Noreelección[5] y
otro aún mejor en la Torre Latinoamericana,[6] a unas   40
siete cuadras de aquí.

VOCABULARIO

cambiar *to change*
elevar *to elevate, raise;* **elevarse**
 to rise
hundir, hundirse *to sink*
mudarse *to move*
oponer *to oppose;* **oponerse (a)**
 to oppose, be against
recibir *to receive*
situar *to place, locate*
trasladar *to transfer*

el **ascenso** *promotion*
la **compañía** *company*
el **estilo** *style, fashion*
el **gigante** *giant*
el **lago** *lake*
el **negocio** *business;* **viaje de**
 negocios *business trip*
el **recado** *message*
el **sacerdote** *priest*
el **templo** *temple*

cierto *true*
construido *constructed*
extraño *strange*
pesimista *pessimistic*

¡Ándale! (¡Ándele!) *Come on!*
 Go ahead!
en medio de *in the middle*
 (center) of
hace dos años *two years ago*
Hace mucho tiempo que no nos
 vemos. *We haven't seen each*
 other for a long time.
para siempre *forever*
¿Qué les parece si . . . ? *How*
 about if . . . ?
tomar una copa *to have a*
 drink

NOTAS CULTURALES

1. **El Zócalo** (offically called **Plaza de la Constitución**) is one of the biggest squares in the world and the center of Mexico City (**México, Distrito Federal**). One side is occupied by the cathedral, one of the largest in America, built on the site of a former Aztec temple, the **Teocali** or **Gran Templo de Moctezuma.** Another side is occupied by the **Palacio Nacional,** which contains the offices of the president and other government officials. It was built over the site of Moctezuma's palace. On Sunday evenings the impressive colonial baroque buildings surrounding the square are illuminated by floodlights.

2. The subsoil of Mexico City, for the reasons alluded to in the dialogue, is like a giant sponge: about 85 percent of it is water, much of which is extracted from time to time for use in the growing city. For this reason, there are many differences in levels in some older public buildings. Many appear to have been thrust upwards and must be entered by stairways added later to the original structure. Others seem to have sunk and must now be reached by descending a stairway.

3. **¡Ándele!** (**Ándale!** in the **tú** form), a common term in popular Mexican speech, means roughly *Come on!* or *Let's get going!*

4. The Aztec Indians, who had conquered most of the other Indians of Mexico by the time the Spanish arrived, practiced a religion in which human sacrifices were performed regularly. They believed that the sun needed to be fed human blood to maintain its energy. The usual procedure was to tear open the victim's chest with an ornate knife and rip out the still-beating heart as an offering to the sun.

5. The street called **la Calle Noreelección** (*Street of No Re-election*) proclaims an extremely important tenet of modern Mexican politics. "**No reelección**" was the slogan of the liberals who in 1910 opposed the "re-election" of Porfirio Díaz, the eighty-year-old dictator who for 26 years had ruled Mexico. This opposition precipitated a mass revolt, which many historians consider the most spontaneous and proletarian of all revolutions. Violence finally subsided by 1920, but continued sporadically until 1934, when Lázaro Cárdenas became president. Since that time Mexico, under the leadership of the PRI (**Partido Revolucionario Institucional**), has been stable and, to a varying extent, socialistic. The PRI candidate is always elected president and enjoys immense power, but he is in office for six years only and must never attempt to violate the principle of "**no reelección.**"

6. The **Torre Latinoamericana** is a 44-story skyscraper, one of the tallest in Latin America. It literally floats on its foundation, which consists of piers sunk deep into the clay beneath Mexico City. An observatory on top affords a panoramic view of the city and is popular with tourists.

PREGUNTAS

1. ¿Qué recibió Héctor de John?   2. ¿Cuándo supo Héctor que John estaba en México?   3. ¿Dónde y cuándo se conocieron Alonso y John?   4. ¿Desde cuándo están Alonso y su familia en la capital? 5. ¿Cuánto tiempo vivió Alonso en Tampico?   6. ¿Sobre qué está construida la ciudad?   7. ¿Qué pasa en algunas partes de la ciudad? 8. ¿Qué tenían los aztecas en el sitio de la catedral?   9. ¿Qué le dijo a Héctor su jefe?   10. ¿Quién no quería mudarse?   11. ¿Por qué cree Alonso que los jefes son como los antiguos sacerdotes aztecas? 12. ¿Quiere usted trabajar para una compañía como Gigante Universal algún día? ¿Por qué?

MERCADO DE CANASTAS, MÉXICO

Explicación

I. CONTRASTIVE MEANINGS OF CERTAIN VERBS IN THE IMPERFECT AND PRETERITE

(1) SUSANA: ¡Hola, Marta! ¡Hola, Patsy!

(2) MARTA: ¡Qué sorpresa, Susana! ¿Ya *conocías* a Patsy?

(3) SUSANA: Sí, la *conocí* anoche en el baile. ¿*Sabías* que Patsy bailó toda la noche?

(4) PATSY: Sí, me acosté a las seis de la mañana, pero no *pude* dormir.

(5) MARTA: Veo que se divirtieron mucho. Yo *quise* ir pero tenía un dolor de cabeza terrible. Pero esta noche . . .

(6) SUSANA: . . . vienes a mi fiesta, ¿verdad?

(7) PATSY: ¡Otro baile! Pero, ¿cuándo duermen ustedes, los latinos?

1. ¿Cuándo conoció Susana a Patsy? ¿Dónde la conoció? 2. ¿Quién bailó toda la noche en el baile? 3. ¿A qué hora se acostó Patsy? ¿Pudo dormir? 4. ¿Quién tenía dolor de cabeza? 5. ¿A qué fiesta pensaba ir Marta esa noche? 6. ¿Creía Patsy que los latinos dormían mucho?

A. Several verbs in Spanish have different meanings in the imperfect than they have in the preterite. Among them are **poder, querer, saber,** and **conocer.**

(1) Hi, Marta! Hi, Patsy! (2) What a surprise, Susana! Did you know Patsy already? (3) Yes, I met her last night at the dance. Did you know that Patsy danced the whole night? (4) Yes, I went to bed at six a.m. but couldn't sleep. (5) I see you had a good time. I wanted to go but I had a terrible headache. But tonight . . . (6) . . . you're coming to my party, aren't you? (7) Another dance! But when do you Latins sleep?

Juan no podía hacerlo.	*Juan could not do it (was not able, did not have the ability).*
Juan no pudo hacerlo.	*Juan could not do it (tried and failed).*
Marta no quería ver la película.	*Marta did not want to see the film (did not have the desire).*
Marta no quiso ver la película.	*Marta did not want to see the film (and refused to).*
Sabíamos que él era rico.	*We knew that he was rich.*
Supimos que él era rico.	*We found out that he was rich.*
Ellos conocían a María.	*They knew (were acquainted with) María.*
Ellos conocieron a María.	*They met María (for the first time).*

EJERCICIOS

1. Create new sentences, substituting the words or phrases in the list for the words or phrases in italics.

   a. *Juan* supo que el avión iba a llegar tarde.
      1. nosotros 2. yo 3. ustedes 4. Victoria 5. tú

   b. *Ramón y Octavio* se conocieron en Acapulco.
      1. nosotros 2. Claudia y tú 3. la señora Guzmán y yo 4. los Cepeda 5. Fernando y Elvira

   c. *Orlando* no sabía dónde estaba la catedral.
      1. ellos 2. yo 3. nosotras 4. los estudiantes 5. tú

   d. *Marta* quería ir al concierto pero no pudo.
      1. yo 2. tú 3. nosotros 4. Juan y Julia 5. Eduardo

2. Give the Spanish equivalent.

   1. For several days, Luz did not want to go to work. 2. I knew the Johnsons when they were living in Mexico. 3. I met them in Spain. 4. Enrique found it out last week. 5. I met the best football player in the world yesterday! 6. Jaime didn't ever want to go to the movies. 7. Amalia couldn't dance well because she never

used to practice. 8. Ramona always knew all the answers (*respuestas*).

PREGUNTAS

1. ¿Pudo usted dormir bien anoche? Si no, ¿por qué no? 2. ¿Cuándo conoció a su mejor amigo(-a)? 3. ¿Sabía usted hablar español el año pasado? ¿Y ahora?

II. *HACER* WITH EXPRESSIONS OF TIME

(1) FERNANDO: Jane, *¿cuánto tiempo hace* que me esperas?

(2) JANE: *Hace una hora* que estoy aquí. ¿Dónde estabas?

(3) FERNANDO: En casa, hasta que salí *hace media hora.* ¿Por qué?

(4) JANE: ¿No teníamos que encontrarnos a las cinco? *Hacía media hora* que estaba aquí cuando tú saliste.

(5) FERNANDO: Tú y tu puntualidad yanqui. Estás en América Latina, Jane, ¿recuerdas?

(6) JANE: Pero Fernando, si tienes una cita a las cinco, ¿a qué hora llegas generalmente?

(7) FERNANDO: Un poco más tarde, por supuesto. A las cinco y media, o a las seis, o . . .

1. ¿Cuánto tiempo hace que Jane espera a Fernando? 2. ¿Cuándo salió Fernando de casa? 3. ¿A qué hora tenían que encontrarse? 4. ¿Cuánto tiempo hacía que Jane estaba allí cuando Fernando salió? 5. ¿Generalmente, llega Fernando tarde, a tiempo, o temprano a una cita? ¿Y Jane?

(1) Jane, how long have you been waiting for me? (2) I've been here for an hour. Where were you? (3) At home, until I left a half hour ago. Why? (4) Weren't we supposed to meet at five o'clock? I had been here a half hour when you left. (5) You and your Yankee punctuality. You're in Latin America, Jane, remember? (6) But Fernando, if you have an appointment at five o'clock, when do you generally arrive? (7) A little later, of course. At five-thirty or six o'clock or . . .

A. Hacer with Expressions of Time to Indicate Duration

1. To express the duration of an action that began in the past and continues into the present the following construction is used.

Hace + period of time + **que** + clause in the present

Hace tres años que vivo aquí.	*I have lived (have been living) here for three years (and still do).*
Hace cuatro meses que voy al Mercado San Juan.	*I've been going to San Juan Market for four months (and still do).*

2. To express the duration of an action that began in the past and continued until some later time in the past, the following construction is used.

Hacía + period of time + **que** + clause in the imperfect

Hacía tres años que vivía aquí cuando me mudé.	*I had lived (had been living) here for three years when I moved.*
Hacía cuatro meses que iba al Mercado San Juan.	*I had been going to San Juan Market for four months.*

3. The **hacía** construction usually implies that the action or event in progress was interrupted by something else. It does not give the idea of a completed action or event. Compare the following examples.

Hacía tres años que vivía aquí cuando te conocí.	*I had lived (had been living) here for three years when I met you.*
Viví aquí durante tres años: desde 1969 hasta 1972.	*I lived here for three years: from 1969 to 1972.*

4. The present or imperfect clause can also be placed at the beginning of the construction, and in this case **que** is omitted.

clause in the present + **hace** + period of time
clause in the imperfect + **hacía** + period of time

Vivo aquí hace tres años.	*I have been living here for three years.*
Vivía aquí hacía tres años.	*I had been living here for three years.*

The word **desde** frequently precedes **hace** or **hacía** in this construction.

Vivo aquí desde hace tres años.   *I have been living here for three years.*

Vivía aquí desde hacía tres años.   *I had been living here for three years.*

B. **Hacer** with Expressions of Time to Indicate *Ago*

1. To express the amount of time that has gone by since a past action occurred, the following construction is used.

   Hace + period of time + (**que**) + clause in the preterite

   The **que** is frequently omitted.

   Hace dos meses (que) hablé   *I spoke with Juan two months*
   con Juan.   *ago.*
   Hace un año (que) ella fue a   *She went to Europe a year ago.*
   Europa.

2. The clause in the preterite can also be placed at the beginning of the construction, and in this case **que** is always omitted.

   clause in the preterite + **hace** + period of time

   Hablé con Juan hace dos meses.   *I spoke with Juan two months*
                                    ago.

   Ella fue a Europa hace un año.   *She went to Europe a year ago.*

EJERCICIOS

1. Answer the following questions according to the examples.

   a. ¿Cuándo llamó Eugenio? → **Hace una semana que llamó.**

      1. ¿Cuándo escribió Amparo?
      2. ¿Cuándo vino tu hermana?
      3. ¿Cuándo fue Luisa al mercado?
      4. ¿Cuándo murió don Arturo?

   b. ¿Miras la televisión todos los días? → **No, hace tres días que no la miro.**

      1. ¿Tocas la guitarra todos los días?

2. ¿Ves a tu novia todos los días?
3. ¿Comes chocolates todos los días?
4. ¿Escuchas ese programa todos los días?

c. Anoche viste a tu prima, ¿verdad? → **Sí, pero hacía un mes que no la veía.**

1. Anoche le escribiste a tu novio, ¿verdad?
2. Anoche bailaste mucho, ¿verdad?
3. Anoche fuiste al cine, ¿verdad?
4. Anoche leíste el periódico, ¿verdad?

2. Change the following sentences so that each one begins with **Hace . . . or Hacía . . .** and add **que** where necessary.

1. Fuimos a Acapulco hace tres meses.
2. Vivíamos en Buenos Aires desde hacía veinte años.
3. Estamos en la fiesta desde hace dos horas.
4. Pedro trabajaba en el centro desde hacía cuatro semanas.
5. Compraste la casa hace once meses.
6. Escribíamos los ejercicios hacía media hora.

3. Give the Spanish equivalent.

1. We saw my sister three weeks ago. 2. She started to work here seven months ago, right? 3. They had been in Toledo for eight days when they met Pablo. 4. My brother has not played the guitar for years. 5. When they arrived, I had been living here for a week. 6. We have been friends for ten years and I don't want to leave you.

PREGUNTAS

1. ¿Cuánto tiempo hace que sus padres viven en la misma casa? 2. ¿Cuántos meses hace que usted estudia español? 3. ¿Cuántos años hace que usted sabe conducir un automóvil? 4. ¿Comió espaguetis anoche? ¿Hacía cuánto tiempo que no los comía? 5. ¿Fue al teatro anoche? ¿Cuánto tiempo hace que no va?

III. OTHER USES OF *SE*

(1)   JANET: ¿A qué hora *se abren* las tiendas aquí, Patricia?

(2) PATRICIA: Generalmente a las nueve de la mañana. *Se cierran* a las siete de la tarde.

(3)   JANET: ¿Quieres acompañarme a comprar un par de zapatos? *Se venden* zapatos en una tienda cerca.

(4) PATRICIA: Sí, pero ahora no *se puede* comprar nada, Janet.

(5)   JANET: ¿Por qué? ¡Son sólo las dos!

(6) PATRICIA: Por eso mismo. Casi todo *se cierra* entre el mediodía y las tres de la tarde.

(7)   JANET: Ah, ¡la famosa siesta hispana!

1. ¿A qué hora se abren las tiendas en la ciudad donde están Janet y Patricia? 2. ¿Se cierran allí las tiendas a las cinco de la tarde? 3. ¿Qué quiere comprar Janet? 4. En general, ¿se puede comprar algo entre el mediodía y las tres de la tarde? ¿Por qué?

A. The pronoun **se** followed by a verb in the third person is a construction frequently used when it is not important to express or identify the agent or doer of an action. This use of **se** is often rendered in English by a passive sentence with no agent expressed or by a sentence expressing an agent that is not specific.

Aquí se habla español.	*Spanish is spoken here.*
Se come bien en ese restaurante.	*One eats well in that restaurant.*
Se dice que él es inocente.	*They (people) say he is innocent. (It is said that he is innocent.)*

(1) What time do the stores open here, Patricia? (2) Usually at nine a.m. They close at seven p.m. (3) Do you want to come with me to buy a pair of shoes? They sell shoes at a store nearby. (4) Yes, but right now you can't buy anything, Janet. (5) Why not? It's only two o'clock. (6) That's just it. Almost everything is closed between noon and three p.m. (7) Oh, the famous Latin (Hispanic) siesta!

Antes de tomar una copa, se dice «¡Salud!»	*Before having a drink, one says "Cheers!"*
Se necesita secretario (-a) bilingüe.	*Bilingual secretary (is) needed.*
Se necesitan mozos.	*Waiters (are) needed.*
¿Se vende este auto?	*Is this car for sale?*
¿Se venden churros allí?	*Are churros sold there?*

In the last four examples note that the verbs are either singular or plural, agreeing with the subject.

B. The **se** and third person verb construction is also commonly used with an indirect object pronoun to render unexpected actions impersonal. Instead of saying **Perdí el dinero** (*I lost the money*) one can say **Se me perdió el dinero** (*The money* [*in my possession*] *was lost*). The indirect object pronoun is placed after **se** and before the verb, which must agree in number with the subject.

Se me olvidó la dirección.	*I forgot the address.*
A Juan se le olvidaron los regalos.	*Juan forgot the presents.*
Se te olvidó llamarme.	*You forgot to call me.*

EJERCICIOS

1. Create new sentences by substituting the words or phrases in the list for the words or phrases in italics.

   a. En *Inglaterra* se habla *inglés*.
      1. España/español 2. Francia/francés 3. Portugal/portugués 4. Japón/japonés 5. Italia/italiano

   b. En la *librería* se venden *libros*.
      1. cervecería/cerveza 2. joyería/joyas
      3. zapatería/zapatos 4. carnicería/carne
      5. panadería/pan

   c. Se necesita *secretario* bilingüe.
      1. mecanógrafos 2. doctor 3. profesores
      4. dentista 5. recepcionistas

   d. Se abren *las tiendas* a las nueve.
      1. panaderías 2. biblioteca 3. farmacias 4. cafés
      5. supermercado

2. Give the Spanish equivalent.

1. Spanish is spoken here. 2. You can't sing in class. 3. Wine is not served there. 4. Spanish teacher needed. 5. One can't do everything. 6. I lost her passport. 7. In small towns the stores close early. 8. They say he's very jealous.

PREGUNTAS

1. ¿Sabe usted cómo se dice «*Cheers!*» en español? ¿En alemán? ¿En francés? 2. ¿Se necesitan más profesores en esta universidad? 3. Se dice que hay otras formas de vida en el universo. ¿Qué piensa usted? 4. ¿A qué hora se cierran las tiendas aquí? ¿Se abren los domingos? 5. ¿Se le perdió algo anoche? 6. ¿Qué deportes se juegan aquí en la universidad?

MONUMENTOS TOLTECAS, TULA, MÉXICO

IV. LONG FORMS OF POSSESSIVE ADJECTIVES AND POSSESSIVE PRONOUNS

(1) JORGE: Tomás, ¿es éste mi libro de inglés?
(2) TOMÁS: No, Jorge, es el libro *mío*.
(3) JORGE: ¿Y éste?
(4) TOMÁS: Ése es el libro de Enrique.
(5) JORGE: ¿Es el *suyo*?
(6) TOMÁS: Sí, Juanita tiene *el tuyo*.
(7) JORGE: ¡Ay, Dios *mío*!

1. ¿De quién es el libro de inglés? 2. ¿De quién es el otro libro? 3. ¿Quién tiene el libro de Jorge?

A. There are longer forms of possessive adjectives than those presented in Chapter 6. The long forms follow rather than precede the nouns they modify, and agree with them in gender and number.

LONG FORMS OF POSSESSIVE ADJECTIVES

Singular	Plural	
mío, mía	míos, mías	*my, of mine*
tuyo, tuya	tuyos, tuyas	*your, of yours*
suyo, suya	suyos, suyas	*his, of his; her, of hers; your, of yours*
nuestro(-a)	nuestros(-as)	*our, of ours*
vuestro(-a)	vuestros(-as)	*your, of yours*
suyo(-a)	suyos(-as)	*their, of theirs; your, of yours*

¿Vas con una amiga tuya?	*Are you going with a friend of yours?*
Voy de vacaciones con unos primos míos.	*I'm going on vacation with some cousins of mine.*
Ésta es la bicicleta suya, ¿verdad?	*This is your bicycle, right?*

B. Possessive pronouns have the same forms as the long forms of the possessive adjectives. They are usually preceded by the definite

(1) Tomás, is this my English book? (2) No, it's my book. (3) Then this one? (4) That's Enrique's book. (5) It's his? (6) Yes, Juanita has yours. (7) Oh, Good Lord!

article. The article and the pronoun agree in gender and number with the noun referred to, which is omitted.

Voy a vender el (auto) mío.   *I'm going to sell mine (my car).*
¿Dónde están las (maletas) tuyas?   *Where are yours (your suitcases)?*
Su casa está a la derecha. La nuestra está a la izquierda.   *Their house is on the right. Ours is on the left.*
Mi hijo no salió con el suyo, Sr. López.   *My son didn't leave with yours, Mr. López.*

C. After the verb **ser** the definite article is usually omitted.

La roja es nuestra.   *The red one is ours.*
Esas maletas no son tuyas.   *Those suitcases aren't yours.*
¿Son míos estos formularios?   *Are these forms mine?*

D. Since **suyo(-a)** and **suyos(-as)** have several meanings, depending on the possessor, these pronouns may be replaced by a prepositional phrase with **de**.

	él		**ellos**
de +	**ella**	**de +**	**ellas**
	usted		**ustedes**

El suyo es bonito.
El de usted es bonito. }   *Yours is pretty.*

La suya no está aquí.
La de ella no está aquí. }   *Hers isn't here.*

EJERCICIOS

1. Create new sentences substituting the words or phrases in the list for the words or phrases in italics.

a. Hace dos meses que un *primo* mío está aquí.
    1. primas   2. amigo   3. hija   4. amigos
    5. hermano

b. Es el *apartamento* suyo.
    1. lápiz   2. idea   3. libros   4. pasaporte
    5. compañía

2. Restate, changing the possessive pronouns to the plural and making any other necessary changes.

La mía era bonita. → **Las mías eran bonitas.**

1. El tuyo era bueno.
2. La suya está allí.
3. El nuestro es grande.
4. El suyo está en el hotel.
5. La mía es interesante.

3. Answer in the affirmative, using the appropriate possessive pronoun.

¿Es este pasaporte de Felipe? → **Sí, es suyo.**

1. ¿Es este apartamento de Alfonso?
2. ¿Son estas cartas de María?
3. ¿Son tuyos estos aretes?
4. ¿Es este auto de su padre?
5. ¿Son estos lápices de nosotros?

4. Give the Spanish equivalent.

1. my work and yours 2. your girlfriends and mine 3. our university and his 4. their hotel and hers 5. his apartment and theirs 6. her suitcases and mine 7. your children and ours 8. my gifts and theirs

ESCULTURA EN ÓNIX

Actividades

INTERCAMBIOS

Use the **usted** form of the verbs in asking and answering the following questions.

Señora Ramírez, pregúntele al señor Ochoa:

1. cuánto tiempo hace que vive en los Estados Unidos

2. cuánto tiempo hacía que vivía con sus padres cuando los dejó
3. si se le olvidó la cita que tenía con el profesor
4. si recibió un recado suyo esta mañana
5. si se venden tacos en la cafetería

Señor Ochoa, contéstele:

1. que hace diecinueve años que vive en los Estados Unidos

2. que hacía dieciocho años que vivía con ellos
3. que no, que fue a verlo ayer

4. que sí, que lo recibió hace unas horas
5. que no, pero que se pueden comprar sándwiches de toda clase.

ENTREVISTA

Ask a classmate the following questions. Then report the information to the class.

1. ¿Cuánto tiempo hace que estudias español?
2. ¿Cuándo conociste a tu mejor amigo(-a)?
3. ¿A qué hora se abre la biblioteca? ¿A qué hora se cierra?
4. Cuando tienes una cita, ¿llegas tarde, a tiempo o temprano?
5. ¿Quieres mudarte a otra ciudad? ¿Adónde?

UN ANUNCIO

Write a newspaper classified ad beginning with **se necesita(n)**, **se compra(n)**, or **se vende(n)** and at the end ask the reader to call a given phone number. **Llame al teléfono 42-61-12**, for example.

You may want to advertise for:

   agentes de viaje
   un auto italiano
   un apartamento en el centro
   traductores con experiencia
   guías para turistas americanos
   un novio (una novia) bilingüe

UN CHISTE

Write a different caption to this cartoon, using **hace** or **hacía** plus a period of time.

Isabel, te creí hace cuatro semanas cuando me dijiste que estabas enferma y no pudiste venir a clase. Te creí hace dos semanas cuando me dijiste que tu auto no funcionaba y que no se puede venir en autobús. ¡Pero cinco funerales en un semestre!

CAPÍTULO *Quince* 15

MACHU PICCHU

Machu Picchu:

OBJECTIVES

Language: In this chapter, we introduce, discuss, and practice:
1) the present participle and the progressive tenses, used to indicate that an action is or was in progress at a specific point in time
2) the neuter article **lo**
3) other uses of the definite article
4) omission of the indefinite article

Culture: The dialogue takes place in Machu Picchu, Peru, an ancient Inca city high up in the Andes mountains. You will learn something about South America before the arrival of the Spanish.

la misteriosa cuidad de los Incas

Eva, una pintora famosa, y su novio Juan están visitando las ruinas de Machu Picchu, en el Perú.[1] Ella está buscando inspiración para una nueva serie de pinturas.

JUAN: ¿Qué haces, mi amor?

EVA: Estoy admirando estos muros imponentes.[2] Parecen más bellos ahora, sin los turistas.

JUAN: ¿Por qué no me despertaste?

EVA: Salí a las cinco y estabas durmiendo como una piedra. Hace dos horas que espero el amanecer, pero creo que hoy no vamos a poder ver el sol por la niebla.

JUAN: ¡Qué lástima!

EVA: ¡Al contrario! Creo que las ruinas me gustan más en medio de la niebla. Les da cierto aire misterioso.

JUAN: Fíjate en aquella piedra. Parece una escultura moderna, una obra de arte abstracto. Es como un altar.

EVA: O como un movimiento de baile. Lo maravilloso del arte abstracto es que tiene un significado diferente para cada persona.

JUAN: Creo que ésta es la piedra que usaba el Inca para atrapar el sol.[3]

EVA: Así es. Conozco la leyenda.

JUAN: Mira. Allí está el muchacho indio que trabaja en el hotel.

TANO: Muy buenos días, señores.

EVA: Buenos días. No sabía que hablaba castellano.[4]

TANO: En casa hablamos quechua,[5] señora, pero en la escuela nos enseñan castellano. ¿Ustedes son antropólogos?

JUAN: No. Yo soy científico, y ella es artista. Usted trabaja en el hotel, ¿verdad? 25

TANO: Sí, ayudo en la cocina. ¿Les gusta la comida peruana?

EVA: Sí, anoche la sopa estuvo excelente.

TANO: Usted es muy amable. Esta noche vamos a preparar ceviche y arroz con pollo.[6] Pero ahora tengo que regresar.

EVA: Hasta luego entonces. 30

TANO: Hasta luego.

JUAN: Nosotros también debemos volver, Eva. Dame la mano.

EVA: Ponte el abrigo primero. ¿No te estás muriendo de frío?

JUAN: No, antes de venir tomé un té de coca[7] para calentarme y para no sentir tanto la altitud. 35

EVA: Sí, es difícil acostumbrarse a esta altitud. Me estoy imaginando que estamos en el cielo.

JUAN: No te lo estás imaginando. Esa niebla en realidad no es niebla. ¡Es una nube baja!

VOCABULARIO

acostumbrarse *to become accustomed to*
admirar *to admire*
atrapar *to catch; to get, trap*
calentar(se) *to warm (oneself)*
fijarse en *to notice, look at*
regresar *to return, go back*
sentir (ie) *to feel*

el abrigo *coat, overcoat*
el aire *air, look*
el altar *altar*
el amanecer *dawn, daybreak*
el científico *scientist*
la escultura *sculpture*
la leyenda *legend*
el movimiento *movement*
el muro *wall*
la niebla *fog*
la nube *cloud*
el pintor (la pintora) *painter*
la pintura *painting*

bello (-a) *beautiful*
cierto (-a) *(a) certain*
imponente *majestic, impressive*
misterioso (-a) *mysterious*

antes de + infinitive *before*
¡Al contrario! *On the contrary!*
Dame la mano. *Give me your hand.*
en medio de *in the middle (midst) of*
lo maravilloso de *the wonderful thing about*
obra de arte abstracto *work of abstract art*
Ponte el abrigo. *Put on your coat.*

NOTAS CULTURALES

1. Machu Picchu is the ancient fortress city of the Incas, located high in the Andes mountains not far from Cuzco, Peru, which was the capital of the Inca empire when the Spanish arrived. Machu Picchu cannot be seen from the valley below and remained unknown to the outside world until 1911, when it was discovered by the noted American explorer Hiram Bingham. Temples, stairways, walls, and houses still stand, offering a unique glimpse into the life of the ancient Incas.

2. The Incas were master stonecutters. They built massive walls from huge polygonal blocks so precisely shaped and chiseled that no mortar was necessary. Stones with as many as twelve sides fit so perfectly together that a razor blade cannot be inserted between them. Many of these walls are still in use today. Modern engineers are unable to explain how the Incas, who like other American Indians did not have the benefit of the wheel, were able to transport these stones over long distances.

3. According to legend, this beautifully sculptured stone was an important part of a ceremony performed once a year by the Inca emperor (who was the only one called **Inca** in those days). The priests would tell the Inca which day was to be the shortest of the year, and on that day he would go forth at sunset and ceremonially "tie" the sun to the earth, using this stone, called "the hitching post of the sun." This was supposed to prevent the sun from continuing to slip away from the earth gradually, day by day. The proof came, of course, when the days that followed turned out to be longer, thus corroborating the general belief that the Inca was a direct descendant of the sun and had a special power over it.

4. In many parts of Latin America, the Spanish language is frequently referred to as **(el) castellano.** However, the term **(el) español** is also used and understood.

5. Quechua, the language spoken by the Incas, was imposed upon all new members of the Inca empire after conquest. Quechua and Aymara are the most common Indian languages in Peru, and many Peruvians learn Spanish only as a second language.

6. **Ceviche** is a dish made of uncooked fish marinated in lemon juice, hot peppers, and onions. **Arroz con pollo** *(rice with chicken)* is one of many popular Peruvian dishes with rice as the main ingredient.

7. Coca-leaf tea is made from the leaf of the coca plant, from which cocaine is extracted. The tea is strictly for medicinal purposes and does not have the effects of cocaine. It is sometimes served to tourists to prevent altitude sickness. The leaves of the coca plant, however, in combination with some other ingredients, are chewed as a narcotic by many Indians of the Peruvian and Bolivian sierra. The coca leaves impart a temporary feeling of

well-being and enable the Indians to work despite the severe discomfort of the high altitude and intense cold. The prolonged use of coca causes whitish, cracked lips and, more importantly, mental deterioration. The Indian of the Andes thus finds himself trapped by the need to work in a harsh environment and the destructive effects of the method which makes that work tolerable.

PREGUNTAS

1. ¿Qué busca Eva en las ruinas de Machu Picchu?   2. ¿A qué hora salió del hotel?   3. ¿Qué les da a las ruinas cierto aire misterioso? 4. ¿Qué le parece a Juan la piedra? ¿Y a Eva?   5. ¿Qué es lo maravilloso del arte abstracto, según Eva? ¿A usted le gusta más el arte abstracto o el arte realista?   6. ¿Cómo se llama el muchacho indio? 7. ¿Qué idiomas habla? ¿Dónde los habla?   8. ¿Qué clase de trabajo hace Tano en el hotel?   9. ¿Qué platos van a servir en el hotel para la cena?   10. ¿Qué tomó Juan en el hotel? ¿Para qué?

MUJERES PERUANAS

Explicación

I. THE PRESENT PARTICIPLE AND THE PROGRESSIVE TENSES

> (1) SECRETARIA: ¿Qué *está haciendo*, señora Valdez? ¿Por qué no *está trabajando*?
> (2) JEFE: Es que me *están doliendo* mucho todos los músculos.
> (3) SECRETARIA: ¿Pero por qué? ¿Qué *estaba haciendo*?
> (4) JEFE: Nada. Estaba sentada en una de estas sillas modernas que compraron ayer.
> (5) SECRETARIA: Ah, *estaba probando* los muebles nuevos. Pero señora Valdez, eso no es una silla. ¡Es un canasto de basura!
>
> 1. ¿Está trabajando la señora Valdez? ¿Por qué? 2. ¿Qué estaba haciendo ella? 3. ¿Dónde estaba sentada ella? 4. ¿Qué estaba probando?

A. To form the present participle of most Spanish verbs, **-ando** is added to the stem of the infinitive of **-ar** verbs and **-iendo** to the stem of the infinitive of **-er** and **-ir** verbs.

hablando	*speaking*
comiendo	*eating*
viviendo	*living*

Hablando de la Argentina, ¿cuándo sales para Buenos Aires?	*Speaking of Argentina, when are you leaving for Buenos Aires?*

(1) What are you doing, Mrs. Valdez? Why aren't you working? (2) Because all my muscles are aching a lot. (3) But why? What were you doing? (4) Nothing. I was sitting in one of these modern chairs which they bought yesterday. (5) Oh, you were trying out the new furniture. But Mrs. Valdez, that's not a chair. It's a wastebasket!

B. A form of **estar** in the present tense can be combined with a present participle to form the present progressive tense. This tense is used to emphasize that an action is in progress—taking place—at a particular moment in time. It is only used to stress that an action is occurring at a specific point in time; otherwise the present tense is used.

Estoy estudiando mi lección.	*I am studying my lesson (at this very moment).*
Jorge está comiendo; no puede venir al teléfono.	*Jorge is eating; he can't come to the telephone.*
Me están doliendo los músculos.*	*My muscles are aching (right now).*

C. A form of **estar** in the imperfect tense can be combined with a present participle to form the past progressive tense, a tense which indicates that an action was in progress at a given moment in the past.

Estaba estudiando mi lección (cuando llamaste).	*I was studying my lesson (when you called).*
Ellos estaban comiendo (ayer a las dos).	*They were eating (yesterday at two o'clock).*
Jorge estaba escribiendo una carta (cuando llegué).	*Jorge was writing a letter (when I arrived).*

D. Present participles of verbs with a stem ending in a vowel take the ending **-yendo** rather than **-iendo,** since in Spanish an unaccented **i** between two vowels becomes a **y.**

creyendo	(creer)	oyendo	(oír)
leyendo	(leer)	trayendo	(traer)

E. Stem-changing **-ir** verbs show a change in the stem of the present participle from **e** to **i** or **o** to **u** (as they do in the third persons singular and plural of the preterite).

diciendo	(decir)	durmiendo	(dormir)
pidiendo	(pedir)	muriendo	(morir)
prefiriendo	(preferir)		
siguiendo	(seguir)		
sirviendo	(servir)		

*The verb **doler,** *to ache,* is an **o** to **ue** stem-changing verb. It is usually used with an indirect object pronoun.

F. **Seguir** (instead of **estar**) is often used to form a progressive tense to imply that an action is continuing (not yet finished).

Juan no puede venir porque sigue escribiendo.	*Juan cannot come because he is still writing.*
Isabel seguía hablando, pero nadie la escuchaba.	*Isabel kept on talking, but no one was listening to her.*

EJERCICIOS

1. Create new sentences, substituting the words or phrases in the list for the words or phrases in italics.

   a. *Marta* está mirando la televisión.
      1. tú 2. ustedes 3. yo 4. María y José
      5. nosotros

   b. *Nosotros* estamos aprendiendo a esquiar.
      1. yo 2. tú 3. usted 4. Anita 5. ellos

   c. No estaba *diciendo* nada.
      1. pidiendo 2. aprendiendo 3. buscando
      4. sirviendo 5. comiendo

   d. *Yo* estaba escribiendo una carta.
      1. Jorge 2. nosotros 3. tú 4. ustedes
      5. Elena y yo

   e. *Tú* seguías leyendo el periódico cuando vino Pedro.
      1. Manuel 2. Silvia y yo 3. yo 4. usted
      5. nosotros

2. Restate, changing the verbs from the present progressive to the past progressive.

   1. Roberto está trabajando.
   2. ¿Qué estás haciendo?
   3. Están durmiendo.
   4. Los niños siguen escuchando el programa.
   5. Estoy jugando al tenis.

3. Restate, changing the verbs from the present to the present progressive or from the imperfect to the past progressive.

1. Ellos suben a pie.
2. Conchita y yo trabajamos ahora.
3. ¿Aprenden ustedes a conducir?
4. Los chicos dormían.
5. Decimos la verdad.
6. Yo regresaba a casa.
7. Entraba a la catedral.
8. Baila con José.
9. ¿De qué hablaban ustedes?
10. El hombre se muere.

4. Complete the following sentences with the correct present participle of the verb in parentheses.

1. (mirar)   ¿Qué está _____ ese señor?
2. (conducir)   ¿Quién está _____ el autobús?
3. (comprar)   Estamos _____ broches.
4. (pedir)   Enrique le estaba _____ consejos a María cuando llegué.
5. (hacer)   ¿Qué estaban _____ aquellos chicos?
6. (abrir)   ¿Estás _____ el regalo?
7. (participar) No estoy _____ en este partido.
8. (discutir)   Seguíamos _____ política.
9. (cantar)   Estaba _____ algo bonito.
10. (seguir)   Felipe estaba _____ al otro auto.

UNA JOVEN QUECHUA

PREGUNTAS

1. ¿Qué está haciendo usted ahora?   2. ¿Qué estaba haciendo usted anoche a las diez? ¿A las dos de la mañana?

II. THE NEUTER ARTICLE *LO; LO QUE (CUAL)* AND *EL QUE (CUAL)*

(1) ANGELINA: ¿Te gusta el arte abstracto, Juan?

(2)   JUAN: Más o menos. *Lo que* no me gusta del arte abstracto es . . . *lo abstracto.* Me gusta más el realismo.

(3) ANGELINA: Pero Juan, ¡eso es *lo bueno* del arte abstracto! Tiene un significado diferente para cada persona.

(4)   JUAN: ¿Y crees que eso es arte, Angelina?

(5) ANGELINA: ¡Claro que *lo* es! Es un arte activo que se reproduce infinitamente, porque cada persona que lo mira está creando una obra diferente.

1. ¿Le gusta el arte abstracto a Juan?   2. ¿Prefiere Juan lo realista o lo abstracto?   3. Según Angelina, ¿qué es lo bueno del arte abstracto?   4. ¿Por qué cree Angelina que el arte abstracto es activo?

A. The neuter article **lo** can be used with the masculine, singular form of an adjective to express an abstract quality or idea.

Lo malo es que no tenemos dinero.	*The bad thing is that we don't have money.*
Lo peor de la clase es que es muy aburrida.	*The worst thing about the class is that it's very boring.*

(1) Do you like abstract art, Juan? (2) More or less. What I don't like about abstract art is . . . the abstractness. I like realism better. (3) But Juan, that's the good thing about abstract art! It has a different meaning for everyone. (4) And do you think that that's art, Angelina? (5) Of course it is! It's an active art which reproduces itself infinitely, because each person who looks at it is creating a different work.

However, if the reference is to a specific person or thing the gender of which is known, **el** or **la** must be used.

El peor de la clase es Juan. The worst one in the class is Juan.

Esta composición es la mejor de la clase. This composition is the best one in the class.

B. **Lo** can replace an adjective or refer to a whole idea previously stated.

¿Estás cansado? —Sí, lo estoy. Are you tired? —Yes, I am (tired).

¿Es Luis el hermano menor de tu amiga? —No, no lo es. Is Luis your friend's younger brother? —No, he's not.

C. **Lo que** or **lo cual** can be used to express something imprecise or to sum up a preceding idea.

No sé lo que quieres. I don't know what you want.

Ya recibimos su carta, lo cual fue una sorpresa. We already received your letter, which was a surprise.

D. However, if the reference is to a specific thing or person, **el que (cual)**, **la que (cual)**, **los que (cuales)**, or **las que (cuales)** must be used.

¿Es ésta la tienda de la cual me hablabas? Is this the store you were telling me about?

El reloj de mi marido, por el que (el cual) pagó tanto dinero, no anda bien. My husband's watch, the one he paid so much money for, doesn't run well.

Conozco a un estudiante francés con el que (con el cual) estudio cada día. I know a French student with whom I study every day.

Éstas son las chicas—una americana y dos chinas—con las cuales (con las que) salimos anoche. These are the girls—one American and two Chinese—with whom we went out last night.

In the preceding two examples **quien** or **quienes** could also be used since the references are to people.

EJERCICIOS

1. Create new sentences, substituting the words or phrases in the list for the words or phrases in italics.

a. *Lo bueno* es que me lo dijo.
   1. lo interesante   2. lo malo   3. lo importante
   4. lo maravilloso   5. lo mejor

b. Lo que no me gusta es *su arrogancia*.
   1. la química   2. estar solo   3. ir al dentista
   4. el surrealismo   5. trabajar

c. Aquel *reloj*, el que compramos ayer, no me gusta.
   1. pintura   2. zapatos   3. abrigo   4. blusas
   5. naranjas

d. ¿Son colombianas estas *chicas* con las cuales fueron a la fiesta?
   1. chicos   2. muchacho   3. hombre   4. mujeres
   5. doctores

2. Answer with **Sí, lo es** or **Sí, lo son.**

1. ¿Es ese señor el primo de Juan?
2. ¿Es colombiana esa chica?
3. ¿Son típicos aquellos platos?
4. ¿Son guapas esas rubias?
5. ¿Es importante ese partido?
6. ¿Es mejor decir la verdad?

PREGUNTAS

1. Según su opinión, ¿qué es lo bueno del arte abstracto?   2. ¿Qué es lo más interesante de la vida universitaria?   3. ¿Qué es lo que no le gusta de la vida universitaria?   4. ¿Qué es lo que quiere hacer este fin de semana? ¿Va a hacerlo?   5. ¿Qué es lo que prefiere hacer cuando no está estudiando?

III. OTHER USES OF THE DEFINITE ARTICLE

En el mercado

(1) LA VENDEDORA: Señora, mire. Tiene *el* bolso abierto. Ciérrelo. Le pueden robar *el* dinero. Y mire, ¿no quiere uvas?

(2)   LA SEÑORA: No me gustan *las* uvas. ¿A cuánto están las manzanas?

(3) LA VENDEDORA: A quince pesos *el* kilo.

(4)   LA SEÑORA: ¡Qué barbaridad! *La* fruta está por las nubes.

1. ¿Quién debe tener cuidado? ¿Por qué?   2. ¿Quiere la señora comprar uvas? ¿Por qué?   3. ¿Cuánto cuestan las manzanas?   4. ¿Qué quiere decir «La fruta está por las nubes»?

Several uses of the definite article have already been presented, such as the article with titles (Chapter 2) and the article with dates and days of the week (Chapter 5). Other uses of the definite article are:

A. With parts of the body, personal effects, and articles of clothing, when it is clear who the possessor is. The possessive adjective is not used in these instances.

Martín se lava las manos.	*Martin washes his hands.*
El hombre se puso el abrigo.	*The man put on his coat.*
Dame la mano.	*Give me your hand.*

B. Before a noun used in a general sense as representative of the class or species to which it belongs. The noun can be singular or plural, concrete or abstract.

Me gustan las flores.	*I like flowers.*
El hombre es mortal.	*Man is mortal.*
Así es el amor.	*That's love.*

At the market

(1) Ma'am, look. You have your purse open. Close it—your money can be stolen (they can steal your money). And look, don't you want some grapes? (2) I don't like grapes. How much are the apples? (3) Fifteen pesos a kilogram (2.2 pounds). (4) Good Lord! Fruit is sky-high.

C. With names of languages except after the preposition **en** and after **hablar, escribir, enseñar, estudiar, aprender,** and **leer,** when it is usually omitted.

El alemán es una lengua muy difícil.

German is a very difficult language.

D. For rates and prices.

Se venden huevos a setenta centavos la docena.

Eggs are sold for seventy cents a dozen.

Compré un vino excelente a tres dólares el litro.

I bought an excellent wine for three dollars a liter.

E. Before each noun in a series.

El libro, el cuaderno y el lápiz son míos.

The book, notebook, and pencil are mine.

F. With certain countries (although not with most countries). The countries which usually require the article are:

la Argentina	los Estados Unidos	el Paraguay
el Brasil	la Gran Bretaña	el Perú
el Canadá	la India	la República Dominicana
el Ecuador	el Japón	El Salvador*
		el Uruguay

¿En qué parte de la América del Sur está el Paraguay? —Está al norte de la Argentina, al sur del Brasil y de Bolivia.

In what part of South America is Paraguay? —It's north of Argentina, south of Brazil and Bolivia.

However, when the name of a country is modified by an adjective, the article is used in all cases.

Hablamos de la España moderna.

We're talking about modern Spain.

El título de su libro es *El México precolombino.*

The title of his (her) book is Precolumbian Mexico.

*The article **el** of **El Salvador** does not contract with **de** or **a: Regresamos de El Salvador.**

G. With the preposition **a** + a time expression to mean *per.*

María va a la clase de geometría cinco veces a la
  semana.

*María goes to the geometry
  class five times per (a) week.*

Pablo hace dos viajes a México
  al año.

*Pablo makes two trips to Mexico
  a year.*

EJERCICIOS

1. Create new sentences substituting the words or phrases in the list
   for the words or phrases in italics.

   a. Anita se puso *el sombrero.*
      1. los zapatos 2. la falda 3. el abrigo 4. la blusa
      5. el suéter

   b. No me gusta *el chocolate.*
      1. el pan 2. la leche 3. el vino tinto 4. las rosas
      5. los huevos rancheros

   c. *El español* es una lengua muy linda.
      1. el francés 2. el japonés 3. el árabe 4. el
      portugués 5. el italiano

   d. *Los huevos* costaron setenta centavos la docena.
      1. las flores 2. las naranjas 3. las cebollas 4. los
      tomates 5. los mangos

   e. Salió ayer para *el Brasil.*
      1. el Paraguay 2. México 3. el Ecuador
      4. Francia 5. la Argentina

2. Complete the sentences with a definite article if needed.

   1. Teresa abre _____ ojos.
   2. Orlando lleva su pasaporte en _____ mano.
   3. Miguel se ponía _____ pantalones.
   4. Ana se quitó _____ zapatos.
   5. Voy a _____ Honduras.
   6. La lengua que me gusta más es _____ portugués.
   7. _____ tiempo es precioso.
   8. A Jaime no le gusta _____ ciencia moderna.
   9. Ramón trajo _____ vasos, pero olvidó _____ vino.

10. Andrea se lava _____ cara.
11. _____ vida es corta.
12. _____ Perú es un país muy hermoso.
13. Tengo ganas de ir a _____ Salvador.
14. _____ melones cuestan diez pesos _____ kilo.
15. Paco regresa de _____ Uruguay.

3. Give the Spanish equivalent.

1. Two international languages are Spanish and French. 2. In the United States there are many people who speak Spanish. 3. She put on her shoes. 4. I washed my hands. 5. Give me your hand. 6. Put on your coat. 7. I am going to Spain this summer. 8. Milk is good for children. 9. That's life. 10. I like **paella, gazpacho,** and **erizos.**

PREGUNTAS

1. ¿Cuáles son las lenguas que usted quiere aprender? 2. ¿A qué países latinoamericanos quiere usted viajar? 3. ¿Debe un hombre quitarse el sombrero en la iglesia? ¿Y una mujer? 4. ¿Cuánto cuesta el pan en el supermercado donde usted lo compra? 5. ¿Le gusta a usted el vino tinto?

CUZCO, PERÚ

IV. THE OMISSION OF THE INDEFINITE ARTICLE

(1) SEÑORA NÁJERA: ¿Cómo se llama el nuevo bébé?
(2)   SEÑORA ROJAS: O K S N E D Z S K I, por su abuelo.
(3) SEÑORA NÁJERA: ¿Es escandinavo su abuelo?
(4)   SEÑORA ROJAS: No, es oculista.

1. ¿Qué es el abuelo del nuevo bébé? 2. ¿Es francés?

A. The indefinite article is omitted before an unmodified noun that indicates profession, occupation, religion, nationality, or political affiliation, following the verb **ser.** However, the indefinite article is used if the noun is modified. Compare the following examples.

La prima de Ana es dentista.	*Ana's cousin is a dentist.*
Juan es plomero.	*Juan is a plumber.*
¿Eres católica?	*Are you a Catholic?*
El señor Cruz es colombiano.	*Mr. Cruz is a Colombian.*
Él es socialista.	*He's a socialist.*
Juan es un buen plomero.	*Juan is a good plumber.*
Fidel es un demócrata fanático.	*Fidel is a fanatical Democrat.*
¿Eres una católica devota?	*Are you a devout Catholic?*

B. The indefinite article is not used before words such as **medio, otro** and **cierto.** The latter agree in gender and number with the nouns they modify.

Quiero media docena de huevos.	*I want a half-dozen eggs.*
Encarnita compró otro reloj.	*Encarnita bought another watch.*
Cierto hombre dijo eso.	*A certain man said that.*

(1) What is the new baby's name? (2) O K S N E D Z S K I, after his grandfather. (3) Is his grandfather a Scandinavian? (4) No, he's an oculist.

EJERCICIOS

1. Create new sentences, substituting the words or phrases in the list for the words or phrases in italics.

   a. Ese señor es *dentista*.
      1. maestro 2. plomero 3. político 4. comunista
      5. católico

   b. La señora Vega es *socialista*.
      1. judía 2. mecanógrafa 3. española
      4. protestante 5. argentina

   c. Es un buen *torero*.
      1. católico 2. político 3. maestro 4. comunista
      5. mecanógrafo

   d. Es una francesa *alta*.
      1. morena 2. inteligente 3. rubia 4. feliz
      5. simpática

   e. Fui a comprar otro *libro*.
      1. broche 2. auto 3. joyas 4. regalos 5. maleta

   f. Cierto *chico* lo hizo.
      1. señor 2. señora 3. doctor 4. políticos
      5. agente

   g. Quiero media docena de *huevos*.
      1. tomates 2. churros 3. platos 4. vasos
      5. naranjas

2. Give the Spanish equivalent.

   1. Mrs. García is a teacher. 2. Mr. Cárdenas is a Catholic.
   3. Isabel is a socialist, but her brother Ramón is a fanatical Republican. 4. The Montoyas are Argentinean. 5. I want a half-dozen tomatoes, please.

PREGUNTAS

1. ¿Qué profesión tiene su padre? ¿Y su madre? 2. ¿Tiene usted alguna afiliación política? ¿Es usted demócrata? ¿republicano? ¿socialista? 3. ¿Quiere usted ser político? ¿Prefiere otra profesión? ¿Cuál?

Actividades

INTERCAMBIOS

Use the **usted** form of the verbs in asking and answering the following questions.

Señor Herrera, pregúntele a la *señorita Delgado:*

1. qué está leyendo

2. si está pensando hacer un viaje a Machu Picchu
3. cuál es la profesión de su padre
4. si quiere ser científico también
5. si prefiere lo realista o lo abstracto en el arte

Señorita Delgado, contéstele:

1. que está leyendo un libro sobre los incas
2. que sí, que está pensando en eso pero que ahora no tiene dinero
3. que es científico
4. que no, que quiere ser artista
5. que prefiere lo abstracto

ENTREVISTA

Ask a classmate the following questions. Then report the information to the class.

1. ¿Qué estabas haciendo anoche a las ocho?
2. ¿Prefieres ser médico o maestro? ¿Artista o dentista? ¿Científico o torero? ¿Ingeniero o antropólogo?
3. ¿Qué desayunas generalmente? ¿Te gustan los huevos? ¿El café?
4. ¿Te pusiste el abrigo esta mañana, antes de venir a la universidad?

UN INFORME ORAL

Prepare a one-minute report in English to be given aloud in class, on one of the following topics.You may read it or use notes (or photos).

1. los incas
2. los aztecas
3. los araucanos
4. la Piedra del Sol
5. el arte precolombino

UN VIAJE IMAGINARIO

Pretend that you are going to make a trip to Machu Picchu, and make a list in Spanish of the things you want to take.

HISPANOAMÉRICA: ANTES Y DESPUÉS DE LA CONQUISTA

Antes de la llegada de los españoles al Nuevo Mundo, existieron varias civilizaciones de indios. Una de las más avanzadas fue la antigua civilización de los mayas, que existió en México y Centroamérica. La civilización maya se distinguió en las matemáticas, la astronomía, el arte y la escritura pictográfica.

Otra civilización bastante avanzada fue la de los toltecas. Los toltecas construyeron pirámides como la que se ve en la fotografía. Ésta es la Pirámide del Sol y está en Teotihuacán, antiguo centro tolteca cerca de la ciudad de México.

llegada *arrival*   Pirámide del Sol *Pyramid of the Sun*

Cuando los españoles llegaron al Nuevo Mundo, hace casi 500 años, Teotihuacán estaba en manos de los aztecas. Allí vivían miles de habitantes y había, entre otras cosas, magníficos templos y palacios, mercados, restaurantes, baños públicos, peluquerías y escuelas. Los aztecas controlaban un vasto imperio. Eran un pueblo guerrero y practicaban un culto muy sanguinario. Como creían que el Sol necesitaba beber sangre humana, los sacrificios humanos eran parte esencial de sus ritos religiosos. Sus víctimas eran, normalmente, miembros de tribus subordinadas, quienes odiaban a sus opresores.

En 1519 el conquistador español Hernán Cortés llegó a México con unos 400 soldados. Conoció a la Malinche, una joven india, que después lo acompañó como intérprete y amante. Con su ayuda, Cortés pudo conseguir la alianza de las tribus que odiaban a sus opresores aztecas. En un libro de historia del siglo XVI vemos cómo los jefes de una de estas tribus recibieron a Cortés.

Con la ayuda de las otras tribus de la región, Cortés capturó al emperador Moctezuma y, en tres años, conquistó todo el imperio azteca. Otros factores que ayudaron a Cortés fueron la vulnerabilidad de los indios a las enfermedades introducidas por los españoles, la superioridad de sus armas, sus caballos que atemorizaron a los indios y la curiosa leyenda de Quetzalcóatl, un hombre-dios, blanco y con barba, que según las profecías debía volver a gobernar el pueblo. Por eso, Moctezuma recibió a Cortés con amabilidad y regalos, creyendo que era el dios benévolo. ¡Qué ironía de la historia!

baños públicos *public baths*   peluquerías *barber shops*   pueblo guerrero
warlike people   sanguinario *bloody*   miembro *member*
odiaban *hated*   enfermedades *diseases*   armas *arms, weapons*
caballos *horses*   atemorizaron *terrified*   barba *beard*   según las
profecías *according to the prophecies*   debía *was supposed to*
amabilidad *kindness*

En Sudamérica había otra gran civilización indígena: la de los incas, que comprendía mucho de lo que es hoy Ecuador, Perú, Bolivia y Chile. Las muchachas de la foto son descendientes de los incas. Para los incas, la organización social era muy importante. La gente común pertenecía a pequeños grupos bajo la dirección de un jefe. Cada jefe pertenecía a otro grupo bajo un jefe superior. Así, la sociedad incaica tenía una estructura social piramidal. En lo más alto estaba el Inca, o jefe supremo, y sus nobles. Esta clase privilegiada llevaba una vida lujosa. En cambio, la gente común trabajaba en tierras colectivas y tenía sólo lo necesario para vivir. Los viejos y enfermos recibían ayuda del estado, pero todos trabajaban y vivían donde su jefe les decía. Había poco crimen, ya que el castigo era inmediato y severo.

La astronomía y las matemáticas no estaban tan desarrolladas como entre los mayas y aztecas, pero los incas estaban más avanzados en medicina y en ingeniería. Usaban la anestesia y hacían operaciones delicadas. Construyeron excelentes caminos, puentes, acueductos y fortalezas que aún hoy se conservan, como se puede ver en esta foto.

comprendía *comprised*   pertenecía *belonged*   en lo más alto *on the top*
lujosa *luxurious*   en cambio *on the other hand*   ya que *since*
castigo *punishment*   desarrolladas *developed*   caminos *highways*
puentes *bridges*

Ésta es la estatua del conquistador Francisco Pizarro, en Lima. Pizarro llegó al Perú en el año 1531 con menos de 200 soldados. Con este pequeño ejército conquistó en pocos meses a los incas, un imperio de seis o siete millones de personas. Pizarro siguió el ejemplo de Cortés y así, aparentando amistad, pudo capturar al emperador Atahualpa en una emboscada. Los indios del Perú estaban acostumbrados a obedecer, de modo que con la captura de su jefe supremo, el poder pasó fácilmente a manos de los españoles. El caso de esta conquista es un ejemplo de las oportunidades que ofrecía el Nuevo Mundo. Pizarro era de la clase más pobre de España, pero llegó a ser rico y poderoso, y al final recibió lo que más quería: el título de marqués.

ejército *army*   aparentando amistad *pretending friendship*
emboscada *ambush*   obedecer *to obey*   de modo que *so that*
lo que *what*   título *title*   marqués *marquis*

Durante los tres siglos coloniales la sociedad hispanoamericana era básicamente feudal. Estaba formada por cuatro grupos: los indios, los criollos o blancos nacidos en América, los peninsulares o españoles y los mestizos o hijos nacidos de padre español y madre india (o viceversa). Los indios trabajaban en las minas o en las haciendas de los criollos. El número de mestizos crecía día a día y formaba un puente entre los grupos de indios y criollos. Los peninsulares estaban por encima de todos, ya que el gobierno español les daba a ellos todos los puestos políticos. Los criollos, que resentían esta discriminación, prestaron atención a las ideas revolucionarias que circulaban en el siglo XVIII y que lograron, con éxito, dos grandes revoluciones: la norteamericana (1776) y la francesa (1789).

La revolución hispanoamericana empezó a principios del siglo XIX. En México un humilde sacerdote, el Padre Miguel Hidalgo, encabezó una rebelión de los indios bajo la bandera de la Virgen de Guadalupe. Poco después, en la Argentina, el General José de San Martín, un criollo, tomó el mando de las fuerzas revolucionarias que liberaron a Argentina y Chile, mientras que otro jefe criollo, Simón Bolívar, ganó la liberación del norte de Sudamérica. Ya en 1825 toda Hispanoamérica era independiente.

Aunque Bolívar soñaba con la unión de toda la América Española en un solo país poderoso, las naciones se formaron separadamente, sin realizarse este deseo. Como los criollos, excluidos de la política por tres siglos, no tenían experiencia en el gobierno, muchas naciones pasaron a manos de dictadores, a pesar de sus constituciones democráticas. Parece que la independencia fue sólo el primer paso hacia el camino de la libertad. En la página 335 está un retrato del Padre Hidalgo, y aquí vemos los retratos de Bolívar (a la izquierda) y de San Martín (a la derecha).

nacidos *born*   crecía *was growing*   por encima de *above*
puestos *positions*   prestaron atención *paid attention, gave heed*
lograron *achieved*   con éxito *with success*   encabezó *headed, led*
bandera *flag*   tomó el mando *took command*   soñaba con *dreamed of*
paso *step*   hacia *toward*   retratos *portraits*

CAPÍTULO *Dieciséis* 16

LAS MENINAS, DE VELÁZQUEZ

Madrid:

OBJECTIVES

Language: In this chapter we introduce, discuss, and practice:
1) the past participle used as an adjective
2) the present and past perfect tenses
3) contrast of past indicative tenses
4) the change of the conjunctions **y** to **e** and **o** to **u**
5) idioms with **acabar**

Culture: The dialogue takes place in the Prado Museum in Madrid, where a professor and a group of students are discussing Spanish art. You will learn something about Spanish artists and their works.

en el Prado

Un profesor de arte y unos estudiantes dan un paseo por el Museo del Prado,[1] Madrid.

PROFESOR: Podemos descansar aquí. Acabamos de ver las obras de tres pintores: Velázquez, El Greco y Goya. ¿Cuál de los tres les ha gustado más?

ANA: A mí me ha gustado El Greco por la intensidad de los colores. Su estilo es único y original.   5

JORGE: ¿Esas figuras largas y deformadas?[2]

ANA: Son las visiones de un místico.

JORGE: ¡O quizás de un loco!

PABLO: Me han impresionado más los retratos de Velázquez. Son tan realistas que las personas que pinta parecen   10 estar vivas.

ANA: Tengo una pregunta sobre el cuadro llamado *Las Meninas.* ¿Por qué está en una sala aparte?[3]

PROFESOR: Porque es uno de los cuadros más famosos del museo. En la historia del arte significa un problema   15 resuelto: el de la representación perfecta del espacio en sus tres dimensiones por medio de la manipulación de distintas intensidades de luz.

ANA: Cuando lo miré, me di cuenta de que el cuadro juega con los conceptos de ilusión y realidad.   20

PROFESOR: Exacto. Por eso han puesto el espejo en la pared de atrás, para extender el juego.

JORGE: Francamente me parece que Goya tiene más interés

universal. Sus obras son una sátira brillante de la humanidad. 25

ANA: Estoy de acuerdo. El realismo de Velázquez era importante para los hombres del siglo diecisiete porque todavía no habían inventado la fotografía. Hoy día nos interesa más la originalidad e intensidad de Goya. 30

PABLO: Sus obras son demasiado deprimentes para mí. No me gusta ver actos brutales, cuerpos fracturados ni monstruos.[4] Creo que Goya fue un hombre sin fe en la humanidad.

JORGE: No sé nada de la vida de Goya, pero sus obras han tenido una gran influencia en el arte del siglo XX. 35

ANA: Es verdad. Los surrealistas[5] creían que sus ideas eran nuevas, pero vieron que Goya había descubierto el mundo de la subsconsciencia mucho antes que ellos. 40

PROFESOR: Podemos continuar esta discusión durante el almuerzo. La cafetería sólo está abierta hasta las dos.

JORGE: ¡Buena idea! He mirado tanta «naturaleza muerta»[6] hoy que me ha dado mucha hambre.

MUSEO DEL PRADO, MADRID

VOCABULARIO

In general, the noun ending **-dad** in Spanish corresponds to the ending **-ty** in English, as in the following nouns: **humanidad** *(humanity)*, **intensidad** *(intensity)*, and **originalidad** *(originality)*.

descansar *to rest*
descubrir *to discover*
extender (ie) *to extend, to continue*
impresionar *to impress*
significar *to mean, signify*

el **acto** *act*
el **cuadro** *picture, painting*
el **cuerpo** *body*
el **espacio** *space*
el **espejo** *mirror*
la **fe** *faith*
la **fotografía** *photography*
la **influencia** *influence*
la **luz** *light*
el **místico** (la **mística**) *mystic*
el **monstruo** *monster*
la **naturaleza** *nature;* **naturaleza muerta** *still life*
la **pared** *wall*
el **realismo** *realism*
el **retrato** *portrait*
la **sátira** *satire*
la **subconsciencia** *subconscious*

abierto (-a) *open*
deformado (-a) *deformed, misshapen*
deprimente *depressing*
largo(-a) *long*
realista *realistic*
resuelto (-a) *resolved*

aparte *apart, separately*
atrás *backward;* **de atrás** *in the back*

acabar de + infinitive *to have just* + infinitive
dar hambre *to make hungry*
darse cuenta de *to realize*
dar un paseo *to take a walk*
¡Exacto! *Exactly! That's it!*
por medio de *by means of*

NOTAS CULTURALES

1. The Prado Museum of Madrid, founded in the early nineteenth century, is one of the great art museums of the world, particularly noted for its fine collections of Spanish and Flemish paintings.

2. El Greco, discussed in the dialogue of Chapter 13, is usually considered a Spanish painter since his greatest works were done after his arrival in Spain and reflect the fervent mysticism sometimes associated with that country. The figures in his paintings appear elongated, and for many years this was thought to be due to a visual problem of the artist. Modern critics, however, have classified El Greco as one of the world's great painters who distorted outward form in order to express the inward spirit.

3. **Las Meninas** *(The Maids of Honor),* shown at the beginning of this chapter, is one of the most important paintings of Diego Velázquez. The effect of three dimensionality is not achieved by the traditional method of geometric perspective, for one may cover up the single receding line at the top right without altering the effect. The illusion of depth is achieved by the contrasting of light and shadow, a technique which was to have a great impact on later artists.

   The painting seems to be totally unposed. The princess Margarita, two maids of honor, two dwarfs (used for entertainment in the court), and a dog seem to have entered the painter's studio and appear in the foreground. To the left behind them is Velázquez himself (wearing the honorary red cross of a military order on his chest), busily painting on his canvas. To the right are two ladies of the court. On the far back wall hangs a mirror in which appear the reflections of the king and queen, who would therefore seem to be standing in the place where we, the observers, now are, perhaps posing for Velázquez. Finally, farther back still, a court official stands in an open doorway. By looking at the picture we are seeing, as though we looked through the eyes of the king and queen, an impromptu view of the daily reality of the court. Why does Velázquez portray the king and queen, usually the central figures of court paintings, as mere reflections? Why does he place us in their position? Is the painting the artist is shown doing of the royal couple, of us, or is it the very painting we now see, assuming he is gazing into a mirror directly in front of him? The observer is invited to ponder on a theme suggested by the painting: where is the line between illusion and reality?

4. Francisco de Goya (1746–1828) is a Spanish painter who produced an enormous variety of paintings, drawings, and engravings. His later works portray in grotesque detail the horrors of war (which he viewed close at hand), the cruelty and vices of society, and terrifying images drawn from witchcraft, superstition, dreams, and myths.

5. Surrealism is an artistic movement which began in France in the early part of this century and has had a great influence on art, sculpture, literature, and cinema. The main tenet of the surrealists is that it is necessary to break down the social and moral barriers of the mind and release the repressed feelings, thoughts, and images from the subconscious in order to express a more complete reality in art. The movement was greatly influenced by the ideas of Freud.

6. **Naturaleza muerta** is the Spanish term for *still life,* a painting which portrays small inanimate objects (such as bottles, flowers, books, and—very often—food) painted in a very realistic manner.

PREGUNTAS

1. ¿Por dónde dan un paseo el profesor y sus estudiantes?   2. ¿De qué pintores hablan?   3. ¿Cómo son las figuras que pintó El Greco? 4. ¿Quién pintó *Las Meninas*?   5. ¿Por qué está esta obra en una sala aparte?   6. ¿Con qué conceptos juega el cuadro?   7. ¿Qué han puesto en la pared de atrás?   8. Según Jorge, ¿de qué son las obras de Goya una sátira brillante?   9. ¿Por qué era importante el estilo de Velázquez para los hombres del siglo diecisiete?   10. ¿Sobre qué pintores ha tenido Goya una gran influencia?   11. ¿Cuál de los tres pintores le gusta más a usted? Hay ejemplos de sus cuadros en este capítulo (páginas 337, 343 y 346) y en el octavo ensayo fotográfico, sobre el arte.

PENTECOSTÉS, DE EL GRECO

Explicación

I. THE PAST PARTICIPLE USED AS AN ADJECTIVE

(1) DOLORES: Jorge, mira estos cuadros de Goya. Algunos son tan bonitos, con colores vivos; parecen *inspirados* por la belleza y la naturaleza. Otros representan actos brutales, cuerpos *fracturados*, monstruos . . .

(2) JORGE: Es que después de la guerra napoleónica, Goya estaba muy *impresionado* por el sufrimiento y la muerte, casi *obsesionado*. Pintaba personas *destruidas* por la guerra.

(3) DOLORES: Sí, sus obras *pintadas* después de la guerra son muy diferentes a sus obras anteriores.

1. ¿Parecen todos los cuadros de Goya inspirados por la belleza? 2. ¿Representan todos la naturaleza? 3. ¿Estaba Goya muy impresionado por el sufrimiento de la guerra? 4. ¿Qué pintó Goya después de la guerra napoleónica?

A. To form the past participle of regular **-ar** verbs, add **-ado** to the stem of the infinitive.

habl**ado**   *spoken*

(1) Jorge, look at these paintings by Goya. Some are so pretty, with bright colors; they seem inspired by beauty and nature. Others portray brutal acts, broken bodies, monsters . . . (2) That's because after the Napoleonic War, Goya was deeply impressed by suffering and death—almost obsessed by it. He painted people destroyed by war. (3) Yes, his works painted after the war are very different from his previous works.

B. To form the past participle of regular **-er** or **-ir** verbs, add **-ido** to the stem of the infinitive.

com**ido**   *eaten*
viv**ido**   *lived*

If the stem of an **-er** or **-ir** verb ends in **-a, -e,** or **-o,** the **-ido** ending takes an accent.

cre**ído**   *believed*
o**ído**   *heard*
tra**ído**   *brought*

The past participle of **ser** is **sido,** and of **ir, ido.**

C. The past participle is often used as an adjective and agrees in gender and number with the noun it modifies. It is often used with **estar** in this case.

La puerta está cerrada.	*The door is closed.*
Los platos están lavados.	*The dishes are washed.*
Julia tiene el bolso abierto.	*Julia has her purse open.*
La mesa hecha en México es de la señora Ordóñez.	*The table made in Mexico is Mrs. Ordóñez'.*

D. Some irregular past participles are:

abierto *open, opened* (abrir)	muerto *died, dead* (morir)
cubierto *covered* (cubrir)	puesto *put* (poner)
dicho *said* (decir)	resuelto *solved* (resolver)
escrito *written* (escribir)	visto *seen* (ver)
hecho *made, done* (hacer)	vuelto *returned* (volver)

EJERCICIOS

1. Create new sentences, substituting the words or phrases in the list for the words or phrases in italics.

a. ¿Tienes *algo* comprado en México?
1. libros   2. unos zapatos   3. una guitarra
4. el broche   5. la cámara

b. ¿Encontraste *al niño* perdido?
1. a los turistas   2. el dinero   3. las maletas
4. los aretes   5. a la niña

c. ¿Está hecha *la sopa*?
    1. el pastel 2. la paella 3. los tacos 4. las
    enchiladas 5. el gazpacho

d. ¿Dices que hay *un hombre* muerto en la calle?
    1. una señora 2. una mujer 3. dos personas
    4. un estudiante 5. alguien

2. Create new sentences starting with the words in italics, and using past participles as in the example.

La chica escribió *la carta.* → **La carta está escrita.**

a. Juan hizo *el trabajo.*
b. El jefe resolvió *el problema.*
c. Los niños abrieron *los regalos.*
d. El sacerdote perdió *los formularios.*
e. El agente pidió *los sándwiches.*

PREGUNTAS

1. ¿Está usted sentado (-a) cerca de la ventana? ¿Cerca de la puerta?
2. ¿Está abierta la puerta o está cerrada? 3. ¿Conoce usted algunos cuadros pintados por Goya? 4. ¿Conoce usted una obra literaria inspirada por el horror de la guerra? ¿Cómo se llama? ¿Quién la escribió?

MAJA VESTIDA, DE GOYA

II. THE PRESENT AND PAST PERFECT TENSES

(1)   PRIMER SEÑOR: Perdone, señor. *¿Ha visto* usted a algún policía por este camino?

(2) SEGUNDO SEÑOR: Por aquí, no, pero *he pasado* a unos policías en la Avenida Central.

(3)   PRIMER SEÑOR: ¿No *se ha encontrado* con nadie?

(4) SEGUNDO SEÑOR: No, antes de encontrarme con usted, no *había visto* a nadie.

(5)   PRIMER SEÑOR: Entonces, ¡arriba las manos!

1. ¿Ha visto el señor a algún policía por el camino?   2. ¿Y en la Avenida Central?   3. ¿Se ha encontrado con alguien?   4. ¿Qué le dice el bandido después de todas las preguntas?

A. The present perfect tense is formed with the present tense of the auxiliary verb **haber** plus a past participle.

haber

he	hemos	
has	habéis	+ past participle
ha	han	

It is used to report an action or event that has recently taken place or been completed and still has a bearing upon the present. It is generally used without reference to any specific time in the past, since it implies a reference to the present day, week, month, etc.

Hemos estado muy ocupados esta semana.	*We have been very busy this week (and still are).*
¿Dónde has estado hoy?	*Where have you been today?*
María ha estado enferma recientemente.	*María has been sick recently.*
Ellos ya han hablado conmigo.	*They have already spoken with me.*

(1) Excuse me, sir. Have you seen a policeman on this street? (2) Not around here, but I passed some policemen on Central Avenue. (3) You haven't come across (met) anyone? (4) No, before meeting you, I hadn't seen anyone. (5) Then, hands up!

¿Has visto a Juan?	*Have you seen Juan (recently)?*

The past participle always ends in **-o** when used to form a perfect tense; it does not agree with the subject in gender or number.

B. The past perfect tense is formed with the imperfect of **haber** plus a past participle.

haber

había	habíamos	
habías	habíais	+ past participle
había	habían	

It is used to indicate that an action or event had taken place at some time in the past prior to another past event, stated or implied. If the other past event is stated, it is usually in the preterite or imperfect.

Leí que usted había tenido un accidente.	*I read that you had had an accident.*
Ramón y Teresa ya habían salido (cuando llamé).	*Ramón and Teresa had already gone out (when I called).*

C. The auxiliary form of **haber** and the past participle are seldom separated by another word. Negative words and pronouns normally precede the auxiliary verb.

No he recibido el recado.	*I haven't received the message.*
¿Ya me has dado el libro?	*Have you already given me the book?*
No, no te lo he dado todavía.	*No, I haven't given it to you yet.*

EJERCICIOS

1. Create new sentences, substituting the words or phrases in the list for the words or phrases in italics.

   a. *Javier* ha salido con ellos muchas veces.
      1. nosotros   2. las niñas   3. Luis y Estela
      4. Graciela   5. yo

   b. Y *usted*, ¿por qué no ha venido a vernos?
      1. ustedes   2. tú   3. él   4. su hermana   5. doña Rosario

c. ¿*Usted* nunca había comido tamales antes?
   1. él 2. ustedes 3. tu novio 4. Fernando 5. tú

d. *Nosotros* ya le habíamos pedido el dinero.
   1. mis padres 2. Ramona 3. yo 4. ellas 5. el
   agente

2. Complete the sentences with the present perfect form of the verbs in parentheses.

   1. (perder)   Federico _____ el dinero.
   2. (ir)   Mis hermanos _____ al cine.
   3. (oír)   Nosotros _____ un concierto magnífico.
   4. (recibir)   ¿_____ tú el recado?
   5. (subir)   Julio _____ a la torre con nosotros.
   6. (traer)   Los señores _____ el vino.
   7. (asistir)   Usted, señor Pérez, ¿_____ a clases todos los días?
   8. (resolver) ¿Tú no _____ el problema?
   9. (terminar) Yo no _____ todavía.
   10. (decir)   El profesor me _____ que debo estudiar.

3. Complete the sentences with the past perfect form of the verbs in parentheses.

   1. (cenar)   Ellos ya _____ cuando llegué.
   2. (llamar)   Juan me dijo que tú _____.
   3. (mudarse)   No sabía que ustedes _____ a una casa más
                  grande.
   4. (ser)   Supe que tú y Jacinto _____ novios.
   5. (estar)   Isabel ya _____ en Buenos Aires antes.
   6. (encontrar) No lo busqué porque Emilio ya lo _____.
   7. (hacer)   ¿Por qué no me dijeron que ustedes lo _____?
   8. (desayunar) Nosotros ya _____ cuando vino Pepe.
   9. (ir)   No te llamamos porque creímos que tú _____ al
                  lago.
   10. (acostarse) Él ya _____ cuando llamé.

4. Give the Spanish equivalent.

   1. Pedro returned today from Spain. 2. I have lost my purse.
   3. Fernando had said that you were coming. 4. Juana had put the
   book on the table. 5. We have already written the letter.

PREGUNTAS

1. ¿Qué ha hecho usted esta mañana? 2. ¿Ha ido al cine recientemente? ¿Qué películas ha visto? 3. ¿Ha tenido muchos problemas en
su vida? ¿Los ha resuelto? 4. ¿Había estado en una clase de español
antes de seguir este curso? 5. ¿Les ha escrito usted a sus padres recientemente?

III. CONTRAST OF PAST INDICATIVE TENSES

(1) SILVIA: *Perdí* el bolso otra vez, Pedro.

(2) PEDRO: Silvia, ¿por qué no eres más cuidadosa?

(3) SILVIA: Siempre *he sido* muy cuidadosa. Tú lo sabes
bien.

(4) PEDRO: Bueno, ¿qué *pasó* esta vez?

(5) SILVIA: *Entré* en una cafetería a comer. *Comí, pagué*
y *salí.* Diez minutos más tarde, me *di* cuenta
que *había olvidado* el bolso.

(6) PEDRO: ¿Y cuánto dinero *llevabas*?

(7) SILVIA: Noventa pesos, Pedro. ¡No sé por qué *he tenido*
tan mala suerte toda mi vida!

1. ¿Qué perdió Silvia? 2. ¿Dónde lo había olvidado ella?
3. ¿Cuánto dinero llevaba?

Spanish has four widely-used tenses in the indicative mood that deal
with past actions or events. Two of them—the preterite and the imperfect—are simple tenses, and two—the present perfect and the past perfect—are compound tenses. Although all four tenses describe past
events, as we have seen in this and previous chapters, they differ in
interpretation and emphasis.

(1) I lost my purse again, Pedro. (2) Silvia, why aren't you more careful? (3) I have
always been careful. You know that. (4) Okay, what happened this time? (5) I went into
a cafeteria to eat. I ate, paid, and left. Ten minutes later I realized that I had forgotten
the purse. (6) And how much money were you carrying? (7) Ninety pesos. I don't know
why I have had such bad luck all my life!

A. The preterite deals with completed past events which are independent of the present. This tense emphasizes the completion of an action in the past.

Ayer a las cuatro hablé con José Luis.	*Yesterday at four o'clock I spoke with José Luis.*
¿Qué hiciste la semana pasada?	*What did you do last week?*
Recibí su carta ayer.	*I received their letter yesterday.*

B. The imperfect emphasizes the duration or repetition of a past action or event.

Hablaba con José Luis cuando ocurrió el accidente.	*I was talking to José Luis when the accident occurred.*
¿Qué hacías los fines de semana cuando estabas en Guatemala?	*What did you use to do on weekends when you were in Guatemala?*
Recibía cartas de ellos frecuentemente.	*I frequently received letters from them.*

C. The present perfect, like the preterite, deals with completed past events. However, unlike the preterite, this tense emphasizes a present perspective or result.

He hablado con José Luis recientemente.	*I spoke with José Luis recently.*
¿Qué has hecho esta semana?	*What have you done this week?*
Todavía no he recibido su carta.	*I still haven't received their letter.*

D. The past perfect deals with a past event prior to another past event (stated or implied).

Lo sabía porque había hablado con José Luis.	*I knew it because I had spoken with José Luis.*
¿Qué habías hecho antes de casarte?	*What had you done before you got married?*
Había recibido su carta cuando los vi en Madrid.	*I had received their letter when I saw them in Madrid.*

EJERCICIOS

1. Choose the correct Spanish equivalent of the sentences or phrases in italics.

    1. *He used to come at eight o'clock.*
        a. Vino a las ocho. b. Venía a las ocho. c. Había venido a las ocho.

    2. *They haven't yet bought the house.*
        a. No han comprado la casa todavía. b. No habían comprado la casa todavía. c. Ya no compraron la casa.

    3. We were dining *when he came in.*
        a. cuando entraba b. cuando ha entrado c. cuando entró
    4. *She was leaving.*
        a. Salió. b. Ha salido. c. Salía.

    5. *He began to study* at seven o'clock and finished at ten.
        a. Empezó a estudiar b. Empezaba a estudiar c. Había empezado a estudiar

    6. *What have you done!*
        a. ¡Qué había hecho! b. ¡Qué hice! c. ¡Qué has hecho!

    7. I believed her because *she had spoken* to my mother about it.
        a. habló b. había hablado c. ha hablado

    8. He played the piano while *he waited for dinner.*
        a. ha esperado la comida b. esperaba la comida
        c. esperó la comida

2. Complete the paragraph with the appropriate form of the verbs in parentheses.

Ayer cuando yo (esperar) _____ el ómnibus, (ver) _____ a mi amigo Juan. No lo (haber) _____ (ver) _____ hacía tres años y (haber) __ (cambiar) _____ mucho. Creo que ahora (ser) _____ muy rico. Cuando lo (ver) _____, (llevar) _____ un traje elegante y unos zapatos nuevos. Yo le (decir) _____ que (estar) _____ muy contento de verlo. Le (preguntar) ____ qué clase de trabajo (tener) _____. Él me (contestar) _____ que no (trabajar) _____, que se (haber) _____ (casar) _____ con una mujer que (tener) _____ mucho dinero. Me (decir) _____ que (pensar) _____ mudarse porque a su esposa no le (gustar) _____ la ciudad. Yo le (decir) _____,

«Pero tú nunca (haber) _____ (vivir) _____ en otro sitio. ¿Quieres mudarte de veras?» Me (contestar) _____ que no, pero que (tener) _____ que hacerlo porque su esposa (estar) _____ enferma. Pobre Juan, yo (creer) _____ que ya no (ser) _____ un hombre feliz.

PREGUNTAS

1. ¿Ha perdido usted el bolso alguna vez? ¿Dónde lo perdió?
2. ¿Recuerda qué llevaba en ese bolso? 3. ¿La llamó alguien para decirle que había sido encontrado? 4. ¿Ha ido usted a Europa? ¿Cuándo? 5. ¿Nunca había ido antes? 6. Cuando fue, ¿qué ciudades visitó? 7. ¿Cuál le gustó más? ¿Por qué?

IV. THE CHANGE OF THE CONJUNCTIONS Y TO E AND O TO U

(1) UN SEÑOR: ¿Está en casa el señor o la señora González?
(2) UNA NIÑA: ¿Qué señor y qué señora González? ¿Mis padres o mis tíos Juana e Ignacio?
(3) UN SEÑOR: Unos u otros, no me importa.
(4) UNA NIÑA: Bueno, mamá y papá salieron, y mis tíos están pero hoy no reciben.
(5) UN SEÑOR: Pues en este caso no deben recibir, sino dar. Vengo por el alquiler.

1. ¿Quiénes están en casa, los padres o los tíos de la niña?
2. ¿Cómo se llaman sus tíos? 3. ¿Reciben hoy? 4. ¿Qué quiere el señor?

A. When the word following the conjunction **y** (*and*) begins with an **i** or **hi,** the **y** is changed to **e.** It does not change if followed by a word beginning with **hie.**

(1) Is Mr. or Mrs. González home? (2) Which Mr. and Mrs. González? My parents or my aunt and uncle, Juana and Ignacio? (3) Either one, it doesn't matter. (4) Well, Mom and Dad went out, and my aunt and uncle are in, but they're not receiving visitors today. (5) Well, in this case, they don't have to receive, but give. I've come for the rent.

Tomás es muy trabajador e inteligente.	*Tomás is hard-working and intelligent.*
Las sillas son de madera y hierro.	*The chairs are made of wood and iron.*

B. When the word following the conjunction **o** *(or)* begins with an **o** or **ho,** the **o** is changed to **u.**

Enrique tiene diez u once camisas.	*Enrique has ten or eleven shirts.*

EJERCICIOS

1. Create new sentences, substituting the words or phrases in the lists for the words or phrases in italics.

   a. Carlos e *Inés* han hablado de ellos.
      1. Ana 2. Gloria 3. Isabel 4. Teresa 5. Ignacio

   b. No sé si Anita u *Ofelia* me ha dicho eso.
      1. Oliverio 2. Silvia 3. Orlando 4. Olivia
      5. Héctor

2. Give the Spanish equivalent.

   1. poor and ignorant 2. to live and to die 3. French and Italian
   4. black or white 5. silver or gold 6. Mary or another girl
   7. happy and intelligent 8. mathematics and history 9. rich and
   proud 10. father and son

PREGUNTAS

1. ¿Habla usted español e inglés? ¿Francés e italiano? 2. ¿Era Rembrandt inglés u holandés? 3. ¿Quiere usted vivir setenta u ochenta años o morir más joven?

V. IDIOMS WITH *ACABAR*

The verb **acabar** means *to end or finish.* It is used in the following idiomatic expressions.

1. **acabar de** (+ infinitive) *to have just*

    Luis acababa de salir cuando   *Luis had just left when I*
      llegué.   *arrived.*
    Acabamos de oír las noticias.   *We just heard the news.*

2. **acabar bien (mal)** *to have a happy (unhappy) ending*

    La película acabó bien.   *The film had a happy ending.*

3. **acabar por** (+ infinitive) *to end up (by)*

    Acabamos por seguir tu consejo.   *We ended up following your*
                                       advice.

EJERCICIOS

> **1.** Create new sentences substituting the words or phrases in the lists for the words or phrases in italics.
>
>   a. *Los niños* acaban de comer.
>   1. yo 2. Juan 3. nosotros 4. tú 5. Elena y Luis
>
>   b. *Nosotros* acabamos por no ir a la fiesta.
>   1. tú 2. ellos 3. ustedes 4. yo 5. ella

2. Answer the questions according to the example.

    ¿Viste a tu prima? → **Sí, acabo de verla.**

  1. ¿Encontraste tu traje nuevo?
  2. ¿Terminaron ellos el trabajo?
  3. ¿Te lavaste la cara?
  4. ¿Les habló Lucía a ustedes?
  5. ¿Recibiste mi recado?

3. Give the Spanish equivalent.

  1. The course ended last week. 2. He ended up buying the car.
  3. The book had a happy ending. 4. I have just visited my friends.
  5. They had just called the policeman.

Actividades

INTERCAMBIOS

Use the **usted** form of the verbs in asking and answering the following questions.

Señorita Rojas, pregúntele al *señor Ávila:*

1. si ha visto algunas obras de pintores españoles
2. si había estudiado el arte español antes de venir a la universidad
3. si ha perdido alguna vez su cartera *(wallet)*
4. si alguien se la robó
5. si va a dar un paseo esta noche

Señor Ávila, contéstele:

1. que ha visto muchas, que le gustan más las de El Greco
2. que no, que lo estudió por primera vez en la universidad
3. que la perdió la semana pasada
4. que no, que una amiga la encontró
5. que no, que tiene mucho que hacer

ENTREVISTA

Ask a classmate the following questions. Then report the information to the class.

1. ¿Has estado muy ocupado este trimestre (semestre)? ¿Por qué?
2. ¿Has tenido tiempo de visitar un museo de arte recientemente?
3. ¿Cuáles son los pintores que te gustan más?
4. ¿Acabas de comprar algo nuevo? ¿Qué has comprado?
5. ¿Sabes cuándo van a acabar las clases?

SITUACIÓN

You are at the Prado Museum with a friend. You tell your friend that in this museum you can see the works of El Greco, Goya and Velázquez. You tell your friend something about these artists. Your friend says he (she) would like a cup of coffee and asks if the cafeteria in the museum is open. You say yes, it is, that you hadn't realized that it is already ten o'clock.

CAPÍTULO *Diecisiete* 17

UNA MUCHACHA ECUATORIANA

Quito:

OBJECTIVES

Language: In this chapter we introduce, discuss, and practice:
1) the future tense
2) the formation and use of adverbs ending in **-mente**
3) comparative and superlative forms of adverbs

Culture: The dialogue takes place on a train from the coastal city of Guayaquil over the Andes mountains to Quito, the capital of Ecuador.

ciudad de la eterna primavera

Una familia viaja en tren por las altas montañas del Ecuador.

MIGUEL: Cuéntame un cuento, abuela.

ABUELA: Bueno. Cuando yo era niña, vivía
en la bella ciudad de Quito.[1]

MIGUEL: La veremos esta noche, ¿no?

ABUELA: Sí, allí siempre es primavera. Está   5
rodeada de veinte volcanes.

MIGUEL: ¡Estupendo! ¿Podremos subirlos,
papá?

PAPÁ: Ya veremos.

ABUELA: El Pichincha es uno de los volcanes   10
más conocidos. También debemos
ir a los mercados de San Roque.[2]

MIGUEL: ¿Me comprarás un juguete, abuelita
querida?

ABUELA: Por supuesto. Y te compraré un   15
santo de madera también.

MAMÁ: Tendremos que ver las famosas
esculturas de Caspicara.[3]

PAPA: Naturalmente, y querremos visitar
esa iglesia colonial que tiene el   20
altar totalmente cubierto de oro.
¿Cómo se llama?

ABUELA: Hay varias. La más famosa es la
Iglesia de la Compañía.[4] Es una
maravilla.   25

PAPÁ: A mí no me gustan estas iglesias barrocas. Son símbolos de la explotación del indio, ¿no lo creen?

ABUELA: Tienes razón, pero no debes olvidar que los indios aman sus iglesias y las construyeron con cariño. En muchos aspectos representan una continuación de sus tradiciones precolombinas. 30

MAMÁ: ¿Qué dirán los hombres del futuro de nuestros rascacielos? A veces creo que la sociedad moderna explota a los pobres tanto como ocurría en la época colonial. (Una turista norteamericana les interrumpe la conversación.) 35 40

SEÑORA NORTEAMERICANA: Perdonen. ¿Saben ustedes por qué el tren marcha ahora más despacio que antes? ¿Habrá algún problema?

ABUELA: No se preocupe, señora. Pronto llegaremos a una sección muy empinada, la Nariz del Diablo.[5] El tren tendrá que subirla poco a poco. Por eso vamos más despacio ahora. 45

SEÑORA NORTEAMERICANA: Muchas gracias, señora. 50

ABUELA: De nada.

MIGUEL: Papá, ¿por qué habla esa señora tan lenta y cuidadosamente?

PAPÁ: Cállate. Es extranjera. No habla castellano tan bien como nosotros. 55

MAMÁ: Pero tiene buen acento. ¿De dónde será?

ABUELA: No sé, pero hace un rato hablaba inglés con otros extranjeros.

PAPÁ: Entonces será inglesa o norteamericana. (El tren se para.) 60

MAMÁ: ¡Jesús! ¿Qué pasa?

ABUELA: Estaremos llegando a la Nariz del Diablo.

MIGUEL: No tengas miedo, mamá. Si estás
nerviosa, la abuela te puede contar
un cuento.

VOCABULARIO

amar   *to love*
construir   *to build*
contar (ue)   *to tell, relate*
marchar   *to run, work*
ocurrir   *to happen, occur*
parar(se)   *to stop, halt*
tener miedo   *to be afraid*

el **aspecto**   *aspect*
el **cariño**   *affection*
el **cuento**   *story*
el **diablo**   *devil*
el **extranjero** (-a)   *foreigner*
la **iglesia**   *church*
el **juguete**   *toy*
la **nariz**   *nose*

barroco (-a)   *baroque*
conocido (-a)   *known;* **más**
   conocido   *better known*

cubierto (-a)   *covered;* cubierto
   de oro   *covered with gold*
empinado (-a)   *high, steep*
precolombino (-a)   *pre-Columbian*
querido (-a)   *dear*
rodeado (-a) de   *surrounded by*
varios (-as)   *several*

cuidadosamente   *carefully*
despacio   *slowly*
lentamente   *slowly*

Cállate.   *Be quiet.*
De nada.   *You're welcome.*
hace un rato   *a while ago*
poco a poco   *little by little*
tal vez   *perhaps*
un santo de madera   *a wooden
   statue of a saint*
Ya veremos.   *We'll see.*

NOTAS CULTURALES

1. Quito, the capital city of Ecuador (elevation: 9,500 feet), has been aptly
called "a great outdoor museum" because of its numerous buildings in
the ornate Spanish colonial style. The city was founded in 1534 on the site
of the capital of the pre-Inca kingdom of the Scyris, a kingdom which had
fallen to the Incas shortly before the arrival of the Spaniards. Because it is
so close to the equator (**ecuador** in Spanish), there is little seasonal varia-
tion of temperature.

2. San Roque, a picturesque suburb with narrow streets, is located on the
side of the volcano **el Pichincha.** It has frequently been a hideout for rev-
olutionaries. It is now known for many small bazaars where excellent wood
carvings and other items can be purchased at low prices.

3. **Caspicara** is the popular name for Manuel Chili, an eighteenth-century Ecuadorean sculptor who produced religious statues of startling realism. Most of the figures were first carved out of wood, then covered with silver or gold, then painted. The precious metal beneath gave a rich shine to the colors. To endow many of the larger statues with a more life-like appearance, actual human hair, fingernails, and eyelashes were affixed to them.

4. **La Iglesia de la Compañía,** *the Church of the Company* (the company of Jesus, that is, the Jesuits), is an excellent example of colonial baroque architecture. Built by the Jesuits in the seventeenth century, the church contains a dazzlingly rich interior of gold and red and white stucco. The ornamentation, mainly in the Spanish-Arabic style, is also a continuation of the craft traditions of Inca and pre-Inca civilizations, many of whose temple interiors were also sheathed in gold.

5. **La Nariz del Diablo** *(The Devil's Nose)* is a particularly steep section of the railroad between the coastal city of Guayaquil and Quito. At this point the track ascends one thousand feet through a series of zigzags. The entire trip of 288 miles takes twelve to eighteen hours and is rather like a roller coaster inching up, down, between, and around immense mountains and volcanoes.

PREGUNTAS

1. ¿Dónde vivía la abuela cuando era niña?   2. ¿Cuántos volcanes rodean a esta ciudad?   3. ¿Cómo se llama el volcán donde está situado San Roque?   4. ¿Qué le comprará la abuela a Miguel en el mercado? 5. ¿Cómo se llama la iglesia que van a visitar?   6. ¿Qué clase de iglesias no le gustan al padre de Miguel?   7. ¿Qué piensa la mamá de la sociedad moderna? ¿Está usted de acuerdo?   8. ¿Quién interrumpe la conversación?   9. ¿Qué es la Nariz del Diablo?

Explicación

I. THE FUTURE TENSE

(1) SRA. GÓMEZ: Miguelito, te *diré* un secreto si prometes ser bueno y dormirte pronto.

(2) MIGUELITO: *Seré* bueno y *me dormiré* ahora mismo, mamá. Pero primero dime el secreto.

(3) SRA. GÓMEZ: Tu papá y yo te vamos a dar un regalo muy lindo.

(4) MIGUELITO: ¡Qué bueno! ¿Y cuándo *podré* verlo?

(5) SRA. GÓMEZ: *Tendrás* que esperar unos cinco meses.

(6) MIGUELITO: ¡Cinco meses! Entonces, ¿no lo *veré* mañana?

(7) SRA. GÓMEZ: No, pero te *diré* lo que es. ¡*Tendrás* un hermanito o una hermanita!

(8) MIGUELITO: ¿Un hermano? Prefiero una bicicleta.

1. ¿Qué le dirá la mamá a Miguelito? 2. ¿Qué promete Miguelito? 3. ¿Quiénes le van a dar un regalo a Miguelito? 4. ¿Cuándo podrá ver él el regalo? 5. ¿Le gusta mucho a Miguelito el regalo que le promete su madre? 6. ¿Qué prefiere él?

A. To form the future tense, add to the complete infinitive the endings **-é, -ás, -á, -emos, -éis, -án.** The endings are the same for **-ar, -er,** and **-ir** verbs. Except for the first person plural, all forms have written accents.

(1) Miguelito, I'll tell you a secret if you promise to be good and go to sleep soon. (2) I'll be good and I'll go to sleep right away, Mom. But first tell me the secret. (3) Your father and I are going to give you a very nice present. (4) Good! And when will I be able to see it? (5) You'll have to wait about five months. (6) Five months! Then I won't see it tomorrow? (7) No, but I'll tell you what it is. You'll have a little sister or a little brother. (8) A brother? I'd prefer a bicycle.

	hablar		comer		vivir	
	hablaré	hablaremos	comeré	comeremos	viviré	viviremos
	hablarás	hablaréis	comerás	comeréis	vivirás	viviréis
	hablará	hablarán	comerá	comerán	vivirá	vivirán

Estudiaré la lección mañana. *I will study the lesson tomorrow.*

¿Aprenderán ustedes español antes del viaje? *Will you learn Spanish before the trip?*

El miércoles próximo discutiremos el poema. *Next Wednesday we will discuss the poem.*

B. Some verbs are irregular in the future. However, the irregularity is only in the stem; the endings are the same as for regular verbs.

dir-	(decir)	sabr-	(saber)
habr-	(haber)	saldr-	(salir)
har-	(hacer)	tendr-	(tener)
podr-	(poder)	valdr-	(valer)
pondr-	(poner)	vendr-	(venir)
querr-	(querer)		

Jaime no podrá ir contigo. *Jaime will not be able to go with you.*

NIÑOS EN LA FUENTE

Lo haré mañana.

Tendrán que esperar hasta la
    semana que viene.

I'll do it tomorrow.

*They'll have to wait until this
    coming week.*

C. The future tense can also be used to express probability or doubt in
    the present.

¿Qué hora será?

*What time can it be? (I
    wonder what time it is.)*

Serán las ocho.

*It must be eight o'clock. (It is
    probably eight o'clock.)*

¿Dónde estará Tomás?

*Where can Tomás be? (Where
    might Tomás be?)*

Tomás estará en su cuarto.

*Tomás is probably (must be)
    in his room.*

EJERCICIOS

1. Create new sentences, substituting the words or phrases in the list
    for the words or phrases in italics.

    a. *El guía* hablará con el profesor mañana.
        1. nosotros 2. sus padres 3. tú 4. yo 5. usted

    b. El año que viene *mis padres* irán a Europa.
        1. Ana y yo 2. él 3. los Valadez 4. nosotros
        5. yo

    c. *Yo* no lo haré hasta el fin del año.
        1. tú 2. ellas 3. los estudiantes y yo 4. la pintora
        5. nosotros

    d. *Juan* tendrá que hacerlo para el miércoles.
        1. tú 2. Elena, Miguel y Pedro 3. nosotros 4. yo
        5. ustedes

2. Restate, changing the verbs to the future.

    1. El autobús viene a las cuatro.
    2. No vuelven esta noche.
    3. Desayunamos a las siete y media.
    4. ¿A qué hora salen ustedes de la casa de Joaquín?

5. Brenda recibe regalos de todos sus amigos.
6. El tío de Carmela nos vende su auto.
7. Nadie te quiere ayudar.
8. Nunca puedo ir al cine.
9. El gran Ramón canta y toca a la hora de la cena.
10. ¿Cuándo vas a ver la casa nueva?

3. Complete the following paragraph with the appropriate future forms of the verbs in parentheses.

El verano que viene mi familia y yo (ir) _____ a México. Primero (visitar) _____ la ciudad de Monterrey, donde mi padre (ver) _____ a un amigo suyo. Después, mi madre y él (ir) _____ a Guanajuato, donde viven unos primos de ella. Al mismo tiempo, mi hermano y yo (viajar) _____ a Guadalajara, donde él (poder) _____ ver unas pinturas del famoso artista Orozco y yo (escuchar) _____ música en la Plaza de los Mariachis. Por fin nos (encontrarse) _____ en la ciudad de México; mis padres (venir) _____ de Guanajuato en auto, y mi hermano y yo (llegar) _____ de Guadalajara en avión.

4. Give the Spanish equivalent.

1. I'll bring wine to the party; Andrea will bring the beer. 2. If she wins, she will receive a lot of money. 3. You (**tú**) will find the information you need in this book. 4. When will they arrive? 5. We shall have to go first to San Francisco. 6. Where will you (**usted**) stay in Madrid? 7. Hernando will buy all the food that we'll need. 8. We'll meet her family next week. 9. Next time they'll bring more money. 10. I'll be seeing you tonight. 11. They're probably thinking about going to the movies tonight. 12. It must be two o'clock. 13. I wonder where Alicia is. 14. Paco's girlfriend must be in Italy this week.

PREGUNTAS

1. ¿Qué hará usted el próximo domingo? ¿Se quedará en casa o saldrá? 2. ¿A qué hora se acostará usted esta noche? ¿A qué hora se levantará mañana? 3. ¿Va usted a viajar el verano que viene? ¿Adónde viajará? Si no va a viajar, ¿qué hará? 4. ¿Qué hora será? 5. Usted tendrá unos veinte años, ¿verdad?

II. THE FORMATION AND USE OF ADVERBS ENDING IN -*MENTE*

Un profesor y dos estudiantes observan cuidadosamente el cielo con un telescopio.

(1) ESTUDIANTE 1: Creo que mañana tendremos buen tiempo.

(2) ESTUDIANTE 2: Estoy *completamente* de acuerdo contigo.

(3)   PROFESOR: No, mañana lloverá.* Sí, estoy *absolutamente* seguro de que mañana lloverá.

(4) ESTUDIANTE 1: ¿Cómo puede estar *totalmente* seguro del cambio de tiempo, profesor?

(5)   PROFESOR: *Fácilmente.* ¡Hoy me están doliendo *terriblemente* los huesos!

1. ¿Quién observa cuidadosamente el cielo? ¿Con qué? 2. ¿Qué cree el estudiante 1? 3. ¿Está de acuerdo el estudiante 2 con el estudiante 1? 4. ¿Está el profesor de acuerdo con los dos estudiantes? 5. ¿Qué dice el profesor? 6. ¿Por qué está el profesor absolutamente seguro del cambio de tiempo?

A. Most adverbs in Spanish are derived from the feminine form of an adjective plus the suffix **-mente.**

lento → lenta	→ lentamente	*slowly*
preciso → precisa	→ precisamente	*precisely*
rápido → rápida	→ rápidamente	*rapidly*
fácil	→ fácilmente	*easily*
probable	→ probablemente	*probably*
feliz	→ felizmente	*happily*

***Llover** is an **o** to **ue** stem-changing verb.

A famous professor and two students are carefully observing the sky with a telescope.

(1) I think that tomorrow we'll have good weather. (2) I fully agree with you. (3) No, it will rain tomorrow. Yes, I'm absolutely sure that it will rain tomorrow. (4) How can you be completely sure of the change of weather, professor? (5) Easily. Today all my bones are aching terribly!

B. An adverb modifying a verb usually follows it directly or is placed
    as close to it as possible.

Estudió cuidadosamente la lección.	He (she) studied the lesson carefully.
Fuimos directamente al hospital.	We went directly to the hospital.
Juanita corría rápidamente por la calle.	Juanita was running down the street rapidly.

C. An adverb modifying an adjective usually precedes it.

Tienes una hija sencillamente adorable.	You have a simply adorable daughter.

D. When there are two or more adverbs in a series, the **-mente** ending
    is used only with the final adverb.

Jorge hablaba lenta y claramente.	Jorge was speaking slowly and clearly.

EJERCICIOS

1. Create new sentences by substituting the words or phrases in the list
    for the words or phrases in italics.

    a. David siempre lee *rápidamente* el periódico en español.
        1. cuidadosamente   2. lentamente   3. totalmente
        4. fácilmente

    b. El Greco es *especialmente* conocido por sus figuras largas
        y deformadas.
        1. principalmente   2. popularmente   3. generalmente
        4. comúnmente

2. Create new sentences using the appropriate form of the word given in
    parentheses.

    ¿Cómo lo hacía? (cuidadoso) → **Lo hacía cuidadosamente.**

    1. ¿Cómo caminaba? (lento)
    2. ¿Cómo fue al centro? (directo)
    3. ¿Cómo habla inglés? (horrible)

4. ¿Cómo lo resolvió? (completo)
5. ¿Cómo lo aprendió? (fácil)
6. ¿Cómo trabajaron? (rápido)

3. Create new sentences substituting the appropriate adverb for the words in italics.

Lo mira con cariño. → **Lo mira cariñosamente.**

1. Lo estudio *con cuidado*.
2. Les habla *de una manera amorosa*.
3. El niño lee *de una manera satisfactoria*.
4. Julia está escribiendo *de una manera clara*.
5. Lo han hecho *de una manera artística*.
6. Los mataron *de una manera brutal*.

PREGUNTAS

1. ¿Necesita usted algo inmediatamente? 2. ¿No cree que es extraordinariamente fácil aprender español? 3. ¿Puede usted contestar estas preguntas rápidamente? 4. ¿Qué deportes practica generalmente? 5. ¿Cómo está usted físicamente?

MERCADO EN AMBATO, ECUADOR

III. COMPARATIVE AND SUPERLATIVE FORMS OF ADVERBS

(1)	JORGE:	¿Cómo estás hoy, Esteban?
(2)	ESTEBAN:	Cansado y muy confuso, Jorge.
(3)	JORGE:	Pero el accidente de automóvil ocurrió hace una semana. ¿No te sientes *mejor*?
(4)	ESTEBAN:	Allí está el problema, Jorge. Yo sé que me estoy recuperando *rápidamente*, pero los expertos no están de acuerdo.
(5)	JORGE:	¿Algunos doctores piensan que debes recuperarte *más rápidamente*?
(6)	ESTEBAN:	No, Jorge, los doctores dicen que estoy perfectamente bien. Pero los abogados creen que el accidente me ha afectado *muchísimo, tanto física como sicológicamente*. Según ellos, estoy progresando *muy lentamente*.

1. ¿Quién está cansado y muy confuso? 2. ¿Cuándo pasó el accidente de automóvil? 3. ¿Cree Esteban que se está recuperando muy rápidamente? 4. ¿Están de acuerdo los expertos? 5. ¿Qué dicen los doctores? 6. ¿Qué creen los abogados?

A. Comparative and superlative forms of adverbs are similar to those of adjectives, presented in Chapter 11. Study the following examples.

Nosotros podemos hacerlo tan fácilmente como ustedes.	*We can do it as easily as you.*
Eduardo toca la guitarra casi tan bien como su padre.	*Eduardo plays the guitar almost as well as his father.*

(1) How are you today, Esteban? (2) I'm tired and very confused, Jorge. (3) But the auto accident was a week ago. Aren't you feeling better? (4) That's where the problem is, Jorge. I know that I am recovering very rapidly, but the experts do not agree. (5) Do some doctors feel that you should be recovering more rapidly? (6) No, Jorge, the doctors say that I am perfectly fine. But the lawyers believe the accident has affected me very much, physically as well as psychologically. According to them, I'm improving very slowly.

Anita escribe más (menos) claramente que Teresa.	Anita writes more (less) clearly than Teresa.
Ustedes hablan español mejor (peor) que él.	You speak Spanish better (worse) than he does.
¿Duermes más (menos) que yo?	Do you sleep more (less) than I do?
¿Quién subió las escaleras más (menos) rápidamente?	Who climbed the stairs the fastest (slowest)?
Elena y Carlos son los dos alumnos que estudian más (menos).	Elena and Carlos are the two students that study the most (the least).
¿Cómo se llama la muchacha que bailó mejor (peor)?	What's the name of the girl that danced the best (worst)?

B. The absolute superlative of simple adverbs is formed in the same manner as that of adjectives: adverb + **-ísimo.**

pronto	*soon*	prontísimo	*very soon*
poco	*little*	poquísimo	*very little*
mucho	*much*	muchísimo	*very much*
tarde	*late*	tardísimo	*very late*

Bien is an exception to this rule: its absolute superlative is always **muy bien.**

C. **Lo** precedes a superlative adverb followed by any phrase expressing possibility.

José quiere casarse lo más pronto posible.	*José wants to get married as soon as possible.*
Él comió lo más lentamente que pudo.	*He ate as slowly as he could.*

EJERCICIOS

1. Create new sentences by substituting the words or phrases in the list for the words or phrases in italics.

a. Felipe hace el trabajo tan *fácilmente* como Adriana.
   1. rápidamente 2. bien 3. imaginativamente
   4. cuidadosamente 5. indiferentemente

b. Horacio habla francés *mejor* que tú.
   1. más rápidamente 2. menos correctamente
   3. peor 4. más frecuentemente 5. menos

c. José escribe más *claramente* que usted.
   1. fácilmente 2. rápidamente 3. cuidadosamente
   4. lentamente 5. simplemente

2. Create new sentences substituting the superlative for the word or words in italics.

   Habla *mucho.* > **Habla muchísimo.**

   1. Llegó *tarde.*
   2. Trabaja *poco.*
   3. Comió *mucho.*
   4. Vendrán *pronto.*
   5. Aprendí *muy poco.*
   6. Terminará *muy pronto.*
   7. Empezaste *muy tarde.*
   8. Leían *muy poco.*

3. Create new sentences using the words in parentheses with **lo más** + adverb + **posible.**

   ¿Cómo trabajó el chico? (lentamente) > **Trabajó lo más lentamente posible.**

   1. ¿Cómo hablaba el maestro? (claramente)
   2. ¿Cómo conducirá su hermano? (cuidadosamente)
   3. ¿Cómo caminaban los muchachos? (rápidamente)
   4. ¿Cuándo irán al centro? (tarde)
   5. ¿Cuándo vamos a salir? (temprano)
   6. ¿Cuándo traerán la comida? (pronto)

PREGUNTAS

1. En esta clase, ¿quién pronuncia mejor el español? 2. ¿Come usted más o menos que su madre o su padre? 3. ¿Quién escribe mejor en español, usted o su novio(-a)? 4. ¿Quiere usted salir de vacaciones lo más pronto posible? ¿Por qué? 5. ¿Hay una película nueva que le gusta muchísimo? ¿Cómo se llama? 6. Hay estudiantes que comen poquísimo para el desayuno. ¿Es usted uno de ellos?

Actividades

INTERCAMBIOS

Use the **usted** form of the verbs in asking and answering the following questions.

Señor Villar, pregúntele a la señorita Santos:

1. si se casará pronto

2. si podrá hablar español en su viaje a España
3. qué hora será
4. si irá a la iglesia este domingo

5. si cree en los ángeles y en los demonios

Señorita Santos, contéstele:

1. que sí, que se casará lo más pronto posible, probablemente la semana que viene.
2. que sí, naturalmente, que lo va a hablar perfectamente
3. que serán las once
4. que sí, que siempre va a misa los domingos
5. que sí, que cree que los ángeles estarán en el cielo y los demonios en el infierno

ENTREVISTA

Ask a classmate the following questions and report the information to the class.

1. ¿Qué querrás hacer después de terminar tus estudios?
2. ¿Crees que mañana lloverá? ¿Tendremos buen tiempo? ¿Habrán nubes en el cielo?
3. ¿Te están doliendo los huesos? ¿Los músculos?
4. ¿Has estudiado cuidadosamente la lección? ¿Eres el estudiante que estudia más?
5. ¿Comiste muchísimo ayer? ¿Poquísimo?
6. ¿Tendrás veinte años el año próximo? ¿Celebrarás tu cumpleaños con una fiesta?

LAS BELLAS ARTES

Entre los muchos pintores excelentes de España hay tres que con frecuencia son considerados como «los más españoles» porque encarnan cualidades esenciales de la cultura española. Irónicamente, uno de ellos es griego: Doménico Theotocopoulos, más conocido como El Greco. Vivió en España la mayor parte de su vida y murió allí en 1614. El Greco representa la profunda religiosidad de la gente española. Su arte es expresionista. No trata de reproducir la realidad externa de las personas u objetos sino de captar el alma interior y expresar su exaltación o dolor espiritual. Por eso, muchas veces pinta figuras alargadas con gestos dramáticos. Usa colores vibrantes y escoge escenas de movimiento y agitación. A veces el ambiente también parece transformado por la intensidad de la experiencia. Muchos lo han considerado un pintor místico. *La Resurrección* representa una escena del Nuevo Testamento, la del triunfo de Cristo sobre la muerte.

considerados *considered*
encarnan *embody*
griego *Greek*   conocido *known*
profunda *deep*   captar *capture*
alma *soul*   dolor *suffering*
alargadas *elongated*
gestos *expressions*
escoge *chooses*
ambiente *atmosphere*
místico *mystic*

Otro pintor, muchas veces considerado «el más español» de todos, es Diego de Silva y Velázquez. También vivió en el siglo XVII, pero su estilo es muy diferente al de El Greco. Velázquez representa el realismo y la sobriedad. Por la manipulación de la luz y la sombra sus cuadros dan la ilusión de un espacio real y palpable. Su principal interés es la persona, y muchas de sus pinturas son retratos que revelan gran penetración sicológica.

La rendición de Breda representa la terminación de una guerra, el momento en que el capitán holandés entrega las llaves de la ciudad de Breda al victorioso capitán español. La bondad del vencedor se revela en la expresión de su rostro y en su gesto de compasión. También se pueden observar otras reacciones en las expresiones y gestos de varios soldados: piedad, inquietud, disgusto o aburrimiento. El grupo de lanzas al fondo da al cuadro un sentido de equilibrio y serenidad, otra característica de Velázquez.

sobriedad *moderation*   luz *light*   sombra *shadow*
cuadros *paintings*   rendición *surrender*   guerra *war*
holandés *Dutch*   entrega *gives*   llaves *keys*   bondad *goodness*
vencedor *victor*   rostro *face*   piedad *pity*   inquietud *anxiety*
aburrimiento *boredom*   lanzas *lances*   al fondo *in the background*

El tercer pintor considerado como «el más español» es Francisco de Goya (1746–1828). Representa la pasión y la intensidad del carácter español. Vivió en tiempos de gran decadencia. En este cuadro oficial de la corte, Goya muestra al rey y su familia con un realismo brutal: al rey, gordo y estúpido; a la reina, cruel y depravada; y al príncipe con la cara del amante de la reina. Y, cosa increíble, ¡los reyes estaban muy contentos porque sólo vieron en el cuadro la elegancia de su ropa!

corte *royal court*　　gordo *fat*　　príncipe *prince*　　cara *face*
amante *lover*　　increíble *unbelievable*　　contentos *happy*　　ropa *clothing*

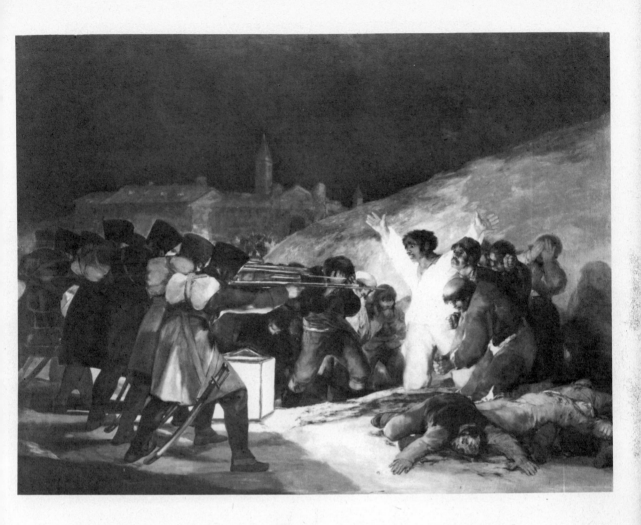

El tres de mayo, otro cuadro de Goya, representa la ejecución de unos campesinos españoles en 1808, durante la rebelión española contra las fuerzas de Napoleón. Es una escena real que Goya vio. También es una protesta universal contra la guerra. Hay un fuerte contraste entre los campesinos y la masa indiferenciada de los soldados que actúan como una máquina. Por el contrario, cada víctima revela características humanas individuales y particulares. Una de ellas, con los brazos en cruz como Cristo, parece representar el espíritu de la lucha, su doble condición de héroe y víctima.

ejecución *execution*   campesinos *peasants*   fuerzas *forces*
máquina *machine*   por el contrario *in contrast*   brazos *arms*
cruz *cross*   lucha *struggle*

Pablo Picasso. *Three Musicians*, 1921. Philadelphia Museum of Art

También en el siglo XX España ha producido grandes pintores como Joan Miró, Salvador Dalí, Juan Gris y otros. Pero el más famoso es Pablo Picasso. Aunque vivió la mayor parte de su vida en Francia, muchos de sus cuadros revelan un espíritu español. Sin embargo, su arte ha sido, casi siempre, internacional e independiente. Entre sus obras más notables están los cuadros cubistas como *Los tres músicos*. Picasso y los otros pintores cubistas trataron de captar el movimiento del objeto o de la persona que pintaban, mostrando varios ángulos diferentes al mismo tiempo. Así querían presentarnos una realidad más completa que la del cuadro tradicional. Pero Picasso no se limitó al cubismo; produjo una obra muy variada y original, de gran influencia.

aunque *although*   sin embargo *however*   trataron de captar *tried to capture*   mostrando *showing*   varios *several*   al mismo tiempo *at the same time*   no se limitó *did not limit himself*

Desde la época precolombina, también ha habido una rica tradición artística en Hispanoamérica. En los museos de México, Perú y otros países hay grandes colecciones de objetos de arte precolombinos. Especialmente notable es la alfarería que a veces representa personas o animales con un realismo increíble y un penetrante sentido del humor. Éste es un objeto precolombino encontrado en el Perú.

ha habido *there has been*   alfarería *pottery*   a veces *sometimes*
sentido del humor *sense of humor*

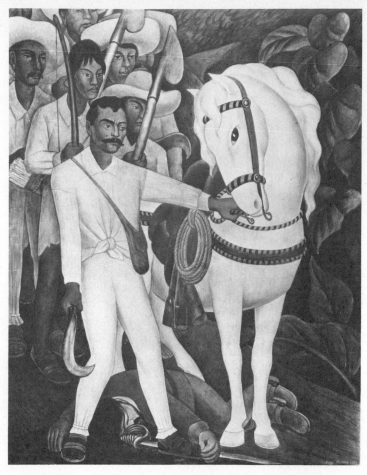

En los tiempos modernos varios países hispanoamericanos han producido pintores de interés. Entre los más importantes están los que
integran la escuela mexicana de la Revolución. Los tres gigantes de
esta escuela son Diego Rivera, José Clemente Orozco y David Alfaro
Siqueiros. Sus murales y pinturas representan temas históricos: las
civilizaciones precolombinas, la conquista, la vida colonial y los tiempos modernos de México. El tema más repetido es el de la revolución,
con alusión especial a la Revolución Mexicana de 1910. La perspectiva
es predominantemente marxista. Se recrea, por ejemplo, la victoria del
pueblo mexicano sobre la opresión de los ricos, los sacerdotes y los
militares. Este mural de Diego Rivera es una representación de
Emiliano Zapata, revolucionario mexicano y promotor de la reforma
agraria.

integran *compose, make up*   temas *subjects*   se recrea *they recreate*
sacerdotes *priests*

CAPÍTULO *Dieciocho* 18

PAMPLONA, LAS FIESTAS DE SAN FERMÍN

Pamplona:

OBJECTIVES

Language: In this chapter we introduce, discuss, and practice:
1) the conditional tense
2) **por** and **para**
3) cardinal numbers 100 and above

Culture: The dialogue takes place in Pamplona, during the festival of San Fermín. You will learn something about this Spanish holiday.

las fiestas de San Fermín

Es el primer día de las fiestas de San Fermín en Pamplona.[1] Varios jóvenes norteamericanos, franceses y españoles se reunen en un café a discutir sus planes para la semana.

ALICE: ¿Cómo vinieron ustedes? ¿En auto o en tren?

BRIGITTE: En bicicleta. El camino es muy lindo por los Pirineos.[2]

GEORGE: Pero muy largo también. Yo no haría ese viaje por nada del mundo. 5

ADOLFO: Estarían muy cansados por las noches.

JACQUES: De ninguna manera. Sólo viajábamos seis horas al día.

ALICE: Me imagino que tendrán mucha sed después del viaje. Tomen la bota.[3] 10

JACQUES: Gracias. (Bebe de la bota y se la pasa a Brigitte.) Estaba para pedir café, pero el vino es mejor.

ALICE: Es vino tinto de Rioja.[4]

ADOLFO: ¿Quiénes correrán conmigo en el encierro mañana?

GEORGE: Yo, naturalmente. 15

JACQUES: Y yo. Por eso vine.

ALICE: A mí también me gustaría correr.

ADOLFO: ¿Estás bromeando? No es un juego para muchachas.

ALICE: ¿Por qué no? Yo no tendré miedo.

ADOLFO: Sé que eres valiente, pero no debes correr. Un toro 20 bravo te podría matar.

ALICE: No me importa.

JACQUES: También podrías causarles la muerte a otros.

ALICE: ¿Cómo?

BRIGITTE: Eres mujer. Por eso todos los hombres se sentirían 25 obligados a defenderte.

ALICE: ¡Brigitte! Creía que eras una muchacha liberada.

BRIGITTE: Lo soy, Alice, pero el mundo sigue sexista.

ALICE: ¿No saben ustedes que hoy día hay mujeres que estudian para toreras?[5] 30

ADOLFO: Muy pocas.

GEORGE: ¿Es peligroso, de veras? Alguien me dijo que sólo habría toros pequeños y afeitados.[6]

ADOLFO: La persona que te dijo eso sería algún turista ignorante. Los toros no estarán afeitados, y por eso 35 será muy peligroso correr.

GEORGE: En ese caso, Alice, tú puedes correr por mí mañana.

ALICE: Perfecto.

ADOLFO: Alice, por nuestra amistad, te ruego . . . 40

ALICE: Está bien. Decidiré mañana.

GEORGE: Muchachos, ¿qué les parece si vamos a la corrida mañana?

ADOLFO: Buena idea.

GEORGE: Entonces, yo iré por las entradas. 45

JACQUES: ¿Cuánto cuestan por pareja?

ADOLFO: Cien pesetas.

JACQUES: Bueno, aquí tienes las cien pesetas. Yo voy por más vino.

BRIGITTE: No es necesario. Todavía queda media bota. 50

ALICE: Entonces, ¡hay que beberla! En honor de San Fermín y de los toros bravos.

ADOLFO: Y de las mujeres prudentes.

ALICE: Adolfo, ¡eres completamente imposible!

UNA BOTA DE VINO

VOCABULARIO

bromear *to joke*
causar *to cause*

defender (ie) *to defend*
matar *to kill*
reunirse *to meet; gather*
rogar (ue) *to beg*
sentir(se) (ie) *to feel*

la **amistad** *friendship*
la **bota** *leather wine bag*
el **camino** *road*
la **entrada** *admission ticket*
el **miedo** *fear* **tener miedo** *to be afraid*
la **pareja** *couple, pair*

afeitado *dehorned*
bravo (-a) *brave, fine, magnificent*
peligroso (-a) *dangerous*
prudente *prudent*
valiente *brave, valient*

de ninguna manera *in no way, not at all*
por supuesto *of course*

NOTAS CULTURALES

1. **Pamplona,** a city in northern Spain, is well known for its yearly festival of **San Fermín,** beginning on July 6th. During the following week daily bull-fights are held—along with much eating, drinking and celebrating. Every morning the bulls are let loose to run through the streets from the square to the arena while the young men run ahead of them as a test of courage. This custom, called the **encierro** (literally, *the locking up or enclosure,* since the men are enclosed with the bulls), was made famous in Ernest Hemingway's novel, *The Sun Also Rises;* it is the occasion of much joy and excitement and, occasionally, of injury and death.

2. **Los Pirineos** (*the Pyrenees*) are a range of mountains to the northeast of Spain on the French border.

3. A **bota** is a leather wine bag very common in Spain. To drink from it requires some practice since one must throw back one's head, incline the **bota,** and aim the thin spray which comes out at exactly the right angle so as to land it in the mouth.

4. **La Rioja** is a region of northeastern Spain known for its high-quality red wines.

5. The Spanish word **torero** means *bullfighter* and in the past was always used to refer to a man. However, in recent years a few women have entered the profession, creating a bit of linguistic confusion as to whether they should be called **toreros** or **toreras.**

6. Along with the commercialization and general decline of bullfighting has come the practice of shaving the bulls' horns to make them less dangerous. These shaved bulls (**toros afeitados**) become somewhat disoriented but are still capable of killing—a fact exemplified by the death of the great Manolete, who was gored by such a bull.

PREGUNTAS

1. ¿Cómo vinieron los franceses a Pamplona, en tren o en bicicleta?
2. ¿De dónde es el vino tinto que beben los jóvenes?   3. ¿Para qué vinieron los jóvenes a Pamplona?   4. ¿Quién no debe correr en el encierro?   5. ¿Por qué podría Alice causarles la muerte a otros?
6. ¿Están afeitados los toros que corren en el encierro?   7. ¿Es peligroso el encierro?   8. ¿Quién va a ir por las entradas?   9. ¿Cuánto cuestan por pareja las entradas?   10. ¿En honor de qué beben los jóvenes?   11. ¿Le gustaría a usted correr en el encierro de San Fermín? ¿Por qué?

EL ENCIERRO, PAMPLONA

Explicación

I. THE CONDITIONAL TENSE

(1) MARISA: ¿Recuerdas lo que me prometiste la semana pasada, José?

(2) JOSÉ: ¿La semana pasada? Ah, te dije que *iríamos* a la corrida, ¿no?

(3) MARISA: No, dijiste que *harías* algo que me *gustaría* muchísimo. . . .

(4) JOSÉ: Y parece que no lo hice.

(5) MARISA: ¡Me prometiste que no *fumarías* más!

(6) JOSÉ: ¡Y no fumo más, Marisa! Fumo exactamente lo mismo que siempre.

1. ¿Recuerda José lo que dijo que haría? 2. ¿Prometió José a su novia que irían a la corrida? 3. ¿Cuál fue la promesa de José? 4. Según la novia, ¿cuándo prometió José que no fumaría más?

A. To form the conditional tense, add to the complete infinitive the endings -ía, -ías, -ía, -íamos, -íais, -ían. The endings are the same for -ar, -er, and -ir verbs.

hablar		comer		vivir	
hablaría	hablaríamos	comería	comeríamos	viviría	viviríamos
hablarías	hablaríais	comerías	comeríais	vivirías	viviríais
hablaría	hablarían	comería	comerían	viviría	vivirían

(1) Remember what you promised me last week, José? (2) Last week? Oh, I told you we would go to the bullfight, right? (3) No, you said you'd do something that I would like very much. . . . (4) And it seems that I didn't. (5) You promised me you wouldn't smoke any more! (6) And I am not smoking any more, Marisa! I am smoking exactly the same (amount) as always.

The conditional usually conveys the meaning *would* in English.

Él no comería eso.	*He would not eat that.*
Ellos no vivirían en un aparta- mento tan pequeño.	*They would not live in such a small apartment.*

However, remember that the imperfect in Spanish can also render the idea of *would* referring to a repeated event in the past: **Silvia leía todos los días.** *Silvia would read every day.*

B. The conditional often refers to a projected or possible action in the future in relation to a past moment.

Anita dijo que estaría aquí a las dos.	*Anita said she would be here at two o'clock.*
No sabíamos si José llegaría hoy o mañana.	*We didn't know if José would arrive today or tomorrow.*

C. The verbs that have irregular stems in the future also have the same irregular stems in the conditional. The endings are the same as for verbs with regular stems.

dir-	(decir)	sabr-	(saber)
habr-	(haber)	saldr-	(salir)
har-	(hacer)	tendr-	(tener)
podr-	(poder)	valdr-	(valer)
pondr-	(poner)	vendr-	(venir)
querr-	(querer)		

Lucía no diría eso.	*Lucía wouldn't say that.*
Pedro dijo que vendría temprano.	*Pedro said he would come early.*
Creo que ellos podrían ayudarte.	*I think they could (would be able to) help you.*

D. The conditional may be used to express probability in the past.

¿Qué hora sería cuando ellos llegaron?	*What time was it (probably) when they arrived?*
Serían las nueve.	*It must have been (was probably) nine o'clock.*
¿Qué edad tendría Pepito cuando fueron a España?	*Approximately how old was Pepito when you went to Spain?*

Tendría once o doce años.　　　*He was around eleven or twelve*
　　　　　　　　　　　　　　　　　　years old (he must have been
　　　　　　　　　　　　　　　　　　eleven or twelve years old).

E. The conditional may also be used to indicate an attitude of politeness or deference.

Usted debería tomar un taxi.　　*You should take a taxi.*
¿Me podría usted decir cómo　　*Can you tell me how to get to*
　　llegar al Hotel Continental?　　*the* Hotel Continental?

EJERCICIOS

1. Create new sentences substituting the words or phrases in the list for the words or phrases in italics.

   a. Dijo que *tú* no fumarías más.
      1. ustedes 2. mis primos 3. nosotros 4. Adolfo
      5. mi hermana

   b. *Ustedes* no venderían esta bicicleta.
      1. su hermano 2. tú 3. ella 4. yo 5. nosotros

   c. Le dije que *él* vendría a las cinco.
      1. los jóvenes 2. usted 3. nosotros 4. yo
      5. tú y yo

   d. ¿Qué haría *usted* sin mí?
      1. el jefe 2. los niños 3. ellas 4. Pedro 5. tú

   e. *Yo* tendría dos años cuando empecé a hablar.
      1. mi papá 2. ellos 3. nosotros 4. Juanita 5. tú

2. Restate, changing the verbs to the plural and making any other necessary changes.

   1. Yo no iría a la corrida sin las entradas.
   2. ¿No haría usted ese viaje?
   3. Él tendría mucha sed.
   4. Me gustaría mucho.
   5. Ella podría traerlo.

3. Restate, changing the verbs to the conditional.

1. Eso *es* difícil.
2. ¿Qué *hacemos*?
3. No *vives* en este apartamento.
4. Yo no *digo* eso.
5. *Salen* temprano.
6. Lo *sabe* bien.
7. *Venimos* en bicicleta.
8. ¿No *puede* decirme la dirección?
9. ¿*Tiene* usted tiempo?
10. ¿Dónde lo *pongo*?

PREGUNTAS

1. ¿Podría decirme cuál es la ciudad más grande del mundo? ¿Sería usted feliz viviendo allí?   2. ¿Le gustaría ser rico? ¿Sería más feliz? ¿Menos?   3. Con tiempo y mucho dinero, ¿qué haría usted?   4. ¿Le gustaría vivir en un país hispano?   5. ¿Cuál es el nombre de mujer que más le gusta? ¿Le gustaría para una hija suya?   6. ¿Sabe usted qué hora sería cuando llegó a la universidad? ¿Cuando empezó la clase?   7. ¿Qué pensó que haríamos hoy en esta clase?   8. ¿Qué plato les prepararía usted a unos amigos españoles?

ESTUDIANTES ESPAÑOLES

II. *POR* AND *PARA*

(1) MANUEL: ¿Bárbara, qué te parece si vamos a Pamplona en avión?

(2) BÁRBARA: Yo preferiría ir en auto o en tren, Manuel. Dicen que el camino es muy lindo *por* los Pirineos.

(3) MANUEL: Pero sólo vamos *por* una semana. Además, cuando hablé *por* teléfono con Adolfo, le prometí que estaríamos allí *para* el jueves.

(4) BÁRBARA: Ah, no lo sabía. Entonces debemos salir mañana. ¿Compramos algún regalo *para* doña Carmen?

(5) MANUEL: Si quieres. *¿Por* qué no vas tú a comprar algo lindo *para* ella mientras yo voy *por* los pasajes a la agencia de viajes?

(6) BÁRBARA: Buena idea. Podemos encontrarnos aquí a las ocho *para* cenar juntos, ¿de acuerdo?

(7) MANUEL: Bueno. Hasta luego, Bárbara.

1. ¿Cómo preferiría Bárbara ir a Pamplona? ¿Por qué?
2. ¿Por cuánto tiempo van Manuel y Bárbara a Pamplona?
3. ¿Para cuándo tienen que estar allí? 4. ¿Para quién van a comprar un regalo? 5. ¿Quién va por los pasajes? 6. ¿Para qué se van a encontrar a las ocho Bárbara y Manuel?

Por and **para** each have a wide variety of uses in Spanish. While both prepositions are often translated by *for* in English, there is a great difference in usage between them.

(1) Bárbara, what do you say (how does it seem to you) if we go to Pamplona by plane? (2) I'd rather go by car or train, Manuel. They say the road through the Pyrenees is very pretty. (3) But we're only going for a week. Besides, when I talked to Adolfo on the phone, I promised him we'd be there by Thursday. (4) Oh, I didn't know that. Then we should leave tomorrow. Shall we buy a present for doña Carmen? (5) If you want. Why don't you go buy something pretty for her while I go to the travel agency for the tickets? (6) Good idea. We can meet here at eight o'clock to have dinner together, okay? (7) Good. See you later, Bárbara.

A. **Por** is generally used to express:

1. Cause or motive (*because of, on account of, for the sake of*).

Abro la ventana por ti.	*I'm opening the window for (on account of) you.*
Luis está enfermo. Por eso no fue a clase hoy.	*Luis is sick. That's why (for that reason) he didn't go to class today.*
¿Por qué estás llorando?	*Why are you crying? (What are you crying for?)*
Lo hizo por amor.	*He (she) did it for (for the sake of) love.*

2. Duration, length of time.

Iremos a Lima por dos meses.	*We will go to Lima for two months.*
Trabajo por la mañana y estudio por la tarde.	*I study in the morning (during the morning) and work in the afternoon.*

3. Exchange (*in exchange for*).

Inés compró una docena de huevos por diez pesos.	*Inés bought a dozen eggs for (in exchange for) ten pesos.*
Cambiamos nuestro auto viejo por uno nuevo.	*We exchanged our old car for a new one.*
Pagué diez pesetas por el chocolate.	*I paid ten pesetas for the chocolate.*

4. *In place of* (*as a substitute for, on behalf of*).

Acepto el dinero por José.	*I'll accept the money for (on behalf of) José.*
Juan está trabajando por Jaime en la farmacia.	*Juan is working for (instead of, as a substitute for) Jaime at the pharmacy.*

5. The equivalent of *through, around, by,* or *along.*

José caminó por la calle principal.	*José walked along the main street.*
Pasaron por la casa a las ocho.	*They came by the house at eight o'clock.*
Tomás no podía ver mucho por la ventana.	*Tomás couldn't see much through the window.*
Hablaron por teléfono.	*They talked by telephone (on the telephone).*

6. The object of an errand.

Pepito fue a la panadería por pan.	*Pepito went to the bakery for bread.*
Vine por el libro.	*I came for the book.*
Vendré por ti a las siete.	*I'll come for you at seven o'clock.*

7. Number, measure or frequency (*per*).

Venden los huevos por docena.	*They sell eggs by the dozen.*
Van a ochenta kilómetros por hora.	*They are going eighty kilometers per hour.*
Nos visitan tres veces por año.	*They visit us three times a year.*

B. **Para** is generally used to express:

1. Intended recipient (*for someone or something*)

Esto es para ti y aquello para Jorge.	*This is for you and that is for Jorge.*
Trabajo para el señor Suárez.	*I work for Mr. Suárez.*
Lo hizo para José.	*He (she) made it for José.*

2. Direction (*toward*)

Salieron para España ayer.	*They left for Spain yesterday.*

3. Purpose (*in order to*)

Juan vino aquí para trabajar.	*Juan came here in order to work.*

4. Lack of correspondence in an expressed or implied comparison.

Pedrito es muy inteligente para su edad.	*Pedrito is very intelligent for his age.*
¡Él es muy viejo para ti!	*He is very old for you (in comparison)!*

5. A specific event or point in time.

Tienen que leer la lección para el jueves.	*You have to read the lesson by Thursday.*
Iré a visitarte para Navidad.	*I will visit you for Christmas.*

6. The use for which something is intended.

Esta taza es para café.   *This cup is for coffee.*
Compré el vino para la fiesta.   *I bought the wine for the party.*

EJERCICIOS

1. Answer the following questions using **por** with the words or phrases in parentheses.

¿Por quién lo hizo? (José) → **Lo hizo por José.**

1. ¿Por quién lloraba? (su mamá)
2. ¿Por dónde caminaron? (las calles de Pamplona)
3. ¿Por qué lo hizo? (el dinero)
4. ¿Por qué se murió? (no comer)
5. ¿Por quién preguntaron? (la señorita)
6. ¿Cuándo trabajan? (la mañana)
7. ¿Por cuánto tiempo se va? (tres meses)
8. ¿Por cuánto la vendieron? (sesenta pesos)
9. ¿Por quién vienen? (ti)
10. ¿Por qué fue a la tienda? (huevos)

2. Give the Spanish equivalent.

1. They did it for love.   2. We bought it for 50 pesos.   3. We came through the Pyrenees.   4. Why are you sad?   5. He's coming for (on behalf of) his father.   6. She went for (to get) the bullfighter.   7. We are going fifty kilometers an hour.   8. That's why I can't tell it to you.

3. Answer the following questions using **para** with the word or words in parentheses.

¿Para quién es esta carta? (Margarita) → **Es para Margarita.**

1. ¿Para dónde van los jóvenes? (los Pirineos)
2. ¿Es grande Pedro? (su edad)
3. ¿Para qué vinieron los ingleses? (cenar con nosotras)
4. ¿Para cuándo necesita él la bicicleta? (la semana próxima)

5. ¿Para quién escribes? (el periódico)
6. ¿Para qué compró el auto? (ir al lago los domingos)
7. ¿Cuándo vendrá? (la Navidad)
8. ¿Para qué vamos a la universidad? (aprender español)

4. Give the Spanish equivalent.

1. They work for an international company. 2. These tickets are for Adolfo. 3. He'll bring it by Wednesday. 4. She speaks very well for a foreigner. 5. This present is not for you. 6. We come here to hear him sing. 7. How much money is needed to buy an airplane? 8. This cup is for tea.

5. Complete the following sentences with **por** or **para**.

1. Me dio veinte dólares _____ comprar el abrigo.
2. Le dolían los huesos. _____ eso no vino.
3. Alicia vino a Pamplona _____ ir a las corridas.
4. Estos dos pasajes son _____ Jorge.
5. La muchacha fue a la panadería _____ pan.
6. Estaremos en San Pedro _____ dos semanas.
7. No me llamaron _____ ayudarlos.
8. Pasaron _____ la casa a las cinco _____ invitarme a una fiesta.
9. ¿Cuánto pagaste _____ esa falda _____ tu hermana?
10. Esa mesa no es _____ mí; es muy grande _____ mi apartamento.
11. _____ llegar a su casa, hay que pasar _____ el parque.
12. Juan pagó _____ mí porque yo no tenía el dinero _____ el pasaje.

PREGUNTAS

1. ¿Va usted por libros a la biblioteca? 2. ¿Adónde va por pan?
3. ¿Para qué viene usted a esta clase? 4. ¿Adónde va usted para divertirse? 5. ¿Sabe lo que es un kilo? ¿Qué se vende por kilo?
6. ¿Qué hace usted por las mañanas? ¿Y por las tardes? 7. ¿Ha salido con alguien muy viejo (-a) para usted? 8. ¿Ha hecho algo estúpido por amor? 9. Si tiene empleo, ¿para quién trabaja?

III. CARDINAL NUMBERS 100 AND ABOVE

En la agencia de viajes

(1) ENRIQUE: Buenas tardes.

(2) EL AGENTE: Buenas tardes, señor.

(3) ENRIQUE: ¿Cuánto cuesta un pasaje a Mazatlán en avión?

(4) EL AGENTE: *Ochocientos* pesos, ida y vuelta.

(5) ENRIQUE: ¿Y en tren?

(6) EL AGENTE: *Quinientos* pesos.

(7) ENRIQUE: ¿Y en ómnibus?

(8) EL AGENTE: *Doscientos cincuenta* pesos. Y si usted va a pie, no le cuesta nada.

1. ¿Adónde quiere ir el señor? 2. ¿Cuánto cuesta un pasaje de ida y vuelta en avión? ¿En tren? ¿En ómnibus?

100	cien(to)	600	seiscientos
101	ciento uno	700	setecientos
200	doscientos	800	ochocientos
300	trescientos	900	novecientos
400	cuatrocientos	1.000	mil
500	quinientos	1.000.000	un millón (de)

A. Before all nouns and before the number **mil** *(one thousand)*, **cien** is used to mean *one hundred*.

cien chicos	*100 boys*	cien mil hombres	*100,000 men*
cien puertas	*100 doors*	cien mil promesas	*100,000 promises*

B. **Ciento** is used in all other cases. **Ciento** does not have a feminine form. However, the numbers 200–900 do agree with a noun in gender. **Doscientos** becomes **doscientas** before a feminine noun.

ciento una bibliotecas *101 libraries*
ciento un cursos *101 courses*
ciento cincuenta muchachas *150 girls*
ciento noventa muchachos *190 boys*

At the Travel Agency

(1) Good afternoon. (2) Good afternoon, sir. (3) How much does a ticket to Mazatlán cost by plane? (4) Eight-hundred pesos, round trip. (5) And by train? (6) Five-hundred pesos. (7) And by bus? (8) Two-hundred and fifty pesos. And if you go by foot, it won't cost you anything.

doscientas ciudades   *200 cities*
cuatrocientos diez libros   *410 books*
quinientas cuatro personas   *504 people*

C. **Un millón** *(one million)* is followed by **de** before a noun. The plural is **millones.**

Hay un millón de personas aquí.   *There are a million people here.*
Ella tiene tres millones de   *She has three million dollars.*
   dólares.

D. To express numbers above 1,000, **mil** is always used.

mil novecientos ochenta y cuatro   *1984*
mil sesenta y seis   *1066*
dos mil uno   *2001*
dos mil treinta y tres   *2033*

In expressing dates, the month and year are connected by **de.**

el trece de enero de mil ocho-   *January 13, 1863*
   cientos sesenta y tres
el ocho de diciembre de mil   *December 8, 1941*
   novecientos cuarenta y uno
el 28 de febrero de 1938   *February 28, 1938*
el 4 de julio de 1990   *July 4, 1990*

EJERCICIOS

1. Read the following in Spanish:

250 + 150 = 400 → **doscientos cincuenta más ciento cincuenta son cuatrocientos**
300 − 100 = 200 → **trescientos menos cien son doscientos**

1. 50 + 50 = 100
2. 320 + 210 = 530
3. 960 − 605 = 355
4. 1000 − 875 = 125
5. 1.000.000 − 7.000 = 993.000

2. Read the following in Spanish.

1. 1066	4. 1860	7. 1588	10. 2001
2. 1492	5. 1945	8. 1619	
3. 1776	6. 1910	9. 1977	

3. Write out each of the following numbers.

1. 750 pesos
2. 318 calles
3. 452 tiendas
4. 1.001 noches
5. 846 puertas

6. 924 chicos
7. 179 hoteles
8. 519 colombianos
9. 1.000.000 promesas
10. 230 piedras

PREGUNTAS

1. ¿Cuánto cuesta un auto nuevo?   2. ¿Cuánto cuesta un pasaje en avión a México?   3. ¿Cuántas personas viven en los Estados Unidos? 4. ¿Qué día es hoy?   5. ¿En qué año se quiere usted casar?

Actividades

ENTREVISTA

Ask a classmate the following questions. Then report the information to the class.

1. ¿Te gustaría ir a Pamplona para las fiestas de San Fermín? ¿Correrías en el encierro?
2. ¿Te gustaría viajar por Europa en bicicleta? ¿Harías el viaje en tren?
3. ¿Fumas cigarrillos? ¿Cigarros? ¿La pipa? ¿Le has prometido a alguien que no fumarías más?
4. ¿Apoyarías a una mujer para presidente de los Estados Unidos?
5. ¿Saldrías con alguien muy viejo (-a) para ti?

MIS ÚLTIMOS DESEOS

If you found out that you had only ten days to live, what would you do? Write five sentences, each one stating an **último deseo** and each one using the conditional tense.

TERCER REPASO

I. ADDITIONAL TENSES IN SPANISH

A. The following are some additional tenses and forms of Spanish verbs.

1. The imperfect

   a. Regular -ar verbs (**entrar**): **entraba, entrabas, entraba, entrábamos, entrabais, entraban**

   b. Regular -er and -ir verbs (**hacer**): **hacía, hacías, hacía, hacíamos, hacíais, hacían**

   c. Three irregular verbs:
      ir: **iba, ibas, iba, íbamos, ibais, iban**
      ser: **era, eras, era, éramos, erais, eran**
      ver: **veía, veías, veía, veíamos, veíais, veían**

2. The progressive

   a. Present progressive (**salir**): **estoy saliendo, estás saliendo, está saliendo, estamos saliendo, estáis saliendo, están saliendo**

   b. Past progressive (**pintar**): **estaba pintando, estabas pintando, estaba pintando, estábamos pintando, estabais pintando, estaban pintando**

   c. Present participles with a stem-change: **diciendo, divirtiendo, pidiendo, prefiriendo, siguiendo, sirviendo, durmiendo, muriendo, pudiendo**

3. The perfect

   a. Present perfect (**dar**): **he dado, has dado, ha dado, hemos dado, habéis dado, han dado**

   b. Past perfect (**tener**): **había tenido, habías tenido, había tenido, habíamos tenido, habíais tenido, habían tenido**

   c. Irregularly formed past participles: **abierto, cubierto, dicho, escrito, hecho, ido, muerto, puesto, resuelto, visto, vuelto**

4. The future

   a. Regular -ar, -er, and -ir verbs (**viajar**): **viajaré, viajarás, viajará, viajaremos, viajaréis, viajarán**

b. Irregular future stems (with regular future endings): **diré, habré, harás, podrás, pondrá, querrá, sabremos, saldremos, tendréis, valdrán, vendrán**

5. The conditional

　a. Regular -ar, -er, and -ir verbs (**discutir**): **discutiría, discutirías, discutiría, discutiríamos, discutiríais, discutirían**

　b. Irregular stems (with regular conditional endings): **diría, habría, harías, podrías, pondría, querría, sabríamos, saldríamos, tendríais, valdrían, vendrían**

B. Change the verb in the following sentences to the tense indicated in parentheses.

(Imperfect)

1. La ciudad es un importante centro cultural.
2. El autobús entra a la ciudad de Toledo.
3. Tengo ganas de ir a comprar vino.

(Present progressive)

4. Duerme la siesta.
5. Nos vemos en este mismo momento.
6. ¿Por qué lloras?

(Present perfect)

7. Eva y su novio visitan las ruinas de Machu Picchu.
8. No vemos el sol por la niebla.
9. Me pongo el abrigo.

(Future)

10. Damos un paseo por el museo.
11. Puedes descansar aquí.
12. Ese cuadro es de El Greco.

(Conditional)

13. ¿Me cuentas algo, abuelita?
14. Podemos subir los volcanes del Ecuador, ¿no?
15. Usted debe ir a los mercados de San Roque.

C. Using sentences 1, 4, 7, 10, and 13 above, change the verb to the preterite tense.

II. THE PRETERITE AND THE IMPERFECT

A. Four tenses which serve to convey past actions or events have been presented: the preterite (**hablé**), the imperfect (**hablaba**), the present perfect (**he hablado**), and the past perfect (**había hablado**). Two of these tenses require special attention: the preterite and the imperfect.

   1. The preterite tense emphasizes the completion of an action and is used to pinpoint actions and events at some point in the past: **Entré en la cafetería. Primero comí, después pagué, por fin salí.**
   2. The imperfect emphasizes the duration or repetition of a past action or event: **Los surrealistas creían que sus ideas eran nuevas.**

B. Read the following narration in English. Then complete the same narration in Spanish using the imperfect or preterite tense, as appropriate. State the reasons for your choices.

Yesterday I called a woman who had a car for sale. She came to pick me up and took me to her house. The car was old but seemed to be in good condition. Much to my surprise I found out that the woman's husband knew my husband since they worked together many years ago. I ended up buying the car. I wrote her a check and left.

Ayer (llamar) _____ a una señora que (tener) _____ un auto de venta. Ella (venir) _____ a recogerme y me (llevar) _____ a su casa. El auto (ser) _____ viejo pero (parecer) _____ estar en buenas condiciones. Para mi sorpresa (saber) _____ que el marido de la señora (conocer) _____ al mío, pues hace muchos años (trabajar) _____ juntos. (Acabar) _____ por comprar el coche. Le (escribir) _____ un cheque y me (ir) _____.

III. THREE USES OF THE SPANISH REFLEXIVE

A. Review the following uses of the reflexive pronoun(s):

   1. Active subject

      The reflexives **me, te, se, nos, os,** and **se** are used with certain verbs and show that the subject of the sentence carries out the action indicated by the verb: **Nos divertimos mucho en el apartamento de Andrea y después nos fuimos a casa.**

2. Passive subject

The subject does not actively carry out the action but rather receives the action passively or else is not specifically mentioned. In this construction, **se** is used with a verb in the third person singular or plural: **Aquí se venden frutas.**

3. Unplanned occurrences

The construction **se** + indirect object + verb (third person singular or plural) is used to express occurrences which are unplanned or unexpected. **Se me perdió el pasaporte.**

B. Complete the following groups of sentences with one of the verbs listed in parentheses in its correct form. Use the present or preterite tense according to the context.

(Active subject: **callarse, llamarse, sentarse, darse cuenta de**)

1. El artista que pintó la «Vista de Toledo» _____ El Greco.
2. ¡Cómo habla el tipo! Nunca _____ la boca.
3. Podemos _____ en aquella mesa, ¿de acuerdo?
4. Cuando lo miré, _____ que el cuadro era una obra maestra.

(Passive subject: **verse, decirse, venderse, poderse**)

5. En este mercado _____ santos de madera a un precio razonable.
6. ¡Hola, buenos días! ¿_____ entrar?
7. Esta mañana no _____ el sol por la niebla que hay.
8. Cuando una persona duerme mucho _____ que duerme como una piedra.

(Unplanned occurrences: **olvidársele, perdérsele**)

9. A mí _____ que hoy es el primer día de las fiestas de San Fermín.
10. Adolfo, ¿no dijiste que _____ cien pesetas y que no sabes dónde están?

IV. *POR* AND *PARA*

A. Review the following uses of **por** and **para**.

1. **Por** is generally used to express:

a. cause or motive: **Lo hice por ti.**
b. duration or time: **Duermo por la noche.**

c. exchange: **Yo no haría ese viaje por nada del mundo.**
   d. equivalent of *through, around, by,* or *along:* **Tomás miraba por la ventana.**
   e. object: **Pepito salió por pan.**
   f. equivalent of *per:* **¿Cuánto dinero te pagan por semana?**

2. **Para** is generally used to express:

   a. destination: **He comprado esta planta para mi madre.**
   b. direction: **¿Cuándo sales para Cuernavaca?**
   c. purpose or use: **Este alcohol no es para beber.**
   d. lack of correspondence: **Para una muchacha liberada, eres bastante sexista.**
   e. point in time: **Para el lunes, ya estarán en Nueva York.**

B. Complete the following sentences with **por** or **para**. State why you have chosen either preposition.

   1. Una turista norteamericana nos interrumpió _____ pedirnos informes.
   2. Me interesa la Sinagoga del Tránsito _____ que soy judía.
   3. ¿Es realmente necesario estar en la joyería _____ dos horas?
   4. Dígame, Héctor, ¿usted se va a quedar aquí _____ mucho tiempo?
   5. ¿Quieres dar un paseo _____ la Avenida de la Independencia?
   6. _____ extranjera, tiene buen acento.
   7. La ley dice que no debemos exceder una velocidad de 55 millas _____ hora.
   8. He venido a esta tienda _____ el té de coca que aquí se vende.
   9. Abuelita me dijo que este juguete era _____ mí.
   10. Me gusta viajar _____ las altas montañas del Ecuador.

V. QUESTIONS FOR CONVERSATION

1. A ti ¿qué te gusta hacer los sábados? Si es que te gusta salir, ¿va alguien contigo?
2. Para novio (o novia), ¿prefieres los rubios (las rubias) o los morenos (las morenas)? ¿Es más importante el color del pelo o la personalidad?
3. ¿Cuánto tiempo hace que asistes a esta escuela o universidad? ¿Cuándo te graduarás? ¿Qué hacías hace dos años?

4. Para ti, ¿qué es lo bueno de la primavera? ¿del verano? ¿del otoño? ¿del invierno? ¿Qué es lo que más te gusta hacer durante cada estación del año?

VI. SUPPLEMENTARY TRANSLATION EXERCISE

1. I've known Martha for four years. I met her in Mexico.
2. The good thing about Spanish is that it's so interesting.
3. This city is for me! It's always been an important cultural center.
4. We've just heard the news that Hector got married two days ago. Great!
5. Hector's family is probably (not **probablemente**) very happy, but one never knows.
6. What the world needs now is love.
7. The accident has affected me very much, physically as well as economically.
8. You promised me yesterday that you wouldn't smoke any more, and you're smoking right now.

CAPÍTULO *Diecinueve* 19

EL NACIMIENTO

Querétaro:

OBJECTIVES

Language: In this chapter we introduce, discuss, and practice:
1) the subjunctive mood and formation of the present sub-junctive of regular verbs
2) the present subjunctive of irregular, orthographic, and stem-changing verbs
3) additional command forms

Culture: The dialogue takes place in Querétaro, a town in Mexico, during the Christmas festivities. You will learn something about how Christmas is celebrated in Mexico.

las posadas

Don Antonio, un español de 75 años, está en el pueblo de Querétaro, México, visitando a su hija, su yerno mexicano y sus dos nietos. Es época de Navidad. Varias familias se han reunido en la casa de unos vecinos para celebrar las posadas.[1]

LA VECINA:	Buenas noches. Entren, por favor. Están en su casa.[2]
DON ANTONIO Y SU HIJA:	Muy buenas.
LA HIJA:	¡Qué bonitas están las decoraciones! Mira el nacimiento,[3] papá.
DON ANTONIO:	Está muy lindo. Esta noche voy a ver las famosas posadas de México.
LA VECINA:	Siéntese usted aquí, Don Antonio, y las verá muy bien.
DON ANTONIO:	Muchas gracias. Y como no sé mucho, les pido que me expliquen el origen de esta celebración. Dicen que es una costumbre muy pintoresca.
LA HIJA:	Y muy típica de México. Se cree que viene de la época de los aztecas.
LA VECINA:	Escuchen. Ya han empezado las canciones.

Dos hombres están cantando; uno hace el papel de San José y el otro hace el papel del dueño de casa.

SAN JOSÉ:	En nombre del cielo, danos posada. Ábrele la puerta a mi esposa amada.

EL DUEÑO:	Aquí no hay mesón.
	Sigan adelante.
	Ya no me hables más,
	¡ladrón o tunante![4]

Una hora después. Las canciones han terminado.

EL VECINO:	Bueno, pasen al comedor. La comida está en la mesa.
LA VECINA:	Sí, entremos y comamos. ¡Que traigan la piñata![5]
LA HIJA:	Me pregunto quién será el padrino para el año que viene.[6]
LA NIETA:	Abuelo, ¡despiértate! No duermas más.
DON ANTONIO:	¿Cómo? ¿Qué pasa? Oh, yo no estaba dormido, preciosa. Estaba rezando.
LA NIETA:	Mira la piñata, abuelo. Es grande. ¿Tienen piñatas en España?
DON ANTONIO:	No, mi tesoro.
EL NIETO:	¡Pobres niños españoles!
LA NIETA:	¿Nos has traído algún regalo, abuelo?
DON ANTONIO:	Venid acá. Mirad.[7]
LOS NIETOS:	¡Chocolates!
DON ANTONIO:	Tomadlos pero no comáis demasiados ahora. No quiero que vuestra madre se enoje conmigo.
EL NIETO:	Gracias. ¡Eres un abuelo estupendo!

DECORACIONES DE NAVIDAD

VOCABULARIO

dormirse (ue) *to go to sleep*
enojarse *to get mad, become angry*
explicar *to explain*
preguntarse *to wonder*
rezar *to pray*

el **comedor** *dining room*
el **nacimiento** *crêche*
la **Navidad** *Christmas*
el **nieto** *grandson*
la **nieta** *granddaughter*
los **nietos** *grandchildren*

el **padrino** *godfather*
el **papel** *role*
el **tesoro** *treasure*

amado(-a) *beloved*
demasiado (-a) *too many*
pintoresco (-a) *picturesque*

adelante *ahead, forward*
hacer el papel de *to take the role of*
¡Que traigan la piñata! *Have them bring the piñata!*

NOTAS CULTURALES

1. The **posadas** (literally *the inns*) are Christmas celebrations in Mexico commemorating the search of Joseph and Mary for lodging during their journey to Bethlehem. The festivities are held on nine consecutive nights, beginning on December 16 and ending on Christmas Eve. Nine families usually participate, with each family sponsoring one evening. The celebration begins around eight o'clock with prayers and songs; then the company divides into two groups, one group acting as Joseph and Mary seeking lodging on the journey to Bethlehem, the other acting as the innkeepers. The groups converse in rich, traditional poetry sung to haunting folk melodies. At the end of each evening the identity of those seeking shelter is revealed, they are admitted to the "inn," and there is much celebrating. For the first eight nights there are fruits, nuts, candies, and punch; on Christmas Eve the host family for that year provides a large dinner after midnight mass. Perhaps nowhere else in the world is Christmas celebrated with such enthusiasm and pageantry. The origin of the custom is said to be in an Aztec ceremony which a Spanish priest, Diego de Soria, adapted to Christian purposes. This deep cultural heritage contributes to a strong community life.

2. This is the traditional greeting by which a host in the Hispanic world welcomes a guest, usually for the first time, into his home. It means *You are in your own house.*

3. In the house of the host family is a **nacimiento,** or nativity scene, with the manger, the landscape of Bethlehem with traditional pine boughs, the star of the East, the animals, and, of course, statues of Mary and Joseph. Every **nacimiento** has nine moss-covered levels or steps. Each night of the **posadas** the statues (usually very intricately carved) are moved up one level after the group taking the role of pilgrims has been admitted to the home of the host family. Thus, the holy family symbolically arrives at the manger at the same time the community celebrates Christmas Eve.

4. *In the name of Heaven,*
   give us shelter.
   Open the door
   to my beloved wife.

   There is no inn here.
   Continue (on your search).
   Speak to me no further,
   thief or rogue.

5. A **piñata** for the children is part of every night of the **posadas.** The **piñata** is a brightly colored figure made of tissue paper, usually in the shape of an animal or toy, which contains a clay jug full of fruits, candies, and coins. The children take turns at being blindfolded and trying to break the **piñata** with a bat. When it is finally broken, the contents spill out and all the children leap upon them happily.

6. On Christmas Eve, the figurine of the child Jesus is rocked to sleep, and godparents (**padrinos**) are chosen from among the guests. They will be the host family of the next year's **posadas.**

7. Since Don Antonio is from central Spain, he uses the **vosotros** command forms when he addresses the children; these forms are not used by people from other parts of the Hispanic world.

PREGUNTAS

1. ¿A quiénes está visitando don Antonio? 2. ¿Para qué se han reunido varias familias? 3. ¿Le gusta a don Antonio el nacimiento? ¿Cómo dice que está? 4. ¿Qué pide don Antonio que le expliquen? 5. ¿De qué época viene la costumbre de las posadas? 6. ¿Qué papeles hacen los dos hombres que cantan? 7. ¿Qué quiere San José que le den? 8. ¿Qué se pregunta la hija de don Antonio? 9. ¿Tienen piñatas en España? ¿En los Estados Unidos? 10. ¿Qué regalo les ha traído don Antonio a sus nietos?

Explicación

I. THE PRESENT SUBJUNCTIVE OF REGULAR VERBS

Most of the tenses that have been presented in this book have been in the *indicative* mood. In this chapter, the *subjunctive* mood is introduced. While the indicative mood is used to state facts or ask direct questions, the subjunctive is used after certain expressions that imply emotion, doubt, improbability, or unreality. It is also used for indirect commands or requests. Here are some examples of the subjunctive mood in English.

> Sally wishes that Tom *were* going.
> It is necessary that the Smiths *be* there.
> Mary's mother asks that she *spend* more time at home.
> If I *were* rich, I would travel all the time.

The subjunctive is used in Spanish far more frequently than in English. It is used mainly with certain expressions that indicate uncertainty, doubt, desire, possibility, emotion, necessity, and with indirect commands or requests. In this chapter, we will limit the use of the subjunctive to requests with **mandar** *(to order)*, **pedir** *(to ask, request)*, **querer** *(to wish, want)*, and **prohibir** *(to prohibit, forbid)*.

(1) PEDRITO: Papá, quiero organizar una protesta pública con los otros niños del barrio.

(2) EL PADRE: ¿Pero por qué?

(3) PEDRITO: Porque todos ustedes—tíos, abuelos, padres —siempre nos mandan que *estudiemos*, que *comamos*, que *abramos* la boca, que nos *lavemos* las manos, que . . .

(4) EL PADRE: ¿Por qué dices todo eso, Pedrito?

(5) PEDRITO: Pues porque ya estoy cansado de escuchar «Pedrito, no quiero que *dejes* tus estudios para más tarde», «Pedrito, te pido que *escribas* una carta a tu abuela», «Pedrito, te prohíbo que *mires* la televisión ahora», «Pedrito, quiero que *estudies* . . . ».

(6) EL PADRE: Pero así aprendes, Pedrito.

(7) PEDRITO: ¡Aprendo que no hay justicia en este mundo!

1. ¿Qué quiere organizar Pedrito? ¿Con quién? 2. ¿Qué hacen los tíos, abuelos y papás, según Pedrito? 3. ¿De qué está cansado Pedrito? 4. Según el padre, ¿por qué hay que hacer todo eso? 5. ¿Qué aprende Pedrito?

A. To form the present subjunctive of regular -ar verbs, drop the ending -o from the first person singular (yo) of the present indicative and add the endings -e, -es, -e, -emos, -éis, -en. For -er and -ir verbs add the endings -a, -as, -a, -amos, -áis, -an. Notice that the usted and ustedes forms of the present subjunctive are the same as the usted and ustedes command forms and that the tú form is like the negative tú command form.

hablar		comer		vivir	
hable	hablemos	coma	comamos	viva	vivamos
hables	habléis	comas	comáis	vivas	viváis
hable	hablen	coma	coman	viva	vivan

Mis padres quieren que yo estudie literatura.	My parents want me to study literature (want that I study literature).
Te pido que hables más despacio.	I'm asking you to speak more slowly. (I'm asking that you speak more slowly.)
¿Me manda usted que escriba eso?	Are you telling (ordering) me to write that down? (Are you ordering that I write that down?)

(1) Dad, I want to organize a public protest with the other children in the neighborhood. (2) But why? (3) Because all of you—aunts and uncles, grandparents, parents— are always ordering us to study, to eat, to open our mouths, to wash our hands, to . . . (4) But why are you saying (all) this, Pedrito? (5) Well, because I am tired of hearing, "Pedrito, I don't want you to leave your studies for later," "Pedrito, I'm asking you to write a letter to your grandmother," "Pedrito, I forbid you to watch television now," "Pedrito, I want you to study . . .". (6) But in that way you learn, son. (7) I'm learning that there's no justice in this world!

Mamá y papá nos prohíben que
   miremos la televisión.

*Mom and Dad forbid us to
   watch (forbid that we watch)
   television.*

B. The infinitive is often used in English translation where the subjunctive must be used in Spanish. However, the infinitive is used in Spanish where there is no change of subject.

Quiero estudiar francés.
Quiero que Juan estudie
   francés.

I want to study French.
I want John to study French.

EJERCICIOS

1. Create new sentences, substituting the words or phrases in the list for the words or phrases in italics.

   a. Don Antonio quiere que *nosotros* estudiemos.
      1. ellos 2. yo 3. tú 4. ustedes 5. la niña

   b. El doctor no quiere que *tú* comas mucho.
      1. usted 2. ellas 3. la vecina 4. yo 5. nosotros

   c. Mi hermano me prohíbe que *yo* escriba la carta.
      1. tú 2. ustedes 3. nosotros 4. ellas 5. José

   d. Ella pide que *nosotros* nos levantemos.
      1. mis hermanos 2. yo 3. tú 4. los niños
      5. Pedrito

2. Restate, adding the request as in the example.

   Hablo muy lentamente. Me pide que . . . → **Me pide que hable muy lentamente.**

   1. Pedro mira la televisión ahora. No quiere que . . .
   2. Visitamos a nuestros abuelos. Nos mandan que . . .
   3. Pintas un cuadro abstracto. Te pide que . . .
   4. Vivo con Margarita. Me prohíben que . . .
   5. Usted lee demasiado. No quiere que . . .
   6. Les hablamos por teléfono. Nos prohíbe que . . .
   7. Los niños comen a las cinco. Quiero que . . .

8. Ellas viven contigo. Prohíbo que . . .
9. Lees cuarenta páginas. Te mando que . . .
10. Bebemos el agua. No quieren que . . .

3. Give the Spanish equivalent.

1. We want you (*ustedes*) to buy the food. 2. She is asking us to read the book. 3. The teacher is ordering Juan to study more. 4. Mrs. Sánchez wants you (*tú*) to arrive early. 5. They always prohibit us from writing in the books. 6. They request that Ana learn to drive. 7. She wants her children to live in her house. 8. Elena, I am asking you again to be quiet! 9. My parents forbid me from staying at my friend's house. 10. He wants you (*usted*) to listen to what he has to say.

PREGUNTAS

1. ¿Quiere usted que sus padres le escuchen más? 2. ¿Qué hace usted cuando un amigo le pide que le dé dinero? 3. ¿Quieren sus padres que usted les escriba cada semana? ¿Que les visite cada semana? ¿Que pase todas sus vacaciones con ellos? ¿Que estudie ciencias? ¿Que se quede en casa estudiando todas las noches? ¿Que se case lo más pronto posible?

DULCES

II. THE PRESENT SUBJUNCTIVE OF IRREGULAR, ORTHOGRAPHIC, AND STEM-CHANGING VERBS

(1)   ANTONIO: Mamá, quiero que *conozcas* a John. Acaba de llegar de California.

(2) SRA. LÓPEZ: Mucho gusto, John. ¿Qué tal el viaje?

(3)   JOHN: Un poco largo, pero interesante.

(4)   ANTONIO: ¿Quieres que *salgamos* para que *conozcas* la ciudad?

(5)   JOHN: Me encantaría, Antonio. Sabes, tengo que volver el viernes.

(6) SRA. LÓPEZ: ¡Imposible! ¡Mañana empiezan las posadas!*

(7)   ANTONIO: Te prohíbo que *pienses* volver tan pronto.

(8)   JOHN: Mis padres quieren que *vuelva*, Antonio.

(9)   ANTONIO: Pues, yo quiero que los llames y les *digas* que vas a pasar las Navidades con nosotros.

1. ¿A quién quiere Antonio que su mamá conozca? 2. ¿De dónde acaba de llegar John? 3. ¿Qué quiere hacer John? 4. ¿Cuándo debe volver John? ¿Por qué? 5. ¿Qué dice la madre de Antonio? 6. ¿Qué quiere Antonio que haga su amigo?

A. Verbs that have an irregularity in the first person singular of the present indicative carry this irregularity over into the subjunctive. The endings are regular.

*See **Nota cultural 1,** this chapter.

(1) Mama, I want you to meet John. He has just arrived from California. (2) Glad to meet you, John. How was the trip? (3) A little long, but interesting. (4) Do you want to go out so that you can get acquainted with the city? (5) I'd love to, Antonio. You know, I have to return Friday. (6) Impossible! Tomorrow the posadas begin. (7) I forbid you even to think about returning so soon. (8) My parents want me to return, Antonio. (9) Well, I want you to call them and tell them that you're going to spend Christmas with us.

decir		conocer		tener	
diga	digamos	conozca	conozcamos	tenga	tengamos
digas	digáis	conozcas	conozcáis	tengas	tengáis
diga	digan	conozca	conozcan	tenga	tengan

Other verbs that follow this pattern are:

conducir	**conduzc-**	salir	**salg-**
construir	**construy-**	traducir	**traduzc-**
destruir	**destruy-**	traer	**traig-**
hacer	**hag-**	valer	**valg-**
oír	**oig-**	venir	**veng-**
poner	**pong-**	ver	**ve-**

B. The following verbs are irregular:

dar		estar		haber	
dé	demos	esté	estemos	haya	hayamos
des	deis	estés	estéis	hayas	hayáis
dé	den	esté	estén	haya	hayan

ir		saber		ser	
vaya	vayamos	sepa	sepamos	sea	seamos
vayas	vayáis	sepas	sepáis	seas	seáis
vaya	vayan	sepa	sepan	sea	sean

C. Most stem-changing **-ar** and **-er** verbs retain the same pattern of stem change in the present subjunctive that they have in the indicative.

encontrar		poder	
encuentre	encontremos	pueda	podamos
encuentres	encontréis	puedas	podáis
encuentre	encuentren	pueda	puedan

entender		pensar	
entienda	entendamos	piense	pensemos
entiendas	entendáis	pienses	penséis
entienda	entiendan	piense	piensen

D. Stem changing **-ir** verbs that have a change in stem of **e** to **ie**, **e** to **i**, or **o** to **ue** in the present indicative follow the same pattern in the subjunctive with one additional change: in the **nosotros** and **vosotros** forms the **e** of the stem is changed to **i**; the **o** is changed to **u**.

sentir		**morir**		**dormir**	
sienta	sintamos	muera	muramos	duerma	durmamos
sientas	sintáis	mueras	muráis	duermas	durmáis
sienta	sientan	muera	mueran	duerma	duerman

pedir		**vestirse**	
pida	pidamos	me vista	nos vistamos
pidas	pidáis	te vistas	os vistáis
pida	pidan	se vista	se vistan

EJERCICIOS

1. Create new sentences, substituting the words or phrases in the list for the words or phrases in italics and making the necessary verb changes.

   a. Quiero que *tú* conozcas a Juan.
      1. mi mamá   2. mis padres   3. ustedes   4. mis primas   5. él

   b. ¿Quieres que *nosotros* salgamos a pasear?
      1. los niños   2. yo   3. tus primos   4. Isabel 5. tú y yo

   c. Prohíbo que *usted* diga eso.
      1. ustedes   2. tu amiga   3. tú   4. ellos   5. don Antonio

   d. Quieren que *ustedes* den dinero.
      1. don Antonio   2. tú   3. nosotros   4. yo   5. usted

   e. Pido que *tú* vayas con nosotros.
      1. usted   2. mi hermana   3. Antonio   4. María y José   5. ustedes

   f. Deseo que *los extranjeros* me entiendan.
      1. mi hijo   2. tú   3. ellas   4. la niña   5. todos

   g. Mandan que *nosotros* sirvamos la cena.
      1. tú   2. ustedes   3. la chica   4. yo   5. la señora

2. Restate, adding the request as in the example.

Vuelve temprano. Quiero que . . . → **Quiero que vuelva temprano.**

1. Le dice buenos días. Pide que . . .
2. Salen esta noche. Les mando que . . .
3. Sabemos la historia. Quieren que . . .
4. Me pide perdón. Su mamá manda que . . .
5. Se mueren de hambre. No quiero que . . .

3. Complete the sentences with the appropriate form of the verbs in parentheses.

1. Quieren que nosotros (ir) _____ a su casa.
2. Te pido que (traer) _____ a tu novio a mi fiesta.
3. Los médicos me prohíben que (pensar) _____ en las consecuencias posibles.
4. El jefe les manda a los hermanos que (construir) _____ una mesa de madera.
5. Queremos que tú nos (hacer) _____ un favor.
6. ¿Me pides que te (dar) _____ la dirección?
7. Su padre no quiere que mi amigo Carlos (conducir) _____ el auto.
8. ¡No puedes prohibirme que (volver) _____ tarde!
9. Mamá quiere que nosotros (estar) _____ aquí a las doce.
10. El gobierno prohíbe que (haber) _____ corrupción política y que los candidatos (ser) _____ deshonestos.

4. Give the Spanish equivalent.

1. I want you to be good, Miguelito.   2. Carla, ask your mother to give you ten dollars.   3. Why do they want us to learn all that? 4. The teacher orders us to translate the poem.   5. Her mother prohibits her from going out at night.   6. The Mendozas want me to go downtown and buy them some milk.   7. Are you (**usted**) asking him to bring his guitar?   8. The doctor asks her to get dressed. 9. Do you want it to be a nice day tomorrow?   10. They want us to tell the truth.

PREGUNTAS

1. ¿Qué quiere usted que la administración haga para mejorar la vida del estudiante en esta universidad? 2. ¿Debe la administración prohibir que haya huelgas (*strikes*) estudiantiles? 3. ¿Quieren los profesores que los estudiantes sepan las lecciones? ¿Que vengan a clase todos los días? ¿Que oigan bien la lección? 4. ¿Piden los profesores que sus estudiantes traigan los libros a la clase? ¿Que nunca vayan al laboratorio? ¿Que se queden en casa estudiando todas las noches? ¿Que duerman en clase? 5. ¿Mandan los profesores que los estudiantes pongan los pies sobre la mesa? ¿Que fumen cigarros en clase? ¿Que tomen cerveza?

III. ADDITIONAL COMMAND FORMS

En la gasolinera

(1) SEÑOR PAREDES: Buenos días. Cincuenta litros de gasolina corriente, por favor.
(2) MECÁNICO: ¿Necesita agua o aceite?
(3) SEÑOR PAREDES: No sé.
(4) MECÁNICO: *Abramos* el capó y *miremos* el motor. (. . .) Todo está en orden. ¡*Que le vaya bien*!

1. ¿Qué quiere el señor Paredes? 2. ¿Qué abre el mecánico? ¿Para qué? 3. ¿Está todo en orden?

A. As you have seen, the **usted** and **ustedes** command forms are the same as the **usted** and **ustedes** forms of the present subjunctive, and the negative **tú** command forms are the same as the **tú** form of the present subjunctive. Similarly, the **nosotros** form of the present subjunctive is equivalent to the first person plural command form; it corresponds to *Let's . . .* or *Let's not . . .* in English.

Hablemos. (No hablemos).   *Let's speak. (Let's not speak.)*

At the Gasoline Station

(1) Hello. Fifty liters of regular gasoline, please. (2) Do you need water or oil? (3) I don't know. (4) Let's open the hood and look at the motor. (. . .) Everything is fine. Good luck to you (may all go well with you)!

Comamos. (No comamos.)	*Let's eat. (Let's not eat.)*
Escribamos. (No escribamos.)	*Let's write. (Let's not write).*

One exception is the affirmative **Vamos** (*Let's go*). *Let's not go* is **No vayamos. Vamos a** + infinitive can also be used for this command form: **Vamos a comer.** *Let's eat.* Pronouns are added to the **nosotros** command forms just as they are added to other command forms. When **nos** is added to an affirmative command the final **-s** of the verb form is dropped.

Levantémonos. (No nos levantemos.)	*Let's stand up. (Let's not stand up.)*
Vámonos. (No nos vayamos.)	*Let's go. (Let's not go.)*
Mirémoslos. (No los miremos.)	*Let's look at them. (Let's not look at them.)*

B. Negative **vosotros** commands are the same as the **vosotros** forms of the present subjunctive.

No habléis.	*Do not speak.*
No comáis.	*Do not eat.*
No escribáis.	*Do not write.*
No os levantéis.	*Do not stand up.*

However, like affirmative **tú** commands, the affirmative **vosotros** commands do not correspond to any form of the present subjunctive. To form affirmative **vosotros** commands, drop the **-r** of the infinitive ending and add **-d:**

Hablad.	*Speak.*
Comed.	*Eat.*
Escribid.	*Write.*

The **-d** at the end of the verb is dropped before the reflexive **os** is added: **Levantaos.** *Get up.*

C. Indirect commands, introduced by **que,** are commands given indirectly to another person. The verb is in the subjunctive; it usually follows **que** and precedes the subject.

Que hable él. (Quiero que hable él).	*Let (have) him speak. (I want him to speak.)*
Que hablen ellos.	*Let them speak.*
Que escriban ellos la composición.	*Let (have, make) them write the composition.*
Que les vaya bien.	*May all go well with you.*

EJERCICIOS

1. Create new sentences, substituting the words or phrases in the list for the words or phrases in italics.

   a. En este caso, *comamos* ahora.
      1. salgamos   2. levantémonos   3. vámonos
      4. hablemos   5. durmamos

   b. No lo *hagamos*.
      1. digamos   2. veamos   3. construyamos
      4. pidamos   5. apoyemos

   c. Que *duerma* bien.
      1. oiga   2. estén   3. aprenda   4. salga   5. canten

2. Answer the questions in the affirmative, following the example.

   ¿Escuchamos la música? → **Sí, escuchémosla.**

   1. ¿Estudiamos la lección?
   2. ¿Bebemos la sangría?
   3. ¿Decimos la verdad?
   4. ¿Nos vamos ahora?
   5. ¿Comemos en la cafetería?
   6. ¿Salimos?

3. Answer the questions in the negative following the example.

   ¿Nos sentamos aquí? → **No, no nos sentemos aquí.**

   ¿Hacemos la sopa? → **No, no la hagamos.**

   1. ¿Escribimos la carta ahora?
   2. ¿Vamos al teatro?
   3. ¿Tomamos el tren de las seis?
   4. ¿Comemos temprano?
   5. ¿Nos ponemos el sombrero?
   6. ¿Les damos los chocolates?

PREGUNTAS

1. ¿Qué quiere usted que hagamos hoy? ¿Leemos algo en español?
2. ¿Quiere que hablemos de películas o que cantemos?   3. ¿Quiere que tomemos café después de la clase?

Actividades

INTERCAMBIOS

Use the **usted** form of the verbs in asking and answering the following questions.

Señor Herrera, pregúntele a la *señorita Santos:*

1. si quiere que salgamos a pasear
2. si quiere que leamos algún cuento español
3. si quiere que sus novios (-as) le den flores
4. si va a pedirle al profesor que cante "Las posadas"

Señorita Santos, contéstele:

1. que no, que quiere que hablemos español
2. que no, que quiere que leamos un poema de José Martí
3. que sí, y que le traigan chocolates también
4. que no, que va a pedirle que le explique otra vez el subjuntivo

ENTREVISTA

Ask a classmate the following questions. Then report the information to the class.

1. ¿Crees que el gobierno debe pedirnos que conservemos energía? ¿Que no compremos gasolina? ¿Que usemos menos gasolina? ¿Que conduzcamos a menos de 55 millas por hora?

2. ¿Debe el gobierno prohibir que critiquemos al presidente? ¿Mandar que apoyemos a un candidato presidencial con dinero? ¿Mandar que votemos en cada elección?
3. ¿Celebras las Navidades en tu casa? ¿Qué hace tu familia? ¿Tienen ustedes un árbol de Navidad? ¿Una piñata? ¿Van a la misa del gallo *(midnight mass)*?
4. ¿Celebras tu cumpleaños con un pastel? ¿Con una fiesta? Por lo general, ¿qué haces el día de tu cumpleaños?
5. ¿Celebras el Día de Gracias en tu casa con una gran cena? ¿Se reúnen ese día tus padres, tíos, abuelos y otros parientes?

Y USTED, ¿QUÉ CREE?

Complete each of the following sentences.

1. El gobierno debe prohibir que _____.
2. El gobierno debe mandar que _____.
3. La administración de esta universidad debe pedir a los profesores que _____.

SITUACIÓN

Complete the following dialogue.

En la gasolinera

(1)   MECÁNICO: ¿En qué puedo servirle, señor?
(2) SEÑOR GARCÍA: Quiero que usted _____ (mirar) el motor, para ver si este auto anda bien.
(3)   MECÁNICO: Bueno, _____ (abrir) el capó y miremos el motor. ¿Quiere que _____ (mirar) el aceite *(check the oil)*?
(4) SEÑOR GARCÍA: No, creo que está bien. Pero quiero que _____ (poner) agua en el radiador, por favor.
(5)   MECÁNICO: Por supuesto, y en la batería también.
(6) SEÑOR GARCÍA: Y _____ (llenar) el tanque con gasolina corriente. (. . .)
(7)   MECÁNICO: Su auto está listo ahora. ¡Que le _____ (ir) bien!

LAS FIESTAS

A los hispanos les gustan las fiestas y los espectáculos. En cada comunidad se celebran, anualmente, varias fiestas para conmemorar fechas familiares, nacionales o religiosas. En este pueblo de Guatemala los indios, vestidos de conquistadores españoles o de jefes indígenas, participan en una representación de la conquista. La fiesta es una ocasión muy especial para los habitantes de las regiones pobres y remotas. Durante un tiempo pueden olvidar su vida cotidiana de trabajo y miseria e identificarse con las ricas tradiciones del pasado.

anualmente *yearly*   conmemorar *commemorate*   vestidos de *dressed as*
cotidiana *daily*   identificarse *identify themselves*

En España y en ciertos países de Hispanoamérica una parte importante de muchas fiestas cívicas o religiosas es la corrida de toros. Generalmente los extranjeros la consideran como un deporte, pero para el hispano es un espectáculo o un rito, que tiene valor técnico, estético y espiritual. La corrida, también llamada «fiesta brava», básicamente simboliza el drama íntimo y personal de todo ser humano al enfrentarse con la muerte.

La corrida empieza con el desfile de los toreros con sus adornados y elegantes trajes. Hay tres clases de toreros: los picadores, los banderilleros y los matadores, y cada uno tiene un papel distinto. Luego, el toro entra en la plaza y la lucha comienza. La corrida se compone de tres partes diferentes, durante las cuales los toreros tratan de descubrir los puntos fuertes y débiles del toro por medio de una serie de movimientos tradicionales y exactos. Pero el toro también aprende a defenderse. Así, cuando la corrida es buena, es prácticamente un duelo, tanto intelectual como físico, entre el hombre y el animal. A veces los espectadores aplauden al torero, otras al toro. Cuando llega el momento más importante, llamado por los aficionados «el momento de la verdad», el torero se enfrenta con el toro y si es un torero excelente lo mata inmediatamente con un solo movimiento de la espada.

extranjeros *foreigners*   valor *value*   íntimo *intimate*   todo ser humano *every human being*   al enfrentarse *upon confronting* desfile *parade*   trajes *costumes*   papel *role*   lucha *fight* se compone *is composed*   tratan de descubrir *try to discover*   puntos fuertes y débiles *strong and weak points*   por medio de *through* duelo *duel*   aficionados *fans*   solo *single*   espada *sword*

La mayoría de la gente hispana es católica y, por lo tanto, las fiestas católicas se celebran con mucho entusiasmo. Cada pueblo o ciudad tiene su santo patrón o santa patrona y cada año se organiza una fiesta para honrar su día. También, cada persona tiene, generalmente, un día muy personal en que celebra su santo, el día del santo cuyo nombre lleva. Así, por ejemplo, el santo de Teresa es el 15 de octubre, día de Santa Teresa de Jesús. El Santo de José es el 19 de marzo, día de San José. Es común celebrar ese día con un almuerzo o una cena especial.

mayoría *majority*   por lo tanto *therefore*   santo patrón *patron saint*
honrar *honor*

Una de las festividades religiosas más conocidas es la celebración de la Semana Santa (semana que conmemora la pasión de Jesucristo) en Sevilla. La semana anterior al domingo de Pascua toda la ciudad se

Semana Santa *Holy Week*   anterior al domingo de Pascua *before Easter Sunday*

transforma. Se adornan las casas con mantos negros, estatuas y flores.
Todos los cines dan películas sobre la pasión. Los niños se visten de
ángeles o de Jesús y muchos adultos se ponen la ropa violeta del
penitente. Hay procesiones lentas y silenciosas de enormes «pasos»
(plataformas decoradas con estatuas que representan escenas religiosas) que a veces pesan más de 3.000 kilos. Estos pasos no están
montados en automóviles. Son cargados por los hombres de Sevilla,
vestidos de penitentes. Luego, el tono cambia de la tristeza a la alegría
cuando, una semana después de la Pascua, se celebra una gran feria
con bailes, carreras de caballos, corridas de toros, música y fuegos
artificiales.

se adornan *they decorate*   mantos *large mantillas*
se visten de *dress as*   ropa violeta *purple clothing*   pesan *weigh*
montados en *mounted on*   cargados por *carried by*   feria *fair*
carreras de caballos *horse races*   fuegos artificiales *fireworks*

En las fiestas religiosas de los pueblos pequeños y remotos de la América Hispana se encuentra, muchas veces, una mezcla curiosa de cristianismo y paganismo. Así, por ejemplo, en algunas partes del Perú y de Bolivia, la gente honra simultáneamente a la Virgen María y a la Pachamama, o Madre-Tierra de la religión indígena. Los indios bolivianos de la foto son del pueblo de Oruro, famoso por su «fiesta de la diablada». Llevan máscaras que representan al mismo tiempo a los antiguos demonios de los Andes y a los diablos cristianos. La diablada es un baile que simboliza la eterna lucha entre el bien y el mal. Después de una procesión, los demonios empiezan a representar, por medio de un baile agitado y dramático, los siete pecados capitales: la pereza, la glotonería, la sensualidad, etc. Luego, salen a matarlos hombres vestidos de ángeles y la ceremonia termina con un servicio religioso.

mezcla *mixture*	honra *honors*	Madre-Tierra *Mother Earth*
llevan *they wear*	máscaras *masks*	demonios *demons*
diablos *devils*	el bien y el mal *good and evil*	por medio de *by*
pecados *sins*	pereza *laziness*	glotonería *gluttony*

CAPÍTULO *Veinte* 20

PESCADORES, COLOMBIA

Colombia:

OBJECTIVES

Language: In this chapter we introduce, discuss, and practice:
1) the subjunctive in noun clauses
2) the subjunctive in impersonal expressions
3) diminutives

Culture: The dialogue takes place in Colombia, on a small farm on the coast of the Caribbean. It illustrates the social values of the people of this area, their close family ties and spirit of co-operation in bad times as well as good.

un rancho en la costa del Caribe

Un rancho en la costa del Caribe.

ANTONIA: ¡Jesús![1] ¡Jesusito, ven acá! Necesito que me traigas leña.

JESUSITO: Aquí estoy, mamá.

ANTONIA: ¿Qué hacías?

JESUSITO: Miraba los gallos.[2] ¡Qué valiente parece el grande!

ANTONIA: ¡Otra vez! Es ridículo que pierdas el tiempo así. Sabes que ya eres un hombrecito. Es importante que empieces a ayudar a la familia.

JESUSITO: Sí, mamá. Voy por la leña y después iré a pescar.

ANTONIA: Está bien. Ojalá que regreses con un buen pescado.

JESUSITO: Sí, mamá.

ANTONIA: ¿Y tu hermanita? Espero que no esté cerca del río. Ayer vi un caimán muy grande.

JESUSITO: No, mamá. Está con papá en el arrozal.[3]

El niño sale, pero pronto regresa corriendo.

JESUSITO: Mamá, por el río llega gente en canoa.

ANTONIA: ¿Estás seguro? ¿Quiénes serán?

JESUSITO: Vienen por aquí.

ANTONIA: Ah, creo que son Félix y Marta. ¡Bienvenidos!

FELIX: Buenos días, comadre[4] Antonia.

ANTONIA: Muy buenos días, compadres. Me alegro de verlos. Pasen adelante.

FELIX: ¿Y el compadre Ezequiel?

ANTONIA: Está sembrando el arroz. Jesús, ve por tu papá.

JESUSITO: Sí, mamá.

ANTONIA: En cinco minutos les hago un rico tinto.[5]

FÉLIX: Bueno, si usted insiste.

ANTONIA: Claro, y también insisto en que almuercen con nosotros. Voy a prepararles un buen plato de ropa vieja.[6]

FELIX: En estos momentos, es mejor que nos haga una burundanga.[7]

ANTONIA: Pero, ¿por qué?

MARTA: Tenemos muchos problemas. El señor Álvarez nos ha quitado el rancho y la tierra porque no podíamos pagar las deudas. Ya no tenemos nada.

FÉLIX: La señora Álvarez quiere que trabajemos para ella en su casa. Pero, ¡qué va! No queremos ser sirvientes.

ANTONIA: Claro. Es mejor ser pobres pero libres. ¿Por qué no viven con nosotros?

MARTA: Gracias, comadre. Pero no creo que aquí haya suficiente tierra para dos familias. Además, como usted puede ver, estoy embarazada.

ANTONIA: No lo sabía. ¡Felicitaciones! ¡Qué contenta estoy! Ahora estoy segura que ustedes se quedarán con nosotros. Ezequiel no va a permitir que se vayan. Es verdad que no tenemos mucha tierra, pero con ustedes habrá más manos para el trabajo.

FÉLIX: Se lo agradecemos de todo corazón, comadre. Vamos a ver qué pasa.

ANTONIA: ¡No se preocupen! Todo saldrá bien.

VOCABULARIO

agradecer *to thank*
alegrarse *to be happy*
insistir *to insist*
pescar *to fish*
quitar *to take away*
sembrar *to plant, sow*

el arrozal *rice field*
el caimán *alligator*
la canoa *canoe*
el Caribe *Caribbean*
la deuda *debt*
el gallo *cock*
el hombrecito *young man*
la leña *firewood*
el pescado *fish*

el rancho *farm*
el, la sirviente *servant*

embarazada *pregnant*
libre *free*
rico(-a) *rich, delicious*

de todo corazón *whole-
heartedly*
¡Felicitaciones! *Congratula-
tions!*
Ojalá (que)... *I hope...*
Todo saldrá bien. *Every-
thing will turn out fine.*
Ven acá. *Come here.*

NOTAS CULTURALES

1. **Jesús** is a common proper name in the Hispanic world, and it is used for both males and females, often in compound names like **María de Jesús** or **Roberto de Jesús.** Other names derived from the teachings of the Catholic Church, like Concepción *(Conception)*, Consuelo *(Consolation)*, Rosario *(Rosary)*, Dolores *(Sufferings)*, and Amparo *(Refuge)* are also common proper names for females.

2. Many country people in the Hispanic world breed roosters for cockfighting, **la pelea de gallos,** a favorite sport in Mexico and the Caribbean. In some places it is considered cruel and is now banned by law.

3. Rice **(arroz)** is cultivated in many of the marshy areas of Colombia. An **arrozal** is a rice field. Similarly, a corn field is called a **maizal**, a coffee field a **cafetal**, and so forth.

4. The words **comadre** and **compadre** are used in many areas of the Hispanic world to mean *good friend*, particularly among families joined together by the system of **compadrazgo.** This often means that the husband and wife of each of the families are godparents to the children of the other family and so are bound to help them in times of trouble. The system serves some of the same purposes as insurance policies do for wealthier classes, since it provides for the children in the event of death or sickness of the parents.

5. The word **tinto** is used in Colombia and certain other places to mean *black coffee*. It normally refers to *red wine* (**vino tinto**) and is used to distinguish it from *white wine* (**vino blanco**) in all parts of the Hispanic world.

6. **Ropa vieja** is a common dish in many parts of the Caribbean. It means literally *old clothes* and derives its name from the fact that the meat is cut into shreds. The following recipe is one of many variations:

Ropa vieja

Ingredients: 5 lbs. beef cut into thin slices
½ lb. onions
½ lb. green pimentos
1 clove garlic
4–5 tomatoes with or without seeds
salt and pepper
tomato purée or any other sauce of your choice

Directions: Boil the meat until tender. Leave it to cool, then shred it. Fry the onions, pimentos, tomatoes and garlic until cooked. Mix the meat and vegetables with the sauce and spices and cook it all for another 15 minutes. Serve with green bananas which have been sliced and fried in olive oil until crisp.

7. A **burundanga** is a drink made from herbs; it is supposed to cause certain spiritual changes in the person who drinks it. The word is of African origin, as are many of the words used in the Caribbean and the coastal areas of Colombia, since many of the people there are of African ancestry, often mixed with Indian and Caucasian. The African influence is also evident in many of the customs and religious practices and in much of the music. Close to 30% of the population of Colombia is black or mulatto.

PREGUNTAS

1. ¿Qué quiere Antonia que le traiga Jesús?   2. ¿Qué hacía Jesús?
3. ¿Qué va a hacer Jesús después de ir por la leña?   4. ¿Con quién está la hermanita de Jesús? ¿Dónde están ellos?   5. ¿Quiénes llegan en canoa? 6. ¿Qué va a preparar Antonia para el almuerzo?
7. ¿Qué problemas tienen Félix y Marta? ¿Cree usted que hay gente que tiene problemas similares en nuestro país?   8. ¿Por qué la felicita Antonia a Marta?   9. «Es mejor ser pobre pero libre.» ¿Está usted de acuerdo? ¿O es necesario tener dinero para ser verdaderamente libre?   10. ¿Están contentos Antonia y su familia?

Explicación

I. THE SUBJUNCTIVE IN NOUN CLAUSES

> (1) LA DOCTORA: Primero quiero *que la enfermera le tome la temperatura.*
>
> (2) LA ENFERMA: Ya lo hizo, doctora, y no tengo fiebre. Pero me siento muy mal.
>
> (3) LA DOCTORA: No me sorprende *que se sienta mal.* Quiero *que usted se vaya al hospital inmediatamente.*
>
> (4) LA ENFERMA: Pero, doctora, ¿qué es lo que tengo?
>
> (5) LA DOCTORA: Por ahora sólo sé que su aspecto físico es horrible. Mírese en ese espejo. Está usted muy pálida, tiene los ojos nublados, los labios . . .
>
> (6) LA ENFERMA: ¡Basta ya! ¡Tampoco es usted una Venus!
>
> 1. ¿Qué quiere la doctora que haga la enfermera?   2. ¿Cómo se siente la enferma?   3. ¿Qué quiere la doctora que haga la enferma?   4. ¿Sabe la doctora qué tiene la enferma?

A. Many sentences are composed of two or more clauses, or groups of words containing a subject and a verb. For instance, in the sentence *We wish that he were coming, We wish* is a main clause and *that he were coming* is a dependent clause. A dependent clause contains a subject and a verb, but it cannot stand alone as a sen-

(1) First, I'd like the nurse to take your temperature. (2) She already took it, doctor, and I don't have a fever. But I feel terrible. (3) I'm not surprised that you feel badly. I want you to go to the hospital immediately. (4) But doctor, what do I have? (5) Right now I only know that your physical appearance is horrible. Look at yourself in that mirror. You are very pale, your eyes are blurry, your lips . . . (6) That's enough! You're no Venus yourself!

tence; it is dependent upon the verb in the main clause. When a dependent clause functions as the subject or object of the verb of the main clause, it is called a noun clause. In Spanish, noun clauses are always introduced by **que,** but in English *that* is often omitted or an infinitive is used in place of the noun clause.

Espero que ellos hablen con Pablo.	*I hope (that) they talk to Pablo.*
Quiero que Juan lo haga.	*I want Juan to do it.*

B. The verb in the noun clause must be in the subjunctive when the subject is different from that in the main clause and the main clause expresses one of the following.

1. an order, request, or plea

Insisto en que almuercen con nosotros.	*I insist that you have lunch with us.*
Les pido (a ellos) que me lo traigan.	*I am asking them to bring it to me.*
¡Te digo que te calles!	*I'm telling you to keep quiet!*
El presidente prohíbe que fumen durante la reunión.	*The president forbids them to smoke during the meeting.*

2. will, desire, or preference

Quiero que usted lo haga.	*I want you to do it.*
Desean que tú vuelvas a casa pronto.	*They want you to come back home soon.*
José prefiere que Elena lo diga.	*José prefers that Elena tell it.*

3. expectations, emotions, and feelings

Tengo miedo de que haya una crisis económica mundial.	*I am afraid that there will be a worldwide economic crisis.*
Ojalá que los jóvenes lleguen pronto.	*I hope that the young people arrive soon.*
Me alegro de que ganen el partido.	*I'm glad they are winning the game.*
No me sorprende que Ernesto no tenga amigos, porque es muy egoísta.	*I'm not surprised that Ernesto has no friends because he's very selfish.*
Siento que Juan no pueda venir.	*I'm sorry Juan can't come.*

4. approval, permission, or advice

Me gusta que digas la verdad.

I'm pleased (it pleases me) that you are telling the truth.

El profesor permite que llegue tarde hoy.

The teacher is permitting me to arrive late today.

5. necessity

Necesitamos que alguien nos traiga la comida.

We need someone to bring us the meal.

6. doubt or uncertainty

Dudo que ellos estén en casa.
No estoy seguro que José sepa hacerlo.

I doubt if they are home.
I'm not sure that José knows how to do it.

C. The verbs **creer** and **pensar** require the subjunctive in interrogative or negative sentences when surprise or doubt is implied. The indicative is used in affirmative sentences or when there is no uncertainty in the speaker's mind.

¿Crees que Alicia venga mañana?

Do you believe that Alicia is coming tomorrow? (doubt implied)

¿Crees que Alicia viene mañana?

Do you think Alicia is coming tomorrow? (simple question)

No creo que Alicia venga mañana.

I don't believe that Alicia is coming tomorrow.

¿Piensas que Ramón sea inteligente?

Do you think Ramón is intelligent? (doubt implied)

No pienso que Ramón sea inteligente.

I don't think that Ramón is intelligent.

Pienso que Ramón es inteligente.

I think that Ramón is intelligent.

EJERCICIOS

1. Create new sentences, substituting the words or phrases in the lists for the words or phrases in italics.

a. *Me alegro que* seas feliz.
   1. dudo que   2. no creo que   3. ojalá que
   4. espero que   5. deseo que

b. *No creo que* me lo traigan.
   1. mando que   2. prefiero que   3. pido que
   4. dudo que   5. quiero que

c. *Quiere que* usted lo haga ahora.
   1. manda que   2. espera que   3. necesita que
   4. prefiere que   5. tiene miedo de que

d. *Esperamos que* nos des el dinero.
   1. ojalá que   2. necesitamos que   3. queremos que
   4. nos alegramos que   5. me gusta que

2. Complete the sentences with the correct form of the verb in parentheses.

(llegar)	1.	Dudo que él _____ mañana.
(conocer)	2.	Queremos que tú _____ a Alejandro.
(dar)	3.	Te pido que no le _____ más chocolates.
(volver)	4.	¿Piensas que Ramón _____ pronto?
(saber)	5.	Esperamos que ellas _____ hacerlo.
(venir)	6.	Antonia no cree que María _____ esta noche.
(tener)	7.	Siento que ustedes _____ tantos problemas.
(ser)	8.	¿Crees que Alejandro _____ comunista?
(estar)	9.	No estoy seguro que Marta _____ en casa.
(quitar)	10.	Me sorprende que el señor Álvarez les _____ el rancho.

3. Give the Spanish equivalent.

1. I hope (that) he helps the family.   2. I want him to help the family.   3. I believe he is helping the family.   4. I doubt that he helps the family.   5. You don't believe he helps the family, do you?

PREGUNTAS

1. ¿Cree usted que todo lo que leemos en los periódicos es verdad?
2. ¿Duda usted que lo que se ve en las noticias por televisión sea auténtico?   3. Se dice que cada año miles de personas mueren de hambre. ¿Tiene usted miedo de que haya una crisis mundial a causa del hambre? ¿Necesitamos que los países ricos ayuden a los países pobres con más alimentos (comida)?   4. ¿Qué quiere usted que los gobiernos del mundo hagan para resolver el problema de la falta de

alimentos? 5. ¿Quiere el presidente que nuestro gobierno dé más dinero a los países pobres? 6. ¿Está usted seguro de que el presidente siempre tenga razón?

II. THE SUBJUNCTIVE WITH IMPERSONAL EXPRESSIONS

(1) SEÑOR ÁLVAREZ: Si piensa casarse con mi hija *es importante que me diga* cuánto dinero tiene.

(2) EL NOVIO: Pues mire, señor Álvarez, *es preferible que ella sea* feliz y no rica. Yo gano ochenta pesos al mes.

(3) SEÑOR ÁLVAREZ: Entonces *no es posible que yo permita* que se case con mi hija. *Es mejor que usted cambie* de empleo o de novia.

1. ¿Qué quiere saber el señor Álvarez? 2. ¿Cuánto gana el novio? 3. ¿Va a permitir el señor Álvarez que se casen? ¿Por qué?

A. The subjunctive is used after many impersonal expressions which express doubt, emotion, expectation, or personal judgment. Some of the more commonly used impersonal expressions which require the subjunctive in affirmative, negative or interrogative sentences are:

Es bueno.	*It's good.*	Es imposible.	*It's impossible.*
Es malo.	*It's bad.*	Es posible.	*It's possible.*
Es mejor.	*It's better.*	Es importante.	*It's important.*
Es una lástima.	*It's a pity.*	Es necesario.	*It's necessary.*
Es difícil.	*It's difficult.*	Es terrible.	*It's terrible.*
Es probable.	*It's probable.*	Es ridículo.	*It's ridiculous.*

(1) If you intend to marry my daughter it's important that you tell me how much money you have. (2) Well (look), Mr. Álvarez, it's preferable for her to be happy, not rich. I earn 80 pesos a month. (3) Then it's not possible for me to permit you to marry my daughter. It's better that you change your job or your girlfriend.

¿Es bueno que ellos hagan ejercicios?	*Is it good that they exercise?*
Es mejor que me vaya.	*It's better for me to leave.*
Es importante que no trabajes demasiado.	*It's important that you don't work too much.*
No es posible que sea él.	*It's not possible that he's the one.*

B. The following expressions require the subjunctive when used in the negative or interrogative if doubt is strongly implied.

Es verdad.	*It's true.*	Es claro.	*It's clear.*
Es cierto.	*It's certain.*	Es seguro.	*It's certain.*
Es evidente.	*It's evident.*		

No es verdad que él sea rico.	*It's not true that he's rich.*
¿Es verdad que él sea rico?	*Is it true that he's rich? (doubt implied)*
¿Es verdad que él es rico?	*Is it true that he's rich? (simple question)*
Es verdad que él es rico.	*It's true that he's rich.*
No es cierto que él gane siempre.	*It's not true that he wins all the time.*
Es cierto que él gana siempre.	*It's true that he wins all the time.*

C. The expressions **tal vez** and **quizás,** which both mean *perhaps,* require the subjunctive when doubt is strongly implied.

Quizás tengas razón.	*Perhaps you are right (but it's doubtful).*
Quizás Enrique lo sabe.	*Maybe Enrique knows about it (he probably does).*
Tal vez no paguen las deudas.	*Perhaps they're not paying their debts (they probably aren't).*

EJERCICIOS

1. Create new sentences, substituting the words or phrases in the lists for the words or phrases in italics, using the subjunctive or indicative as required by the impersonal expression.

   a. *Es ridículo* que Jesusito pierda el tiempo.
      1. es una lástima   2. es verdad   3. no es cierto
      4. es imposible   5. es seguro

b. *Es mejor* que se levanten a las cinco de la mañana.
   1. es posible   2. es difícil   3. es imposible   4. es
   importante   5. es verdad

2. Create new sentences, replacing the words in italics with a noun clause. Use the word or words in parentheses as subjects.

Es ridículo *perder el tiempo.* (Jesús) → **Es ridículo que Jesús pierda el tiempo.**

1. Es una lástima *no llegar temprano.* (Marta y Félix)
2. Es importante *no trabajar demasiado.* (tú)
3. Es posible *tener fiebre.* (la muchacha)
4. Es mejor *no hacerlo.* (nosotros)
5. Es terrible *quitarles el rancho.* (el señor Álvarez)

3. Restate each of the following sentences, using **Es necesario que.**

Julio está aquí. → **Es necesario que Julio esté aquí.**

1. Usted vota en las elecciones.
2. Nosotros defendemos nuestro honor.
3. Tú me cuentas un cuento.
4. Van al centro.
5. El profesor enseña el subjuntivo.
6. Yo vendo mi auto.
7. Elena sigue tres cursos.
8. Ellos saben la verdad.
9. Asisto al concierto.
10. Participamos en el partido.

4. Write three sentences using **quizás** or **tal vez.**

PREGUNTAS

1. ¿Es probable que vayamos a Venus en unos años?   2. ¿Es posible que no tengamos guerras en el futuro?   3. ¿Es bueno que haya mucho progreso industrial en este país o es una lástima para las futuras generaciones?   4. ¿Es importante que una mujer se case y tenga muchos hijos?   5. ¿Es necesario que todo el mundo trabaje en esta sociedad?

III. DIMINUTIVES

(1)   JAVIER: *Isabelita*, ¿quieres que vayamos a tomar un café?

(2) ISABELITA: Espérame un *momentito*. Tengo que terminar estas cartas para el jefe.

(3)   JAVIER: Ese *jefecillo* tuyo nunca te deja tranquila, ¿verdad? Vámonos. El tiempo es oro.

(4) ISABELITA: En este caso, ¡debes ser millonario!

1. ¿Adónde quiere Javier llevar a Isabelita? 2. ¿Por qué no puede ir Isabelita ahora mismo? 3. ¿Qué quiere decir, «El tiempo es oro»?

A. In Spanish, certain endings may be added to a word to form diminutives. Learn to recognize these common endings:

1. **-ito, -ita, -(e)cito, -(e)cita**

These endings are added to a word ending in a consonant to indicate smallness of size or fondness. If the word ends in a vowel, the final vowel is dropped.

casita	*(small) house*	pobrecito	*poor (little) thing*
hermanitos	*little brothers*	Miguelito	*little Michael*
cosita	*small or insignificant thing*	mujercita	*little woman*
		momentito	*moment*
hombrecito	*little man*	florecita	*little flower*

2. **-illo, -illa, -(e)cillo, -(e)cilla**

These endings can also indicate smallness of size or fondness, but sometimes indicate contempt or sarcasm.

panecillo	*small loaf of bread*	platillo	*small dish*
autorcillo	*insignificant author*	chiquilla	*little girl*
reyecillo	*petty king*		

(1) Isabelita, would you like us to go to have some coffee? (2) Wait for me a second. I have to finish these letters for the boss. (3) That boss of yours never leaves you alone, does he? Let's go. Time is golden. (4) In that case, you must be a millionaire!

B. Note that some words require a spelling change before a suffix is
    added in order to preserve the sound of the consonant when the
    final vowel is dropped.

amiguito	*little friend*	chiquito	*little one*
poquito	*little bit*	cerquita	*very near*

EJERCICIOS

1. Create new sentences, substituting the words or phrases in the lists
    for the words or phrases in italics.

    a. ¿Dónde está tu *hermanita*?
        1. primito 2. amiguito 3. trencito 4. librito
        5. abuelito

    b. Dame *un panecillo*, por favor.
        1. un platillo 2. una florecilla 3. un papelito
        4. un vestidito 5. una comidita

2. Restate the following sentences, using a diminutive form of the word in italics.

Dame un *poco* de agua, por favor. → **Dame un poquito de agua, por favor.**

1. ¿Quién es este *chico*?
2. ¿No conoces a mi *hijo*?
3. Póngalo en esa *mesa*.
4. Salgo en un *momento*.
5. ¿No tienes ninguna *cosa* para mí?
6. Ese *joven* es muy inteligente.
7. Vivo muy *cerca* de aquí.
8. ¿Quieres dar un *paseo*?

PREGUNTAS

Choose the appropriate response.

1. ¿Has visto a la chiquilla rubia?
   a. ¿Esa mujer? Sí, la vi.   b. Sí, está con su mamacita.   c. Lo vi en la calle.

2. ¿Dónde está tu hermanito?
   a. Está con su nieto.   b. Está con nuestro abuelo.   c. Ella no está aquí.

3. Leo un drama de este autorcillo.
   a. ¿Dónde trabaja él?   b. ¿Está siempre ocupado?   c. ¿No le gustan sus obras?

CHIQUILLOS

Actividades

INTERCAMBIOS

Use the **usted** form of the verbs in asking and answering the following questions.

Señor Miranda, pregúntele a la
señorita Batista:

1. si tiene un compadre o una
   comadre
2. si le sorprende que haya
   gente pobre en los Estados
   Unidos
3. si cree que los pobres son
   pobres porque no quieren
   trabajar
4. si es posible que una persona
   sea pobre y feliz

5. si sus padres esperan que
   usted tenga muchos hijos

Señorita Batista, contéstele:

1. que no, pero que tiene un
   padrino y una madrina
2. que no, pero que es una
   lástima que un país tan rico
   tenga gente pobre
3. que no, que duda que los
   pobres puedan encontrar
   trabajo
4. que sí, pero que cree que no
   es posible que sea egoísta y
   feliz
5. que no, que prefieren que
   sólo tenga dos o tres hijos

ENTREVISTA

Ask a classmate the following questions and report the information to the class.

1. ¿Estás de acuerdo con el refrán «Querer es poder»? ¿Es posible que una persona haga todo lo que quiera hacer?
2. ¿Es posible que una persona pobre y sin instrucción universitaria pueda ser presidente de este país? ¿De una compañía internacional?
3. ¿Tienes miedo de que haya una crisis económica en este país? ¿Que haya una guerra nuclear en el futuro?
4. ¿Es necesario que nuestro gobierno dé dinero o ayude a los países extranjeros?
5. ¿Estás contento(-a) de que sepas conversar en español?

PERSONALIDADES

Write five sentences about yourself beginning with **Es posible que yo**
. . . or **Es imposible que yo.** . . .

CAPÍTULO *Veintiuno* 21

ASUNCIÓN, PARAGUAY

Asunción:

OBJECTIVES

Language: In this chapter we introduce, discuss, and practice:
1) the subjunctive in adjective clauses
2) the subjunctive in adverbial clauses
3) the infinitive

Culture: The dialogue takes place in Asunción, Paraguay, in a beauty parlor. Two women are discussing the age-old question of sexism: man vs. woman.

el hombre y la mujer

Dos señoras se encuentran en una peluqueria de Asunción, Paraguay.[1]

GLORIA: ¡Hola, Elena! ¿Cómo está usted?

ELENA: Muy bien, Gloria. ¿Qué hace usted aquí?

GLORIA: Tengo mi cita regular. Vengo todas las semanas para que me tiñan el pelo.

ELENA: ¿De veras?   5

GLORIA: Sí, de veras. Hay una muchacha aquí que me lo hace muy bien, sin que nadie pueda notarlo.

ELENA: ¿Para qué gasta el dinero así?

GLORIA: Para que mi marido no descubra mi secreto: que no soy rubia natural.   10

ELENA: Pero en cuanto su marido sepa la verdad, se decepcionará mucho.

GLORIA: Eso pasará cuando seamos viejos y entonces no le importará.

Entra María, la peluquera.

MARÍA: Buenas tardes, señora Martínez. Tan pronto como   15 termine con la señora Ospina, la atenderé.

GLORIA: Gracias, María. No tengo prisa.

MARÍA: ¿Y usted, señorita? ¿Puedo ayudarla?

ELENA: Tengo que dar una conferencia esta noche y necesito un peinado que sea más elegante.   20

MARÍA: No hay problema, con tal que usted pueda esperar veinte minutos. Alicia la atenderá.

ELENA: Está bien. Esperaré. Francamente, Gloria, me parece triste que una mujer le tenga que mentir a su esposo.

GLORIA: Pues ellos nos mienten a nosotros, y sobre cosas más importantes. Hace algunos días Olga me llamó por teléfono para contarme que su esposo tiene una amante.

ELENA: ¡Qué barbaridad! ¿Y qué va a hacer?

GLORIA: Nada. ¿Qué puede hacer?

ELENA: Puede buscarse un amante también.

GLORIA: ¿Para qué? La venganza es estúpida.

ELENA: Entonces podría divorciarse.

GLORIA: Tampoco. A pesar de que su esposo la engaña, Olga todavía lo quiere. Es trabajador y cariñoso. Ya verá, Elena. Cuando usted se case, hablará de otra manera.

ELENA: Es difícil que me case aquí.[2]

GLORIA: ¿No conoce a muchos hombres en su trabajo?

ELENA: Hay muchos, pero no hay ninguno que me guste. Casi todos son extranjeros y no hablan ni español ni guaraní.[3] Además, busco un hombre que me trate con toda igualdad. Aunque pasen cincuenta años, sé que mis ideales serán los mismos.

GLORIA: Entonces morirá soltera.

ELENA: Soltera, puede ser, pero por lo menos moriré contenta.

VOCABULARIO

atender (ie) *to wait on*
decepcionarse *to become disillusioned*
descubrir *to discover*
divorciarse *to get a divorce*
engañar *to deceive*
gastar *to spend; to waste*
mentir (a) *to lie (to)*
teñir *to color, dye*

el, la **amante** *lover, mistress*
la **cita** *appointment*
la **conferencia** *conference, lecture*
el **marido** *husband*
el **peinado** *hairdo*
la **pelo** *hair*
la **peluquería** *beauty salon, barber shop*

la **venganza** *revenge*

cariñoso (-a) *loving, affectionate*
soltero (-a) *single*

aunque *although*
con tal (de) que *provided that*
en cuanto *as soon as*
de otra manera *differently*

dar una conferencia *to give a lecture*
por lo menos *at least*
sin que nadie pueda notarlo *without anyone being able to notice it*

NOTAS CULTURALES

1. **Asunción,** one of the oldest cities of South America (founded in 1537), is the capital city and port of Paraguay, on the eastern bank of the Paraguay River. It is the center of trade and government of the nation. With a population of about 500,000, Asunción still conserves a picturesque charm with pastel-colored buildings and numerous orange trees. Some of the principal products of Paraguay are **quebracho,** said to be the hardest and most durable wood in the world, and **yerba mate,** a type of tea which is the favorite drink of many South Americans, often prepared in a gourd and sipped through a silver straw. Tourists to Asunción also become familiar with **ñandutí,** a fine and beautiful lace work.

2. In Paraguay the ratio of men to women is rather low because many men emigrate to nearby Brazil and Argentina where there is a higher standard of living and more opportunities for work. The tradition of male scarcity dates from the War of the Triple Alliance (1865–1870), when President Solano López waged a war against Argentina, Brazil, and Uruguay that killed half of Paraguay's population. Only 13 percent of the survivors were male, mostly old men and very young boys. It took many years for the sex

ratio of young people at a marriageable age to return to an approximately even balance. It is said that some of the priests in those times went so far as to advocate polygamy.

3. Paraguay is the only Latin American country that has officially adopted an Indian language. **El guaraní** is the soft and expressive language of the Indians who inhabited Paraguay before the Spanish conquest. Almost all Paraguayans are mestizo and bilingual, and street signs, newspapers, and books appear in both languages. Spanish is the official language, but **guaraní** is favored for social discourse in all levels of society. **Guaraní** is also the name of the country's monetary unit.

PREGUNTAS

1. ¿Dónde se encuentran Gloria y Elena?   2. ¿Por qué viene Gloria todas las semanas a la peluquería?   3. ¿Para qué gasta Gloria el dinero así?   4. ¿Cómo se va a sentir el marido de Gloria cuando sepa que ella no es rubia natural?   5. ¿Por qué necesita Elena un peinado elegante?   6. ¿Qué le parece triste a Elena? ¿Le parece triste a usted? ¿Por qué?   7. ¿Qué le contó su amiga Olga a Gloria cuando la llamó por teléfono?   8. ¿Qué va a hacer Olga? ¿Por qué no va a divorciarse? ¿Qué cree usted que ella debe hacer?   9. ¿Qué busca Elena? ¿Es mejor que muera soltera o que cambie sus ideales?

¿DE COMPRAS?

Explicación

I. THE SUBJUNCTIVE IN ADJECTIVE CLAUSES

(1) SEÑOR MÉNDEZ: ¿Es usted la persona que busca empleo de profesor?

(2) SEÑOR GÓMEZ: Sí, señor, yo soy profesor y necesito un empleo *que pague bien.* Puedo enseñar historia, literatura . . . cualquier curso *que usted mande.*

(3) SEÑOR MÉNDEZ: Bueno, como usted sabe tanto, dígame, ¿quién mató a Julio César?

(4) SEÑOR GÓMEZ: Pero señor, eso pregúnteselo a alguien *que sea detective.*

(5) SEÑOR MÉNDEZ: ¡Bruto!

(6) SEÑOR GÓMEZ: Por favor, señor, sin ofender.

1. ¿Quién busca un empleo que pague bien? 2. ¿Qué puede enseñar él? 3. ¿A quién hay que preguntarle quién mató a Julio César?

A. An adjective clause is a dependent clause that modifies a noun or pronoun. In the sentence **Tengo una novela que es interesante** (*I have a novel that is interesting*), the adjective clause is **que es interesante,** and the noun it modifies is **novela.** In Spanish, adjective clauses are introduced by **que.**

(1) Are you the person who is looking for a job as a teacher? (2) Yes, sir, I am a teacher, and I need a job that pays well. I can teach history, literature . . . any course you like (order). (3) Okay, since you know so much, tell me, who killed Julius Caesar? (4) But sir, ask that of someone who is a detective. (5) Brutus! (also, Brute! Ignoramus!) (6) Please, sir, without being insulting (there's no need to be insulting).

B. If the noun or pronoun that the adjective clause modifies is known or definite (and this includes the indefinite pronouns **alguien, alguno,** and **algo**), the verb in the adjective clause should be in the indicative. But if the noun or pronoun is unknown or indefinite, then the verb in the adjective clause should be in the subjunctive. Compare the following examples.

Busco un empleo que me guste.	*I'm looking for a job I like.*
Tengo un empleo que me gusta.	*I have a job that I like.*
No hay nadie aquí que pueda hacerlo.	*There is no one here who can do it.*
Hay alguien aquí que puede hacerlo.	*There is someone here who can do it.*
¿Hay alguien allí que comprenda francés?	*Is there anyone there who understands French?*
Sí, hay alguien allí que comprende francés.	*Yes, there is someone there who understands French.*
Busco un hombre que me trate con toda igualdad.	*I'm looking for a man who would treat me with complete equality.*
Busco a un hombre que trabaja aquí los lunes.*	*I'm looking for a man who works here on Mondays.*

EJERCICIOS

1. Create new sentences, substituting the words or phrases in the lists for the words or phrases in italics.

   a. Necesito *una persona* que sepa inglés.
   1. unos trabajadores   2. un profesor   3. un traductor   4. un mecanógrafo   5. una secretaria

   b. Hay que hacer lo que *ellos* digan.
   1. tú   2. ellas   3. doña Amalia   4. el abuelo 5. tu padre

   c. Espero que encuentres *algo* que te guste.
   1. algún traje   2. unos zapatos   3. una casa   4. un trabajo   5. una falda

*The personal **a** is used before a direct object that is a person when the speaker or writer has someone definite in mind, but not when the person is indefinite or unspecified. The personal **a** is nearly always used before the pronouns **alguien, nadie, alguno** and **ninguno,** when referring to a person.

2. Create new sentences, substituting the words or phrases in parentheses for the italicized words and changing the verb to the present subjunctive.

Quiero **tomar** la clase que se reúne a las seis. (una clase) → **Quiero tomar una clase que se reúna a las seis.**

1. Busco *a la chica* que es detective. (una chica)
2. Quiero ver *la casa* que tiene cinco baños. (una casa)
3. Necesito encontrar *a la señora* que habla francés. (una señora)
4. Quiero conocer a *los jóvenes* que estudian historia paraguaya. (algunos jóvenes)
5. *Hay alguien* aquí que sabe hablar castellano. (no hay nadie)
6. Vamos *al restaurante* donde sirven «ropa vieja». (un restaurante)
7. *Compré* el vestido que usted dijo. (compraré)
8. Queremos ver *las faldas* que no cuestan mucho. (unas faldas)
9. *Hay algo* aquí que yo puedo llevar. (no hay nada)
10. Voy a buscar *el hotel* que tiene cuartos grandes. (un hotel)

3. Give the Spanish equivalent.

1. I'm looking for a man who knows French.
   I'm looking for the man who knows French.
2. Let's go to the restaurant that serves typical food.
   Let's go to a restaurant that serves typical food.
3. There's someone here who knows me.
   There's no one here who knows me.
4. She needs a teacher who can teach Spanish.
   She needs the teacher who can teach Spanish.

PREGUNTAS

1. ¿Necesita usted a alguien que le ayude a resolver algún problema?
2. ¿Es importante tener amigos que sean buenos? 3. ¿Conoce a alguien que pueda enseñarnos francés? 4. ¿Dónde hay una tienda que venda piñatas? 5. ¿Dónde cree que puede encontrar un empleo que le guste? ¿Un empleo que pague bien? 6. ¿Hay alguien en esta clase que sepa hablar árabe? ¿Japonés?

II. THE SUBJUNCTIVE IN ADVERBIAL CLAUSES

> (1) DOÑA RAMONA: Dime, Jane, ¿te gustaría aprender algunas palabras en guaraní* *antes de que vuelvas a tu país?*
>
>   (2) JANE: ¡Me encantaría! Puede empezar a enseñarme *cuando quiera.* ¿Cómo se dice «yo te quiero», doña Ramona? Quiero decírselo a Teddy *cuando lo vuelva a ver.*
>
> (3) DOÑA RAMONA: Pues eso se dice «che ro jaijú».
>
> 1. ¿Qué le gustaría aprender a Jane antes de que vuelva a su país?   2. ¿Qué quiere decirle Jane a Teddy cuando lo vuelva a ver?   3. ¿Cómo se dice «yo te quiero» en guaraní?

A. An adverbial clause is a dependent clause that modifies a verb and, like an adverb, expresses time, manner, place, or purpose. Adverbial clauses are introduced by a conjunction.

No puedo ir **a menos que tú vayas conmigo.**	*I can't go **unless you go with me.***
Voy a escribirle **tan pronto como pueda.**	*I'll write to him (her) **as soon as I can.***

B. The following conjunctions always require the subjunctive:

antes (de) que†	*before*	en case (de) que†	*in case*
a menos que	*unless*	para que	*so that*
con tal (de) que†	*provided that*	sin que	*without*

*See **Nota cultural 3** of this chapter.

†The **de** may be omitted.

(1) Tell me, Jane, how would you like to learn a few words in guaraní before you go back to your country? (2) I'd love to! You can begin teaching me whenever you want. How does one say "I love you," doña Ramona? I want to say it to Teddy when I see him again. (3) You say "che ro jaijú."

456 *cuatrocientos cincuenta y seis*

| Déjale un recado en caso que no esté en casa. | *Leave him (her) a message in case he (she) is not home.* |
| Pon los billetes en tu bolso para que no los perdamos. | *Put the tickets in your purse so that we don't lose them.* |

C. The conjunctions listed below can be followed by either the subjunctive or the indicative.

aunque *although, even though*	en cuanto *as soon as*
como *as*	hasta que *until*
cuando *when*	luego que *as soon as*
después (de) que *after*	mientras (que) *while*
donde, adonde *where, wherever*	tan pronto como *as soon as*

The indicative is used if the adverbial clause expresses a fact or a definite event: for instance, a customary or completed action. However, if there is uncertainty in the speaker's or writer's mind about the veracity of the statement, or he/she is expressing an opinion or hypothetical situation, the subjunctive is used. If the adverbial clause expresses an action that may not necessarily take place or that will probably take place but at an indefinite time in the future, the subjunctive is used. Compare the following examples:

Vamos al mercado cuando mamá vuelve de la oficina.	*We go to the market when Mom returns from the office (customarily).*
Vamos al mercado cuando mamá vuelva de la oficina.	*We are going to the market when Mom returns from the office (indefinite time in the future).*
Le voy a comprar este auto aunque cueste mucho.	*I'm going to buy him (her) this car even though it may cost a lot.*
Le voy a comprar este auto aunque cuesta mucho.	*I'm going to buy him (her) this car even though it costs a lot.*
Espero aquí hasta que Pedro sale de su trabajo.	*I (usually) wait here until Pedro gets off work.*
Espero aquí hasta que Pedro salga de su trabajo.	*I'm waiting here until Pedro gets off work.*

EJERCICIOS

1. Create new sentences, substituting the words or phrases in the lists for the words or phrases in italics.

   a. Me quedo aquí hasta que *ellos* vuelvan.
      1. tú 2. usted 3. doña Ramona 4. sus padres
      5. mi hermana

   b. Vamos a comer antes de que *ustedes* salgan.
      1. Pedro 2. ellos 3. tú 4. usted 5. yo

   c. Lo haré sin que *él* lo sepa.
      1. ellas 2. la profesora 3. Marta 4. mi marido
      5. los nietos

   d. Me gustaría ir, con tal que *don Antonio* vaya conmigo.
      1. ustedes 2. él 3. tú 4. ellos 5. mi mamá

2. Complete the following sentences with the correct subjunctive form of the verb in parentheses.

   1. (entender) El profesor lo explica bien para que nosotros lo _____.
   2. (saber) Voy a decírselo para que él _____ la verdad.
   3. (acostarse) Salgo temprano para que todos _____ antes de las once.
   4. (volver) Puedes ir al cine con tal que _____ a tiempo para cenar.
   5. (llover) Vamos a Asunción a menos que _____.
   6. (encontrar) Tráeme el periódico tan pronto como lo _____.
   7. (ser) Llame aunque _____ tarde.
   8. (salir) Quiero irme antes que _____ el sol.

3. Give the Spanish equivalent.

   1. I'll go with you wherever you want. 2. Although he does it, I will not believe it. 3. He will not give you the money, unless you ask him for it. 4. Call me when they get here. 5. Talk to him as soon as you can.

PREGUNTAS

1. ¿Adónde irá usted cuando termine la clase? 2. ¿Qué hará usted después que terminemos este curso? 3. ¿Qué cree usted que debe hacer un estudiante para que le sea más fácil aprender español? 4. ¿Qué hay que hacer para que tengamos paz en el mundo? ¿Matar a los enemigos? 5. ¿No puede usted estar alerta por las mañanas a menos que tome café?

III. THE INFINITIVE

Itinerarios al interior de España (por tren)

Barcelona · Tarragona · Valencia

	Talgo	Exp.	Exp.	Exp.
Barcelona	1015	1310	1805	2345
Tarragona	1126	1500	1950	0136
Valencia	1441	1930	2350	0728

Rap. = Rápido (standard train that runs during the daytime)
Exp. = Express (a fast train that runs at night and has a sleeper)
Talgo = ultra-modern and very fast train that is air-conditioned and runs during the day

De Barcelona a Valencia

(1) LA PASAJERA: Señor, ¿es posible *ir* a Valencia en tren?
(2) EL AGENTE: Sí, señorita. Puede *tomar* el Talgo si desea *viajar* de día o el Expreso si prefiere *viajar* de noche. ¿Cuándo le gustaría *partir*?
(3) LA PASAJERA: Ahora mismo.

(4) EL AGENTE: Pues a *ver*. Son las seis y diez. ¡Qué lástima! Acaba de *salir* un Expreso para Valencia. Salió hace cinco minutos.

(5) LA PASAJERA: ¡Qué mala suerte! ¡*Perderlo* por cinco minutos! ¿A qué hora sale el próximo?

(6) EL AGENTE: A las doce menos cuarto. Lleva un coche-cama, en caso de que quiera *dormir* bien esta noche.

(7) LA PASAJERA: ¡Qué bien! Voy a *ir* en ése. Deme un pasaje de ida y vuelta, por favor.

1. ¿Se puede viajar de Barcelona a Valencia en tren? 2. ¿Sale de noche el Talgo? ¿Y el Expreso? 3. ¿Perdió la señorita el Expreso de las seis y cinco? ¿Y el de las doce menos cuarto? 4. ¿Qué tipo de pasaje quiere ella? ¿De ida sólo o de ida y vuelta?

A. In Spanish the infinitive can be used:

1. As a noun. In Spanish the infinitive form is often used as the subject or object of a verb in much the same way that the *-ing* form of the English verb is used. It can be used with or without the definite article.

Creen que (el) esquiar es peligroso.	*They believe that skiing is dangerous.*
(El) Estudiar español es interesante.	*Studying Spanish is interesting.*

2. As a verb complement. In Spanish most verbs may be followed by an infinitive. Certain verbs require the preposition **a,** or the prepositions **de** or **que** in idiomatic expressions like **tener que** or **acabar de.**

From Barcelona to Valencia

(1) Sir, is it possible to go to Valencia by train? (2) Yes, miss, you can take the Talgo if you want to travel by day or the express if you prefer to travel at night. When would you like to leave? (3) Right now. (4) Well, let's see. It's 6:10. What a shame! An express (train) just left for Valencia. It left five minutes ago. (5) What bad luck! To miss it by five minutes! What time does the next one leave? (6) At 11:45. It has a Pullman (sleeping-car), in case you want to sleep well tonight. (7) Great! I'll go in that one. Give me a round-trip ticket, please.

Espero poder estudiar esta noche.	*I hope to be able to study tonight.*
Necesito saber la verdad.	*I need to know the truth.*
¿Te ayudo a hacer el pastel?	*Can I help you make the cake?*
Fuimos a tomar un café.	*We went to have a cup of coffee.*
Tenemos que comprar el pasaje.	*We have to buy the ticket.*
Acabamos de ver a Elena en el mercado.	*We have just seen Elena at the market.*

3. As the object of a preposition.

Antes de comer, tenemos que lavarnos.	*Before eating (Before we eat), we have to wash.*
Después de cenar, ellos fueron al cine.	*After eating dinner, they went to the show.*
En vez de trabajar, él va a la playa todos los días.	*Instead of working, he goes to the beach every day.*

4. With **al. Al** plus infinitive expresses the idea of *on* or *upon* plus the *-ing* form of the verb.

Al llegar a casa, empezamos a preparar la comida.	*On arriving home (when we arrived home), we began to prepare the meal.*
Al recibir la noticia, Pedro se la contó a todo el mundo.	*When we received the news (upon receiving the news), Pedro told it to everyone.*

EJERCICIOS

1. Create new sentences, substituting the words or phrases in the lists for the words or phrases in italics.

   a. *Pienso* comprar una piñata.
      1. necesito 2. quiero 3. acabo de 4. tuve que

   b. Iremos *antes de* comer.
      1. después de 2. en vez de 3. sin 4. en lugar de

   c. Nosotros preferimos *comer* aquí.
      1. estudiar 2. quedarnos 3. sentarnos 4. vivir

2. Answer the following questions in the negative using the verb in parentheses according to the example.

   ¿Lo hace Ernesto? (querer) → **No, él no quiere hacerlo.**

   1. ¿Va María? (pensar)
   2. ¿Lo dice Concepción? (querer)
   3. ¿Se acuesta Julia? (querer)
   4. ¿Se lava Amparo? (necesitar)
   5. ¿Se queda Julio con nosotros? (ir a)

3. Give the Spanish equivalent.

   1. I have to call Pedro. 2. I hope to be able to go to that party. 3. They prefer to stay here. 4. Ángel wants to buy a piñata. 5. We need to see her now. 6. We left before eating. 7. We studied instead of playing tennis. 8. Without looking at me, he went away.

PREGUNTAS

1. ¿Qué hizo usted anoche al llegar a casa? 2. ¿Qué necesita usted para poder estudiar bien? 3. ¿Qué hace usted antes de acostarse? 4. ¿Cree usted que para vivir bien hay que tener mucho dinero? 5. ¿Es necesario aprender filosofía para ser feliz?

Actividades

INTERCAMBIOS

Use the **usted** form of the verbs in asking and answering the following questions.

Señor González, pregúntele a la *señorita Ortega:*

1. si va a la peluquería todas las semanas
2. si prefiere venir en su propio auto a la universidad aunque tenga que gastar mucho en gasolina
3. si está contenta(-o)
4. si le gusta que una persona le mienta
5. si le gusta vivir con amigos

Señorita Ortega, contéstele:

1. que no, que prefiere gastar el dinero en libros
2. que sí, porque a usted le gusta mucho conducir
3. que sí, porque se va a casar pronto
4. que no, que nadie debe mentir
5. que no, que prefiere vivir sola(-o) aunque tenga que pagar más por un apartamento

ENTREVISTA

Ask a classmate the following questions and report the information to the class.

1. ¿Quieres ir a una peluquería para que te tiñan el pelo?
2. ¿Te gustaría ser peluquera(-o)?
3. ¿Cuánto tiempo deben un hombre y una mujer conocerse antes de que se casen?
4. ¿Crees que una mujer debe divorciarse si su marido no le es fiel? ¿O viceversa?
5. ¿Crees que las mujeres deben vestirse más elegantemente que los hombres?
6. ¿Crees que una mujer nunca debe invitar a un hombre a salir?
7. ¿Es posible que una mujer tenga hijos y trabaje al mismo tiempo? ¿Crees que es mejor que una mujer con familia se quede en casa en lugar de trabajar?
8. ¿Crees que en este país las mujeres son tratadas con igualdad?

UN CHISTE

Complete the caption to this cartoon.

Voy a darles este cuestionario y quiero que me den sus impresiones acerca de la clase y de mí. El año pasado los estudiantes no dijeron nada bueno. Dijeron que yo _____ y que esta clase _____. Pero, ¡qué saben ellos! En cambio, ustedes son _____ que los estudiantes del año pasado. Por eso, espero que digan que esta clase _____ y que yo _____.

REFRANES

Here are some Spanish proverbs on the subject of «El hombre y la mujer». What does each one mean? Can you give an English equivalent?

Donde hay amor, hay dolor.
Más vale pan con amor que gallina con dolor. (gallina: *hen, chicken*)
El amor es un egoísmo entre dos.
Ni el que ama ni el que manda quieren compañía. (amar: *to love*)
Amores nuevos olvidan viejos.
Ni ir a la guerra ni casar, se debe aconsejar. (aconsejar: *to advise*)
La mujer hermosa y el vidrio siempre están en peligro. (vidrio: *glass*)
No hay mujer que se tenga por fea, ni secreto que por siempre lo sea. (feo: *ugly*)
Donde hay celos, hay amor.

LA VIDA COTIDIANA

El extranjero que visita un país hispano frecuentemente tiene la impresión de que la gente vive en la calle. Eso es verdad hasta cierto punto, pues es casi imposible que una persona hispana no salga de su casa varias veces durante el día. El ritmo de vida, muy diferente al norteamericano, prácticamente requiere este ir y venir. Normalmente, a eso de las ocho se toma un pequeño desayuno que puede ser té o café con leche y pan con mantequilla o mermelada. Después, la gente va a trabajar. Es común que las horas de trabajo sean de nueve a doce y de tres a seis o siete, con una interrupción de tres horas para almorzar y descansar o dormir la siesta. Al mediodía, cuando los trabajadores vuelven a sus casas o van a algún restaurante a comer, las calles se llenan de gente, y naturalmente la escena se repite a las tres cuando regresan al trabajo. Más tarde, después de salir del trabajo, muchos empleados acostumbran dar un paseo, mirar vidrieras o reunirse con algún amigo a charlar y tomar un cafecito antes de volver a casa a cenar. A estas horas la multitud es tan grande a veces que es necesario prohibir el tránsito de automóviles en una o varias calles. Después de volver a casa y descansar unos minutos, se cena. La cena se sirve generalmente a eso de las diez en España y un poco más temprano, entre las ocho y las nueve, en Hispanoamérica. Después de la cena las calles se llenan otra vez. Como la gente ha descansado durante el mediodía, no es raro ver familias enteras que van al cine o niños que juegan en la calle a altas horas de la noche.

hasta cierto punto *up to a point*   requiere *requires*   este ir y venir *this coming and going*   a eso de las ocho *at around eight o'clock*   al mediodía *at noon*   se llenan de *are filled with*   vidrieras *store windows*   reunirse con *to get together with*   charlar *to chat*   tránsito *traffic*   a altas horas de la noche *very late at night*

En general, la familia es más unida y tiene un papel más importante en la sociedad hispana que en la anglosajona. En la misma casa o apartamento, con el matrimonio y sus hijos, es muy común que vivan uno o dos abuelos, una tía soltera o algún otro pariente. Aunque esta numerosa familia no les ofrezca a los esposos mucha oportunidad de comunicación privada, no hay duda de que les ayuda mucho en el cuidado de los niños y de la casa. En cuanto a los abuelos y personas mayores de esta gran familia, pasan su vejez en compañía de hijos y nietos, bajo el cuidado de seres queridos, sin sentir la soledad y el abandono que probablemente sienten quienes pasan sus últimos años en «hogares de ancianos», lejos de parientes y amigos.

Los varios miembros de la familia pasan mucho tiempo juntos. Generalmente, tanto el padre como los niños regresan a casa al mediodía a almorzar con toda la familia. El almuerzo es la comida principal del día y consta, casi siempre, de tres o cuatro platos, incluyendo entre ellos una sopa y alguna ensalada. Después, la familia se queda en la mesa conversando o jugando a las cartas o a algún otro juego. Esta costumbre se llama «sobremesa».

matrimonio *couple*	tía *aunt*	pariente *relative*
en cuanto a *as for*	personas mayores *older people*	vejez *old age*
nietos *grandchildren*	seres queridos *loved ones*	soledad *loneliness*
abandono *abandonment*	quienes *those who*	«hogares de
ancianos» *old-age homes*	consta de *consists of*	cartas *cards*

En los pueblos y comunidades pequeñas del mundo hispánico, la vida de la mujer todavía se limita principalmente a la casa, a los hijos y a un pequeño grupo de amigas y parientes. Entre los jóvenes, la separación de los sexos es aún grande y las relaciones entre muchachos y muchachas son relativamente formales. Como consecuencia, el noviazgo avanza lentamente y según etapas fijadas por la costumbre. Por lo general, los futuros novios se conocen en lugares públicos—la plaza, el mercado, la iglesia, alguna fiesta del pueblo—o en reuniones privadas. También las citas iniciales son generalmente públicas: el «pretendiente» (muchacho interesado en una muchacha) encuentra «casualmente» a la muchacha en la calle o en algún otro lugar público y la acompaña por unas cuadras. Sólo cuando la relación está ya avanzada hacia el matrimonio el pretendiente visita a su futura esposa en su casa y es recibido allí como novio oficial.

La situación de los jóvenes que viven en ciudades más grandes es diferente. La población estudiantil es casi siempre muy numerosa. En ciudades como Buenos Aires, Lima, México o Caracas las escuelas mixtas y las universidades han contribuido a crear un ambiente de informalidad y mayor libertad en las relaciones entre los sexos. Muy frecuente entre los jóvenes de hoy es formar grupos de cinco, seis o más amigos y salir a divertirse juntos. Estos grupos se forman en la universidad o en el trabajo y tienen un valor social relativamente importante ya que de allí nacen muchos noviazgos.

se limita *is limited*   noviazgo *courtship*   según etapas fijadas por la costumbre *according to stages established by custom*
reuniones *get-togethers*   citas *dates*   casualmente *by chance*
mixtas *co-ed*   crear un ambiente *create an atmosphere*   nacen *are born*

Los amigos son una parte importante de la vida hispana. Aunque con los desconocidos el hispano se comporta con más formalidad que el norteamericano, con los amigos es probable que se comporte con más intimidad. La persona hispana tiene, por lo general, varios amigos con los cuales puede expresarse con una sinceridad absoluta. Una de las manifestaciones más obvias de esta intimidad es el contacto físico. Es común ver a dos o más muchachas o señoras que van por la calle tomadas del brazo. También se puede ver a hombres o muchachos que caminan abrazados sin que esto indique ninguna anormalidad.

Una costumbre hispana muy extendida es la tertulia o reunión amistosa donde un grupo de amigos se reúne regularmente por la tarde o por la noche a charlar. El lugar de la reunión varía; puede ser el banco de una plaza al aire libre, un café o la sala de una casa, pero los amigos son los mismos. A veces juegan a las cartas o al dominó, pero la mayor parte del tiempo la dedican a la conversación, ingrediente básico de toda tertulia.

desconocidos *strangers*   se comporta *conducts himself, behaves*
intimidad *intimacy, closeness*   tomadas del brazo *arm in arm*
abrazados *shoulder to shoulder, clasped together*   tertulia *regular get-together of friends*   amistosa *friendly, of friends*   varía *varies*
banco *bench*   al aire libre *in the open air*   sala *living room*
dominó *dominoes*   dedican *they dedicate*

Hoy día muchas costumbres antiguas están cambiando, sobre todo en las grandes ciudades. Aquí no hay tiempo para hacer la siesta. En muchos empleos comerciales y públicos existen los horarios corridos en que se trabaja de ocho a cuatro o de nueve a cinco y sólo hay una breve interrupción para almorzar. Ahora más mujeres trabajan fuera de casa, y como consecuencia, el número de mujeres que sólo se dedican al hogar y a los hijos está disminuyendo. Muchos empleados de grandes compañías tienen que mudarse de ciudad con frecuencia y por eso no les es posible mantener relaciones muy íntimas con los amigos. Por estas razones, hoy día la vida en ciertas ciudades hispanas— especialmente en ciudades industrializadas como Buenos Aires o Madrid—tiene mucho en común con ciudades de los Estados Unidos. Algunos anticipan el día en que las costumbres serán las mismas en todos los centros urbanos del mundo; otros dicen que ese día no llegará jamás. Pero lo cierto es que a unos cuantos kilómetros de una gran ciudad se puede encontrar la rica variedad de costumbres hispanas.

hoy día *nowadays, presently*   sobre todo *especially*   hogar *home*   está
disminuyendo *is diminishing*   íntimas *intimate*   algunos *some people*
las mismas *the same*   lo cierto *what is certain*   unos cuantos *a few*

CAPÍTULO *Veintidós* 22

CARACAS, VENEZUELA

Venezuela:

OBJECTIVES

Language: In this chapter we introduce, discuss, and practice:
1) the imperfect subjunctive
2) *if*-clauses
3) the present and past perfect subjunctive

Culture: The dialogue takes place in a small town in Venezuela. A group of middle-aged people are discussing a recent visit to Caracas, Venezuela's modern and cosmopolitan capital city. In another room their children discuss the trip—but with a very different point of view! The theme of the chapter is the changing system of values and social mores in the Spanish-speaking world.

diferencias entre padres e hijos

Un matrimonio venezolano de un pueblo pequeño toma café con sus vecinos.

LA SEÑORA: Coman más arepas,[1] si quieren.

LA VECINA: Gracias. Están sabrosísimas.

EL VECINO: No nos han dicho nada de su viaje a Caracas. ¿Qué les pareció la capital?

LA SEÑORA: ¡Horrible! 5

EL SEÑOR: Una gran desilusión. Hicimos el viaje principalmente para que los muchachos vieran los sitios importantes: los museos, la casa de Bolívar[2] . . .

LA SEÑORA: Pero también vieron otras cosas sin que lo quisiéramos nosotros. 10

LOS VECINOS: ¿Qué cosas?

EL SEÑOR: Fuimos al Parque del Este[3] y vimos a novios que se besaban en público como si estuvieran solos en el mundo.

EL VECINO: ¡Qué escándalo! 15

EL SEÑOR: Había muchachos de once o doce años que fumaban en la calle.

LA SEÑORA: Y decían palabrotas.

LA VECINA: ¡Qué falta de vergüenza!

LA SEÑORA: Y no vimos a ninguna joven que llevara ropa decente. 20

EL SEÑOR: Por eso regresamos pronto. Queríamos volver antes de que los muchachos empezaran a imitar las malas costumbres.

LA VECINA: Pues yo me alegro que no hayan pasado más tiempo en esa ciudad. 25

En otra parte de la casa, el hijo de catorce años y la hija de dieciséis toman refrescos con sus amigos.

EL AMIGO: ¿Y el viaje a Caracas? ¿Qué les pareció la ciudad?

EL HIJO: ¡Fabulosa!

LA HIJA: Es un sueño. Los jóvenes llevan ropa elegante y andan con toda libertad. 30

EL HIJO: Los edificios son bellos y modernos.[4] Nos pareció una lástima que ustedes no hubieran venido.

LA AMIGA: ¿Vieron la Rinconada?[5]

EL HIJO: Sí, por fuera. Yo quería que entráramos, pero mi padre dijo que no. 35

LA HIJA: Es una lástima que no pudiéramos pasar más tiempo en las playas.[6] Conocimos allá a un grupo de jóvenes caraqueños que nos invitaron a una fiesta.

EL HIJO: Mientras ellos fueron a comprar unos helados, 40 vino mamá y nos prohibió que aceptáramos la invitación.

EL AMIGO: ¡Qué injusticia!

LA HIJA: Le pedimos que por lo menos esperara hasta que regresaran los jóvenes. Queríamos explicarles 45 que no podíamos ir y darles las gracias por la invitación.

EL HIJO: Pero mamá insistió en que nos fuéramos inmediatamente.

LA AMIGA: Es una lástima que ustedes hayan tenido que ir a 50 Caracas con sus padres.

EL HIJO: Sí. Si yo pudiera vivir en esa ciudad, sería el muchacho más feliz del mundo.

VOCABULARIO

besar *to kiss*
imitar *to imitate*

la **costumbre** *custom, habit*
la **desilusión** *disappointment*
el **edificio** *building*
el **escándalo** *scandal, disgrace*

el **helado** *ice cream (cone)*
la **palabrota** *swear word*
el **refresco** *soft drink*
el **sueño** *dream*

caraqueño (-a) *person from Caracas*
sabroso (-a) *delicious*

andar con toda libertad *to go about with complete freedom*
como si estuvieran solos en el mundo *as if they were alone in the world*
dar las gracias *to thank*
hacer un viaje *to take a trip*

por fuera *from the outside*
¡Qué falta de vergüenza! *What shamelessness!*
sin que lo quisiéramos nosotros *without our wanting it (wanting them to)*

NOTAS CULTURALES

1. **Arepas,** the national bread of Venezuela, are of Indian origin. They are flat cakes or rolls made of corn, water, and salt and prepared so that they are crisp on the outside and soft on the inside. They are always served hot and are frequently stuffed with cheese.

2. Caracas is the birthplace of Simón Bolívar, one of South America's greatest heroes, and the site of the Bolívar Museum, which houses his personal effects and documents. Bolívar was born in 1783 and became a major figure in the movement for independence from Spain. He was a brilliant and fearless general and a greatly-admired politician who dreamed of uniting the countries of South America as one nation. He died brokenhearted in 1830 without realizing his dream.

2. **El Parque del Este** in Caracas is a large park with artificial lakes, a zoo, playgrounds, and a surrey-topped train. A great variety of orchids can be seen in its gardens, and in its excellent aviary there are specimens of the many tropical birds for which Venezuela is famous, including 120 different types of hummingbirds.

4. Caracas is a city of modern and ultramodern architecture. In the last several decades the government has sponsored many low-rent apartment complexes to replace the shacks and shanties which once surrounded the city. The money for such projects comes from Venezuela's oil industry.

5. **La Rinconada** is one of the world's most luxurious racetracks, complete with escalators, an air-conditioned box for the president, and a swimming pool for the horses.

6. Several beautiful ocean beaches are less than an hour from Caracas by car via **la autopista,** one of the most modern highways in the world.

PREGUNTAS

1. ¿Vive el matrimonio en una ciudad grande o en un pueblo pequeño? 2. ¿A qué ciudad viajaron? 3. ¿Para qué hicieron el viaje? 4. ¿Qué vieron en el Parque del Este? 5. ¿Por qué regresaron pronto? 6. ¿Qué les pareció la ciudad a los muchachos? ¿Qué dicen de los jóvenes de Caracas? 7. ¿Por qué no entraron en la Rinconada? 8. ¿A quiénes conocieron en la playa? 9. ¿Aceptaron la invitación para la fiesta? ¿Por qué? 10. ¿Por qué le pidieron a la madre que esperara hasta que regresaran los jóvenes? 11. ¿Hay muchas diferencias de opinión entre usted y sus padres? ¿Le gustaría viajar con ellos? ¿Viven ellos en un pueblo pequeño o en una ciudad grande?

EN UNA CALLE DE CARACAS

Explicación

I. THE IMPERFECT SUBJUNCTIVE

(1) EL VIEJECITO: ¿Dónde has estado, Marta?

(2) LA VIEJECITA: Ana me pidió que *fuera* con ella de compras.

(3) EL VIEJECITO: ¿Encontraste algo que te *gustara*?

(4) LA VIEJECITA: No, no compramos nada. Pero vimos a Angelita Pérez, la hija de Ramón y Celia. ¿La recuerdas? Nos sorprendió muchísimo que *estuviera* con un joven y que *se besaran* en público.

(5) EL VIEJECITO: ¡No me digas!

(6) LA VIEJECITA: Sí, y eso no es todo. Nos escandalizó que no nos *hablara*—y que *llevara* una falda cortísima.

(7) EL VIEJECITO: ¡Los jóvenes de hoy son tan descorteses! Nuestra generación nunca fue así. Pero no sabía que los Pérez permitían que su hija *saliera* con muchachos.

(8) LA VIEJECITA: Dudo que lo sepan. ¡Qué escándalo!

1. ¿Qué le pidió Ana a Marta? 2. ¿Por qué no compraron nada? 3. ¿A quién vieron ellas? ¿Qué les sorprendió? 4. ¿Qué les escandalizó? 5. ¿Qué piensa el viejecito de los jóvenes de hoy? ¿Qué dice de su generación? ¿Y de los Pérez?

(1) Where have you been, Marta? (2) Ana asked me to go shopping with her. (3) Did you find anything you liked? (4) No, we didn't buy anything. But we saw Angelita Pérez, Ramón and Celia's daughter—remember her? We were very surprised that she was with a young man and that they were kissing in public. (5) No! (6) Yes, and that's not all. I was shocked that she didn't speak to us—and that she was wearing a very short skirt. (7) The young people of today are so impolite! Our generation was never like that. But I didn't know the Perezes allowed their daughter to go out with young men. (8) I doubt that they know (about) it. What a scandal!

A. To form the imperfect subjunctive of *all* verbs, remove the **-ron** ending from the third person plural of the preterite indicative and add the appropriate imperfect subjunctive endings. There are two sets of endings for the imperfect subjunctive: **-ra, -ras, -ra, ´-ramos, -rais, -ran,** and **-se, -ses, -se, ´-semos, -seis, -sen.** The **-ra** forms are more common in Latin America and will be used in this text. Notice that the **nosotros** form requires a written accent.

hablar		comer		vivir	
hablara	habláramos	comiera	comiéramos	viviera	viviéramos
hablaras	hablarais	comieras	comierais	vivieras	vivierais
hablara	hablaran	comiera	comieran	viviera	vivieran

The imperfect subjunctive forms of all stem-changing verbs are regular:

pensar		volver		pedir	
pensara	pensáramos	volviera	volviéramos	pidiera	pidiéramos
pensaras	pensarais	volvieras	volvierais	pidieras	pidierais
pensara	pensaran	volviera	volvieran	pidiera	pidieran

The stems for the imperfect subjunctive of some verbs that have irregular third-person preterites are:

andar	**anduvie-**	poder	**pudie-**
construir	**construye-**	poner	**pusie-**
creer	**creye-**	querer	**quisie-**
dar	**die-**	saber	**supie-**
decir	**dije-**	tener	**tuvie-**
estar	**estuvie-**	traer	**traje-**
haber	**hubie-**	venir	**vinie-**
hacer	**hicie-**	ver	**vie-**
ir, ser	**fue-**		
leer	**leye-**		
morir	**murie-**		

B. The imperfect subjunctive is used in the same cases as the present subjunctive, except that the verb in the main clause is usually in some past tense rather than in the present. Compare the following examples:

Quiero que usted lo haga	*I want you to do it.*
Quería que usted lo hiciera.	*I wanted you to do it.*
Es mejor que comas.	*It's better that you eat.*
Fue mejor que comieras.	*It was better that you ate.*

Es importante que trabajemos.	*It's important that we work.*
Era importante que trabajáramos.	*It was important that we worked.*
El profesor lo explica cuidadosamente para que los estudiantes lo puedan entender.	*The professor is explaining it carefully so that the students can understand it.*
El profesor lo explicó cuidadosamente para que los estudiantes lo pudieran entender.	*The professor explained it carefully so that the students could understand it.*

Sometimes the verb in the main clause is in the present, but the imperfect subjunctive is used in the dependent clause to refer to something in the past.

| ¿Es posible que fuera Juan? | *Is it possible that it was Juan?* |
| No, no es posible que él viniera. | *No, it's not possible that he came.* |

C. The imperfect subjunctive is used in the same cases where the present subjunctive is used.

1. In noun clauses where the main clause expresses will, desire, doubt, emotion, or necessity.

Esperábamos que ellos llegaran temprano.	*We were hoping that they would arrive early.*
La señora Pérez mandó que estuviéramos allí.	*Mrs. Pérez ordered us to be there.*
Dudaba que él tuviera las joyas.	*I doubted that he had the jewels.*
No creí que Alicia viniera tan pronto.	*I didn't believe that Alicia would come so soon.*
Necesitábamos que alguien nos trajera la comida.	*We needed someone to bring us the food.*
El profesor permitió que todos entraran a las ocho.	*The professor permitted everyone to come in at eight o'clock.*

2. In adjective clauses where the main clause refers to something indefinite or negative.

Buscaba a alguien que supiera hacer gazpacho.	*I was looking for someone who knew how to make gazpacho.*
No había nadie allí que pudiera hacerlo.	*There was no one there who could do it.*
No vi nada que me gustara.	*I didn't see anything that I liked.*

3. In adverbial clauses with **antes (de) que, a menos que, con tal (de) que, en caso (de) que, para que, sin que,** and with other adverbial conjunctions to express an indefinite time or action.

Eduardo no iría a menos que lo invitaran.

Eduardo wouldn't go unless they invited him.

Escribieron la carta sin que el presidente lo supiera.

They wrote the letter without the president knowing it.

Hablé con ella antes de que se fuera.

I spoke with her before she left.

4. With certain impersonal expressions which express doubt, emotion, expectation, or personal judgment.

¿Era verdad que él fuera rico?

Was it true that he was rich?

Era importante que volviéramos para el sábado.

It was important that we return by Saturday.

Era necesario que usted dijera la verdad.

It was necessary for you to tell the truth.

EJERCICIOS

1. Create new sentences, substituting the words or phrases in the lists for the words or phrases in italics.

a. Quería que usted lo *hiciera*.
   1. diera 2. comiera 3. pensara 4. escribiera
   5. bailara

b. No creí que *vinieras*.
   1. comieras 2. lo supieras 3. me oyeras 4. te acostaras 5. salieras

c. Era imposible que *fuéramos*.
   1. leyéramos 2. estudiáramos 3. lo aprendiéramos
   4. viniéramos 5. nos levantáramos

d. Buscaba a alguien que *pudiera* hacerlo.
   1. prefiriera 2. supiera 3. quisiera 4. deseara
   5. pensara

e. Era importante que *él* no supiera la verdad.
   1. yo 2. tú 3. nosotros 4. ellos 5. Paco

f. Alonso no creyó que *Elena* tuviera el dinero.
   1. Raquel 2. yo 3. tú 4. nosotros 5. Elvira y Felipe

2. Complete the following sentences with the appropriate imperfect subjunctive forms of the verbs in parentheses.

1. (hacer)   Quería que tú lo _____.
2. (callarse)   ¡Te dije que te _____!
3. (fumar)   La profesora prohibió que ellos _____ en clase.
4. (abrir)   Pidieron que nosotros _____ las ventanas.
5. (llegar)   No le gustó al profesor que tú _____ tarde.
6. (volver)   Marta no estaba segura de que ellos _____ el martes.
7. (ser)   No pensaba que Ramón _____ tan inteligente.
8. (conocer)   Fue una lástima que yo no _____ la ciudad.
9. (pensar)   Es ridículo que ellos no _____ en eso.
10. (ganar)   Fue terrible que nuestro equipo no _____ el partido.
11. (poder)   No había nadie allí que _____ venir.
12. (saber)   Fuimos al baile sin que mi madre lo _____.
13. (ir)   Antes de que _____ al examen, tomó un café.
14. (volver)   Ella les dijo eso para que ustedes no _____ a ese lugar.
15. (estar)   Te llamé a la oficina, en caso de que todavía _____ allí, pero ya no estabas.

2. Restate the following sentences using the imperfect subjunctive.

Es importante que Ramón venga. → **Era importante que Ramón viniera.**

1. Quiere que ellos coman.
2. Sus padres no permiten que ella viva sola en un apartamento.
3. No creo que Juan me vea.
4. Es importante que hablemos de los problemas urgentes.
5. ¡No es posible que tú me digas eso!
6. ¿Es verdad que el señor García sea plomero?
7. Esperan que yo tenga suerte.
8. ¿Hay alguien en la farmacia que sepa escribir latín?
9. Le doy un lápiz a Teresa para que ella escriba la dirección.
10. Dudo que me busquen.

PREGUNTAS

1. ¿Eran sus padres muy estrictos cuando usted era niño? Por ejemplo, ¿era importante para ellos que usted se acostara temprano? ¿que terminara toda la comida de su plato?   2. ¿Le prohibían sus padres

que fuera al cine a ver películas violentas? 3. ¿Le permitían que organizara fiestas en su casa? 4. ¿Hacía muchas cosas sin que sus padres lo supieran? ¿Leía libros que a ellos no les gustaran? ¿Fumaba sin que lo supieran?

II. *IF*-CLAUSES

En el mercado

(1) LA SEÑORITA: ¿Cuánto cuesta este poncho, señora?
(2) LA VENDEDORA: Doscientos pesos, señorita. Es de pura lana, sabe . . .
(3) LA SEÑORITA: ¿Doscientos? Si los *tuviera* no lo compraría. ¡Es demasiado caro!
(4) LA VENDEDORA: ¿Y si se lo *diera* por ciento ochenta?
(5) LA SEÑORITA: Pues . . . lo preferiría en otro color.
(6) LA VENDEDORA: Es el último que tengo. Si *hubiera venido* diez minutos antes . . . Pero, llévelo por ciento cincuenta, señorita.
(7) LA SEÑORITA: Si me lo *diera* por ciento veinte, lo llevaría.
(8) LA VENDEDORA: Está bien. Se lo doy por ciento veinte.
(9) LA SEÑORITA: ¡De acuerdo! Muchas gracias.*

1. ¿Cuánto cuesta el poncho? 2. ¿Cree la señorita que el poncho es muy barato o muy caro? 3. Si ella tuviera doscientos pesos, ¿compraría el poncho? 4. Si la señora le diera el poncho por ciento ochenta pesos, ¿lo compraría? 5. La señorita preferiría el poncho en otro color. ¿Hubiera podido ver otro poncho unos minutos antes? 6. ¿Compraría ella el poncho si la señora se lo vendiera por ciento veinte pesos?

*When shopping at marketplaces (**mercados**) it's common to hear people bargaining for goods. However, this should never be done in stores where the prices are marked.

At the Marketplace

(1) How much is this poncho, ma'am? (2) Two hundred pesos, miss. It's pure wool, you know . . . (3) Two hundred? If I had it (them) I wouldn't buy it. It's too expensive! (4) And if I gave it to you for 180? (5) Well, I'd prefer it in another color. (6) It's the last one I have. If you had come ten minutes before . . . but, take it for 150, miss. (7) If you gave it to me for 120 I would take it. (8) Okay, I'll give it to you for 120. (9) Agreed! Thank you very much.

A. When an *if*-clause expresses a situation that the speaker or writer thinks of as true or definite, or makes a simple assumption, the indicative is used.

Si llueve, Carlos no va a clase.	*If it is raining, Carlos is not going to class.*
Si llovió ayer, Carlos no fue a clase.	*If it rained yesterday, Carlos didn't go to class.*
Si Manuel va, yo voy también.	*If Manuel goes, I will go too.*
Si llegan hoy, vamos al aeropuerto.	*If they arrive today, we'll go to the airport.*

B. However, when the *if*-clauses expresses something that is hypothetical or contrary to fact and the main clause is in the conditional, the *if*-clause is in the imperfect subjunctive.

Si Miguel tuviera dinero, compraría la cámara.	*If Miguel had money, he would buy the camera.*
Luis y Mirta irían con nosotros si estuvieran aquí.	*Luis and Mirta would go with us if they were here.*
Si llegaran hoy, iríamos al aeropuerto.	*If they were arriving today, we would go to the airport.*
Si yo fuera rico, viajaría por todo el mundo.	*If I were rich, I would travel around the world.*

C. The expression **como si** (*as if*) implies a hypothetical, or untrue, situation. It requires the imperfect subjunctive.

¡Hablas como si fueras un detective!	*You are speaking as if you were a detective!*
Se besaban como si estuvieran solos en el mundo.	*They were kissing as if they were alone in the world.*
Elena vive como si tuviera una fortuna.	*Elena lives as if she had a fortune (were a millionaire).*

EJERCICIOS

1. Create new sentences, substituting the words or phrases in the lists for the words or phrases in italics.

   a. Si *llegaran* hoy, iríamos a Toledo.
      1. volvieran 2. llamaran 3. regresaran
      4. vinieran 5. contestaran

b. Hablas como si *estuvieras triste*.
   1. fueras un experto   2. tuvieras razón   3. quisieras llorar   4. pidieras algo   5. pudieras mandar

c. Si *Olga* quisiera, trabajaría.
   1. yo   2. tú   3. nosotros   4. Matilde y Bárbara
   5. Luisa y yo

d. Si *los vecinos* recibieran la invitación, comprarían un regalo.
   1. Marta   2. nosotros   3. los Gómez   4. tu hermano   5. yo

e. Si lo diera por veinte pesos, *nosotros* lo compraríamos.
   1. yo   2. Elsa y su amiga   3. Felipe   4. ustedes
   5. tú

2. Complete the sentences with the appropriate form of the verbs in parentheses.

   1. (comprar)   Si yo tuviera dinero, _____ un auto.
   2. (dar)   Si me lo _____ por veinte pesos, lo llevaría.
   3. (trabajar)   Si yo fuera rico, no _____.
   4. (regresar)   Si los Gómez _____ hoy, vamos al aeropuerto.
   5. (llegar)   Pero si no _____ hoy, no iríamos al aeropuerto.
   6. (ser)   Si tú _____ más cuidadoso, no perderías tus cosas.
   7. (fumar)   Si todos _____ menos, sería mejor para todos.
   8. (creer)   Si Alicia te _____, no habría problema.
   9. (estar)   Si yo pudiera, _____ viajando siempre.
   10. (ser)   Norma camina como si _____ una reina.
   11. (venir)   Si ellos _____ mañana, iríamos al concierto.
   12. (tener)   Juana compra ropa como si _____ una fortuna.
   13. (hacer)   Si ellos tuvieran tiempo, _____ trabajos magníficos.
   14. (ir)   Ella dice que si él _____ ella iría también.
   15. (besar)   Si tú fueras su novio, la _____ mucho, ¿verdad?

3. Give the Spanish equivalent.

   1. I didn't see anything that I liked.   2. It wasn't true that he was a socialist.   3. If you gave it to me for 120 pesos, I would take it. 4. If it is raining, Mario is not going to class.   5. If I were rich, I would buy a new car.

PREGUNTAS

1. Si usted tuviera mucho dinero, ¿qué compraría? 2. Si pudiera dar un millón de dólares a cualquier causa, ¿a qué causa los daría? 3. Si el médico le dijera que sólo tiene un año de vida, ¿qué haría? 4. Si estuviera en una isla desierta, ¿con quién le gustaría estar? 5. Si hiciera un viaje por un año y pudiera llevar tres libros, ¿llevaría su libro de español? ¿Qué libros llevaría?

III. THE PRESENT AND PAST PERFECT SUBJUNCTIVE

En el aeropuerto

(1) TÍA SONIA: ¡Hola, José Luis! Espero que *hayas tenido* unas lindas vacaciones.

(2) JOSÉ LUIS: Excelentes, tía Sonia. La América del Sur me gustó muchísimo.

(3) TÍA SONIA: Me alegro de que *hayan llegado* tan puntualmente.

(4) JOSÉ LUIS: Sí, me sorprendió que *hubiéramos llegado* a las seis en punto.

(5) TÍA SONIA: ¡Es increíble que *hayas visitado* tantos países en tan poco tiempo!

1. ¿Dónde ha estado José Luis? 2. ¿Cómo fue el viaje? 3. ¿Qué le sorprendió a José Luis?

A. The present perfect subjunctive is formed with the present subjunctive of **haber (haya, hayas, haya, hayamos, hayáis, hayan)** plus a past participle. It is used in a dependent clause that expresses an action that happened (or was supposed to have happened) before the time indicated by the verb in the main clause. Compare the following examples.

Espero que ellos lleguen.	*I hope they arrive.*
Espero que ellos hayan llegado.	*I hope they have arrived.*

At the Airport

(1) Hi, José Luis! I hope you have had a nice vacation. (2) Fantastic, Aunt Sonia. I liked South America very much. (3) I'm glad you arrived so punctually. (4) Yes, I was surprised that we had arrived at exactly six o'clock. (5) It's incredible that you visited so many countries in such a short time!

Es probable que no vendan todos los boletos.	*It's probable that they aren't selling all the tickets.*
Es probable que no hayan vendido todos los boletos.	*It's probable that they haven't sold all the tickets.*
Dudo que tengas tiempo.	*I doubt that you have time.*
Dudo que hayas tenido tiempo.	*I doubt that you have had time.*
Es una lástima que no coman bien.	*It's a shame they don't eat well.*
Es una lástima que no hayan comido bien.	*It's a shame they haven't eaten well.*

B. The past perfect subjunctive is formed with the past subjunctive of **haber** (**hubiera, hubieras, hubiera, hubiéramos, hubierais, hubieran**) plus a past participle.* Compare the following examples.

Esperaba que llegaran.	*I was hoping they might arrive (were going to arrive).*
Esperaba que hubieran llegado.	*I was hoping they had arrived.*
Ella dudaba que tuvieras tiempo.	*She doubted that you had time.*
Ella dudaba que hubieras tenido tiempo.	She doubted that you had had *time.*
Fue una lástima que no comieran bien.	*It was a shame they weren't eating well.*
Fue una lástima que no hubieran comido bien.	*It was a shame they hadn't eaten well.*
Preferiría que él me lo dijera.	*I would prefer that he told it to me.*
Preferiría que él me lo hubiera dicho.	*I would prefer that he had told it to me.*

EJERCICIOS

1. Create new sentences, substituting the words or phrases in the lists for the words or phrases in italics.

   a. ¿Es posible que *Lidia* haya llegado?
        1. los vecinos 2. el señor Ortiz 3. mi tía 4. tú
        5. su hija

   b. Marta dudaba que *Mario* hubiera hecho eso.
        1. nosotros 2. yo 3. Julián y sus amigos 4. tú
        5. Elsa

*The **-iese** variant (**hubiese, hubieses, hubiese, hubiésemos, hubieseis, hubiesen**) is commonly used in Spain, but the **-iera** form is more frequent in Latin America.

2. Restate the following sentences using the present perfect subjunctive.

Espero que ellos coman. → **Espero que ellos hayan comido.**

1. Es probable que Patricia venga.
2. Dudo que salgas de viaje.
3. Es una lástima que estudien poco.
4. Miguel espera que lleguen a las seis.
5. Es mejor que tú decidas.
6. Dudamos que tu amiga escriba una carta.
7. Es ridículo que tú pienses así.
8. ¿Crees que Jorge pueda ir?

3. Restate the following sentences using the past perfect subjunctive.

Esperaba que ellos comieran. → **Esperaba que ellos hubieran comido.**

1. Fue una lástima que yo esperara tanto.
2. Mario se alegraba de que ellos llegaran a tiempo.
3. ¿Podías creer que él te lo dijera?
4. Él dudaba que el profesor tuviera paciencia.
5. Fue una lástima que no durmieran bien.
6. El médico esperaba que Ana estuviera mejor.
7. Fue una lástima que ella les diera ese cuadro.
8. Ana tenía miedo que todas supieran la verdad.

PREGUNTAS

1. ¿Cree usted que su madre haya tenido muchos admiradores antes de casarse?   2. ¿Es probable que su padre haya sido muy celoso cuando él y su madre eran novios?   3. ¿Es posible que hayamos vivido otra vida antes de la presente?   4. ¿Estaría usted más contento si hubiera decidido viajar en vez de estudiar?

Actividades

INTERCAMBIOS

Use the **usted** form of the verbs in asking and answering the following questions.

Señora Suárez, pregúntele al *señor Moreno:*

1. si sus padres insistieron en que viviera en un dormitorio

Señor Moreno, contéstele:

1. que no, que querían que viviera en un apartamento

2. si sus padres querían que viniera a esta universidad
3. si sería más feliz si hubiera viajado en vez de estudiar

4. qué haría si fuera presidente de los Estados Unidos
5. qué haría si la semana tuviera diez días en vez de siete

2. que sí, que se alegraron que hubiera decidido venir aquí
3. que no, porque después de que haya aprendido español va a viajar

4. que si pudiera, haría algo para proteger la ecología
5. que aprendería a tocar un instrumento musical

ENTREVISTA

Ask a classmate the following questions. Then report the information to the class.

1. Si pudieras hablar con cualquier persona del mundo, ¿con quién te gustaría hablar?
2. ¿Es posible que hayamos vivido antes?
3. Si no estuvieras en clase, ¿dónde estarías?
4. ¿Es posible que nos hayamos conocido antes de venir a la clase de español? ¿Es posible que nos hayamos hablado?
5. Cuando era niño, ¿qué no te permitían tus padres que hicieras?

¿Y SUS PADRES?

Complete the following sentences.

1. Si mis padres vinieran a visitarme y pensaran quedarse un mes . . .
2. Si mis padres creyeran que yo estoy viviendo con mi novio (novia) . . .
3. Si mis padres fueran ricos . . .
4. Si mi madre fuera presidente . . .
5. Si mis padres supieran que. . . .

CAPÍTULO *Veintitrés* 23

LA SEMANA SANTA EN ANTIGUA, GUATEMALA

Guatemala:

OBJECTIVES

Language: In this chapter we introduce, discuss, and practice:
1) the future and conditional perfect tenses
2) sequence of tenses with the subjunctive
3) the passive voice

Culture: The dialogue takes place in Guatemala shortly after Easter, where an elderly Guatemalan man is receiving some visitors from the United States. The theme of the chapter is religious values.

los valores religiosos

Don Pepe, un viudo guatemalteco que vive en la capital,[1] recibe en su casa a unos amigos de los Estados Unidos.

DON PEPE: ¡Cómo me alegro de verlos! Tenía miedo que hubieran perdido el avión.

LESLIE: Perdone la tardanza, don Pepe. Nuestras maletas fueron perdidas en el aeropuerto. Si hubiéramos sabido que íbamos a tener ese problema, ¡habríamos venido sin maletas! 5

DON PEPE: Ustedes se habrán puesto muy nerviosos.

ALAN: No tanto como los muchachos que trabajan en el aeropuerto. Las buscaron por todas partes hasta que finalmente fueron encontradas allí mismo, detrás 10 del mostrador.

DON PEPE: Bueno, siéntense, por favor. Ahora pueden descansar.

ALAN: Gracias, don Pepe.

DON PEPE: Pensé en ustedes durante la Semana Santa cuando 15 fui a la Antigua[2] con unos parientes. Fue una lástima que ustedes no hubieran podido acompañarnos.

LESLIE: Me imagino que las celebraciones fueron muy pintorescas.

ALAN: Hace unos años pasamos la Semana Santa en un 20 pequeño pueblo y allí vimos las ceremonias del Maximón.[3] No he visto jamás una costumbre que me haya fascinado tanto como esa extraña combinación de elementos paganos y cristianos.

LESLIE: Pero es triste que los indios sean tan ignorantes, ¿no 25
cree, don Pepe?

DON PEPE: ¿Por qué los llama ignorantes? Ellos creen en el
Dios cristiano y en los ídolos antiguos al mismo
tiempo. Pero eso no significa para ellos ninguna
contradicción. Su religión refleja el doble aspecto de 30
su cultura: el maya y el moderno. Después de que
hayan visitado Tikal,[4] lo comprenderán mejor y
quizás nos pongamos de acuerdo.

ALAN: Dudo que en eso nos pongamos de acuerdo porque
nosotros no creemos en Dios. En el mundo de hoy la 35
religión no es necesaria.

DON PEPE: Eso depende de la cultura. Los indios encuentran
en la religión un gran consuelo y una manera de
afirmar su identidad cultural.

LESLIE: ¿Y los ladinos?[5] 40

DON PEPE: La Iglesia Católica sigue cumpliendo un papel
importante entre los ladinos, sobre todo en la
educación moral de los hijos.

LESLIE: ¿Y no cree usted que la Iglesia haya hecho mal al
prohibir el aborto y el control de la natalidad? 45

DON PEPE: No. Creo que ha hecho bien. Para mí, el aborto es un
verdadero asesinato.

LESLIE: Pero el aborto es a veces necesario para la salud
física y psicológica de la mujer.

ALAN: Y el control de la natalidad podría evitar el peligro 50
de la explosión demográfica.

DON PEPE: Es posible que los expertos hayan exagerado ese
peligro por razones económicas.

ALAN: ¿Y el divorcio?

DON PEPE: Hace unos años mi hija quería divorciarse. El sacer- 55
dote y yo la convencimos de que esperara. Después
ella nos agradeció que la hubiéramos detenido.

LESLIE: Pero muchas veces el divorcio es la mejor solución.

DON PEPE: Es siempre difícil para los niños . . . Pero tengo
amigos que piensan como ustedes. 60

ALAN: Y nosotros tenemos amigos que piensan como usted.
La verdad es que la vida sería muy monótona y
aburrida si todos pensáramos igual, ¿no?

DON PEPE: Así es. En esta casa sólo hay una verdad absoluta: que el café de Guatemala es el mejor del mundo. ¿Quieren probarlo ahora?

VOCABULARIO

afirmar *to affirm*
cumplir *to fulfill*
evitar *to avoid*
exagerar *to exaggerate*
reflejar *to reflect*

la **tardanza** *delay, lateness*
el **viudo** (la **viuda**) *widower (widow)*

guatemalteco (-a) *Guatemalan*

el **aborto** *abortion*
el **asesinato** *murder*
el **consuelo** *consolation*
el **ídolo** *idol*
el **mostrador** *counter*
el **pariente** *relative*
la **salud** *health*

Así es. *That's it; that's the way it is.*
el **control de la natalidad** *birth control*
la **explosión demográfica** *population explosion*
ponerse de acuerdo *to agree*

NOTAS CULTURALES

1. Guatemala City is the largest city in Central America and the political, social, cultural, and economic heart of Guatemala. Founded in 1776 to replace **Antigua,** the older capital which had been ruined in an earthquake, Guatemala City itself was subsequently destroyed by earthquakes in 1917 and 1918 and was largely rebuilt.

2. **Antigua,** founded in 1543, was a city of such splendor that it rivaled Mexico to the north and Lima to the south. In 1717 and 1773 it was leveled by earthquakes. The ruins of the beautiful old convents, churches, and government buildings still stand, only partially restored. During **Semana Santa** (Holy Week, the week before Easter), hundreds of men dress in purple with lances in their hands and saints' pictures over their hearts and march through the decorated streets in a reenactment of Christ's passion. Others march dressed as Roman centurions. Each year three prisoners are released from jail to walk in the procession carrying logs heavy with chains as an act of penitence; then they are given their freedom.

3. The **Maximón** is an idol honored during Holy Week by the Maya Indian inhabitants of the village of **Santiago Atitlán**. It is composed of many layers of clothing bundled around a mysterious core which may be a Mayan statue; its face in public is a wooden mask which always appears with a large cigar in its mouth. A special brotherhood is responsible for keeping the **Maximón,** dressing it, and officiating at various ceremonies to honor it. Though prayers and gifts are offered to it, **Maximón** is publicly hanged at the height of the celebration. Later it is brought down and hidden until the next year. Some think there may be a connection between the **Maximón** and the effigies of Judas, Christ's betrayer, that are hanged in many towns of Guatemala during Holy Week, except that the **Maximón** is the object of devotion, not derision. Only the members of the Indian brotherhood know the true contents and significance of the draped figure, but it is thought to have been derived from ancient Mayan religious practices.

4. **Tikal** is a partially restored ancient Mayan city of the classical period located in the **Petén,** the northern area of Guatemala. It flourished until around 900 A.D. and then it was mysteriously abandoned, as were other great Mayan cities, for reasons unknown.

5. **Ladino** is the term used to designate those Guatemalans who are Europeanized in culture and usually of mixed Spanish-Indian ancestry, as opposed to the pure-blood Indians who speak Quiché or other Indian languages. The distinction is much more cultural than racial, for an Indian becomes a **ladino** by learning to speak Spanish and adopting European dress and customs.

PREGUNTAS

1. ¿Qué descubrieron Leslie y Alan en el aeropuerto?   2. ¿Quién fue a la Antigua durante la Semana Santa?   3. ¿Fueron también Alan y Leslie?   4. ¿En qué creen los indios?   5. ¿Es importante la religión para Alan y Leslie?   6. ¿Qué encuentran los indios en la religión? 7. ¿Está de acuerdo don Pepe con lo que ha hecho la Iglesia? 8. ¿Quién se quería divorciar?   9. ¿Por qué no lo hizo?   10. ¿Piensa usted como Alan y Leslie o como don Pepe?

Explicación

I. THE FUTURE AND CONDITIONAL PERFECT TENSES

(1) LUIS: ¿Crees que ya *habrá llegado* Delia a Buenos Aires?

(2) PACO: Lo dudo, Luis. Te *habría llamado* desde allí, ¿no?

(3) LUIS: Tienes razón. Si hubiera llegado, me *habría llamado* desde el aeropuerto.

(4) PACO: No te preocupes. Para este sábado *habrá vuelto* y ustedes estarán juntos.

1. ¿A quién espera Luis? 2. ¿Por qué cree Paco que Delia no ha llegado? 3. ¿Para cuándo habrá vuelto ella?

A. The future perfect tense is formed with the future tense of the auxiliary verb **haber** plus a past participle. Remember that the past participle always ends in **-o** when used to form a perfect tense.

haber

habré	habremos	
habrás	habréis	+ past participle
habrá	habrán	

It expresses a future action with a past perspective—that is, an action that *will have taken place* (or *may have taken place*) by some future time. It can also express probability, an action that *must have or might have taken place.*

(1) Do you think that Delia may have arrived in Buenos Aires already? (2) I doubt it, Luis. She would have called you from there, wouldn't she? (3) You're right. If she had arrived, she would have called me from the airport. (4) Don't worry. By this Saturday she will have returned and you will be together.

Habré comido cuando regreses.	*I will have eaten when you return.*
Mañana a esta hora nos habremos ido.	*Tomorrow at this time we will have left.*
Mario habrá terminado para esa fecha.	*Mario will have finished by that date.*
Habrás estado muy contento.	*You must have been very happy.*
No sé qué habrán aprendido hoy.	*I don't know what they might have learned today.*

B. The conditional perfect tense is formed with the conditional tense of the auxiliary verb **haber** plus a past participle. It often corresponds to the English *would have* plus past participle.

haber

habría	habríamos	
habrías	habríais	+ past participle
habría	habrían	

Habrían llamado.	*They would have called.*
¿Qué habría hecho usted?	*What would you have done?*
Habría sido interesante visitar la sinagoga.	*It would have been interesting to visit the synagogue.*

LAGO ATITLÁN, GUATEMALA

C. The conditional perfect is often used to express something that *would have or might have taken place if....* Such sentences require the use of the past perfect subjunctive in the *if*-clause and the conditional perfect in the main clause.

Habría comprado esa cámara si hubiera tenido dinero.

I would have bought that camera if I had had the money.

Ellos habrían ido al cine si los hubiéramos invitado.

They would have gone to the movies if we had invited them.

Si hubiera sabido que venías, te habría pedido un favor.

If I had known you were coming, I would have asked you a favor.

EJERCICIOS

1. Create new sentences, substituting the words or phrases in the lists for the words or phrases in italics.

   a. Mañana *nosotros* habremos visto Toledo.
      1. yo 2. tú 3. Claudia 4. los García 5. Inés y yo

   b. *Marcelo* habrá recibido el recado.
      1. Elena y Mónica 2. nosotros 3. tú 4. la profesora 5. ustedes

   c. ¿Qué habría hecho *usted*?
      1. tú 2. Manuel 3. Teresa y yo 4. Susana y Paco 5. nosotros

   d. *Yo* habría ido si hubiera tenido tiempo.
      1. mi hija y yo 2. ustedes 3. Miguel y José 4. tú 5. nuestros vecinos

2. Restate, changing the verbs from the present perfect to the future perfect.

   Ha llegado a las seis. → **Habrá llegado a las seis.**

   1. He comido demasiado.
   2. Hemos venido temprano.
   3. Él ya ha terminado los estudios.

4. Norma se ha olvidado.
5. Ha sido un concierto estupendo.
6. Ellas han estado contentas en la fiesta.
7. ¿Quiénes han comprado esas revistas?
8. He escrito diez cartas.

3. Restate, changing the verbs from the present perfect to the conditional perfect.

Ha comido antes de venir. → **Habría comido antes de venir.**

1. Ha deseado estar con nosotros.
2. Elisa ha escuchado toda la conversación.
3. Él ha llamado a la policía.
4. Los Sáenz lo han invitado.
5. He querido ir a la fiesta.
6. Ernesto ha dicho la verdad.
7. Él no ha hecho eso.
8. ¿Qué has hecho tú?

4. Give the Spanish equivalent.

1. Mario will have finished by tomorrow. 2. The Garcías must have called Marta. 3. What would you (**usted**) have said to him? 4. If you had waited for me, I would have invited you too. 5. It would have been better to go by plane. 6. Tomorrow we will have seen Rome. 7. By Saturday Alonso will have finished his exams. 8. By Thursday Elena will have gone to New York. 9. They would have helped us if they could have. 10. He would have come earlier if he had known.

PREGUNTAS

1. ¿Cree que habremos terminado este capítulo para mañana? 2. ¿Se habrá usted levantado mañana antes de las siete? 3. ¿Sabe usted si se habrán quedado en casa los estudiantes que no están aquí hoy? 4. ¿Qué habría hecho usted hoy si no hubiera tenido que venir a la universidad? 5. ¿Habría podido usted entender una película en español el año pasado? ¿La puede entender ahora?

II. SEQUENCE OF TENSES WITH THE SUBJUNCTIVE

En el correo

(1) EL EMPLEADO: Buenas tardes, señor. *Perdone que lo haya hecho esperar.* ¿En qué puedo servirle?

(2) UN SEÑOR: Quiero mandar esta carta certificada.

(3) EL EMPLEADO: ¿Por correo aéreo?

(4) UN SEÑOR: Sí, por favor. *Quiero que llegue lo antes posible.*

(5) EL EMPLEADO: *Sería mejor que la mandara sin certificar.* Las cartas certificadas a los Estados Unidos llegan en unos diez días.

(6) UN SEÑOR: *No creí que tomaran tanto tiempo.* Entonces, *la mandaré sin certificar para que llegue más rápido.*

(7) EL EMPLEADO: Muy bien. Son quince pesos. ¿Algo más, señor?

(8) UN SEÑOR: Sí, *un amigo me ha pedido que le compre estampillas y aerogramas.*

(9) EL EMPLEADO: Estampillas, aerogramas y tarjetas postales pueden comprarse en el mostrador de enfrente.

(10) UN SEÑOR: Muchas gracias, señor.

1. ¿Qué quiere el señor? 2. ¿Por qué quiere mandar la carta por correo aéreo? 3. ¿Cómo llegaría más rápido? 4. ¿Dónde puede comprar las estampillas y los aerogramas?

At the Post Office

(1) Good afternoon, sir. Sorry to have kept you waiting. What can I do for you? (2) I would like to send this letter certified (registered). (3) By air mail? (4) Yes, please. I want it to arrive as soon as possible. (5) It would be better if you sent it without certifying (it). Certified letters to the United States arrive in about ten days. (6) I didn't think they took so long. Then I'll send it uncertified so it gets there faster. (7) All right. Fifteen pesos. Anything else, sir? (8) Yes, a friend asked me to buy him stamps and aerograms. (9) Stamps, aerograms and postcards can be bought at the counter across the hall. (10) Thank you, sir.

A. It is sometimes difficult to know whether to use a present or a past form of the subjunctive. Remember that in sentences requiring the subjunctive, the *present* or the *present perfect subjunctive* is generally used in the dependent clause when the verb in the main clause is:

1. in the present

Ramón quiere que vaya con él al correo.	*Ramón wants me to go with him to the post office.*
Es imposible que esa carta haya llegado hoy.	*It is impossible for that letter to have arrived today.*

2. in the present perfect

Ella me ha pedido que le compre unas tarjetas postales.	*She has asked me to buy her some postcards.*

3. in the future

Comeremos aquí después que regresen de la playa.	*We'll eat here after they return from the beach.*
Hablaremos con alguien que haya visto el accidente.	*We will talk with someone who has seen the accident.*

4. a command

Mande la carta tan pronto como pueda.	*Send the letter as soon as you can.*
Tráeme el periódico cuando hayas terminado de leerlo.	*Bring me the newspaper when you have finished reading it.*

The use of the present subjunctive or the present perfect subjunctive depends on the time relationship between the actions described in each clause. The present subjunctive is used when the actions occur simultaneously or when the action of the dependent clause is expected at some future time. The present perfect subjunctive is used when the action in the dependent clause is expected to have been completed.

B. A dependent clause usually takes the *imperfect* or the *past perfect subjunctive* when the verb in the main clause is:

1. in the preterite

Le dije que la mandara por correo aéreo.	*I told her to send it air mail.*
Dudé que tú le hubieras mandado esa carta.	*I doubted that you had sent him that letter.*

2. in the imperfect

Mi novio me pedía que no
fumara en la calle.

*My boyfriend used to ask me
not to smoke on the street.*

Esperaba que me hubieras
traído las estampillas

*I was hoping you had brought
me the stamps.*

3. in the past perfect

Su madre no había permitido
que nos casáramos.

*His mother had not permitted
us to get married.*

4. in the conditional

No lo haría a menos que me
ayudaras.

*I wouldn't do it unless you
helped me.*

Me sorprendería que hubieras
terminado.

*It would surprise me that you
had finished.*

The imperfect subjunctive is used when the actions occurred simultaneously or when the action of the dependent clause is expected to have occurred after the action of the main clause. The past perfect subjunctive is used when the action in the dependent clause is expected to have occurred prior to the action of the main clause.

EJERCICIOS

1. Create new sentences, substituting the words or phrases in the lists for the words or phrases in italics and changing the verbs to the imperfect subjunctive as required.

a. *Quiero* que compres los helados.
   1. quería 2. te pedí 3. espero 4. necesito

b. Julia *te llamará* para que le expliques el trabajo.
   1. te llamó 2. te va a llamar 3. te llama 4. te llamaría

2. Create new sentences substituting the words or phrases in the lists for the words or phrases in italics and changing the verbs to the past perfect subjunctive as required.

a. *Me alegro* que los hayas visitado.
   1. me alegré 2. quería 3. esperaba 4. es bueno

b. *Me sorprende* que Juan lo haya hecho.
    1. creo que es ridículo 2. es posible 3. era imposible 4. no esperábamos

3. Complete each sentence with the correct form of the verb in parentheses.

   a. (ir)
      1. Sería bueno que tú no _____.
      2. Es mejor que tú no _____.
      3. No esperaba que tú _____.

   b. (cerrar)
      4. Irán al correo antes de que _____.
      5. Fueron al correo antes de que _____.
      6. Vayan al correo antes de que _____.

   c. (ser)
      7. No creía que usted _____ egoísta.
      8. No me gustaría que usted _____ egoísta.
      9. Preferiría que usted no _____ egoísta.

   d. (dar)
      10. No permitiré que ellos le _____ el dinero.
      11. No he querido que ellos le _____ el dinero.
      12. No esperé que ellos le _____ el dinero.

4. Give the Spanish equivalent.

   1. I will ask him to answer me as soon as he can. 2. Michael left before the class ended. 3. Nora and her children will wait here until Peter returns from the post office. 4. Tell Louis to send me a postcard. 5. He has asked me to open the door. 6. It would be better for you to tell us where your brother is. 7. Were you looking for someone who has lived in Spain? 8. Pedro used to give me money without my asking him for it.

PREGUNTAS

1. ¿Espera que alguien le haya mandado una carta hoy? ¿Quién?
2. Para que una carta llegue rápidamente, ¿cómo hay que mandarla?
3. ¿Qué necesita darme para que yo pueda mandarle una tarjeta postal la próxima vez que yo viaje? 4. ¿Viviría usted en la América del Sur aunque no supiera hablar español? ¿Por qué? 5. ¿Dónde querrá usted vivir cuando tenga cuarenta años?

III. THE PASSIVE VOICE

(1) ENRIQUE: Si quieres vivir más de cien años, debes dejar de comer carne, Carlos.

(2) CARLOS: Caramba, ¡qué interesante!

(3) ENRIQUE: En serio, Carlos. Lo leí anoche, antes de ir a la cena que *fue organizada* por el Club de los Vegetarianos.

(4) CARLOS: Claro, eso *fue escrito* por uno de ustedes.

(5) ENRIQUE: Estás equivocado. El artículo *fue escrito* por un famoso médico. Te traeré la revista donde *fue publicado* para que tú también lo leas.

1. ¿Qué es necesario hacer para vivir más de cien años?
2. ¿Por quién fue organizada la cena?   3. ¿Por quién fue escrito el artículo?   4. ¿Qué va a hacer Enrique para que Carlos lo lea?

A. The passive voice is formed as follows:

subject + **ser** + past participle + **por** + agent

La ropa fue vendida ayer.	*The clothes were sold yesterday.*
Esa revista es publicada en Madrid.	*That magazine is published in Madrid.*
El libro fue escrito por un vegetariano.	*The book was written by a vegetarian.*

The verb **ser** must be in a conjugated form and the past participle must agree with the subject in gender and number. The agent or doer of the action is not always expressed, but when it is, it is introduced by the preposition **por.**

(1) If you want to live for more than a hundred years, you ought to stop eating meat, Carlos. (2) Wow, how interesting! (3) Seriously, Carlos. I read it last night, before going to the dinner that was organized by the Vegetarians' Club. (4) Of course—that was written by one of you. (5) You're wrong. The article was written by a famous physician. I'll bring you the magazine where it was published so that you can read it too.

The passive voice is used less frequently in Spanish than in English because many sentences that are passive in English are rendered in Spanish with the construction **se** plus a verb in the third person (see Chapter 14).

B. Remember that **estar** is used to express or describe a state or condition resulting from an action. This is not the same as the passive voice, which expresses the action itself.

La puerta está abierta.	*The door is open.*
La puerta fue abierta por Gloria.	*The door was opened by Gloria.*
La comida está preparada.	*The food is prepared (ready).*
La comida fue preparada por Jaime.	*The food was prepared by Jaime.*

EJERCICIOS

1. Create new sentences, substituting the words or phrases in the list for the words or phrases in italics.

   a. *Esa carta* fue mandada anoche.
      1. las invitaciones   2. el regalo   3. mis libros
      4. la ropa

   b. *Este auto* es hecho en México.
      1. estos zapatos   2. esta piñata   3. esta mesa   4. mi abrigo

   c. *Las estampillas* fueron compradas por mí.
      1. este libro   2. la bicicleta   3. esta casa   4. los aretes

2. Restate changing the verbs from the active to the passive voice.

   Ramón trajo una piñata. → **La piñata fue traída por Ramón.**

   1. Miguel preparó la comida.
   2. Yo las invité anoche.
   3. Los estudiantes resolvieron el problema.
   4. El club de los vegetarianos publica la revista.
   5. Nosotros vendimos la casa.
   6. Los estudiantes contestan las preguntas.

3. Give the Spanish equivalent.

1. The beauty salon is open now. 2. This bicycle is made here.
3. The dinner was given in my honor. 4. Where was the lecture
given? 5. The lake is surrounded by mountains. 6. The dinner
was prepared by me.

PREGUNTAS

1. ¿Cómo se llama su novela favorita? ¿Por quién fue escrita? ¿Recuerda cuándo fue escrita? 2. ¿Dónde es hecha la cerveza que usted
toma? 3. ¿Por quién fue descubierta América? 4. ¿Dónde es publicado el periódico que lee usted todos los días?

Actividades

INTERCAMBIOS

Use the **usted** form of the verbs in asking and answering the following questions.

Señor Alegría, pregúntele a la
señorita Dolores:

Señorita Dolores, contéstele:

1. si le gustaría ir a un restaurante vegetariano
2. si quiere que le compre
estampillas cuando vaya al
correo
3. si cree que habremos
terminado este libro antes
del viernes
4. si alguna vez algún sacerdote
la convenció de que no
hiciera algo

1. que sí, que le gustan las
legumbres
2. que no, porque usted nunca
le escribe a nadie
3. que sí, porque éste es el
último capítulo
4. que sí, cuando era niña(-o)

5. si sabe cuándo fue declarada   5. que fue declarada en 1776
   la independencia de los
   Estados Unidos

ENTREVISTA

Ask a classmate the following questions. Then report the information to the class.

1. ¿Cree usted que la Iglesia Católica ha hecho bien al prohibir el aborto? ¿Y el control de la natalidad?
2. ¿Debería permitirse que los sacerdotes católicos se casaran?
3. ¿Qué tienen en común las principales religiones del mundo? Por ejemplo, ¿se puede encontrar en la religión una manera de afirmar la identidad cultural? ¿Un gran consuelo? ¿Cumplen un papel importante en la educación moral de los hijos?
4. ¿Es mejor que un matrimonio con niños pequeños no se divorcie bajo ninguna condición?
5. ¿Eres vegetariano? ¿Es mejor que no comamos carne?

SITUACIÓN

You are at a post office. The employee asks what he can do for you. You say you would like three aerograms and ten stamps for the United States. He asks if you want airmail stamps (**estampillas aéreas**), and you say yes. You would also like to send a letter by certified mail. He says that will be forty pesos. You ask where a mailbox (**buzón**) is so that you can mail the letter and some postcards. He says he can mail them for you.

CUARTO REPASO

I. TENSES OF THE SUBJUNCTIVE MOOD

A. There are four principal tenses of the subjunctive mood: present, imperfect, present perfect, and past perfect.

  1. The present subjunctive

     a. Regular **-ar** verbs (**visitar**): **visite, visites, visite, visitemos, visitéis, visiten**

     b. Regular **-er** and **-ir** verbs (**comer**): **coma, comas, coma, comamos, comáis, coman**

     c. Verbs with an irregularity in the first-person singular of the present indicative (**hacer**): **haga, hagas, haga, hagamos, hagáis, hagan**

     d. Stem-changing **-ir** verbs (**pedir**): **pida, pidas, pida, pidamos, pidáis, pidan**

     e. Stem-changing **-ar** and **-er** verbs (**volver**): **vuelva, vuelvas, vuelva, volvamos, volváis, vuelvan**

     f. Irregular verbs:

        1. dar: **dé, des, dé, demos, déis, den**
        2. estar: **esté, estés, esté, estemos, estéis, estén**
        3. ir: **vaya, vayas, vaya, vayamos, vayáis, vayan**
        4. haber: **haya, hayas, haya, hayamos, hayáis, hayan**
        5. ser: **sea, seas, sea, seamos, seáis, sean**
        6. saber: **sepa, sepas, sepa, sepamos, sepáis, sepan**

  2. The imperfect subjunctive

     To form the imperfect subjunctive, drop the **-ron** ending of the third person plural preterite and add the endings **-ra, -ras, -ra, -ramos, -rais, -ran** (**sentir**): **sintiera, sintieras, sintiera, sintiéramos, sintierais, sintieran**

3. The present perfect subjunctive

To form this tense, combine the verb **haber** in the present subjunctive with the past participle (**tomar**): **haya tomado, hayas tomado, haya tomado, hayamos tomado, hayáis tomado, hayan tomado**

4. The past perfect subjunctive

This tense is formed with the imperfect subjunctive of **haber** and the past participle (**poner**): **hubiera puesto, hubieras puesto, hubiera puesto, hubiéramos puesto, hubierais puesto, hubieran puesto**

B. Complete the sentences following the example, using the tense indicated in parentheses.

(Imperfect subjunctive)
Tú conoces a Juan. Quería que . . . → **Quería que tú conocieras a Juan.**

(Present subjunctive)
1. Me lo muestran. Les pido que . . .
2. Abrimos la puerta. Siempre nos mandan que . . .
3. Ella se enoja conmigo. No quiero que . . .
4. Conoces a mucha gente. Espero que . . .
5. Duermo mucho. Dudan que . . .
6. Soy puntual. Tampoco creen que . . .

(Imperfect subjunctive)
7. Los muchachos imitan las malas costumbres. No queríamos que . . .
8. Nos vamos inmediatamente. Mamá insistió en que . . .
9. Tienes que ir a Caracas con tus padres. Fue una lástima que . . .

(Present perfect subjunctive)
10. Tomamos esa decisión. Me alegro que . . .
11. Ese niño vuelve a casa. No creo que . . .
12. Te sirven un rico tinto. Espero que . . .

(Past perfect subjunctive)
13. Nos perdemos. Ana tenía miedo que . . .
14. Tienes fiebre. Yo dudaba que . . .
15. Él te lo dice. ¿Podrías creer que . . . ?

II. USES OF THE SUBJUNCTIVE MOOD

A. Review eight uses of the subjunctive mood in Spanish.

1. After verbs which express desire, necessity, or approval: **Mamá insistió en que yo fuera con ellos a Caracas.**
2. After verbs which express emotion: **Me alegro que hayan tenido tanto éxito.**
3. After verbs which express doubt or uncertainty: **No creo que Marta esté en casa.**
4. After certain impersonal expressions which express necessity, emotion, or a personal judgment: **No es verdad que Javier sea detective.**
5. In adjective clauses which refer to negative or indefinite nouns or pronouns: **No hay otra ciudad de México que me guste tanto como Morelia.**
6. After certain conjunctions (**antes que, a menos que, con tal (de) que, en caso (de) que, para que, sin que**) in all cases: **Mi tía Elena fue a Madrid sin que nadie lo supiera.**
7. After certain conjunctions when referring to indefinite time or to time in the future. These conjunctions are: **aunque, como, cuando, después (de) que, donde, adonde, en cuanto, hasta que, luego que, mientras (que), tan pronto como: Tan pronto como termine aquí, te llamaré.**
8. The imperfect or past perfect subjunctive is used in *if*-clauses that are hypothetical or contrary-to-fact, when the main clause is in the conditional or conditional perfect: **Si pudiéramos quedarnos aquí, nos invitarían a la fiesta. Si hubiéramos podido quedarnos, nos habrían invitado a la fiesta.**

B. Complete the following sentences with the indicative or the subjunctive, as required. If the subjunctive is required, state which one of the eight preceding uses of the subjunctive the sentence exemplifies.

(Present indicative or present subjunctive)

1. Necesito que tú me (traer) _____ leche del mercado.
2. Me dicen que don Antonio (estar) _____ en México.
3. Se cree que esta costumbre (venir) _____ de la época de los aztecas.
4. Es ridículo que yo (perder) _____ el tiempo así.
5. Sé que nosotros (ir) _____ a tener que ayudar a la familia.

6. Cuando el señor Álvarez nos (quitar) _____ el rancho, no tendremos nada.

7. Si los compadres (venir) _____ a vivir con nosotros, la vida será más fácil.

8. No creo que mi marido (ir) _____ a descubrir mi secreto.

(Past indicative or imperfect subjunctive)

9. En cuanto su marido (saber) _____ la verdad, se decepcionó mucho.

10. Si tú (tener) _____ dinero, ¿qué harías?

11. Olga encontró a un hombre que la (tratar) _____ con toda igualdad.

12. Nos ayudaron sin que lo (querer) _____ nosotros.

13. No vi a ninguna joven que (llevar) _____ ropa decente.

14. Tenía miedo que ellos (perder) _____ el avión.

15. Yo ya sabía que ustedes (ir) _____ a tener ese problema.

III. QUESTIONS FOR CONVERSATION

1. Al terminar las clases este año, ¿qué piensas hacer? ¿Prefieres estar en la escuela o trabajar en algún empleo? ¿Es posible hacer las dos cosas al mismo tiempo? ¿Lo has hecho?

2. Para vivir muchos años, ¿qué hay que hacer? ¿Qué comidas deben comerse? ¿Hay otras comidas que no se deben comer?

3. Si tuvieras que escoger entre la vida en Caracas o en un rancho de la costa del Caribe, ¿cuál escogerías? ¿Por qué? La vida de campo es muy tranquila. ¿Tiene que ser aburrida por eso?

4. Los habitantes de Caracas se llaman «caraqueños». ¿Cómo se llaman las siguientes personas?:
   a. los antiguos «cowboys» de Argentina
   b. la persona mezcla de europeo y de indio
   c. los habitantes de Puerto Rico
   d. los indios de Guatemala
   e. los habitantes de Venezuela

5. ¿Es posible creer en el Dios cristiano y en ídolos al mismo tiempo? ¿Es necesaria la religión en el mundo de hoy?

IV. SUPPLEMENTARY TRANSLATION EXERCISE

1. Grandma, wake up! Don't sleep now.
2. I wasn't asleep . . . I was thinking with my eyes shut.
3. I hope she's not near the river. Yesterday I saw an alligator!
4. Mr. Álvarez wants us to work for him on his ranch.
5. Two women meet in a store in Havana, Cuba.
6. Pedro still loves Olga, but she doesn't love him. What a tragedy!
7. We saw couples who were kissing as if it were the end of the world.
8. I wanted for us to go in, but my father told us to stay outside.
9. If they had looked for the suitcases behind the counter, they'd have found them right there.
10. I hope you haven't become nervous because of these sentences.

APPENDIX

IRREGULAR, ORTHOGRAPHIC, AND STEM-CHANGING VERBS

(The numbers refer to verbs conjugated in the charts on pages iv–xiii.)

acostar(se) o>ue
  (*see* contar)
analizar z>c[1]
andar (1)
almorzar o>ue; z>c[1]
  (*see* contar)
atacar c>qu[2]
atender e>ie
  (*see* perder)
buscar c>qu[2]
cerrar e>ie
  (*see* pensar)
comenzar e>ie; z>c[1]
  (*see* pensar)
conducir (2) c>zc, j
conocer (3) c>zc
construir y[3]
contar (4) o>ue
costar o>ue
  (*see* contar)
creer (5)
criticar c>qu[2]
dar (6)
decir (7)
defender e>ie
  (*see* perder)
despertar e>ie
  (*see* pensar)
destruir i>y[3]

divertirse e>ie, i
  (*see* sentir)
doler o>ue
  (*see* volver)
dormir (8) o>ue, u
empezar e>ie, z>c[1]
  (*see* pensar)
encontrar o>ue
  (*see* contar)
entender e>ie
  (*see* perder)
establecer c>zc
  (*see* conocer)
estar (9)
extender e>ie
  (*see* perder)
haber (10)
hacer (11)
herir e>ie; e>i
  (*see* sentir)
ir (12)
jugar (13)
leer i>y[4]
llegar g>gu[5]
llover o>ue
  (*see* volver)
mantener
  (*see* tener)

mentir e>ie, i
  (*see* sentir)
morir o>ue, u
  (*see* dormir)
obtener
  (*see* tener)
oír (14)
oponer(se)
  (*see* poner)
pagar g>gu[5]
parecer c>zc
  (*see* conocer)
pedir (15) e>i
pensar (16) e>ie
perder (17) e>ie
poder (18)
poner (19)
preferir e>ie, i
  (*see* sentir)
probar o>ue
  (*see* contar)
provocar c>qu[2]
querer (20)
recordar o>ue
  (*see* contar)
repetir e>i
  (*see* pedir)
rezar z>c[1]

resolver o>ue
  (*see* volver)
rogar o>ue; g>gu[5]
  (*see* contar)
saber (21)
salir (22)
seguir e>i; gu>g[6]
  (*see* pedir)
sembrar e>ie
  (*see* pensar)
sentar(se) e>ie
  (*see* pensar)
sentir(se) (23) e>ie, i
ser (24)
servir e>i
  (*see* pedir)
tener (25)
teñir e>i
  (*see* pedir)
tocar c>qu[2]
traducir c>zc, j
  (*see* conducir)
traer (26)
valer (27)
venir (28)
ver (29)
vestir(se) e>i
  (*see* pedir)
volver (30) o>ue

[1] In verbs ending in **-zar** the z changes to **c** before an **e**: **analicé, almorcé, comencé, empecé, recé.**

[2] In verbs ending in **-car** the c changes to **qu** before an **e**: **ataqué, busqué, critiqué, provoqué, toqué.**

[3] In **construir** and **destruir** a y is inserted before any ending that does not begin with **i: construyo, destruyo,** etc. An i changes to y between two vowels: **construyó, destruyó.**

[4] The i changes to y between two vowels: **leyó, leyeron.**

[5] In verbs ending in **-gar** the g changes to **gu** before an **e**: **llegué, pagué, rogué.**

[6] In verbs ending in **-guir** the gu changes to **g** before **a** and **o: sigo, siga.**

REGULAR VERBS

Simple tenses

INFINITIVE	INDICATIVE				
	Present	*Imperfect*	*Preterite*	*Future*	*Conditional*
hablar	hablo	hablaba	hablé	hablaré	hablaría
	hablas	hablabas	hablaste	hablarás	hablarías
	habla	hablaba	habló	hablará	hablaría
	hablamos	hablábamos	hablamos	hablaremos	hablaríamos
	habláis	hablabais	hablasteis	hablaréis	hablaríais
	hablan	hablaban	hablaron	hablarán	hablarían
comer	como	comía	comí	comeré	comería
	comes	comías	comiste	comerás	comerías
	come	comía	comió	comerá	comería
	comemos	comíamos	comimos	comeremos	comeríamos
	coméis	comíais	comisteis	comeréis	comeríais
	comen	comían	comieron	comerán	comerían
vivir	vivo	vivía	viví	viviré	viviría
	vives	vivías	viviste	vivirás	vivirías
	vive	vivía	vivió	vivirá	viviría
	vivimos	vivíamos	vivimos	viviremos	viviríamos
	vivís	vivíais	vivisteis	viviréis	viviríais
	viven	vivían	vivieron	vivirán	vivirían

Perfect tenses

PAST PARTICIPLE	INDICATIVE			
	Present perfect	*Past perfect*	*Future perfect*	*Conditional perfect*
hablado	he hablado	había hablado	habré hablado	habría hablado
	has hablado	habías hablado	habrás hablado	habrías hablado
	ha hablado	había hablado	habrá hablado	habría hablado
	hemos hablado	habíamos hablado	habremos hablado	habríamos hablado
	habéis hablado	habíais hablado	habréis hablado	habríais hablado
	han hablado	habían hablado	habrán hablado	habrían hablado
comido	he comido	había comido	habré comido	habría comido
	has comido	habías comido	habrás comido	habrías comido
	ha comido	había comido	habrá comido	habría comido
	hemos comido	habíamos comido	habremos comido	habríamos comido
	habéis comido	habíais comido	habréis comido	habríais comido
	han comido	habían comido	habrán comido	habrían comido

Simple tenses

	SUBJUNCTIVE	COMMANDS
Present	*Imperfect*	
hable	hablara (-se)	—
hables	hablaras (-ses)	habla (no hables)
hable	hablara (-se)	hable
hablemos	habláramos (-semos)	hablemos
habléis	hablarais (-seis)	hablad (no habléis)
hablen	hablaran (-sen)	hablen
coma	comiera (-se)	—
comas	comieras (-ses)	come (no comas)
coma	comiera (-se)	coma
comamos	comiéramos (-semos)	comamos
comáis	comierais (-seis)	comed (no comáis)
coman	comieran (-sen)	coman
viva	viviera (-se)	—
vivas	vivieras (-ses)	vive (no vivas)
viva	viviera (-se)	viva
vivamos	viviéramos (-semos)	vivamos
viváis	vivierais (-seis)	vivid (no viváis)
vivan	vivieran (-sen)	vivan

Perfect tenses

	SUBJUNCTIVE
Present perfect	*Past perfect*
haya hablado	hubiera (-se) hablado
hayas hablado	hubieras (-ses) hablado
haya hablado	hubiera (-se) hablado
hayamos hablado	hubiéramos (-semos) hablado
hayáis hablado	hubierais (-seis) hablado
hayan hablado	hubieran (-sen) hablado
haya comido	hubiera (-se) comido
hayas comido	hubieras (-ses) comido
haya comido	hubiera (-se) comido
hayamos comido	hubiéramos (-semos) comido
hayáis comido	hubierais (-seis) comido
hayan comido	hubieran (-sen) comido

Perfect tenses

PAST PARTICIPLE	INDICATIVE			
	Present perfect	*Past perfect*	*Future perfect*	*Conditional perfect*
vivido	he vivido	había vivido	habré vivido	habría vivido
	has vivido	habías vivido	habrás vivido	habrías vivido
	ha vivido	había vivido	habrá vivido	habría vivido
	hemos vivido	habíamos vivido	habremos vivido	habríamos vivido
	habéis vivido	habíais vivido	habréis vivido	habríais vivido
	han vivido	habían vivido	habrán vivido	habrían vivido

Progressive tenses

PRESENT PARTICIPLE	INDICATIVE		PRESENT PARTICIPLE	
	Present progressive	*Past progressive*		*Present*
hablando	estoy hablando	estaba hablando	comiendo	estoy comiendo
	estás hablando	estabas hablando		estás comiendo
	está hablando	estaba hablando		está comiendo
	estamos hablando	estábamos hablando		estamos comiendo
	estáis hablando	estabais hablando		estáis comiendo
	están hablando	estaban hablando		están comiendo

IRREGULAR VERBS

INFINITIVE	INDICATIVE				
	Present	*Imperfect*	*Preterite*	*Future*	*Conditional*
1. andar	ando	andaba	anduve	andaré	andaría
	andas	andabas	anduviste	andarás	andarías
	anda	andaba	anduvo	andará	andaría
	andamos	andábamos	anduvimos	andaremos	andaríamos
	andáis	andabais	anduvisteis	andaréis	andaríais
	andan	andaban	anduvieron	andarán	andarían
2. conducir	conduzco	conducía	conduje	conduciré	conduciría
	conduces	conducías	condujiste	conducirás	conducirías
	conduce	conducía	condujo	conducirá	conduciría
	conducimos	conducíamos	condujimos	conduciremos	conduciríamos
	conducís	conducíais	condujisteis	conduciréis	conduciríais
	conducen	conducían	condujeron	conducirán	conducirían

Perfect tenses

SUBJUNCTIVE

Present perfect	Past perfect
haya vivido	hubiera (-se) vivido
hayas vivido	hubieras (-ses) vivido
haya vivido	hubiera (-se) vivido
hayamos vivido	hubiéramos (-semos) vivido
hayáis vivido	hubierais (-seis) vivido
hayan vivido	hubieran (-sen) vivido

Progressive tenses

	PRESENT PARTICIPLE	INDICATIVE	
Past		Present	Past
estaba comiendo	viviendo	estoy viviendo	estaba viviendo
estabas comiendo		estás viviendo	estabas viviendo
estaba comiendo		está viviendo	estaba viviendo
estábamos comiendo		estamos viviendo	estábamos viviendo
estábais comiendo		estáis viviendo	estábais viviendo
estaban comiendo		están viviendo	estaban viviendo

SUBJUNCTIVE		COMMANDS	PARTICIPLES	
Present	Imperfect		Present	Past
ande	anduviera (-se)	—	andando	andado
andes	anduvieras (-ses)	anda (no andes)		
ande	anduviera (-se)	ande		
andemos	anduviéramos (-semos)	andemos		
andéis	anduvierais (-seis)	andad (no andéis)		
anden	anduvieran (-sen)	anden		
conduzca	condujera (-se)	—	conduciendo	conducido
conduzcas	condujeras (-ses)	conduce (no conduzcas)		
conduzca	condujera (-se)	conduzca		
conduzcamos	condujéramos (-semos)	conduzcamos		
conduzcáis	condujerais (-seis)	conducid (no conduzcáis)		
conduzcan	condujeran (-sen)	conduzcan		

INFINITIVE			INDICATIVE		
	Present	*Imperfect*	*Preterite*	*Future*	*Conditional*
3. conocer	conozco	conocía	conocí	conoceré	conocería
	conoces	conocías	conociste	conocerás	conocerías
	conoce	conocía	conoció	conocerá	conocería
	conocemos	conocíamos	conocimos	conoceremos	conoceríamos
	conocéis	conocíais	conocisteis	conoceréis	conoceríais
	conocen	conocían	conocieron	conocerán	conocerían
4. contar	cuento	contaba	conté	contaré	contaría
	cuentas	contabas	contaste	contarás	contarías
	cuenta	contaba	contó	contará	contaría
	contamos	contábamos	contamos	contaremos	contaríamos
	contáis	contabais	contasteis	contaréis	contaríais
	cuentan	contaban	contaron	contarán	contarían
5. creer	creo	creía	creí	creeré	creería
	crees	creías	creíste	creerás	creerías
	cree	creía	creyó	creerá	creería
	creemos	creíamos	creímos	creeremos	creeríamos
	creéis	creíais	creísteis	creeréis	creeríais
	creen	creían	creyeron	creerán	creerían
6. dar	doy	daba	di	daré	daría
	das	dabas	diste	darás	darías
	da	daba	dio	dará	daría
	damos	dábamos	dimos	daremos	daríamos
	dais	dabais	disteis	daréis	daríais
	dan	daban	dieron	darán	darían
7. decir	digo	decía	dije	diré	diría
	dices	decías	dijiste	dirás	dirías
	dice	decía ·	dijo	dirá	diría
	decimos	decíamos	dijimos	diremos	diríamos
	decís	decíais	dijisteis	diréis	diríais
	dicen	decían	dijeron	dirán	dirían
8. dormir	duermo	dormía	dormí	dormiré	dormiría
	duermes	dormías	dormiste	dormirás	dormirías
	duerme	dormía	durmió	dormirá	dormiría
	dormimos	dormíamos	dormimos	dormiremos	dormiríamos
	dormís	dormíais	dormisteis	dormiréis	dormiríais
	duermen	dormían	durmieron	dormirán	dormirían
9. estar	estoy	estaba	estuve	estaré	estaría
	estás	estabas	estuviste	estarás	estarías
	está	estaba	estuvo	estará	estaría
	estamos	estábamos	estuvimos	estaremos	estaríamos
	estáis	estabais	estuvisteis	estaréis	estaríais
	están	estaban	estuvieron	estarán	estarían

SUBJUNCTIVE		COMMANDS	PARTICIPLES	
Present	*Imperfect*		*Present*	*Past*
conozca	conociera (-se)	—	conociendo	conocido
conozcas	conocieras (-ses)	conoce (no conozcas)		
conozca	conociera (-se)	conozca		
conozcamos	conociéramos (-semos)	conozcamos		
conozcáis	conocierais (-seis)	conoced (no conozcáis)		
conozcan	conocieran (-sen)	conozcan		
cuente	contara (-se)	—	contando	contado
cuentes	contaras (-ses)	cuenta (no cuentes)		
cuente	contara (-se)	cuente		
contemos	contáramos (-semos)	contemos		
contéis	contarais (-seis)	contad (no contéis)		
cuenten	contaran (-sen)	cuenten		
crea	creyera (-se)	—	creyendo	creído
creas	creyeras (-ses)	cree (no creas)		
crea	creyera (-se)	crea		
creamos	creyéramos (-semos)	creamos		
creáis	creyerais (-seis)	creed (no creáis)		
crean	creyeran (-sen)	crean		
dé	diera (-se)	—	dando	dado
des	dieras (-ses)	da (no des)		
dé	diera (-se)	dé		
demos	diéramos (-semos)	demos		
deis	dierais (-seis)	dad (no deis)		
den	dieran (-sen)	den		
diga	dijera (-se)	—	diciendo	dicho
digas	dijeras (-ses)	di (no digas)		
diga	dijera (-se)	diga		
digamos	dijéramos (-semos)	digamos		
digáis	dijerais (-seis)	decid (no digáis)		
digan	dijeran (-sen)	digan		
duerma	durmiera (-se)	—	durmiendo	dormido
duermas	durmieras (-ses)	duerme (no duermas)		
duerma	durmiera (-se)	duerma		
durmamos	durmiéramos (-semos)	durmamos		
durmáis	durmierais (-seis)	dormid (no durmáis)		
duerman	durmieran (-sen)	duerman		
esté	estuviera (-se)	—	estando	estado
estés	estuvieras (-ses)	está (no estés)		
esté	estuviera (-se)	esté		
estemos	estuviéramos (-semos)	estemos		
estéis	estuvierais (-seis)	estad (no estéis)		
estén	estuvieran (-sen)	estén		

INFINITIVE			INDICATIVE		
	Present	*Imperfect*	*Preterite*	*Future*	*Conditional*
10. haber	he	había	hube	habré	habría
	has	habías	hubiste	habrás	habrías
	ha	había	hubo	habrá	habría
	hemos	habíamos	hubimos	habremos	habríamos
	habéis	habíais	hubisteis	habréis	habríais
	han	habían	hubieron	habrán	habrían
11. hacer	hago	hacía	hice	haré	haría
	haces	hacías	hiciste	harás	harías
	hace	hacía	hizo	hará	haría
	hacemos	hacíamos	hicimos	haremos	haríamos
	hacéis	hacíais	hicisteis	haréis	haríais
	hacen	hacían	hicieron	harán	harían
12. ir	voy	iba	fui	iré	iría
	vas	ibas	fuiste	irás	irías
	va	iba	fue	irá	iría
	vamos	íbamos	fuimos	iremos	iríamos
	vais	ibais	fuisteis	iréis	iríais
	van	iban	fueron	irán	irían
13. jugar	juego	jugaba	jugué	jugaré	jugaría
	juegas	jugabas	jugaste	jugarás	jugarías
	juega	jugaba	jugó	jugará	jugaría
	jugamos	jugábamos	jugamos	jugaremos	jugaríamos
	jugáis	jugábais	jugasteis	jugaréis	jugaríais
	juegan	jugaban	jugaron	jugarán	jugarían
14. oír	oigo	oía	oí	oiré	oiría
	oyes	oías	oíste	oirás	oirías
	oye	oía	oyó	oirá	oiría
	oímos	oíamos	oímos	oiremos	oiríamos
	oís	oíais	oísteis	oiréis	oiríais
	oyen	oían	oyeron	oirán	oirían
15. pedir	pido	pedía	pedí	pediré	pediría
	pides	pedías	pediste	pedirás	pedirías
	pide	pedía	pidió	pedirá	pediría
	pedimos	pedíamos	pedimos	pediremos	pediríamos
	pedís	pedíais	pedisteis	pediréis	pediríais
	piden	pedían	pidieron	pedirán	pedirían
16. pensar	pienso	pensaba	pensé	pensaré	pensaría
	piensas	pensabas	pensaste	pensarás	pensarías
	piensa	pensaba	pensó	pensará	pensaría
	pensamos	pensábamos	pensamos	pensaremos	pensaríamos
	pensáis	pensabais	pensasteis	pensaréis	pensaríais
	piensan	pensaban	pensaron	pensarán	pensarían

Subjunctive		Commands	Participles	
Present	*Imperfect*		*Present*	*Past*
haya	hubiera (-se)	—	habiendo	habido
hayas	hubieras (-ses)	he (no hayas)		
haya	hubiera (-se)	haya		
hayamos	hubiéramos (-semos)	hayamos		
hayáis	hubierais (-seis)	habed (no hayáis)		
hayan	hubieran (-sen)	hayan		
haga	hiciera (-se)	—	haciendo	hecho
hagas	hicieras (-ses)	haz (no hagas)		
haga	hiciera (-se)	haga		
hagamos	hiciéramos (-semos)	hagamos		
hagáis	hicierais (-seis)	haced (no hagáis)		
hagan	hicieran (-sen)	hagan		
vaya	fuera (-se)	—	yendo	ido
vayas	fueras (-ses)	ve (no vayas)		
vaya	fuera (-se)	vaya		
vayamos	fuéramos (-semos)	vayamos		
vayáis	fuerais (-seis)	id (no vayáis)		
vayan	fueran (-sen)	vayan		
juegue	jugara (-se)	—	jugando	jugado
juegues	jugaras (-ses)	juega (no juegues)		
juegue	jugara (-se)	juegue		
juguemos	jugáramos (-semos)	juguemos		
juguéis	jugarais (-seis)	jugad (no juguéis)		
jueguen	jugaran (-sen)	jueguen		
oiga	oyera (-se)	—	oyendo	oído
oigas	oyeras (-ses)	oye (no oigas)		
oiga	oyera (-se)	oiga		
oigamos	oyéramos (-semos)	oigamos		
oigáis	oyerais (-seis)	oíd (no oigáis)		
oigan	oyeran (-sen)	oigan		
pida	pidiera (-se)	—	pidiendo	pedido
pidas	pidieras (-ses)	pide (no pidas)		
pida	pidiera (-se)	pida		
pidamos	pidiéramos (-semos)	pidamos		
pidáis	pidierais (-seis)	pedid (no pidáis)		
pidan	pidieran (-sen)	pidan		
piense	pensara (-se)	—	pensando	pensado
pienses	pensaras (-ses)	piensa (no pienses)		
piense	pensara (-se)	piense		
pensemos	pensáramos (-semos)	pensemos		
penséis	pensarais (-seis)	pensad (no penséis)		
piensen	pensaran (-sen)	piensen		

	Present	Imperfect	Preterite	Future	Conditional
17. perder	pierdo	perdía	perdí	perderé	perdería
	pierdes	perdías	perdiste	perderás	perderías
	pierde	perdía	perdió	perderá	perdería
	perdemos	perdíamos	perdimos	perderemos	perderíamos
	perdéis	perdíais	perdisteis	perderéis	perderíais
	pierden	perdían	perdieron	perderán	perderían
18. poder	puedo	podía	pude	podré	podría
	puedes	podías	pudiste	podrás	podrías
	puede	podía	pudo	podrá	podría
	podemos	podíamos	pudimos	podremos	podríamos
	podéis	podíais	pudisteis	podréis	podríais
	pueden	podían	pudieron	podrán	podrían
19. poner	pongo	ponía	puse	pondré	pondría
	pones	ponías	pusiste	pondrás	pondrías
	pone	ponía	puso	pondrá	pondría
	ponemos	poníamos	pusimos	pondremos	pondríamos
	ponéis	poníais	pusisteis	pondréis	pondríais
	ponen	ponían	pusieron	pondrán	pondrían
20. querer	quiero	quería	quise	querré	querría
	quieres	querías	quisiste	querrás	querrías
	quiere	quería	quiso	querrá	querría
	queremos	queríamos	quisimos	querremos	querríamos
	queréis	queríais	quisisteis	querréis	querríais
	quieren	querían	quisieron	querrán	querrían
21. saber	sé	sabía	supe	sabré	sabría
	sabes	sabías	supiste	sabrás	sabrías
	sabe	sabía	supo	sabrá	sabría
	sabemos	sabíamos	supimos	sabremos	sabríamos
	sabéis	sabíais	supisteis	sabréis	sabríais
	saben	sabían	supieron	sabrán	sabrían
22. salir	salgo	salía	salí	saldré	saldría
	sales	salías	saliste	saldrás	saldrías
	sale	salía	salió	saldrá	saldría
	salimos	salíamos	salimos	saldremos	saldríamos
	salís	salíais	salisteis	saldréis	saldríais
	salen	salían	salieron	saldrán	saldrían
23. sentir	siento	sentía	sentí	sentiré	sentiría
	sientes	sentías	sentiste	sentirás	sentirías
	siente	sentía	sintió	sentirá	sentiría
	sentimos	sentíamos	sentimos	sentiremos	sentiríamos
	sentís	sentíais	sentisteis	sentiréis	sentiríais
	sienten	sentían	sintieron	sentirán	sentirían

Subjunctive		Commands	Participles	
Present	*Imperfect*		*Present*	*Past*
pierda	perdiera (-se)	pierde (no pierdas)	perdiendo	perdido
pierdas	perdieras (-ses)	pierda		
pierda	perdiera (-se)	perdamos		
perdamos	perdiéramos (-semos)	perded (no perdáis)		
perdáis	perdierais (-seis)	pierdan		
pierdan	perdieran (-sen)			
pueda	pudiera (-se)		pudiendo	podido
puedas	pudieras (-ses)			
pueda	pudiera (-se)			
podamos	pudiéramos (-semos)			
podáis	pudierais (-seis)			
puedan	pudieran (-sen)			
ponga	pusiera (-se)	—	poniendo	puesto
pongas	pusieras (-ses)	pon (no pongas)		
ponga	pusiera (-se)	ponga		
pongamos	pusiéramos (-semos)	pongamos		
pongáis	pusierais (-seis)	poned (no pongáis)		
pongan	pusieran (-sen)	pongan		
quiera	quisiera (-se)	—	queriendo	querido
quieras	quisieras (-ses)	quiere (no quieras)		
quiera	quisiera (-se)	quiera		
queramos	quisiéramos (-semos)	queramos		
queráis	quisierais (-seis)	quered (no queráis)		
quieran	quisieran (-sen)	quieran		
sepa	supiera (-se)	—	sabiendo	sabido
sepas	supieras (-ses)	sabe (no sepas)		
sepa	supiera (-se)	sepa		
sepamos	supiéramos (-semos)	sepamos		
sepáis	supierais (-seis)	sabed (no sepáis)		
sepan	supieran (-sen)	sepan		
salga	saliera (-se)	—	saliendo	salido
salgas	salieras (-ses)	sal (no salgas)		
salga	saliera (-se)	salga		
salgamos	saliéramos (-semos)	salgamos		
salgáis	salierais (-seis)	salid (no salgáis)		
salgan	salieran (-sen)	salgan		
sienta	sintiera (-se)		sintiendo	sentido
sientas	sintieras (-ses)	siente (no sientas)		
sienta	sintiera (-se)	sienta		
sintamos	sintiéramos (-semos)	sintamos		
sintáis	sintierais (-seis)	sentid (no sintáis)		
sientan	sintieran (-sen)	sientan		

INFINITIVE		INDICATIVE			
	Present	Imperfect	Preterite	Future	Conditional
24. ser	soy	era	fui	seré	sería
	eres	eras	fuiste	serás	serías
	es	era	fue	será	sería
	somos	éramos	fuimos	seremos	seríamos
	sois	erais	fuisteis	seréis	seríais
	son	eran	fueron	serán	serían
25. tener	tengo	tenía	tuve	tendré	tendría
	tienes	tenías	tuviste	tendrás	tendrías
	tiene	tenía	tuvo	tendrá	tendría
	tenemos	teníamos	tuvimos	tendremos	tendríamos
	tenéis	teníais	tuvisteis	tendréis	tendríais
	tienen	tenían	tuvieron	tendrán	tendrían
26. traer	traigo	traía	traje	traeré	traería
	traes	traías	trajiste	traerás	traerías
	trae	traía	trajo	traerá	traería
	traemos	traíamos	trajimos	traeremos	traeríamos
	traéis	traíais	trajisteis	traeréis	traeríais
	traen	traían	trajeron	traerán	traerían
27. valer	valgo	valía	valí	valdré	valdría
	vales	valías	valiste	valdrás	valdrías
	vale	valía	valió	valdrá	valdría
	valemos	valíamos	valimos	valdremos	valdríamos
	valéis	valíais	valisteis	valdréis	valdríais
	valen	valían	valieron	valdrán	valdrían
28. venir	vengo	venía	vine	vendré	vendría
	vienes	venías	viniste	vendrás	vendrías
	viene	venía	vino	vendrá	vendría
	venimos	veníamos	vinimos	vendremos	vendríamos
	venís	veníais	vinisteis	vendréis	vendríais
	vienen	venían	vinieron	vendrán	vendrían
29. ver	veo	veía	vi	veré	vería
	ves	veías	viste	verás	verías
	ve	veía	vio	verá	vería
	vemos	veíamos	vimos	veremos	veríamos
	veis	veíais	visteis	veréis	veríais
	ven	veían	vieron	verán	verían
30. volver	vuelvo	volvía	volví	volveré	volvería
	vuelves	volvías	volviste	volverás	volverías
	vuelve	volvía	volvió	volverá	volvería
	volvemos	volvíamos	volvimos	volveremos	volveríamos
	volvéis	volvíais	volvisteis	volveréis	volveríais
	vuelven	volvían	volvieron	volverán	volverían

Subjunctive		Commands	Participles	
Present	Imperfect		Present	Past
sea	fuera (-se)	—	siendo	sido
seas	fueras (-ses)	sé (no seas)		
sea	fuera (-se)	sea		
seamos	fuéramos (-semos)	seamos		
seáis	fuerais (-seis)	sed (no seáis)		
sean	fueran (-sen)	sean		
tenga	tuviera (-se)	—	teniendo	tenido
tengas	tuvieras (-ses)	ten (no tenga)		
tenga	tuviera (-se)	tenga		
tengamos	tuviéramos (-semos)	tengamos		
tengáis	tuvierais (-seis)	tened (no tengáis)		
tengan	tuvieran (-sen)	tengan		
traiga	trajera (-se)	—	trayendo	traído
traigas	trajeras (-ses)	trae (no traigas)		
traiga	trajera (-se)	traiga		
traigamos	trajéramos (-semos)	traigamos		
traigáis	trajerais (-seis)	traed (no traigáis)		
traigan	trajeran (-sen)	traigan		
valga	valiera (-se)	—	valiendo	valido
valgas	valieras (-ses)	val (no valgas)		
valga	valiera (-se)	valga		
valgamos	valiéramos (-semos)	valgamos		
valgáis	valierais (-seis)	valed (no valgáis)		
valgan	valieran (-sen)	valgan		
venga	viniera (-se)	—	viniendo	venido
vengas	vinieras (-ses)	ven (no vengas)		
venga	viniera (-se)	venga		
vengamos	viniéramos (-semos)	vengamos		
vengáis	vinierais (-seis)	venid (no vengáis)		
vengan	vinieran (-sen)	vengan		
vea	viera (-se)	—	viendo	visto
veas	vieras (-ses)	ve (no veas)		
vea	viera (-se)	vea		
veamos	viéramos (-semos)	veamos		
veáis	vierais (-seis)	ved (no veáis)		
vean	vieran (-sen)	vean		
vuelva	volviera (-se)	—	volviendo	vuelto
vuelvas	volvieras (-ses)	vuelve (no vuelvas)		
vuelva	volviera (-se)	vuelva		
volvamos	volviéramos (-semos)	volvamos		
volváis	volvierais (-seis)	volved (no volváis)		
vuelvan	volvieran (-sen)	vuelvan		

SPANISH-ENGLISH VOCABULARY

This vocabulary includes contextual meanings of all words and idiomatic expressions used in the book except most proper nouns, adjectives that are exact cognates, and most conjugated verb forms. The Spanish style of alphabetization is followed, with **ch** occurring after **c**, **ll** after **l**, **rr** after **r** and **ñ** after **n**. Stem-changing verbs are indicated by **(ie)**, **(ue)** or **(i)** following the infinitive. A **(zc)** after an infinitive indicates this irregularity in the **yo** form of the present tense (**conozco, produzco**).

The following abbreviations are used:

abbr. abbreviation
adj. adjective
adv. adverb
coll. colloquial
conj. conjunction
contr. contraction
dim. diminutive
dir. obj. direct object of a verb
f. feminine noun; feminine form
fam. familiar (the familiar
  you: **tú** or **vosotros**)
fut. future tense
imperf. imperfect tense
indir. obj. indirect object of a
  verb
inf. infinitive
interj. interjection
m. masculine noun;
  masculine form
n. noun
obj. of prep. object of a
  preposition

obj. pron. object pronoun
  (pronoun used as the object of
  a verb)
pers. person
pl. plural
p. part. past participle of a
  verb
prep. preposition
pres. present tense
pron. pronoun
refl. pron. reflexive pronoun
  (pronoun used reflexively
  with a verb)
rel. pron. relative pronoun
sing. singular
subj. subject
subj. pron. subject pronoun
  (pronoun used as the subject
  of a verb)
subjunc. subjunctive form of a
  verb

A

a to; at; for; from; at a distance of; **a casa** home; **¿A cuánto están . . . ?** How much are . . . ?; **a la** (+ time expression) per; **a menos que** unless; **a eso de** at around (time of day); **a tiempo** on time; **a veces** at times, sometimes; **A ver.** Let's see.

el **abandono** abandonment

abierto open

el **abogado** lawyer

el **aborto** abortion

abrazar to put one's arm around someone's shoulder

el **abrigo** overcoat; **Ponte el abrigo.** Put on your coat.

abril April

abrir to open

absoluto absolute

abstracto abstract

la **abuela** grandmother

el **abuelo** grandfather; *pl.* grandparents

aburrido bored; boring

el **aburrimiento** boredom

A.C. (antes de Cristo) B.C.

acá here

acabar to finish, end; **acabar bien (mal)** to have a happy (an unhappy) ending; **acabar de** (+ *inf.*) to have just (done something); **acabar por** to end up (by)

el **accidente** accident

la **acción** action

el **aceite** oil; **mirar el aceite** to check the oil

el **acento** accent

aceptar to accept

acerca de about, concerning

acompañar to go with, accompany; **acompañado de** accompanied by

acostar (ue) to put to bed; **acostarse** to go to bed

acostumbrar: acostumbran dar un paseo they usually take a walk; **acostumbrarse (a)** to get used to, become accustomed to

la **actividad** activity

activo active

el **acto** act

el **actor** actor

la **actriz** actress

actual of the present

actualmente presently

actuar to act

el **acueducto** aqueduct

el **acuerdo** agreement; **De acuerdo.** Agreed, Okay; **de acuerdo con** in agreement with; **estar (ponerse) de acuerdo (con)** to agree (with)

adelante ahead, forward; **pasar adelante** to come in (to another's home)

además besides, moreover; **además de** in addition to

adicto addicted

adiós goodby

la **administración** administration

admirable admirable

el **admirador (la admiradora)** admirer

admirar to admire

adonde (to) where, wherever

¿adónde? (to) where?

adorable adorable

adornar to adorn, decorate

adquirir (ie) to acquire

el **adulto (la adulta)** adult

aéreo *adj.* air; **correo aéreo** air mail; **estampilla aérea** air-mail stamp

el **aerograma** aerogram

el **aeropuerto** airport

afectar to affect

afeitado shaved (tips of horns removed from a fighting bull)

el **aficionado (la aficionada)** fan, devotee; **aficionado a** a fan of

la **afiliación** affiliation

afirmar to affirm

afortunadamente fortunately

africano African

la **agencia** agency; **agencia de viajes** travel agency

el **agente** agent; **agente de viajes** travel agent

la **agitación** agitation

agitar to agitate

agosto August

agradable pleasant

agradecer (zc) to thank

agrario agrarian, agricultural

la **agricultura** agriculture

el **agua** *f.* water

ahora now; **ahora mismo** right now; **por ahora** for now

ahorita *coll.* right now, right away

el **aire** air; look, appearance; **al aire libre** in the open air

al *contr. of* **a** + **el; al** + *inf.* on, upon . . . -ing; **al** (+ time expression) per; **¡Al contrario!** On the contrary!

al xv

Alá Allah
alargar to elongate
alcanzar to reach, attain
el **alcázar** Moorish palace or castle
alegrarse (de) to be glad, happy (to)
la **alegría** joy, happiness
alemán German
alerto alert
la **alfarería** pottery
algo something, anything; **¿Algo más?** Anything else?
alguien someone
algún, alguno some, any; some sort of; *pl.* some, a few; some people; **alguna vez** ever, at some time
la **alianza** alliance
el **alimento** food (generally *pl.*)
el **alma** *f.* soul, spirit
almorzar (ue) to have lunch
el **almuerzo** lunch (the main meal in most Hispanic countries)
el **alpinismo** mountain climbing
el, la **alpinista** mountain climber
el **alquiler** rent
alrededor de around
Altamira location of prehistoric cave paintings in Spanish province of Santander
el **altar** altar
la **altitud** altitude
alto high; tall; upper; loud; **altas horas** very late; **clase alta** upper class; **en lo más alto** at the top; **en voz alta** out loud
la **alusión** reference
allá there

allí there
el **ama** *f.*: **ama de casa** housewife
la **amabilidad** kindness
amable kind, nice
amado beloved
el **amanecer** dawn, daybreak
el, la **amante** lover; mistress
amar to love
amarillo yellow
el **ambiente** atmosphere, ambiance
América America (North and South America); la **América Central** Central America; la **América del Sur** South America; la **América Latina** Latin America
americano American; **fútbol americano** football; **mexicano-americano** Mexican-American
el **amigo** (la **amiga**) friend
la **amistad** friendship
amistoso friendly
el **amor** love
amoroso amorous, loving, romantic
analizar to analyze
el **anciano** (la **anciana**): **hogar de ancianos** old-age home
Andalucía Andalusia (southernmost province of Spain)
andaluz Andalusian
andar to walk; to go about; to run, work; **¡Ándale! (¡Ándele!)** Come on! Go ahead!
andino Andean
la **anestesia** anesthesia
el **ángel** angel
anglosajón Anglo-Saxon
el **ángulo** angle

el **animal** animal
anoche last night
la **anormalidad** abnormality
anterior former, previous; **anterior a** before; **muy anterior a** much earlier than
antes before; first; **antes de** before; **antes (de) que** before; **lo antes posible** as soon as possible
anticipar to anticipate
Antigua capital of Guatemala in colonial times
antiguo old, ancient
la **antropología** anthropology
el **antropólogo** (la **antropóloga**) anthropologist
anualmente yearly
el **anuncio** advertisement, commercial
el **año** year; **Año Nuevo** New Year's; **el año que viene** next year; **tener . . . años** to be . . . years old; **todos los años** every year
aparentar to feign, pretend
el **apartamento** apartment
aparte apart, separate
el **apellido** surname, last name
aplaudir to applaud
apoyar to support
el **apoyo** support
apreciar to appreciate
aprender (a) to learn (to)
aprovechar to utilize
aproximadamente approximately
aquel, aquella *adj.* that; **aquél, aquélla** *pron.* that (one)
aquello *pron.* that

aquellos, aquellas *adj.*
those; **aquéllos, aquéllas**
pron. those

aquí here; **por aquí** this
way, over here, around
here

árabe Arab; Arabic

Aragón province in
northern Spain

araucano Araucanian

el **árbol** tree

el **arco: arco de herradura**
horseshoe arch

el **arete** earring

argentino Argentine,
Argentinean

árido arid

el **arma** *f.* arm, weapon

el **armadillo** armadillo

armado: fuerzas armadas
armed forces

el **arpa** *f.* harp

la **arquitectura** architecture

arriba: ¡Arriba las manos!
Hands up!

la **arrogancia** arrogance

el **arroz** rice

el **arrozal** rice field

el **arte** (*pl.* **las artes**) art; **bellas
artes** fine arts; **obra de
arte** work of art

el **artículo** article

artificial: fuegos artificiales
fireworks

el, la **artista** artist

artístico artistic

el **ascenso** promotion

el **asesinato** murder

así thus, so, in this way, like
that; **Así es.** That's right.
That's the way it is; **Así es**
(+ *n.*) That's . . . ; **así
que** so

asiático Asian, Asiatic

asistir (a) to attend

el **aspecto** aspect; appearance

la **aspirina** aspirin

la **astronomía** astronomy

Asturias province in
northern Spain

atacar to attack

el **ataque** attack

atemorizar to terrify

la **atención: prestar atención**
to pay attention, give
heed

atender (ie) to take care of,
wait on

atlántico: Océano Atlántico
Atlantic Ocean

atraer to attract

atrapar to catch, trap

atrás backwards; **de atrás** in
the back

aumentar to gain (weight)

aún even, still

aunque although, even
though

auténtico authentic

el **auto** auto; **en auto** by car

el **autobús** bus; **en autobús** by
bus

el **automóvil** automobile

el **autor** (la **autora**) author

avanzar to advance

la **avenida** avenue

la **aventura** adventure

el **avión** airplane; **en avión** by
plane

¡Ay! Oh!

ayer yesterday

la **ayuda** help

ayudar (**a**) to help (to), assist

la **azafata** airline stewardess

azteca Aztec

Aztlán southwestern U.S.,
real and spiritual home
of many Mexican-
Americans

azul blue

B

el **bailador** (la **bailadora**)
dancer

bailar to dance

el **baile** dance

bajar (**de**) to get off

bajo *adj.* low; short; *prep.*
under; **cayó bajo** fell to

el **ballet** ballet

la **banana** banana

el **banco** bench

la **bandera** flag, banner

el **banderillero** (la
banderillera) bullfighter
who places pairs of
barbed sticks in bull's
withers

el **bandido** bandit

el **baño** bath; bathroom

la **barba** beard

la **barbaridad** barbarism;
¡Qué barbaridad! Good
Lord!

el **barrio** neighborhood,
district, community

barroco baroque

la **base** base

básico basic

el **básquetbol** basketball

el, la **basquetbolista** basketball
player

bastante *adj.* enough; quite
a bit; *adv.* rather, quite

bastar: ¡Basta ya! That's
enough!

la **basura** garbage, trash;
canasto de basura
wastebasket

la **batalla** battle

la **batería** battery

el **bebé** baby

beber to drink

la **bebida** drink, beverage

el **béisbol** baseball

la **belleza** beauty

bello beautiful; **bellas artes** fine arts; **bellísimo** very beautiful

benévolo benevolent, kind

besar to kiss

la **biblioteca** library

la **bicicleta** bicycle; **en bicicleta** by bicycle

el **bien** good

bien well, fine, all right, okay; good; **acabar bien** to have a happy ending; **¡Qué bien!** Great!

la **bienvenida** welcome; **dar la bienvenida** to welcome

bienvenido *adj.* welcome

bilingüe bilingual

blanco white; Caucasian

la **blusa** blouse

la **boca** mouth; **callarse la boca** to keep one's mouth shut

el **boleto** ticket

boliviano Bolivian

el **bolso** purse

el **bollo** muffin

la **bondad** goodness

bonito pretty

el **bosque** forest

la **bota** leather wine bag

el **boxeo** boxing

bravo grand, valiant; **fiesta brava** bullfighting; **toro bravo** fighting bull

el **brazo** arm; **tomadas del brazo** arm in arm

Bredá city in Holland

breve brief, short

brillante brilliant, bright; **brillantísimo** very bright

el **broche** brooch

bromear to joke

brutal brutal

el **bruto** (la **bruta**) brute, ignoramus

buen, bueno good, kind; well, okay, all right; **Buenas noches.** Good evening. Good night.; **Buenas tardes.** Good afternoon. Good evening.; **Buenos días.** Good morning. Good day.; **¡Buen viaje!** Have a good trip!; **Muy buenas.** Good afternoon. Good evening.; **¡Qué bueno!** Great! How nice!

buscar to look (for)

el **buzón** mailbox

C

el **caballero** gentleman

el **caballo** horse

la **cabeza** head; **dolor de cabeza** headache

cada each, every

el **cadáver** corpse

caer to fall; **cayó bajo** fell to

el **café** coffee; café; **café con leche** coffee with hot milk

la **cafetería** cafeteria

el **caimán** alligator

el **calendario** calendar

calentarse (ie) to warm oneself, warm up

la **calma** calm; **Calma.** Compose yourself.

calmarse to calm oneself; **¡Cálmate!** Calm down! Relax!

el **calor** heat, warmth; **hacer calor** to be hot (weather); **¡Qué calor!** It sure is hot!; **tener calor** to be (feel) hot

callarse to be silent, keep quiet; **¡Cállate!** Be quiet!; **nunca se calla la boca** he never shuts up

la **calle** street

la **cama: coche-cama** Pullman (sleeping car)

la **cámara** camera

el **camarón** shrimp

cambiar to change; to exchange

el **cambio** change; **en cambio** on the other hand

caminar to walk

la **caminata** walk, stroll

el **camino** road, way; **el camino de** the road to; **por este camino** on this street

la **camisa** shirt

la **campaña** campaign

el **campeonato** championship

el **campesino** (la **campesina**) peasant

el **campo** field; countryside

el **canasto** basket; **canasto de basura** wastebasket

la **canción** song

el **candidato** (la **candidata**) candidate

la **canoa** canoe

cansado tired

el, la **cantante** singer

cantar to sing

la **capa** cape

el **capibara** capybara (South American rodent)

la **capital** capital; **siete pecados capitales** Seven Deadly Sins

el **capitán** captain

el **capítulo** chapter

el **capó** hood (auto)

captar to capture, portray

la **captura** capture

capturar to capture

la **cara** face

el **carácter** character

la **característica** characteristic

característico characteristic

caracterizarse por to be characterized by

¡Caramba! Wow! Good grief!

caraqueño from Caracas

cargar to carry

el **(Mar) Caribe** Caribbean (Sea)

el **cariño** affection

cariñoso loving, affectionate

la **carne** meat

la **carnicería** butcher shop

caro expensive

la **carrera** race

la **carta** letter; playing card; **carta certificada** certified letter

cartaginés Carthaginian

la **cartera** wallet

la **casa** house, home; **a casa** home; **en casa** at home; **en casa de** at (someone's) house

casarse (con) to marry, get married (to)

casi almost

el **caso** case; **en caso (de) que** in case

la **castañuela** castanet

el **castellano** Spanish (language)

el **castigo** punishment

Castilla Castile (province in central Spain)

la **casualidad** coincidence, chance; **por casualidad** by coincidence

casualmente by chance

el **catalán** (la **catalana**) Catalan (language or person from Spanish province of **Cataluña**)

Cataluña Catalonia (northeasternmost province of Spain)

la **catedral** cathedral

católico Catholic

catorce fourteen

la **causa** cause; **a causa de** because of

causar to cause

la **caza** hunting

la **cazuela** stew

la **cebolla** onion

la **celebración** celebration

celebrar to celebrate; **celebrarse** to be celebrated; to take place

celoso jealous

celta Celt

céltico Celtic

la **cena** dinner

cenar to dine, have dinner

el **centavo** cent

central central, main; la **América Central** Central America

el **centro** center; downtown

Centroamérica Central America

cerca near, nearby; **cerca de** near, close to

la **ceremonia** ceremony

certificado: carta certificada certified letter

certificar to certify; **sin certificar** uncertified

la **cervecería** brewery; beer bar

la **cerveza** beer

cerrado closed

cerrar (ie) to close

la **cesta** basketlike racket used in jai alai

el **ciclismo** cycling

cielito *dim.* of **cielo**

el **cielo** sky, heaven; "darling"

cien, ciento 100; **por ciento** percent

la **ciencia** science

el **científico** (la **científica**) scientist

cierto true; (a) certain

el **cigarrillo** cigarette

el **cigarro** cigar

cinco five

cincuenta fifty

el **cine** movies; movie theatre

la **cinta** tape

circular to circulate

la **cita** date, appointment

la **ciudad** city

el **ciudadano** (la **ciudadana**) citizen

cívico civic

la **civilización** civilization

civilizado civilized; **civilizadísimo** very civilized

claro clear; **Claro.** Of course.; **Claro que . . .** Of course . . .

la **clase** class; kind; **clase alta** upper class; **clase media** middle class; **de primera clase** first-class, first-rate; **(de) toda clase** (of) every kind

clásico classical

el **clima** climate

el **club** club

la **coca** coke (coca cola)

la **cocina** kitchen

el **coctel** cocktail

el **coche-cama** Pullman (sleeping car)

coexistir to coexist

la **colección** collection

colectivo collective

el **colegio** school, academy

colombiano Columbian

Colón Columbus

colonial colonial

la **colonización** colonization

el **colonizador** (la **colonizadora**) colonist

el **color** color

la **columna** column

la **comadre** godmother of one's child

la **combinación** combination

combinar to combine

el **comedor** dining room

comenzar (ie) to begin, commence

comer to eat

comercial commercial

la **comida** food; meal; dinner

como *adv.* as; like, such as; how; *conj.* since, as long as; **cómo** how (to); **como si** as if; **tan . . . como** as . . . as; **tanto (. . .) como** as much (. . .) as **¿cómo? (¡cómo!)** how? (how!); what? what did you say? what is it?; **¿Cómo es (son) . . . ?** What is (are) . . . like?; **¡Cómo no!** Of course!; **¿Cómo se llama usted?** What is your name?

el **compadre** godfather of one's child

el **compañero (la compañera)** mate, companion

la **compañía** company

compararse con to be compared with

la **compasión** compassion

la **competencia** competition

completamente completely

componerse de to be composed of

comportarse to conduct oneself, behave

la **composición** composition

comprar to buy

compras: ir de compras to go shopping

comprender to understand; to comprise, include

común common, usual, ordinary; **en común** in common

la **comunicación** communication

la **comunidad** community

el, la **comunista** communist; *adj.* communist

con with; **con cuidado** carefully; **con el nombre de** by the name of; **con razón** no wonder; **con tal (de) que** provided that

el **concepto** concept

el **concierto** concert

la **condición** condition; circumstance

el **cóndor** condor

conducir (zc) to drive

el **conductor (la conductora)** driver

la **conferencia** conference; lecture

confuso confused

el **conjunto** musical group

conmemorar to commemorate

conmigo with me

conocer (zc) to know, be acquainted with; to meet, get acquainted with

conocido known, well-known; **más conocido** better known

el **conocimiento** *(generally pl.)* discovery, knowledge

la **conquista** conquest

el **conquistador** conqueror, Spanish conquistador

la **consecuencia** consequence

conseguir (i) to bring about

el **consejo** advice, piece of advice

conservar to conserve; to preserve, to keep; **se conserva intacto** is still intact

considerar to consider

constar de to consist of

la **constitución** constitution

la **construcción** construction

construido built, constructed

construir to build, construct

el **consuelo** consolation; joy, comfort

el **contacto** contact

la **contaminación** pollution

contaminado polluted

contar (ue) to tell, relate

contento happy, content

contestar to answer

contigo with you *(fam. sing.)*

continental continental

el **continente** continent

la **continuación** continuation

continuar to continue

contra against

la **contradicción** contradiction

contrario: ¡Al contrario! On the contrary!; **por el contrario** in contrast

el **contraste** contrast

la **contribución** contribution

contribuir to contribute

el **control: control de la natalidad** birth control

controlar to control

convencer (de) to convince (to)

la **conversación** conversation

conversar to converse, chat

convertir (ie) (a) (en) to convert (to) (into)

la **copa: tomar una copa** to have a drink

el **corazón** heart; **de todo corazón** wholeheartedly

Córdoba city in southern Spain

la **corte** royal court
corto short, brief
correctamente correctly
el **corredor** hallway
el **correo** mail; post office;
correo aéreo air mail
correr to run
corresponder a to
correspond to
la **corrida (de toros)** bullfight;
bullfighting
corrido: horario corrido
continuous hours (on a
job)
corriente ordinary, regular
la **corrupción** corruption
la **cosa** thing
cosmopolita cosmopolitan
la **costa** coast
costar (ue) to cost
la **costumbre** custom, habit; **es
costumbre** it's the custom
cotidiano daily
crear to create
crecer (zc) to grow
creer to believe, think;
Creo que sí. I think so;
¡Ya lo creo! Yes, indeed!
el **crimen** (*pl.* los **crímenes**)
crime
criollo creole (born in the
Americas of European
ancestry)
la **crisis** crisis
el **cristianismo** Christianity
cristiano Christian
Cristo Christ
criticar to criticize
crítico critical
el **crucigrama** crossword
puzzle
cruel cruel
la **cruz** cross
cruzar to cross
el **cuaderno** notebook

la **cuadra** city block
el **cuadro** picture, painting
**cual, cuales: el (la) cual, los
(las) cuales** which, whom;
lo cual which
¿cuál? ¿cuáles? which?
which one(s)? what?
la **cualidad** quality,
characteristic
cualquier, cualquiera any
cuando when, whenever
¿cuándo? when?
cuanto: en cuanto as soon as;
en cuanto a as far; **unos
cuantos** a few
¿cuánto? how much?; **¿A
cuánto están . . . ?** How
much are . . . ?; **¿(por)
cuánto tiempo?** how
long?
¿cuántos? how many?
**¿Cuántos años tiene . . .
?** How old is . . . ?
cuarenta forty
el **cuarto** room; quarter; *adj.*
fourth; quarter; **las seis y
cuarto** 6:15
cuatro four
cuatrocientos 400
cubano Cuban
cubierto (de) covered (with,
by)
el **cubismo** cubism
cubista cubist
la **cuenta: darse cuenta de** to
realize
el **cuento** story
la **cuerda: instrumento de
cuerda** stringed
instrument
el **cuerpo** body
la **cuestión** question, issue
el **cuestionario** questionnaire
la **cueva** cave; flamenco night
spot

el **cuidado** care; **con cuidado**
carefully; **¡Cuidado (con
. . .)!;** Look out (for
. . .)!; **tener cuidado
(con)** to be careful (of,
about)
cuidadoso careful
la **culpa** fault, blame
la **cultura** culture
el **culto** form of worship
cultural cultural
la **cumbia** Latin American
dance
el **cumpleaños** birthday
cumplir to fulfill
curioso curious
el **curso** course; **curso de
inglés** English class
cuyo whose, of which

CH
el **cha-cha-chá** dance of Cuban
origin
el **charango** guitar-like
instrument
charlar to chat
los **chavos** *coll.* money (Puerto
Rico)
la **chica** girl
chicano chicano,
Mexican-American
el **chico** boy, guy; *pl.* kids
chileno Chilean
chino Chinese
el **chiste** joke
chistoso funny; **¡Qué
chistoso!** How funny!
el **chocolate** chocolate
el **chorizo** spicy smoked pork
sausage
la **churrería** shop or stand
selling *churros*, coffee
and hot chocolate
el **churro** doughnut-like
pastry

D

la **dama** lady

dar to give; **dar hambre** to make hungry; **dar las gracias** to thank; **darse cuenta de** to realize; **dar un paseo** to take a walk

datar de to date from

D.C. (después de Cristo) A.D.

de of; from; about; in; on (after a superlative); by; made of; as; with; **De nada.** You're welcome; **de veras** really; **más de** more than (before a number)

deber must, have to, ought to, should; to be supposed to

débil weak

la **decadencia** decadence

decaer to decay

decente decent, decent-looking

decepcionarse to become disillusioned

decidir to decide

décimo tenth

decir (i) to say, tell; **¿Cómo se dice . . . ?** How does one say . . . ?; **¡No me digas!** You don't say!; **querer decir** to mean

declarar to declare

la **decoración** decoration

decorar to decorate

dedicar to dedicate, devote; **dedicarse a** to devote oneself to

el **defecto** fault, defect

defender (ie) to defend

deformado deformed, misshapen

dejar to leave, to let, allow;

dejar de to stop, cease; **dejar tranquilo** to leave alone

del *contr. of* **de + el**

delicado delicate

demás: todo lo demás everything else

demasiado too, too much; *pl.* too many

el, la **demócrata** Democrat; *adj.* Democratic

democrático democratic

demográfico: explosión demográfica population explosion

el **demonio** demon, devil

el, la **dentista** dentist

dentro de in, within, inside (of)

depender de to depend on

el **deporte** sport; **practicar un deporte** to play a sport

depravado depraved

deprimente depressing

la **derecha** right; **a la derecha** to (on) the right

el **derecho** right; privilege; *adj.* straight

derrotar to defeat

desarrollar, desarrollarse to develop

desayunar to have (for) breakfast

el **desayuno** breakfast

descansar to rest

el, la **descendiente** descendent

la **descomposición** decay

el, la **desconforme** dissenter, non-conformist

el **desconocido (la desconocida)** stranger

descortés discourteous, impolite

describir to describe

descubrir to discover, uncover

desde from; since; **¿desde cuándo?** how long? since when?; **desde hace (hacía)** for; **desde hace años** for years; **desde . . . hasta** from . . . to

desear to wish (for), want, desire

el **desempleo** unemployment

el **deseo** wish, desire

el **desfile** parade

deshonesto dishonest

el **desierto** desert; *adj.* desert

la **desilusión** disappointment

desintegrarse to disintegrate

el **desodorante** deodorant

despacio slowly

despertarse (ie) to wake up

despreciar to look down on, scorn

después afterwards, then, later; **después de** after; **después (de) que** after; **poco después** a short time after(wards)

destruir to destroy

el **detective** detective

detener to stop

detrás de behind

la **deuda** debt

devorar to devour

devoto devout

el **día** day; **al día** per day; **Buenos días.** Good morning. Good day.; **de día** by day; **día a día** day by day; **día de fiesta** holiday; **Día de Gracias** Thanksgiving; **Día del Año Nuevo** New Year's Day; **Día de los Reyes**

Epiphany (Jan. 6); **día de semana** weekday; **hoy día** nowadays; **todos los días** every day

la **diablada** *coll.* Bolivian Indian dance depicting the triumph of angels over devils

el **diablo** devil

el **diálogo** dialogue

el **dibujo** drawing

el **diccionario** dictionary

diciembre December

el **dictador** (la **dictadora**) dictator

diez ten

la **diferencia** difference

diferente (a) different (from)

difícil hard, difficult; not likely

la **dimensión** dimension

el **dinero** money

el **dios** god; **Dios** God; **¡Dios mío!** My goodness! Good grief!

diplomático diplomatic

la **dirección** direction; address

directo direct

la **disciplina** discipline

la **discriminación** discrimination

la **discusión** discussion

discutir to discuss

la **disensión** dissension

el **disgusto** disapproval

disminuir to diminish

la **disputa** dispute, controversy

distinguir to distinguish

distinto different

diverso diverse

divertirse (ie) to have a good time, enjoy oneself

divorciarse to get a divorce

el **divorcio** divorce

doblar to turn

doble double

doce twelve

la **docena** dozen

el **doctor** (la **doctora**) doctor

el **dólar** dollar

doler (ue) to ache, pain, hurt

el **dolor** pain, ache; suffering; sorrow; **dolor de cabeza** headache; **dolor de estómago** stomach ache

dominador dominating

dominar to dominate, overlook

domingo Sunday; **domingo de Pascua** Easter Sunday

el **dominó** dominoes

don, doña titles of respect or affection used before a first name

donde where, wherever

¿dónde? where?

dormido asleep

dormir (ue) to sleep; **dormir la siesta** to take a nap after lunch; **dormirse** to go to sleep

el **dormitorio** dormitory

dos two

doscientos 200

el **drama** drama

dramático dramatic

la **droga** drug

la **duda** doubt

dudar to doubt

el **duelo** grief, sorrow; duel

el **dueño** (la **dueña**) owner, master (mistress)

durante during; for

durar to last

duro hard, harsh; **huevos duros** hard-boiled eggs

E

e and (replaces **y** before words beginning with **i** or **hi**)

la **ecología** ecology

el **ecólogo** (la **ecóloga**) ecologist

la **economía** economy

económico economic

la **edad** age; **¿Qué edad tiene . . . ?** How old is . . . ?

el **edificio** building

la **educación** education; upbringing

egoísta selfish

la **ejecución** execution

el **ejemplo** example; **por ejemplo** for example

el **ejercicio** exercise; **hacer ejercicios** to exercise

el **ejército** army

el the *(m. sing.)*; **el de** that of; **el que** the one that

él *subj.* he; *obj. of prep.* him, it; **de él** (of) his

la **elección** election

la **elegancia** elegance

elegante elegant; stylish

el **elemento** element

elevarse to rise

ella *subj.* she; *obj. of prep.* her, it; **de ella** her, (of) hers

ellos, ellas *subj.* they; *obj. of prep.* them; **de ellos (ellas)** their, (of) theirs

embarazada pregnant

embargo: sin embargo however

la **emboscada** ambush

la **emoción** emotion; excitement; **¡Qué emoción!** How exciting!

emocionante exciting

el **emperador** emperor
empezar (ie) (a) to start (to), begin (to)
empinado steep, high
el **empleado (la empleada)** employee
el **empleo** employment, job
en in; into; on; at; **en casa** at home; **en caso (de) que** in case; **en cuanto** as soon as; **en cuanto a** as for; **en punto** on the dot; **en realidad** in reality, actually; **en seguida** at once; **en serio** seriously; **en vez de** instead of; **pensar en** to think about
encabezar to lead
encantar to enchant, delight; **me encanta** I love (it)
encarnar to embody
el **encierro** running before the bulls (San Fermín festival in Pamplona, Spain)
encima: por encima de above
encontrar (ue) to find; to meet; **encontrarse (con)** to meet, come across
la **enchilada** enchilada
el **enemigo** enemy
la **energía** energy
enero January
la **enfermedad** disease
el **enfermero (la enfermera)** nurse
el **enfermo (la enferma)** patient; sick person; *adj.* sick, ill
enfrentarse con to confront
enfrente (de) in front (of), opposite; **de enfrente** across the hall
engañar to deceive

enojarse (con) to get mad (at), become angry (with)
enorme enormous
la **ensalada** salad
enseñar to teach; to show
el **entendedor (la entendedora)** understanding person
entender (ie) to understand
entero entire
entonces then; in that case
la **entrada** admission ticket
entrar (a) (en) to enter, go in
entre between; among
entregar to give, hand over
la **entrevista** interview
el **entusiasmo** enthusiasm
épico epic
la **época** period, era, epoch, time
el **equilibrio** balance
el **equipo** team; **equipo femenino** women's team
equivocado wrong, mistaken
el **erizo** sea urchin
el **error** error, mistake
escandalizar to shock, scandalize
el **escándalo** scandal, disgrace
escandinavo Scandinavian
la **escena** scene
escoger to choose
escosés Scotch, Scottish
escribir to write
el **escritor (la escritora)** writer
la **escritura: escritura pictográfica** picture writing
escuchar to listen (to)
la **escuela** school
la **escultura** sculpture
ese, esa *adj.* that; **ése, ésa** *pron.* that (one)
esencial essential

eso *pron.* that; **a eso de** at around (time of day); **por eso** that's why, for that reason
esos, esas *adj.* those; **ésos, ésas** *pron.* those
el **espacio** space
la **espada** sword
los **espaguetis** spaghetti
España Spain
español Spanish; Spaniard
especial special
especialmente especially
espectacular spectacular
el **espectáculo** spectacle, pageant, show
el **espectador (la espectadora)** spectator
el **espejo** mirror
esperar to wait (for); to hope; to expect
la **espina** thorn
el **espíritu** spirit
espiritual spiritual
espléndido splendid
la **esposa** wife
el **esposo** husband; *pl.* husband and wife
el **esquí** skiing
el **esquiador (la esquiadora)** skier
esquiar to ski
la **esquina** street corner
establecer (zc) to establish; to plant
el **establecimiento** settlement
el **estadio** stadium
el **estado** state; **en estado de** in a state of; **los Estados Unidos** the United States
la **estampilla** postage stamp; **estampilla aérea** air-mail stamp
la **estancia** Argentine or Uruguayan cattle ranch

estar to be (in a certain place, condition or position); to be in (at home, in the office, etc.); **estar para** to be about to

la **estatua** statue

este, esta *adj.* this; **éste, ésta** *pron.* this (one)

el **este** east

estético esthetic

estilizado stylized

el **estilo** style, fashion; **al estilo de** in the style of

esto *pron.* this

el **estómago** stomach; **dolor de estómago** stomach ache

estos, estas *adj.* these; **éstos, éstas** *pron.* these

el **estrecho: Estrecho de Gibraltar** Straits of Gibraltar

estricto strict

la **estructura** structure

el, la **estudiante** student

estudiantil *adj.* student

estudiar to study; **estudiar para** to study to be

el **estudio** study

estupendo wonderful, great

estúpido stupid

la **etapa** stage

etcétera *et cetera*

eterno eternal

Europa Europe

europeo European

evadir to escape

evidente evident

evitar to avoid

exacto exact; **Exacto.** That's right. Exactly.

exagerar to exaggerate

la **exaltación** exaltation

el **examen** (*pl.* los **exámenes**) examination, test

excelente excellent

la **excepción** exception

excepto except

excluir to exclude

la **exhibición** exhibition

el **exilado** (la **exilada**) exile (person)

existir to exist

el **éxito** success

exótico exotic

la **experiencia** experience

el **experto** (la **experta**) expert

la **explicación** explanation

explicar to explain

la **explosión: explosión demográfica** population explosion

la **explotación** exploitation

explotar to exploit; to work (a mine)

exportar to export

expresar to express

la **expresión** expression

expresionista expressionistic

el **expreso** express (train)

extender (**ie**) to extend, continue

extendido widespread

la **extensión** extent, size

externo external

el **extranjero** (la **extranjera**) foreigner

extraño strange

extraordinariamente extraordinarily

extremo extreme

F

fabuloso fabulous

fácil easy

el **factor** factor

la **falda** skirt

falso false

la **falta** lack; **¡Qué falta de vergüenza!** What shamelessness!

faltar: ¡No faltaba más! That's all we needed! What nonsense!

la **familia** family

famoso famous

fanático fanatical

fantástico fantastic

la **farmacia** drugstore, pharmacy

fascinante fascinating

fascinar to fascinate

el **fastidio: ¡Qué fastidio!** How annoying!

el **favor** favor; **Hágame el favor de . . .** Please . . .; **por favor** please

favorito favorite

la **fe** faith

febrero February

la **fecha** date; day

¡Felicitaciones! Congratulations!

feliz happy

femenino: equipo femenino women's team

fenicio Phoenician

¡Fenómeno! Phenomenal! Great!

la **feria** fair; holiday

fértil fertile; **moho fértil** rich mould

la **festividad** festivity; holiday

feudal feudal

la **fiebre** fever

fiel faithful

la **fiesta** feast; party; holiday; **día de fiesta** holiday; **fiesta brava** bullfighting; **fiesta popular** country gathering, general holiday

la **figura** figure

fijar to fix, establish, **fijarse (en)** to notice, look (at)

filosofar to philosophize

la **filosofía** philosophy

el **filósofo** (la **filósofa**) philosopher

el **fin** end; **a fines de** toward the end of; **al fin** finally; **fin de semana** weekend; **por fin** finally

el **final: al final** at the end

finalmente finally

físico physical

flamenco Andalusian gypsy music, song and dance

la **flauta** flute

la **flor** flower

florecer (zc) to flourish

el **folklore** folklore

folklórico folk, folkloric

el **fondo: al fondo** in the background

la **forma** form

la **formación** formation

formal formal

la **formalidad** formality

formar to form

formidable superb

el **formulario** form, application form

la **fortaleza** fortress

la **fortuna** fortune

la **foto** photo

la **fotografía** photography; photograph

fracturar to fracture, break

francamente frankly

francés French; Frenchman

Francia France

la **frecuencia: con frecuencia** frequently

frecuente frequent

fresco cool; **hacer fresco** to be cool (weather)

el **frijol: frijoles refritos** refried beans

el **frío** cold; **hacer frío** to be cold (weather); **morirse de frío** to be dying of cold; **tener frío** to be (feel) cold

frito fried

la **frontera** border

el **frontón** jai alai court

la **fruta** fruit; *pl.* fruit

el **fuego** fire; **fuegos artificiales** fireworks

fuera: fuera de outside; **por fuera** from the outside

fuerte strong

la **fuerza** *pl.* forces; **fuerzas armadas** armed forces

fumar to smoke

funcionar to function, work, run

fundar to found; **fundada por** founded by

el **funeral** funeral

la **fusión** fusion

el **fútbol** soccer; **fútbol americano** football

el, la **futbolista** soccer player

el **futuro** future; *adj.* future

G

la **gaita** bagpipes

Galicia northwesternmost province of Spain

el **gallego** Galician (language of the Spanish province of Galicia)

el **gallo** rooster, cock

la **gana: tener ganas de** to feel like, want

el **ganador** (la **ganadora**) winner

ganar to earn; to win; to gain; **ganar el pan** to earn a living

la **gasolina** gasoline

la **gasolinera** gas station

gastar to spend; to waste

el **gato** cat

el **gaucho** herdsman of the pampas, Argentine cowboy

el **gazpacho** a cold, spicy vegetable soup from the Spanish province of Andalusia

la **generación** generation

el **general** general; *adj.* general, usual; **en general (por lo general)** in general, generally

la **gente** people

la **geografía** geography

geográfico geographic

la **geometría** geometry

germánico Germanic

el **gesto** expression; gesture

el **gigante** giant

el **gitano** (la **gitana**) gypsy

el **glaciar** glacier

la **gloria** glory

la **glotonería** gluttony

gobernar (ie) to govern

el **gobierno** government

el **gol** goal (scored in a sport)

golpear: golpear con los pies to kick

gordo fat

gracias thanks, thank you; **dar las gracias** to thank; **Día de Gracias** Thanksgiving; **gracias a** thanks to; **Muchas gracias.** Thank you very much.

gran (*apocope of* **grande**) great, large; **gran parte** a great part

grande big, large, great

la **grandeza** greatness, grandeur

gratis free, gratis

griego Greek

el **gringo** (la **gringa**) nickname given to foreigners, especially Americans (generally pejorative)

el **grupo** group

el **guacamole** spicy Mexican sauce or dip made from crushed avocados

el **guantanamero** (la **guantanamera**) person from the Cuban province of Guantánamo

guapo good-looking

guatemalteco Guatemalan

la **guerra** war

guerrero warlike

el, la **guía** guide

la **guitarra** guitar

el **guitarrón** large guitar-shaped bass used by Mexican mariachis

gustar to please, be pleasing; **me gusta más** I like best; **me gustan todas** I like all (the girls)

el **gusto** pleasure, delight; **Mucho gusto.** Glad to meet you.

H

haber to have (auxiliary verb to form compound tenses); *see also* **había, habido, habrá, hay, haya**

había (frequent past tense of **hay**) there was (were)

habido *p. part. of* **haber: ha habido** there has (have) been

el **habitante** inhabitant

hablar to speak, talk

habrá (*fut. of* **hay**) there will be; **¿habrá?** could there be?

hace (with a verb in the past tense) ago; **hace dos años** two years ago; **hace un rato** a while ago; **¿Cuánto tiempo hace (hacía) que . . . (+ pres. or imperf.)?** How long *has (had) . . . been -ing?*; **hace . . . que** (+ *pres.*) something *has been -ing* for . . . (length of time)

hacer to make; to do; **hacer buen tiempo** to be nice weather; **hacer calor** to be hot (weather); **hacer el favor de** to do the favor of; **hacer el papel de** to take the role of; **hacer frío** to be cold (weather); **¿Qué tiempo hace?** How's the weather?; **hacer sol** to be sunny; **hacer un viaje** to take a trip; **hacer viento** to be windy

hacia toward

hacía: hacía . . . que (+ *imperf.*) something *had been -ing* for . . . (length of time)

la **hacienda** farm, estate

hallar to find

el **hambre** hunger; **dar hambre** to make hungry; **tener hambre** to be hungry

hasta until; as far as; **desde . . . hasta** from . . . to; **hasta cierto punto** up to a point; **Hasta luego.** See you later. So long.; **hasta que** until

hay (a form of the verb **haber**) there is (are); **hay que** one must, it is necessary to

haya *pres. subjunc. of* **hay:**

prohibe que haya forbids that there be

el **hecho: hecho que** an event that

el **helado** ice cream, ice cream cone

la **herencia** heritage

herirse (i) to get hurt, become injured

la **hermana** sister

el **hermano** brother; *pl.* brother(s) and sister(s)

hermoso beautiful

el **héroe** hero

el **hierro** iron

la **hija** daughter

el **hijo** son; *pl.* children, son(s) and daughter(s)

hispánico Hispanic

hispano Hispanic (person)

Hispanoamérica Spanish America

hispanoamericano Spanish-American

la **historia** history

histórico historic, historical

el **hogar** home; **hogar de ancianos** old-age home

¡Hola! Hello! Hi!

holandés Dutch

el **hombre** man; **¡Hombre!** Wow! Hey!

el **honor** honor; **en honor de** in honor of

honrar to honor

la **hora** hour; time; **a estas horas** at this hour; **altas horas** very late; **¿A qué hora?** At what time?; **hora de** time to; **¿Qué hora es?** What time is it?

el **horario: horario corrido** continuous hours (on a job)

horrible horrible

horrible xxvii

el **horror: ¡Qué horror!** How awful!

el **hospital** hospital

el **hotel** hotel

hoy today; **hoy día** nowadays, presently

la **huelga** strike

el **hueso** bone

el **huevo** egg; **huevos rancheros** fried eggs in a tomato, onion and chili sauce

la **humanidad** mankind, humanity

humano human; **ser humano** human being

humilde humble

el **humor: sentido del humor** sense of humor

hundirse to sink

I

ibérico: Península Ibérica Iberian Peninsula

ibero Iberian (original settlers of the Iberian Peninsula)

la **ida: ida y vuelta** round trip

la **idea** idea

el **ideal** ideal; *adj.* ideal

el **idealismo** idealism

la **identidad** identity

identificarse con to identify (oneself) with

el **idioma** language

el **ídolo** idol

la **iglesia** church

ignorante ignorant

igual the same

la **igualdad** equality

la **ilusión** illusion

la **imaginación** imagination

imaginario imaginary

imaginarse to imagine

imaginativamente imaginatively

imitar to imitate

el **impacto** impact

impenetrable impenetrable

el **imperio** empire; **Imperio Romano** Roman Empire

imponente majestic, impressive

la **importancia** importance

importante important

importar to matter, be important; **¿le importa . . . ?** do you care about . . . ?; **no (me) importa** it doesn't matter, I don't care

imposible impossible

la **impresión** impression

impresionante impressive

impresionar to impress

improvisar to improvise

inca Inca (the people); **Inca** Inca (emperor)

incaico *adj.* Inca, Incan

incluir to include

increíble incredible

la **independencia** independence

independiente independent

indicar to indicate

indiferenciado undifferentiated

indiferentemente indifferently

indígena indigenous, native

el **indio** (la **india**) Indian; *adj.* Indian

industrial industrial

industrializer to industrialize

infeliz unhappy, miserable

el **infierno** hell

infinitamente infinitely

infinito infinite

la **influencia** influence

influir en to influence

la **información** information

la **informalidad** informality

el **informe** report

la **ingeniería** engineering

el **ingeniero** engineer

ingenuo naive, ingenuous

Inglaterra England

inglés English; Englishman

el **ingrediente** ingredient

inicial initial

la **injusticia: ¡Qué injusticia!** How unfair!

inmediato immediate

el, la **inmigrante** immigrant

innumerable innumerable

inocente innocent

inofensivo harmless

la **inquietud** anxiety, fear

insensato senseless

insistir (en) to insist (on)

la **insolencia** insolence

la **inspiración** inspiration

inspirar to inspire

la **instrucción** instruction; **sin instrucción** uneducated

el **instrumento** instrument; **instrumento de cuerda** stringed instrument

intacto intact

integrar to compose, make up; **integrarse a** to get into

intelectual intellectual

inteligente smart, intelligent

la **intensidad** intensity

el **intercambio** exchange

el **interés** interest

interesante interesting

interesar to interest

interescolar interscholastic

interior inner

internacional international

interno internal

el, la **intérprete** interpreter

interrumpir to interrupt

la **interrupción** interruption

la **intimidad** intimacy, closeness

íntimo intimate, close

introducir (zc) to introduce

el **invasor (la invasora)** invader

inventar to invent

el **invierno** winter

la **invitación** invitation

invitar to invite

ir to go; **ir a** + *inf.* to be going to + *inf.*; **irse** to go (away), leave; **ir y venir** coming and going; **Que le vaya bien.** May all go well with you.; **Vamos.** Let's go.; **Vamos a** + *inf.* Let's . . . ; **No vayamos.** Let's not go.; **No vayamos a** + *inf.* Let's not . . .

Irlanda Ireland

irlandés Irish

la **ironía** irony

irónicamente ironically

la **isla** island

el **islamismo** Islam

Italia Italy

italiano Italian

la **izquierda** left; **a la izquierda** to (on) the left

J

el **jaguar** jaguar

el **jai alai** jai alai (Basque sport)

jamás never, (not) ever

el **jamón** ham

el **Japón** Japan

japonés Japanese

el **jefe** chief; boss

el **jerez** sherry

Jesucristo Jesus Christ

Jesús Jesus; **¡Jesús!** Gee whiz! Golly!

la **jota** popular dance in Spanish provinces of Aragón and Valencia

el, la **joven** young man, young lady; *pl.* young people; *adj.* young

la **joya** jewel; *pl.* jewelry

la **joyería** jewelry store

judío Jew; Jewish

el **juego** game

jueves Thursday

el **jugador (la jugadora)** player

jugar (ue) (a) to play (a game)

el **juglar** minstrel

el **jugo** juice

el **juguete** toy

julio July

junio June

juntos together; close

la **justicia** justice

K

el **kilo** kilo, kilogram (2.2 pounds)

el **kilómetro** kilometer (a little over six-tenths of a mile)

L

la the (*f. sing.*); *dir. obj.* her, it, you (**Ud.**); **la de** that of; **la que** the one that

el **laberinto** labyrinth, maze

el **labio** lip

laboral *adj.* labor

el **laboratorio** laboratory

el **lado** side; **al lado de** beside, next to; **a tu lado** next to you

el **lago** lake

la **lana** wool

la **lanza** lance

lanzar to throw, hurl

el **lápiz** pencil

largo long

las the (*f. pl.*); *dir. obj.* them, you (**Uds.**); **las de** those of; **las que** the ones (those) that

la **lástima** misfortune; pity; **¡Qué lástima!** What a shame!

el **latín** Latin (language); **latín vulgar** vernacular or spoken Latin

el **latino (la latina)** Latin (person); *adj.* Latin

latinoamericano Latin American

lavar to wash; **lavarse** to wash (oneself), get washed

le *indir. obj.* (to, for, from) him, her, it, you (**Ud.**)

la **lección** lesson

la **leche** milk; **café con leche** coffee prepared with hot milk

leer to read

la **legumbre** vegetable

lejos far, far away; **lejos de** far from

la **lengua** language; **lengua romance** Romance language

lento slow

la **leña** firewood

les *indir. obj.* (to, for, from) them, you (**Uds.**)

la **letra** lyrics

el **letrero** sign

levantarse to get up, stand up

la **ley** law
la **leyenda** legend
la **liberación** liberation
liberar to liberate
la **libertad** liberty, freedom
libre free; **al aire libre** in the open air
la **librería** bookstore
el **libro** book
el **líder** leader
limitarse a to limit oneself, be limited to
lindo pretty, beautiful; nice
listo ready
literalmente literally
literario literary
la **literatura** literature
el **litro** liter (a little more than a quart)
lo *dir. obj.* him, it, you (**Ud.**); the (neuter); **en lo más alto** at the top; **lo antes posible** as soon as possible; **lo cierto** what is certain; **lo cual** which; **lo maravilloso de** the wonderful thing about; **lo más + *adv.* + posible** as . . . as possible; **lo más . . . que** (+ expression of possibility) as . . . as; **lo mismo** the same (thing); **lo que** what, that which; **por lo tanto** therefore; **todo lo que** everything that
el **loco** (la **loca**) madman (madwoman); *adj.* crazy
lograr to bring about
los the *(m. pl.); dir. obj.* them, you (**Uds.**); **los de** those of; **los que** the ones (those) that
la **lucha** struggle, fight
luchar (**por**) to fight (for)

luego then; **Hasta luego.** See you later. So long.; **luego que** as soon as
el **lugar** place; **en lugar de** instead of
lujoso of luxury
lunes Monday
la **luz** light

LL
llamar to call; **llamar por teléfono** to phone; **llamarse** to be called, named; **¿Cómo se llama . . . ?** What is . . .'s name?; **me llamo** my name is
el **llano** plain
la **llave** key
la **llegada** arrival
llegar (**a**) to arrive (in), get to, reach; **aquí llegan** here come; **llegar a ser** to become
llenar to fill; **llenarse** (**de**) to fill up (with)
lleno de full of
llevar to carry, bear; to take; to lead; to wear
llorar to cry, weep
llover (**ue**) to rain

M
la **madera** wood
la **madre** mother; **Madre-Tierra** Mother Earth (Indian deity)
la **madrina** godmother
el **maestro** (la **maestra**) teacher; master
magnífico wonderful, magnificent
el **maíz** corn
mal *adv.* badly, poorly; **acabar mal** to have an unhappy ending

el **mal** evil
mal, malo *adj.* bad, naughty
la **maleta** suitcase
la **mamá** mom, mother
el **mambo** dance of Afro-Cuban origin
mandar to order; to give orders; to send
el **mando** command
la **manera** way, manner, fashion; **de manera diferente** in a different way; **de ninguna manera** in no way, not at all; **de otra manera** differently; **de una manera . . .** in a . . . way
el **mango** mango
la **manifestación** manifestation
la **manipulación** manipulation
la **mano** hand; **¡Arriba las manos!** Hands up!; **Dame la mano.** Give me your hand.; **en (a) manos de** in (into) the hands of; **¡Manos a la obra!** Let's get to work!
mantener to keep, maintain
la **mantequilla** butter
el **manto** large mantilla
la **manzana** apple
la **mañana** morning; *adv.* tomorrow; **de la mañana** A.M.; **mañana temprano** early tomorrow morning; **por la mañana** in the morning
la **máquina** machine
el, la **mar: Mar Caribe** Caribbean Sea
la **maravilla** marvel, wonder
maravilloso wonderful, marvelous; **lo maravilloso de** the wonderful thing about

marchar to run, work

el **mariachi** Mexican musical group

el **marido** husband

el **marisco** shellfish

el **marqués** marquis

martes Tuesday

marxista Marxist

marzo March

más *adv.* more, any more; most; *prep.* plus; **¿algo más?** anything else?, **más conocido** better known; **más de** (+ number) more than; **más o menos** more or less; **más . . . que** more . . . than; **más vale** it is better; **me gusta más** I like best; **otro más** one more, another; **¡Qué idea más ridícula!** What a ridiculous idea!

la **masa** mass

la **máscara** mask

el **matador** (la **matadora**) matador

matar to kill

las **matemáticas** mathematics

el **matrimonio** marriage; married couple

maya Maya; Mayan

mayo May

mayor older, oldest; greater, greatest; **la mayor parte** the major part

la **mayoría** majority

me (to, for, from) me, myself

el **mecánico** (la **mecánica**) mechanic

el **mecanógrafo** (la **mecanógrafa**) typist

la **medicina** medicine

el **médico** (la **médica**) doctor, physician

el **medio** middle; environment; *adj.* middle; half; **clase media** middle class; **en medio de** in the middle of; **las doce y media** 12:30; **media hora** a half hour; **por medio de** by means of, through

el **mediodía** noon; midday break; **al mediodía** at noon; for the midday meal

el **Mediterráneo** Mediterranean Sea

mejor beter, best

mejorar to improve

melancólico melancholy

la **melodía** melody

el **melón** melon

el, la **menor** minor; *adj.* younger, youngest

menos less, least; **a menos que** unless; **más o menos** more or less; **menos de** (+ number) less than; **menos . . . que** less . . . than; **por lo menos** at least

mentir (ie) to lie

el **mercado** market, marketplace

el **merengue** popular dance of Caribbean origin

la **merienda** afternoon snack

la **mermelada** jam, marmalade

el **mes** month

la **mesa** table

la **meseta** mesa, plateau

mestizo of mixed race

mexicano Mexican; **mexicano-americano** Mexican-American

México Mexico; Mexico City

la **mezcla** mixture, mixing

mezclarse con to mix with

la **mezquita** mosque

mi, mis my

mí *obj. of prep.* me, myself

el **miedo** fear; **tener miedo (de)** to be afraid (of, to)

el **miembro** member

mientras (que) while; whereas

miércoles Wednesday

mil 1000; **miles** thousands

el **milagro** miracle

el **militar** military man, soldier; *adj.* military

la **milla** mile

el **millón** million; **un millón de . . .** a million . . .

la **mina** mine

la **minoría** minority

el **minuto** minute

mío(s), mía(s) *adj.* my, (of) mine; **el mío (la mía, los míos, las mías)** *pron.* mine; **¡Dios mío!** My goodness!

mirar to look (at), watch; **mirar el aceite** to check the oil

la **misa** mass (church)

la **miseria** misery; poverty

la **misión** mission

mismo same; very, just, right; **ahora mismo** right now; **al mismo tiempo** at the same time; **allí mismo** right there; **lo mismo (que)** the same (thing) (as); **por eso mismo** that's just it

misterioso mysterious

místico mystical

la **mitología** mythology

mixto co-ed

moderado mild

moderno modern

modesto modest

el **modo: modo de ser** nature, way of being; **de modo que** so that

el **momento** moment

monótono monotonous

el **monstruo** monster

la **montaña** mountain

montar to mount

moreno dark-haired, brunette

morir (ue) to die; **morirse (de)** to die, be dying (of)

el **mostrador** counter

mostrar (ue) to show

el **motor** motor, engine

el **movimiento** movement

el **mozo** waiter

la **muchacha** girl

el **muchacho** boy; *pl.* children, boy(s) and girl(s)

muchísimo very much; *pl.* very many

mucho *adj.* much, a lot of; very; too much; *pl.* many; *adv.* very much; **Mucho gusto.** Glad to meet you.; **mucho que hacer** a lot to do; **mucho tiempo** a long time

mudarse to move (change residence)

mueble: los muebles furniture

la **muerte** death

el **muerto (la muerta)** dead person, corpse; *adj.* dead

la **mujer** woman; wife; **nombre de mujer** woman's name

mulato mulatto (of African and Caucasian blood)

la **multitud** crowd, crush

mundial *adj.* world, worldwide

el **mundo** world; **Nuevo Mundo** New World (America); **todo el mundo** everyone; the whole world

la **muñeira** dance from the province of Galicia in northern Spain

el **mural** mural

el **muro** wall

el **músculo** muscle

el **museo** museum

la **música** music; **música folklórica** folk music

el **músico (la música)** musician

musulmán Moslem

muy very

N

nacer to be born

nacido born

el **nacimiento** birth; crèche, Nativity scene

la **nación** nation

nacional national

nada nothing, not anything; **de nada** you're welcome; **por nada del mundo** (not) for anything in the world

nadie no one, nobody, not anyone

napoleónico Napoleonic

la **naranja** orange

la **nariz** nose

la **natación** swimming

la **natalidad: control de la natalidad** birth control

la. **naturaleza** nature; natural setting; **naturaleza muerta** still life

naturalmente naturally

Navarra Navarre (province in northern Spain)

la **Navidad** Christmas; *pl.* Christmas holidays

necesario necessary

la **necesidad** necessity

necesitar to need

el **negocio** business; **viaje de negocios** business trip

negro black; Negro

el **neoyorquino (la neoyorquina)** New Yorker

nervioso nervous

nevado snow-covered

ni nor, or; **ni . . . ni** neither . . . nor

la **niebla** fog

la **nieta** granddaughter

el **nieto** grandson; *pl.* grandchildren

la **nieve** snow

ningún, ninguno none, not any, no, not one, neither (of them); **de ninguna manera** in no way, not at all

la **niña** girl, child

el **niño** boy, child; *pl.* children, kids

el **nivel** level

no no, not; ¿**no?** right? true?

el **noble** noble

la **noche** night, evening; **de la noche** P.M. (at night); **de noche** at night; **esta noche** tonight, this evening; **por la noche** at night, in the evening; **todas las noches** every night

el **nombre** name; **a (en) nombre de** in the name of; **nombre de mujer** woman's name

el **noreste** northeast

el **noroeste** northwest

el **norte** north

norteamericano North American; American (U.S.)

nos (to, for, from) us, ourselves

nosotros, nosotras *subj. pron.* we; *obj. of prep.* us, ourselves

la **nota** note; grade

notar to notice

la **noticia** (piece of) news; *pl.* news

novecientos 900

la **novela** novel

noveno ninth

noventa ninety

la **novia** girlfriend; fiancée

el **noviazgo** courtship; engagement

noviembre November

el **novio** boyfriend; suitor; fiancé; *pl.* sweethearts

la **nube** cloud; **por las nubes** sky-high (prices)

nublado blurry

el **nucleo** nucleus, center

nuestro *adj.* our, of ours; **el nuestro** *pron.* ours

nueve nine

nuevo new; **Año Nuevo** New Year's; **Nuevo Mundo** New World (America); **¿Qué hay de nuevo?** What's new?

el **número** number

numeroso numerous

nunca never, not ever

Ñ

el **ñandú** nandu (large South American bird related to the ostrich)

O

o or; **o . . . o** either . . . or

obedecer (zc) to obey

el **objeto** object; **objeto de arte** art object

obligado (a) obligated (to)

la **obra** work; body of work; **¡Manos a la obra!** Let's get to work! **obra de arte** work of art

el **obrero** (la **obrera**) worker

observar to observe

obsesionar to obsess

obtener to get, gain, obtain

obvio obvious

la **ocasión** occasion

occidental western

el **océano** ocean; **Océano Atlántico** Atlantic Ocean

octavo eighth

octubre October

el, la **oculista** oculist

ocupado busy

ocupar to take, occupy

ocurrir to occur, happen

ochenta eighty

ocho eight

ochocientos 800

odiar to hate

el **oeste** west

ofender to offend, be offensive; **ofenderse** to become offended

oficial official

la **oficina** office

ofrecer (zc) to offer

oír to hear

ojalá que I hope

el **ojo** eye

olvidar to forget; **olvidarse (de)** to forget (about)

el **ómnibus** bus; **en ómnibus** by bus

once eleven

la **ópera** opera

la **operación** operation

la **opinión** opinion; **según su opinión** in your opinion

oponerse (a) to oppose, be against (it; each other)

oportunamente opportunely, just in time

la **oportunidad** opportunity, chance

la **opresión** oppression

la **opresor** (la **opresora**) oppressor

el **orden** order; **a sus órdenes** at your service

la **organización** organization

organizar to organize

el **orgullo** pride

orgulloso proud

el **origen** origin

la **originalidad** originality

originarse to originate

el **oro** gold

la **orquesta** orchestra

os (to, for, from) you, yourselves (*fam. pl.*)

oscuro dark

el **otoño** autumn

otro other, another; **otro más** one more; **otra vez** again

P

la **paciencia** patience

el **padre** father; priest; *pl.* parents

el **padrino** godfather

la **paella** Spanish dish of seafood and saffroned rice

el **paganismo** paganism

pagano pagan

pagar to pay

la **página** page

el **país** country

la **palabra** word

la **palabrota** swear word

el **palacio** palace

pálido pale

el **pan** bread; **ganar el pan** to earn a living; **pan tostado** toast la **panadería** bakery

panameño Panamanian

el **pantalón: pantalones** pants

el **papá** dad, father; *pl.* parents

la **papaya** papaya (tropical fruit)

el **papel** paper; role; **hacer el papel de** to take the role of

el **par** pair

para for; in order to; by (a certain time); **estar para** to be about to; **estudiar para** to study to be; **para que** so that; **¿para qué?** why? for what purpose?; **para siempre** forever

paraguayo Paraguayan

parar(se) to stop, halt

parecer (zc) to seem, appear, look like; **¿Qué le(s) parece si . . . ?** How about if . . . ?

la **pared** wall

la **pareja** couple, pair, set

el, la **pariente** relative

el **parque** park

la **parte** part; portion, section; **de parte de** on behalf of; **¿De parte de quién?** Who is calling?; **en parte** partly; **gran parte** a great part; **la mayor parte** the major part; **por otra parte** on the other hand; **por (a, en) todas partes** everywhere

la **participación** participation

el, la **participante** participant

participar (en) to participate (in)

particular special, particular

el **partido** game, match; political party

partir to leave, depart

el **pasado** past; *adj.* past, last; **el verano pasado** last summer

el **pasaje** ticket

el **pasajero (la pasajera)** passenger

el **pasaporte** passport

pasar to pass, get by; to spend (time); to happen; **pasar (adelante)** to come in (to one's home); **pasar a ser** to become; **pasar por** to drop by; to pass by; **¿Qué le pasa a . . . ?** What's the matter with . . . ?; **¿Qué pasa?** What's wrong? What's going on?

la **Pascua** Easter

pasear to take a walk, a drive

el **paseo** walk; ride; **dar un paseo** to take a walk, a ride

la **pasión** passion; Passion

el **paso** step; religious float carried during Holy Week processions

el **pastel** cake, pastry

el **patio** patio

la **payada** improvisational competition among gaucho singers

el **payador** gaucho singer

la **paz** peace

el **pecado: los siete pecados capitales** the Seven Deadly Sins

pedir (i) to ask (for), request, order (in a restaurant); **pedir perdón** to beg one's pardon

el **peinado** hairdo

la **pelea** fight

la **película** film, movie

el **peligro** danger

peligroso dangerous

el **pelo** hair

la **pelota** ball; jai alai (Basque sport)

la **peluquería** beauty salon; barber shop

el **peluquero (la peluquera)** beautician; barber

la **pena: valer la pena** to be worth the trouble

la **penetración** insight

penetrante penetrating; perceptive

penetrar to penetrate

la **península** peninsula; **Península Ibérica** Iberian Peninsula

el, la **peninsular** person born in Spain

el **penitente** penitent

pensar (ie) to think; to plan, intend, think of, about (followed by *inf.*); **pensar de** to think of, about (an opinion); **pensar en** to think about, concerning (followed by *n.* or *pron.*)

peor worse, worst

el **pepino** cucumber

pequeño little, small

la **percusión** percussion

perder (ie) to lose; to miss; **perder el tiempo** to waste (one's) time; **perderse** to get lost

perdido lost

el **perdón** pardon; **¡Perdón!** Excuse me!

perdonar to pardon, forgive; **¡Perdone!** Excuse me!

la **pereza** laziness, sloth

perfecto perfect, fine

el **periódico** newspaper

el **permiso: Con permiso.** Excuse me.

permitir to permit, allow

pero but

la persona person

la personalidad personality

la perspectiva perspective, outlook

pertenecer (zc) a to belong to

peruano Peruvian

pesar to weigh

el pesar: a pesar de (que) in spite of (the fact that)

la pesca fishing

el pescado fish

pescar to fish; ir a pescar to go fishing

la peseta monetary unit of Spain

pesimista pessimistic

el peso monetary unit of several Latin American countries

el picador mounted bullfighter who pics the bull with a lance

picante hot (spicy)

el pico peak

pictográfico: escritura pictográfica picture writing

el pie foot; a pie on foot

la piedad pity

la piedra stone, rock

la piel skin

el pimiento green pepper

pintar to paint

el pintor (la pintora) painter

la pirámide pyramid

los Pirineos the Pyrenees (mountain range)

el piropo compliment

pintoresco picturesque

la pintura painting

la pipa pipe

piramidal pyramidal

la pirámide pyramid

los Pirineos the Pyrenees (mountain range)

el piropo compliment

el piso floor

el placer pleasure

el plan plan

la planta: planta baja ground floor

la plata silver

la plataforma platform

el plátano banana

el plato dish, plate

la playa beach

la plaza plaza, square; bullring

el plomero plumber

la población population

pobre poor; los pobres the poor (people)

poco little (in amount); pl. few; poco a poco little by little; poco después a short time after(wards); poquísimo very little; un poco a little (bit)

poder (ue) to be able, can, may; puede ser that (it) may be; se puede one can

el poder power

poderoso powerful

el poema poem

la poesía poetry

el poeta poet

polaco Polish

el policía policeman

la policía police; policewoman

la política politics; policy; politician (f.)

el político politician (m.); adj. political

el poncho poncho

poner to put, place; ponerse to get, become; to put on (clothing); ponerse de acuerdo to agree

popular popular; fiesta popular country gathering, general holiday

por for; because of, on acount of; for the sake of; by; per; along; through; throughout; around (in the vicinity of); in; during; in place of; in exhange for; por aquí this way, over here, around here; por casualidad by coincidence; por ciento percent; por ejemplo for example; por eso that's why, for that reason; por favor please; por fin finally; por la mañana in the morning; por la noche in the evening, at night; por las nubes sky-high (prices); por la tarde in the afternoon, evening; por lo general generally; por lo menos at least; por lo tanto therefore; por medio de by means of, through; por nada del mundo (not) for anything in the world; por otra parte on the other hand; por supuesto of course; por teléfono on the telephone; por televisión (radio) on TV (radio); por todas partes everywhere

¿por qué? why?

porque because

el porteño (la porteña) a person from Buenos Aires

portugués Portuguese

la posada lodging; Mexican Christmas celebration

posible possible

posiblemente possibly

postal: tarjeta postal postcard

practicar to practice; to play (a sport); **se practica** is played

práctico practical

el **pragmatismo** pragmatism

el **precio** price; **¿A qué precio?** What's the price?; **¿Qué precio tiene . . . ?** What's the price of. . . ?

precioso precious; lovely; darling

precisamente precisely

preciso precise

precolombino pre-Columbian

predominantemente predominantly

predominar to predominate

preferible preferable

preferido preferred

preferir (ie) to prefer

la **pregunta** question

preguntar to ask; **preguntarse** to wonder

prehistórico prehistoric

la **preocupación** worry

preocuparse (por) to worry (about)

preparar to prepare

la **presencia** presence

presentar to present, show; to introduce

presente present

presidencial presidential

el **presidente** president

prestar: prestar atención to pay attention, give heed

el **pretendiente** suitor

la **primavera** spring

primer, primero first; **de primera clase** first-class, first-rate

el **primo (la prima)** cousin

principal main, principal

principalmente principally

el **príncipe** prince

el **principio** beginning; **a principios de** around the beginning of

la **prisa: tener prisa** to be in a hurry

privado private

privilegiado privileged

probar (ue) to try out; to try, taste

el **problema** problem

la **procesión** procession

proclamado proclaimed

producir (zc) to produce

el **producto** product

la **profecía** prophecy

la **profesión** profession

el **profesor (la profesora)** teacher, professor

profundo deep, profound

el **programa** program

progresar to progress

el **progreso** progress

prohibir to prohibit, forbid

la **promesa** promise

prometer to promise

el **promotor (la promotora)** promoter, champion

pronto soon; fast, quickly; **lo más pronto posible** as soon as possible; **prontísimo** very soon; **tan pronto como** as soon as

pronunciar to pronounce

propio own

próspero prosperous

la **protesta** protest

el, la **protestante** Protestant

protestar to protest

la **provincia** province

provocar to provoke

próximo next, coming

prudente prudent

la **psicología** psychology

psicológico psychological

publicar to publish

el **público** public; spectators; *adj.* public; **en público** in public

el **pueblo** people; village, town

el **puente** bridge

la **puerta** door

puertorriqueño Puerto Rican

pues *interj.* well . . . ; *conj.* for, because

el **puesto** job, position

el **pulso** pulse

la **puma** puma, mountain lion

la **punctualidad** punctuality

el **punto** point, dot; **en punto** on the dot, exactly; **hasta cierto punto** up to a point

puro pure; all

Q

que *rel. pron.* that, which, who, whom; *adv.* than; **el (la, los, las) que** which, who(m), the one(s) that, those who; **lo que** what, that which; **mucho que hacer** a lot to do; **Que le vaya bien.** May all go well with you.

¿qué? what?, which?; **¿para qué?** why?, for what purpose?; **¿por qué?** why?; **¿Qué hay de nuevo?** What's new?; **¿Qué tal . . . ?** How about . . . ?

¡qué . . . ! What (a) . . . ! How . . . !; **¡Qué idea más ridícula!** What a ridiculous idea!; **¡Qué va!**

Oh, come now!

quedar to remain, be left; to fit; **quedarse** to stay, remain; **quedar tiempo** to have time left

la **quena** Indian flute (Peru)

querer (ie) to want, wish; to love; **querer decir** to mean

querido dear; **seres queridos** loved ones

quien, quienes who, whom; the one who, those who

¿quién? who?, whom?; **¿de quién?** whose?

la **química** chemistry

quince fifteen

quinientos 500

quinto fifth

quitar to take away; **quitarse** to take off (clothing)

quizás maybe, perhaps

R

el **radiador** radiator

el, la **radio** radio; **por radio** on the radio

ranchera type of Mexican song

ranchero: huevos rancheros fried eggs in a tomato, onion and chili sauce

el **rancho** ranch

rápidamente quickly, rapidly

rápido *adj.* rapid, fast; *adv.* fast, quickly

raro rare

el **rascacielos** skyscraper

el **rato** short time; **hace un rato** a while ago

la **raza** race; people of Spanish or Indian origin; **Día de la Raza** Columbus Day

la **razón** reason; **con razón** no wonder; **tener razón** to be

right

razonable reasonable

la **reacción** reaction

real royal; el **Real Madrid** Spanish soccer team

la **realidad** reality; **en realidad** in reality, actually

el **realismo** realism

realista realistic

realizarse to become reality

realmente really, actually

rebelde rebel

la **rebelión** rebellion

el **recado** message

el, la **recepcionista** desk clerk; receptionist

recibir to receive

reciente recent

recientemente recently

la **Reconquista** Reconquest (of Moorish Spain by the Christians)

recordar (ue) to remember

recrear to re-create

recuperarse to recover, recuperate

el **recurso: recursos naturales** natural resources

reflejar to reflect

la **reforma** reform

el **refrán** proverb, saying

el **refresco** soft drink

refrito: frijoles refritos refried beans

refugiarse to take refuge

regalar to give (as a gift)

el **regalo** gift, present

el **régimen** (*pl.* **regímenes**) regime

la **región** region

regresar to return, go (come) back

la **reina** queen

el **reino** kingdom

la **relación** relation,

relationship

relativamente relatively

la **religión** religion

la **religiosidad** religiousness

religioso religious

el **reloj** clock; watch

remoto remote

la **rendición** surrender

rendirse (i) to give up

repetir (i) to repeat; **Repita(n), por favor.** Please repeat.

la **réplica** replica, copy

la **representación** representation; portrayal

representar to represent; to portray, show

reproducir (zc) to reproduce

la **república** republic; **República Dominicana** Dominican Republic

republicano Republican

requerir (ie) to require

resentir (ie) to resent

reservar to reserve

la **resistencia** resistance

resolver (ue) to solve, resolve

respectivamente respectively

el **respeto** respect

la **responsabilidad** responsibility

responsable responsible

la **respuesta** answer

el **restaurante** restaurant

el **resto** rest, remainder

resuelto solved, resolved

la **resurrección** resurrection

el **retrato** portrait

la **reunión** meeting, gathering, get-together

reunirse (a) to meet, gather (to); **reunirse con** to get together with

revelar to reveal

el **revés** reverse, opposite; **al revés** the opposite, backwards

la **revista** magazine

la **revolución** revolution

el **revolucionario (la revolucionaria)** revolutionary; *adj.* revolutionary

revuelto: huevos revueltos scrambled eggs

el **rey** king; *pl.* king and queen; **Día de los Reyes** Epiphany (Jan. 6); **Reyes Católicos** Catholic Monarchs (Ferdinand and Isabella)

rezar to pray

rico rich; delicious

ridículo ridiculous

el **río** river

el **ritmo** rhythm

el **rito** rite

el **robo** theft, robbery

rodear to surround; **rodeado de** surrounded by

rogar (ue) to beg

rojo red

romance: lengua romance Romance language

romano Roman

la **ropa** clothes, clothing; **ropa vieja** Caribbean dish

la **rosa** rose

el **rosbif** roast beef

el **rostro** face

rubio blond

el **ruido** noise

la **ruina** ruin

la **rumba** dance of Afro-Cuban origin

S

sábado Saturday

saber to know; to find out;

saber + *inf.* to know how to

el **sabio (la sabia)** learned person, scholar

sabroso delicious

el **sacerdote** priest

el **sacrificado (la sacrificada)** sacrificial victim

sacrificar to sacrifice

el **sacrificio** sacrifice

la **sal** salt

la **sala** large room; living room

el **salario** salary

salir (de) to leave, go out, come out; **salir con** to go out with; **salir para** to leave for; **Todo saldrá bien.** Everything will turn out fine.

la **salud** health; **¡Salud!** To your health! Cheers!

el, la **salvaje** savage

la **samba** dance of Brazilian origin

san (apocope of **santo**) saint

el **sándwich** sandwich

la **sangre** blood; heritage

la **sangría** wine and fruit punch

sanguinario bloody

san (apocope of **santo**) saint; **San Juan** capital of Puerto Rico

sano healthy

el **santo (la santa)** saint; saint's day; *adj.* holy; **santo patrón (santa patrona)** patron saint; **Semana Santa** Holy Week

la **sardana** dance from province of Cataluña in northeastern Spain

la **sátira** satire

el, la **satirista** satirist

satisfactorio satisfactory

se *indir. obj.* (to, for, from) him, her, it, you (**Ud.,**

Uds.), them; *refl. pron.* (to, for, from) himself, herself, itself, yourself (**Ud.**), themselves, yourselves (**Uds.**)

sé *first person sing. pres. of* **saber**; *second person sing. imperative of* **ser**

la **sección** section

el **secretario (la secretaria)** secretary

el **secreto** secret; *adj.* secret

la **sed: tener sed** to be thirsty

sefardí Sephardic

seguida: en seguida right away, at once

seguido consecutive

seguir (i) to follow; to continue, keep on, still be; **seguir cursos** to take courses

según according to; **según su opinión** in your opinion

segundo second

seguro sure, certain

seis six

seiscientos 600

la **selva** jungle

la **semana** week; **día de semana** weekday; **fin de semana** weekend; **la semana que viene** next week, this coming week; **Semana Santa** Holy Week

sembrar (ie) to plant, sow

semejante similar

el **semestre** semester

sencillo simple, easy

sensato sensible, wise

la **sensualidad** lust

sentado seated, sitting

sentarse (ie) to sit down

el **sentido** sense; **sentido del humor** sense of humor

sentir (ie) to feel; to be sorry;

sentirse to feel

el **señor** (*abbr.* **Sr.**) man, gentleman; sir; mister, Mr.

la **señora** (*abbr.* **Sra.**) lady; wife; ma'am; Mrs.

los **señores** (*abbr.* **Sres.**) Mr. & Mrs.; ladies and gentlemen

la **señorita** (*abbr.* **Srta.**) young lady; miss; Miss

la **separación** separation

separado separate; separated

separar to separate

septiembre September

séptimo seventh

el **ser: ser humano** human being; **seres queridos** loved ones

ser to be (someone or something; description or characteristics); **¿Cómo es (son)** . . . **?** What is (are) . . . like?; **Es que** . . . . That's because . . . . ; **llegar (pasar) a ser** to become; **ser de** to be from (somewhere); to be (someone's); **¿De dónde será?** I wonder where she's from.; **El libro es de Felipe.** The book is Phillip's.

la **serenidad** serenity, calm

la **serie** series

serio serious; **en serio** seriously

el **servicio** service

servir (i) to serve; **¿En qué puedo servirle?** What can I do for you?

sesenta sixty

setecientos 700

setenta seventy

severo severe

sexista sexist

el **sexo** sex

sexto sixth

si if; **como si** as if

sí yes

sicológicamente psychologically

siempre always; **para siempre** forever

la **sierra** mountain range

la **siesta** midday break for lunch and rest; **dormir la siesta** to take a nap after lunch

siete seven

el **siglo** century

el **significado** meaning, significance

significar to signify, mean

silencioso silent

la **silla** chair

simbólico symbolic

simbolizar to symbolize

el **símbolo** symbol

simpático nice

simplemente simply

simultáneamente simultaneously

sin without; **sin certificar** uncertified; **sin embargo** however; **sin que** without

la **sinagoga** synagogue

la **sinceridad** sincerity

el **sindicato: sindicato laboral** labor union

sino but, but rather

el **sirviente** (la **sirvienta**) servant

el **sistema** system

el **sitio** place, site, location

la **situación** situation

situado situated, located

situar to place, locate

sobre on, about, concerning; on, upon; over; **sobre todo**

especially

la **sobremesa** after-dinner conversation

la **sobriedad** moderation

el, la **socialista** socialist; *adj.* socialist

la **sociedad** society

el **sol** sun; **hacer sol** to be sunny

solamente only

el **soldado** soldier

la **soledad** loneliness

solitario lonely

solo alone; single

sólo only, just

soltero single, unmarried

la **solución** solution

la **sombra** shadow

el **sombrero** hat

sonoro sonorous

soñar con to dream of

la **sopa** soup

sorprender to surprise

la **sorpresa** surprise

su, sus his, her, its, their, your (**Ud., Uds.**)

la **subconsciencia** subconscious

la **subida** ascent, climb

subir to go up, climb

el **subjuntivo** subjunctive

subordinar to subordinate

el **sucesor** (la **sucesora**) successor

sucio dirty

Sudamérica South America

el **sueño** dream; **tener sueño** to be sleepy

la **suerte** luck

el **suéter** sweater

suficiente enough, sufficient

el **sufrimiento** suffering

superior higher

la **superioridad** superiority

el **supermercado** supermarket

la **superstición** superstition

supremo supreme

supuesto: por supuesto of course

el **sur** south; **al sur de** south of; **la América del Sur** South America

el **suroeste** southwest

el **surrealismo** surrealism

el, la **surrealista** surrealist

suyo(s), suya(s) *adj.* (of) his, her, of hers, your, of yours (**Ud.**, **Uds.**), their, of theirs; **el suyo (la suya, los suyos, las suyas)** *pron.* his, hers, yours (**Ud.**, **Uds.**), theirs

T

el **taco** taco

tal such (a); **con tal (de) que** provided that; **¿Qué tal . . . ?** How about . . . ?; **tal vez** perhaps

el **talento** talent

el **Talgo** deluxe Spanish train

el **tamal** (*pl.* los **tamales**) tamale

también also, too

tampoco neither, (not) either; **Tampoco.** Not that either.

tan so; such; **tan . . . como** as . . . as

el **tango** popular music and dance of Argentina and Uruguay

el **tanque** tank

tanto so much, as much; *pl.* so many, as many; **No es para tanto.** It's not that important.; **por lo tanto** therefore; **tanto como** as much as; as well as; *pl.* as many as; **tanto(s) . . . como** as much

(many) . . . as; both . . . and

la **tardanza** delay, lateness

tarde *adv.* late; **más tarde** later; **tardísimo** very late

la **tarde** afternoon; **Buenas tardes.** Good afternoon. Good evening; **de la tarde** P.M. (afternoon or early evening); **por la tarde** in the afternoon

la **tarjeta** card

la **taza** cup

te *obj. pron.* (to, for, from) you, yourself (*fam. sing.*)

el **té** tea

el **teatro** theatre

técnico technical

el **teléfono** telephone; **hablar por teléfono** to talk on the phone; **llamar por teléfono** to phone

el **telescopio** telescope

la **televisión** television; **por televisión** on television

el **tema** subject, theme

la **temperatura** temperature

el **templo** temple

temporalmente temporarily

temprano early; **mañana temprano** early tomorrow morning

tener to have; **¿Qué tiene . . . ?** What's wrong with . . . ?; **tener . . . años** to be . . . years old; **tener calor** to be (feel) hot; **tener cuidado (con)** to be careful (of, about); **tener frío** to be (feel) cold; **tener ganas de** to feel like, want; **tener miedo** to be afraid; **tener prisa** to be in

a hurry; **tener que** to have to, must; **tener razón** to be right; **tener sed** to be thirsty; **tener sueño** to be sleepy

el **tenis** tennis

el, la **tenista** tennis player

el **Tenorio** playboy, Don Juan

la **tensión** tension

teñir (i) to color, dye

tercer, tercero third

la **terminación** end, termination

terminar to end, finish

la **tertulia** regular get-together of friends

el **terreno: ganar terreno** to gain ground

el **territorio** territory

el **tesoro** treasure; **¡Mi tesoro!** My darling!

el **testamento: Nuevo Testamento** New Testament

ti *obj. of prep.* you, yourself

la **tía** aunt

el **tiempo** time; weather; **al mismo tiempo** at the same time; **a tiempo** on time; **con el tiempo** in time, eventually; **hace buen tiempo** it's nice weather; **mucho tiempo** a long time; **perder el tiempo** to waste (one's) time; **¿(por) cuánto tiempo?** how long?; **¿Qué tiempo hace?** How's the weather?

la **tienda** store, shop

la **tierra** earth, land; **Madre-Tierra** Mother Earth (Indian deity)

tinto: vino tinto red wine; in Colombia, black coffee

el **tío** uncle; *pl.* aunt(s) and uncle(s)

típico typical; traditional

el **tipo** type, kind; guy

el **título** title

tocar to touch; to play (music or musical instrument)

todavía still, yet; **todavía no** not yet

todo *adj.* all, entire, whole; complete; every; *m. n.* everything; **a (en, por) todas partes** everywhere; **sobre todo** especially; **todo el mundo** everyone; the whole world; **todo lo demás** everything else

todos *adj.* all, every; *n.* all, everyone; **todos los días** every day

tolteca Toltec

tomar to take; to drink; to have (a meal); **Toma.** Take it; **tomadas del brazo** arm in arm

el **tomate** tomato

el **tono** tone

la **tontería** nonsense

el **torero** (la **torera**) bullfighter

el **toro** bull; **corrida de toros** bullfight; **toro bravo** fighting bull

la **tortilla** in Spain, omelette; in Mexico, tortilla (flat, pancake-shaped corn bread)

la **torre** tower

tostado: pan tostado toast

totalmente totally

el **trabajador** (la **trabajadora**) worker; *adj.* hard-working

trabajar to work

el **trabajo** work, job

la **tradición** tradition

tradicional traditional

traducir (zc) to translate

el **traductor** (la **traductora**) translator

traer to bring

el **tráfico** traffic

el **traje** suit; costume; uniform

el **tranquilizante** tranquilizer

tranquilo: dejar tranquilo to leave alone

transformar to transform

el **tránsito** traffic

trasladar to transfer

tratar to treat; **tratar de** to try to

trece thirteen

treinta thirty

el **tren** train; **en tren** by train

tres three

trescientos 300

la **tribu** tribe

el **trimestre** quarter (in a school year)

triste sad

la **tristeza** sadness

el **triunfo** triumph

el **trovador** troubadour

tu, tus your

tú *subj. pron.* you (*fam. sing.*)

la **tumba** grave, tomb

la **tuna** group of student musicians (Spain)

el, la **turista** tourist

turnarse to take turns

tuyo(s), tuya(s) *adj.* your, of yours; **el tuyo (la tuya, los tuyos, las tuyas)** *pron.* yours (*fam. sing.*)

U

u or (replaces **o** before a word beginning with *o* or *ho*)

¡uf! ugh!

último last, latest

único unique; only one

unido: Estados Unidos United States

unificarse to become united

la **unión** union

unir, unirse to unite

la **universidad** university

universitario *adj.* university

el **universo** universe

uno (un), una one; a, an

unos, unas some, a few, several; **unos** + *a number* about

urbano urban; **medio urbano** city environment

urgente urgent, pressing

usar to use; **se usan** are used

usted (*abbr.* **Ud., Vd.**) you (formal); *pl.* **ustedes** (*abbr.* **Uds., Vds.**) you (fam. & formal); **de usted (ustedes)** your, (of) yours

utilizar to utilize

la **uva** grape

V

las **vacaciones** vacation; **(estar) de vacaciones** (to be) on vacation; **ir de vacaciones** to go for a vacation

valer to be worth; **más vale** it is better; **valer la pena** to be worth the trouble, worthwhile

valiente brave

el **valor** value, worth, merit

¡Vamos! Come on, now!

vanidoso vain, conceited

variado varied

la **variante** variant

variar to vary

la **variedad** variety

variedad   xli

varios several

vasco Basque

el **vaso** glass (drinking)

vasto vast

las **veces:** *pl. of* la **vez**

el **vecino** (la **vecina**) neighbor

el **vegetariano** (la **vegetariana**) vegetarian

veinte twenty

la **vejez** old age

el **velero** sailboat

la **velocidad** speed

el **vencedor** (la **vencedora**) victor

el **vendedor** (la **vendedora**) vendor, salesperson

vender to sell

Venecia Venice

venezolano Venezuelan

la **venganza** revenge

venir to come; **ir y venir** coming and going; **la semana que viene** next week, this coming week; **Ven acá.** Come here.

la **ventana** window

ver to see; **A ver.** Let's see; **verse** to be seen; **Ya veremos.** We'll see.

el **verano** summer

veras: de veras really

la **verdad** truth; **¿verdad?** right? isn't that so? really?

verdadero real, true

verde green

la **vergüenza** shame; **no tener vergüenza** to be shameless; **¡Qué falta de vergüenza!** What shamelessness!

el **vestido** dress

vestir (i) (de) to dress (as); **vestirse (de)** to dress (as); to get dressed

la **vez** (*pl.* **veces**) time,

occasion; **alguna vez** ever, at some time; **a veces** at times, sometimes; **en vez de** instead of; **muchas veces** often; **otra vez** again, once more; **por primera vez** for the first time; **tal vez** perhaps

viajar to travel

el **viaje** trip, journey; **¡Buen viaje!** Have a good trip!; **hacer un viaje** to take a trip; **(salir) de viaje** (to leave) on a trip; **viaje de negocios** business trip

el **viajero** (la **viajera**) traveler

vibrante vibrant

la **víctima** victim

la **victoria** victory

victorioso victorious

la **vida** life; **llevar una vida . . .** to lead a . . . life

la **vidriera** store window

el **viejecito** (la **viejecita**) little old man (woman)

viejo old; *n.* old person

el **viento** wind; **hacer viento** to be windy; **instrumento de viento** wind instrument

viernes Friday

la **vihuela** an early guitar

el **vino** wine

Viña del Mar coastal resort town in Chile

violento violent; **violentísimo** very violent

violeta violet

el, la **violinista** violinist

la **virgen** virgin

el **visigodo** (la **visigoda**) Visigoth

la **visión** vision

el, la **visitante** visitor

visitar to visit

la **vista** view

el **viudo** (la **viuda**) widower (widow)

vivir to live; **¡Viva . . . !** Hooray for . . . ! Long live . . . !

vivo alive; bright

el **vocabulario** vocabulary

el **volcán** volcano

el **vólibol** volleyball

volver (ue) to return

vosotros, vosotras *subj. pron.* you (*fam. pl.*); *obj. of prep.* you, yourselves

votar to vote

la **voz** voice; **en voz alta** out loud

la **vuelta: ida y vuelta** round trip

vuestro *adj.* your; **el vuestro** *pron.* your, (of) yours (*fam. pl.*)

vulgar common; vulgar; vernacular

la **vulnerabilidad** vulnerability

Y

y and

ya already; now; **ya en** by; **ya no** no longer; **ya que** since; **Ya veremos.** We'll see.

yanqui Yankee, American

el **yerno** son-in-law

yo I

Z

la **zamba** South American dance

la **zampoña** pan-pipes (Bolivian flute)

la **zapatería** shoe store

el **zapato** shoe

ENGLISH-SPANISH VOCABULARY

The following abbreviations are used:

abbrev.	abbreviation	*neut.*	neuter
adj.	adjective	*obj.*	object
adv.	adverb	*pl.*	plural
art.	article	*poss.*	possessive
conj.	conjunction	*prep.*	preposition
dem.	demonstrative	*pres.*	present
dir.	direct	*pron.*	pronoun
f.	feminine	*reflex.*	reflexive
fam.	familiar	*rel.*	relative
indef.	indefinite	*sing.*	singular
ind.	indirect	*subj.*	subject
inf.	infinitive	*vb.*	verb
m.	masculine		

A

a *indef. art.* un, una

A.M. de la mañana

about *(of)* de; *(some)* unos (-a); **at about one o'clock** como a la una; **to be about to** *(+ inf.)* estar para *(+ inf.);* **to dream about** soñar con; **to think about** pensar en

accident accidente *m.*

according to según

actor actor *m.*

actress actriz *f.*

actually *adv.* en realidad

admirer admirador *m.*

advice consejo *m.*

affect *vb.* afectar

again otra vez

ago: six months ago hace seis meses

air mail correo aéreo *m.*

airplane avión *m.*

airport aeropuerto *m.*

all todo (-a); **all right** bien; **All**

Saints Day Día de Todos los Santos

alligator caimán *m.*

already ya

always siempre

and y; e *(before* i- *or* hi-)

animal animal *m.*

answer *vb.* contestar

anymore no . . . más

anything algo; **not anything** nada

apartment apartamento *m.*

application formulario *m.*

appointment cita *f.*

April abril *m.*

Argentinean *adj. or noun* argentino (-a)

arrive *vb.* llegar

artist artista *m. or f.*

ask *vb. (to inquire)* preguntar; *(to request)* pedir

asleep dormido (-a)

aspirin aspirina *f.*

at a; *(a place)* en; **at last** por fin;

at least por lo menos

attend *vb.* asistir

automobile automóvil *m.*

B

be *vb. (condition or location)* estar; *(characteristic)* ser; *(to remain)* quedar; *(weather)* hacer *(+ noun);* **be able** poder; **be cold** tener frío; **be glad (that)** alegrarse (de que); **be named** llamarse; **be obliged** *(must)* deber; **be sorry** *(to regret)* sentir; **be thirsty** tener sed; **be . . . years old** tener . . . años

beach playa *f.*

beautician peluquera *f.*

beautiful hermoso (-a), bello (-a), guapo (-a)

beauty salon peluquería *f.*

beer cerveza *f.*

begin *vb.* empezar, comenzar

belong (to) *vb.* ser de

besides *adv.* además; *prep.* además de

best mejor

better mejor; *(with* gustar*)* más

bicycle bicicleta *f.*

big gran, grande

birthday cumpleaños *m. sing.*

book libro *m.*

bookstore librería *f.*

boy muchacho *m.*, niño *m.*

boy friend novio *m.*

bring *vb.* traer

brooch broche *m.*

brother hermano *m.*

bullfighter torero *m.*

bus autobús *m.*

buy *vb.* comprar

C

call *vb.* llamar; **to be called** llamarse

calm down *vb.* calmarse

can *(to be able)* poder

car auto *m.;* coche *m.*

careful: to be careful tener cuidado

carry *vb.* llevar

case caso *m.;* **in that case** en ese caso

Catholic *adj. & noun* católico (-a)

certified: certified mail correo certificado *m.*

championship campeonato *m.*

child niño *m.*, niña *f.;* **children** niños *m. pl; (sons and daughters)* hijos

chocolate chocolate *m.*

Christmas navidad *f.*

city ciudad *f.*

class clase *f.*

coat abrigo *m.*

cocktail: fruit cocktail coctel de frutas

coffee café *m.*

cold frío *m.;* **to be (very) cold** *(referring to persons)* tener (mucho) frío; *(weather)* hacer (mucho) frío

Colombia Colombia *f.*

come *vb.* venir; **to come (by)** pasar (por); **to come in** pasar; **to come up** subir; **come in!** ¡adelante! *or* ¡pase usted!

company compañía *f.*

composition composición *f.*

concert concierto *m.*

conserve *vb.* conservar

cool fresco (-a)

corner *(of a room)* rincón *m.;* **(street) corner** esquina *f.*

cosmopolitan cosmopolita *m. or f.*

cost *vb.* costar (ue)

counter mostrador *m.*

course curso *m.; (class)* clase *f.;* **of course!** ¡claro!, por supuesto, desde luego, ¡cómo no!; **of course . . .** claro que . . ., por supuesto que . . .

crime crimen *m.*

cup taza *f.*

D

dance baile *m.; vb.* bailar

daughter hija *f.*

day día *m.*

December diciembre *m.*

decide *vb.* decidir

delight *vb.* encantar

dinner comida *f.;* cena *f.*

do *vb. (to make, to act)* hacer

doctor doctor *m.*, doctora *f.*

doubt duda *f.; vb.* dudar

downtown *(in the city)* en el centro; *(to the city)* al centro

dozen docena *f.*

dress vestido *m.;* **to get dressed** vestirse

drive *vb.* conducir

E

each cada **each other** nos, os, se

early *adv.* temprano

earn *vb.* ganar

earring arete *m.*

eat *vb.* comer; **to eat breakfast** desayunar; **to eat lunch** almorzar; **to eat supper, dinner** cenar

ecology ecología *f.*

eight ocho; **eight o'clock** las ocho; **eight hundred** ochocientos (-as)

eighteen dieciocho

eighteenth *(in dates)* dieciocho

eighth octavo (-a); *(in dates)* ocho

eighty ochenta; **eighty-one** ochenta y uno (-a); **eighty-two** ochenta y dos, *etc.*

either o; *(after negative)* tampoco

elegant elegante

eleven once; **eleven o'clock** las once

eleventh *(in dates)* once

employment empleo *m.*

end *vb.* terminar; fin *m.*

ending fin *m.;* terminación *f.*

energy energía *f.*

enjoy oneself *vb.* divertirse (ie)

everyone todos (-as); todo el mundo

exam examen *m.*

excuse me con permiso; perdón

exhibit exhibición *f.*

expensive caro (-a)

eye ojo *m.*

F

fall *vb.* caer
family familia *f.*
fanatical fanático (-a)
fantastic fantástico (-a)
fascinate *vb.* fascinar
father padre *m.*
February febrero *m.*
fever fiebre *f.*
fifteen quince
fifteenth *(in dates)* quince
fifth quinto (-a); *(in dates)* cinco
fifty cincuenta; **fifty-one** cincuenta y uno (-a); **fifty-two** cincuenta y dos, *etc.*
fill *vb.* llenar; **fill out** llenar
finally por fin
find *vb.* encontrar (ue)
finish *vb.* acabar, terminar
first primer, primero (-a)
five cinco; **five o'clock** las cinco; **five hundred** quinientos (-as)
follow *vb.* seguir
food comida *f.*
for *prep.* para; por; **for the (second) time** por (segunda) vez
forbid *vb.* prohibir, no dejar
foreigner extranjero (-a)
form formulario *m.*
forty cuarenta; **forty-one** cuarenta y uno (-a); **forty-two** cuarenta y dos, *etc.*
four cuatro **four o'clock** las cuatro; **four hundred** cuatrocientos (-as)
fourteen catorce
fourteenth *(in dates)* catorce
fourth cuarto (-a); *(in dates)* cuatro
French *(language)* (el) francés *m.*; **French, Frenchman, Frenchwoman** *adj. or noun* francés, francesa
Friday viernes *m.*

friend amigo *m.*, amiga *f.*
from de, desde; **far from** lejos de; **to be from** *(a place)* ser de; **to leave from** salir de
front: in front of enfrente de, delante de
fruit fruta *f.*

G

game juego *m.*; partido *m.*
geography geografía *f.*
get *(to obtain)* conseguir; *(to take out)* sacar; **to get up** levantarse
gift regalo *m.*
girlfriend novia *f.*
give *vb.* dar
glass *(drinking)* vaso *m.*
go ir; **to go away** irse; **to go back** volver (ue); **to go in** pasar, entrar; **to go out** salir; **to go shopping** ir de compras; **to go to bed** acostarse (ue); **to go up** subir; **to go with** *(accompany)* acompañar: **how's it going?** ¿qué tal?
goal gol *m.*
good buen, bueno (-a); **good afternoon** buenas tardes; **good evening** or **good night** buenas noches; **good morning** buenos días; **to have a good time** divertirse (ie)
good-by adiós
grandfather abuelo *m.*
grandmother abuela *f.*
grandparents abuelos *m. pl.*
guitar guitarra *f.*

H

hairdo peinado *m.*
half *or* **a half** medio (-a); **half past one** la una y media

hand mano *f.*
happy contento (-a); feliz
have *vb.* tener; *(in compound tenses)* haber; *(food or drink)* tomar; **have fun** *(or a good time)* divertirse (ie); **have just** *(done something)* acabar de *(+ inf.)* **have to** *(do something)* tener que *(+ inf.)*
he *subj. pron.* él
hear oír
hello *(good morning)* buenos días; *(good afternoon)* buenas tardes *(good evening)* buenas noches; **hello** *(hey! hi!)* ¡hola!
help *vb.* ayudar
her *poss. adj.* su, sus, *or* el (la los, las) . . . de ella; *dir. obj.* la; *ind. obj.* le, se *(before* lo, la, los, las*); obj. of prep.* ella
here aquí; **here is** *or* **here are** aquí tiene usted *or* tome usted
hers *poss. adj.* suyo (-a) (-os) (-as) *or* de ella; *pron.* el suyo, el de ella, *etc.*
herself *reflex. pron.* se
hi! ¡hola!
himself *reflex pron.* se
his *poss. adj.* su, sus, *or* el (la, los, las) . . . de él; suyo (-a) (-os) (-as) *or* de él *(in stressed position); pron.* el suyo, el de él, *etc.*
history historia *f.*
home hogar *m.*, casa *f.*; **at home** en casa; **to arrive home** llegar a casa; **to leave home** salir de casa; **to return home** volver a casa
honor honor *m.*
hooray! ¡viva!

hope *vb.* esperar; **I
hope . . .** ojalá que . . .
hot: to be (very) hot *referring
to persons)* tener (mucho)
calor; *(weather)* hacer
(mucho) calor
hotel hotel *m.*
house casa *f.*
how? ¿cómo?; **how goes it?**
¿qué tal?; **how is the
weather?** ¿qué tiempo hace?;
how many? ¿cuántos (-as)?;
how much? ¿cuánto (-a)?;
how old (is he)? ¿cuántos
años (tiene)?
how! ¡qué!; **how many!**
¡cuántos (-as)!; **how much!**
¡cuánto (-a)!
hundred: a *(or)* **one hundred**
cien, ciento
hungry: to be (very) hungry
tener (mucho) hambre
hurry: to be in a hurry tener
prisa
husband esposo *m.*, marido *m.*

I

I *subj. pron.* yo
if si; **as if** como si; **even if**
aunque
ignorant ignorante *m. or f.*
illusion ilusión *f.*
immigrant inmigrante *m. or f.*
important importante
in en; *(after superlative)* de; **in
the afternoon** por la tarde;
ten o'clock in the morning las
diez de la mañana; **in order
that** para que; **in order to**
para
independence independencia
f.
intelligent inteligente *m. or f.*
interesting interesante
international internacional

invite *vb.* invitar
it *subj. pron., not expressed in
Spanish; dir. obj.* lo, la; *ind.
obj.* le; *obj. of prep.* él, ella

J

January enero *m.*
jealous celoso (-a); **to be jealous**
tener celos
jewel joya *f.* *(pl.* **jewelry**)
job empleo *m.*; trabajo *m.*
July julio *m.*
June junio *m.*
just: to have just *(done
something)* acabar de (+ *inf.*)

K

kiss *vb.* besar
know *(a fact)* saber; *(to be
acquainted with)* conocer; **I
don't know** no (lo) sé

L

lady señora *f.*; **lady and
gentleman** señores *m. pl*;
ladies and gentlemen damas
y caballeros; **young lady**
señorita *f.*
lake lago
language idioma *m.*, lengua *f.*
last *(latest)* último (-a); *(past)*
pasado (-a)
late *adv.* tarde; **later** más
tarde, *(afterwards)* después;
see you later hasta luego
learn *vb.* aprender
lecture conferencia *f.*
less menos
let *vb.* dejar
letter carta *f.*
library biblioteca *f.*
life vida *f.*
like: what's (she) like? ¿cómo
es?; **I like (it)** me gusta
listen *vb.* escuchar

live *vb.* vivir
look: to look at mirar; **to look
for** buscar
love amor *m.*; *vb.* querer, amar

M

ma'am señora *f.* *(abbrev:* Sra.)
magnificent magnífico (-a)
mail *vb.* mandar, enviar por
correo
make *vb.* hacer
man hombre *m.*
many muchos (-as); **as many**
tantos (-as); **as many . . . as**
tantos (-as) . . . como; **how
many?** ¿cuántos (-as)?; **how
many!** ¡cuántos (-as)!; **so
many** tantos
March marzo *m.*
mathematics matemáticas *f. pl.*
matter *vb.* importar
may *(can)* poder (ue)
me *dir. or indir. obj.* me; *obj.
of prep.* mí; **with me**
conmigo
meet *vb.* conocer
Mexican mexicano (-a)
million millón *m.*; **a
million . . .** un millón
de . . .
mine *poss. adj.* mío (-a) (-os)
(-as); *pron.* el mío, *etc.*
minute minuto *m.*
Miss (la) señorita *(abbrev.*
Srta.)
Monday lunes *m.*
money dinero *m.*
more más
morning mañana *f.*; **good
morning** buenos días; **in the
morning** por la mañana; **ten
o'clock in the morning** las
diez de la mañana
most *adv.* más

mother madre *f.; (mama)* mamá *f.*

mountain montaña *f.*

movie película *f.;* **movies** *(cinema)* cine *m. sing.*

Mr. (el) señor *(abbrev.* Sr.); **Mr. and Mrs.** (los) señores *(abbrev.* Sres.)

much *adv.* mucho; *adj.* mucho (-a); **as much** *adv.* tanto, *adj.* tanto (-a); **as much . . . as** tanto (-a) . . . como; **¿how much?** cuánto (-a)?; **so much** tanto (-a); **very much** mucho

museum museo *m.*

music música *f.*

must *(to be obliged)* deber; **one must** *(do something)* hay que *(+ inf.);* **must, must have** *expressed by future or conditional*

my *poss. adj.* mi, mis

myself *reflex pron., dir. or indir. obj.* me; *obj. of prep.* mí; **with myself** conmigo

N

name: my name is me llamo; **what is your name?** ¿cómo se llama usted?

natural natural

near *adv.* cerca; *prep.* cerca de

nearby *adv.* cerca

need *vb.* necesitar

neighborhood barrio *m.*

neither tampoco; **neither . . . nor** ni . . . ni

nervous nervioso (-a)

never nunca, jamás

new nuevo (-a); **what's new?** ¿Qué hay de nuevo?

news noticias *f.*

next próximo (-a); **next week** la semana próxima, la semana que viene

nice *(likeable)* simpático (-a), amable

night noche *f.* **at night** de noche, por la noche; **good night** buenas noches; **last night** anoche

nine nueve; **nine o'clock** las nueve; **nine hundred** novecientos (-as)

nineteen diecinueve

nineteenth *(in dates)* diecinueve

ninety noventa; **ninety-one** novienta y uno (-a); **ninety-two** noventa y dos, *etc.*

no no; *adj.* ningún, ninguno (-a)

nobody nadie

no one nadie

nor ni

not no; **to believe not** *or* **to think not** creer que no

November noviembre *m.*

now ahora; **right now** ahora mismo

number número *m.*

O

o'clock: at three o'clock a las (tres); **it is (three) o'clock** son las (tres)

October octubre *m.*

of de; **a quarter of three** las tres menos cuarto

offer *vb.* ofrecer

office oficina *f.*

often muchas veces

old viejo (-a); *(ancient)* antiguo (-a); **to be . . . years old** tener . . . años; **how old (is he)?** ¿cuantos años (tiene)?

on *(doing something)* al *(+ inf.);* **on (Wednesday)** *adv.* el (miércoles), *adj.* del (miércoles); **on the dot** en

punto; **to put on** *(clothes)* ponerse

one un, uno (-a); *pron.* uno (-a), se; **one another** nos, os, se; **one o'clock** la una; **one hundred** cien, ciento; **one must** *(do something)* hay que *(+ inf.);* **which one?** ¿cuál?

open abierto (-a); *vb.* abrir

or o; u *(before o- or ho-)*

order orden *f.;* **in order that** para que; **in order to** para; *vb. (request)* pedir; *(command)* mandar

other otro (-a); *(remaining)* demás; **each other** nos, os, se; **on the other hand** en cambio

our *poss. adj.* nuestro (-a) (-os) (-as)

ours *poss. adj.* nuestro (-a) (-os) (-as); *pron.* el nuestro, *etc.*

ourselves *reflex. pron., dir. or indir. obj.* nos; *obj. of prep.* nosotros (-as)

outside afuera

P

P.M.: (two) P.M. (las dos) de la tarde; **(ten) P.M.** (las diez) de la noche

paint pintura *f.; vb.* pintar

party fiesta *f.*

passenger pasajero *m.*

passport pasaporte *m.*

pay *vb.* pagar

people gente *f. sing.*

phone teléfono *m.*

plan (on) *vb.* pensar en

play comedia *f.,* drama *m.; vb. (music)* tocar; *(a game)* jugar; **to play (tennis)** jugar (al tenis)

player jugador (-a)

please *(to be pleasing)* gustar; *(as a favor)* por favor; **to please** *(do something)* hacer el favor de *(+ inf.)*; **will you please** *(do something)?* (me) haces el favor de *(+ inf.)?*

plumber plomero *m.*

poem poema *m.*

poetry poesía *f.*

police policía *f.* **police** *(man, woman)* policía *m., f.*

politics política *f.*

poor pobre

postcard tarjeta postal *f.*

post office correo *m.*

practice práctica *f.; vb.* practicar

prepare *vb.* preparar

present regalo *m.*

pretty bonito (-a)

probably probablemente; *often expressed by future or conditional*

professor profesor *m.,* profesora *f.*

prohibit *vb.* prohibir

promise *vb.* prometer

proprietor dueño *m.*

proud orgulloso (-a)

purse bolso *m.*

put poner; **to put on** *(clothes)* ponerse

Q

quarter: a quarter to (two) (las dos) menos cuarto

quiet tranquilo (-a), silencioso (-a); **to keep quiet** callarse; **to quiet down** callarse

R

rain lluvia *f.; vb.* llover

ranch rancho *m.*

realistic realista *m. or f.*

reality realidad *f.*

realize *vb.* darse cuenta de

really de veras

recent reciente

refuse *vb.* no querer

region región *f.*

regular regular

reply *vb.* contestar

Republican republicano (-a)

request *vb.* pedir

restaurant restaurante *m.*

return *vb.* volver (ue), regresar

rich rico (-a)

right derecho (-a); *adv.* mismo; **right?** ¿eh?, ¿verdad?; **right now** ahora mismo; **(to be) all right** (estar) bien; **on the right, to the right** a la derecha; **right away** ahora mismo; **to be right** tener razón

river río *m.*

run *vb.* correr

S

satire sátira *f.*

Saturday sábado *m;* **on Saturday** *adv.* el sábado, *adj.* del sábado

say *vb.* decir

second segundo (-a); *(in dates)* dos

secret secreto *m.*

see *vb.* ver; **see you (tomorrow)** hasta mañana

semester semestre *m.*

senator senador *m.*

sentence frase *f.*

September septiembre *m.*

serve *vb.* servir

seven siete; **seven hundred** setecientos (-as)

seventeen diecisiete

seventeenth *(in dates)* diecisiete

seventh séptimo (-a); *(in dates)* siete

several varios (-as)

she *subj. pron.* ella

sherry jerez *m.*

shoe zapato *m.*

should *(ought to)* deber

shut cerrado (-a)

silver plata *f.*

sing *vb.* cantar

sir señor *m.*

sister harmana *f.;* **brother(s) and sister(s)** hermanos *m. pl.*

sit down *vb.* sentarse (ie)

six seis; **six hundred** seiscientos (-as)

sixteen dieciseis

sixth sexto (-a); *(in dates)* seis

sixty sesenta; **sixty-one** sesenta y uno (-a); **sixty-two** sesenta y dos, *etc.*

sleep *vb.* dormir (ue); **to go to sleep** dormirse

sleepy: to be sleepy tener sueño

small pequeño (-a)

smoke *vb.* fumar

so tan; *(it)* lo; *(thus)* así; *(therefore)* luego; *(and so)* de modo que; **I should say so!** ¡ya lo creo!; **so long** *(good-by)* hasta luego, hasta la vista; **so-so** *(fair)* así así; **so many** tantos (-as); **so much** tanto (-a); **so that** para que, de modo que; **to believe so** *or* **to think so** creer que sí

soccer fútbol *m.*

socialist socialista *m.*

some *adv.* algo; *adj.* algún, alguno (-a), *pl.* unos (-as), algunos (-as); *pron.* algunos (-as)

someone alguno (-a); alguien

son hijo *m.*

song canción *f.*

soon pronto; *(then)* luego; **as soon as** *conj.* en cuanto; **as soon as possible** lo más pronto posible

Spain España *f.*

Spaniard español *m.*, española *f.*; **he is a Spaniard** es español

Spanish *(language)* (el) español; *adj.* español, española

special especial

sport deporte *m.*

spring primavera *f.*

stamp estampilla *f.*

stand up levantarse

start *vb.* empezar, comenzar

stay *vb.* quedarse

stewardess azafata *f.*

stomach estómago *m.* **stomach ache** dolor de estómago

store tienda *f.*

street calle *f.*

student estudiante *m. or f.*, alumno (-a)

study *vb.* estudiar

suitcase maleta *f.*

summer verano *m.*

sun sol *m.*; **to get out in the sun** tomar el sol

Sunday domingo *m.*

sunny: to be sunny hacer sol, hay sol

surroundings alrededores *m. pl.*

T

table mesa *f.*

take tomar; **take leave of** despedirse de; **take a trip** hacer un viaje; **take off** *(clothing)* quitarse

talk *vb.* hablar

tall alto (-a)

tea té *m.*

teach *vb.* enseñar

teacher profesor (-a), maestro (-a)

telephone teléfono *m.*

tell *vb.* decir

ten diez

tennis tenis *m.*

test *vb.* probar (ue), examinar; examen *m.*

than que; *(before a numberal)* de

thanks gracias *f. pl.*; **thank you** gracias

that *conj.* que; *rel. pron.* que; *dem. adj.* ese, esa; *(over there)* aquel, aquella; **that (one)** *pron.* ése, ésa, aquél, aquélla; **that** *(idea, fact, etc.) pron.* eso, aquello

the el, la, los, las; **lo** *(neut.)*; **of the** del (= de + el), de la, de los, de las; **to the** al (= a + el), a la, a los, a las

theater teatro *m.*; *(movies)* cine *m.*

their *poss. adj.* su, sus, *or* el (la, los, las) . . . de ellos (-as)

them *dir. obj.* los, las; *ind. obj.* les, se *(before* lo, la, los, las); *obj. of prep.* ellos (-as); **with them** con ellos (-as)

themselves *reflex. pron.*, *dir. or ind. obj.* se

then entonces; *(soon)* luego; **well, then** pues

there allí; *(over there)* ahí;

therefore luego, por eso

there is *or* **there are** hay

they *subj. pron.* ellos (-as)

thing: the (good) thing lo (bueno)

think *vb.* pensar; *(to believe)* creer; **to think of** *or* **about** pensar en; **to think not** creer que no; **to think so** creer que

sí

third tercer, tercero (-a); *(in dates)* tres

thirsty: to be thirsty tener sed

thirteen trece

thirteenth *(in dates)* trece

thirty treinta; **thirty-one** treinta y uno (-a); **thirty-two** treinta y dos, *etc.*; **thirty-first** *(in dates)* treinta y uno.

this *dem. adj.* este, esta; **this (one)** *pron.* éste, ésta; **this** *(idea, fact, etc.) pron.* esto; **this is . . . calling** *(at the telephone)* habla . . .

those *dem. adj.* esos, esas. *(over there)* aquello, aquellas; *pron.* ésos, ésas

thousand: a *(or* **one***)* **thousand** mil

three tres

Thursday jueves *m.*

time *(duration)* tiempo *m.*; *(sequence)* vez *f.*; *(hour)* hora *f.*; **at times** a veces; **to have a good time** divertirse (ie)

tired cansado (-a)

to a, para; **according to** según; **in order to** para; **a quarter to (two)** (las dos) menos cuarto

today hoy

tomato tomate *m.*

tomorrow mañana

tonight esta noche

too *(also)* también; **too much** demasiado

town pueblo *m.*; *(business district)* centro *m.*; **in town** en el centro; **to town** al centro

tragedy tragedia *f.*

translate *vb.* traducir

travel *vb.* viajar

trip viaje *m.*; **to take a trip** hacer un viaje

truth verdad *f.*

Tuesday martes *m.*

twelfth *(in dates)* doce

twelve doce

twentieth *(in dates)* veinte

twenty veinte; **twenty-one**
veintiún; veintiuno (-a);
twenty-two veintidós; *etc.*;
twenty-first, *etc. (in dates)*
veintiuno, *etc.*

two dos; **two hundred**
doscientos (-as)

typical típico (-a)

U

uncle tío *m.;* **uncle(s) and
aunt(s)** tíos *m. pl.*

understand *vb.* entender,
comprender

united: the United States los
Estados Unidos

university universidad *f.*

unless *conj.* a menos que

until *prep.* hasta; *conj.* hasta
que

us *dir. or indir. obj.* nos; *obj. of
prep.* nosotros (-as)

used to: *expressed by imperfect
tense*

V

vacation vacaciones *f. pl.;* **to be
on vacation** estar de
vacaciones

vain vanidoso (-a)

very muy; *(extremely)*
muchísimo; **very much** *(a
lot)* mucho

visit *vb.* visitar

W

wait *vb.* esperar

waiter mozo *m.*

wake up *vb.* despertar

want *vb.* querer, desear, tener
ganas de

warm: to be (very) warm
(referring to persons) tener
(mucho) calor; *(weather)*
hacer (mucho) calor

wash *vb.* lavar; **to wash oneself**
lavarse

we *subj. pron.* nosotros (-as)

weather tiempo *m.;* **to be
(good, bad) weather** hacer
(buen, mal) tiempo; **how's
the weather?** ¿qué tiempo
hace?; **the weather is bad**
hace mal tiempo

Wednesday miércoles *m.*

week semana *f.*

well bien; **well . . .** bueno
. . .; **well** *(then)* . . . pues
. . .

what! ¡qué! **what a (pretty
house)!** ¡qué (casa) más
(linda)!

what? ¿qué?; **what is (she) like?**
¿cómo es?; **what is your
name?** ¿cómo se llama usted?

when? ¿cuándo?, ¿a qué hora?

where? ¿dónde?; *(to what
place?)* ¿adónde?

who? ¿quién?, *pl.* ¿quiénes?

whose cuyo (-a)

why? ¿por qué?

win *vb.* ganar

wind viento *m.*

window ventana *f.*

windy: it is (very) windy hace
(mucho) viento

wine vino *m.,* **red wine** vino
tinto, **white wine** vino blanco

wish *vb.* desear

with con; **to fill up with** *(to
become full of)* llenarse de

without sin

woman mujer *f.*

wonder *vb.* preguntarse

word palabra *f.*

work *(artistic)* obra *f.; vb.*
trabajar

world mundo *m.*

world *adj.* mundial

worse *or* **worst** peor

write *vb.* escribir

Y

year año *m.;* **to be . . . years
old** tener . . . años

yellow amarillo (-a)

you *subj. pron. (fam.)* tú,
vosotros (-as), *(polite)* usted,
ustedes, *(indef.)* se; *dir. obj.
(fam.)* te, os, *(polite)* lo, la,
los, las; *ind. obj. (fam.)* te,
os, *(polite)* le, les, se *(before
lo, la, los, las); obj. of prep.
(fam.)* ti, vosotros (-as),
(polite) usted, ustedes; **with
you** *(fam.)* contigo, con
vosotros (-as), *(polite)* con
usted, con ustedes

young joven; **young lady**
señorita *f.*

younger menor, más jóven

your *poss. adj. (fam.)* tu, tus,
vuestro, (-a), (-os), (-as),
(polite) su, sus, *or* el (la, los,
las) . . . de usted *or* de
ustedes

yours *poss. adj. (fam.)* tuyo,
(-a), -os, -as, vuestro, -a, -os,
-as, *(polite)* suyo, -a, -os, -as
or de usted, de ustedes;
pron. (fam.) el tuyo, el
vuestro, *etc., (polite)* el suyo,
el de usted, *etc.*

yourself, yourselves *reflex.
pron., dir. or indir. (fam.)* te,
os, *(polite)* se; *obj. of prep.
(fam.)* ti, vosotros (-as); **with
yourself, with yourselves**
(fam.) contigo, con vosotros
(-as)

GLOSSARY OF GRAMMATICAL TERMS

As you learn Spanish, you may come across grammatical terms in English with which you are not familiar. The following glossary is a reference list of grammatical terms and definitions with examples. You will find that these terms are used in the grammatical explanations of this book. If the terms are unfamiliar to you, it will be helpful to refer to this list.

adjective a word used to modify, qualify, define, or specify a noun or noun equivalent. (*intricate* design, *volcanic* ash, *medical* examination)
  demonstrative adjective designates or points out a specific item (*this* area)
  descriptive adjective provides description (*narrow* street)
  interrogative adjective asks or questions (*Which* page?)
  possessive adjective indicates possession (*our* house)
  predicate adjective forms part of the predicate, complements a verb phrase (His chances are *excellent.*)
  In Spanish, the adjective form must agree with or show the same gender and number as the noun it modifies.
  See **clause, adjective.**

adverb a word used to qualify or modify a verb, adjective, another adverb, or some other modifying phrase or clause (soared *gracefully, rapidly* approaching train)
  See **clause, adverbial.**

agreement the accordance of forms between subject and verb, in terms of person and number, or between tenses of verbs (The *bystander witnessed* the accident but *failed* to report it.)
  In Spanish, the form of the adjective must also conform in gender and number with the modified noun or noun equivalent.

antecedent the noun or noun equivalent referred to by a pronoun (The *book* is interesting, but it is difficult to read.)

article a determining or nondetermining word used before a noun
  definite article limits, defines, or specifies (*the* village)
  indefinite article refers to a nonspecific member of a group or class (*a* village, *an* arrangement)
  In Spanish, the article takes different forms to indicate the gender and number of a noun.

auxiliary a verb or verb form used with other verbs to construct certain tenses, voices, or moods (He *is* leaving. She *has* arrived. You *must* listen.)

clause a group of words consisting of a subject and a predicate and functioning as part of a complex or compound sentence rather than as a complete sentence

    adjective clause functions as an adjective (The ad calls for someone *who can speak Spanish.*)

    adverbial clause functions as an adverb (*Clearly aware of what he was saying,* he answered our questions.)

    dependent clause modifies and is dependent upon another clause (*Since the rain has stopped,* we can have a picnic.)

    main clause is capable of standing independently as a complete sentence (If all goes well, *the plane will depart in twenty minutes.*)

    noun clause functions as subject or object (I think *the traffic will be heavy.*)

cognate a word having a common root or being of the same or similar origin and meaning as a word in another language (*university* and *universidad* in Spanish)

command See **mood (imperative)**.

comparative level of comparison used to show an increase or decrease of quantity or quality or to compare or show inequality between two items (*higher* prices, the *more* beautiful of the two mirrors, *less* diligently, *better* than)

comparison the forms an adjective or adverb takes to express change in the quantity or quality of an item or the relation, equal or unequal, between items

conditional a verb construction used in a contrary-to-fact statement consisting of a condition or an *if*-clause and a conclusion (If you had told me you were sick, *I would have offered* to help.)
See **mood (subjunctive)**.

conjugation the set of forms a verb takes to indicate changes of person, number, tense, mood, and voice

conjunction a word used to link or connect sentences or parts of sentences

contraction an abbreviated or shortened form of a word or word group (*can't, we'll*)

diminutive   a form of a word, usually a suffix added to the original word, used to indicate a smaller or younger version or variety and often expressive of endearment (duck*ling*, pup*py*, novel*lette*)

diphthong   in speech, two vowel sounds changing from one to the other within one syllable (s*oi*l, b*oy*)

gender   the class of a word by sex, either biological or linguistic. In English, almost all nouns are classified as masculine, feminine, or neuter according to the biological sex of the thing named; in Spanish, however, a word is classified as feminine or masculine (there is no neuter classification) on the basis of grammatical form or spelling.

idiom   an expression that is grammatically or semantically unique to a particular language (*I caught a cold. Happy birthday.*)

imperative   See **mood.**

indicative   See **mood.**

infinitive   the basic form of the verb, and the one listed in dictionaries, with no indication of person or number; it is often used in verb constructions and as a verbal noun, usually with "to" in English or with "-ar," "-er" or "-ir" in Spanish.

inversion   See **word order (inverted).**

mood   the form and construction a verb assumes to express the manner in which the action or state takes place
  imperative mood used to express commands (*Walk* to the park with me.)
  indicative mood the form most frequently used, usually expressive of certainty and fact (My neighbor *walks* to the park every afternoon.)
  subjunctive mood used in expression of possibility, doubt, or hypothetical situations (If I *were* thin, I'd be happier.)

noun   a word that names something and usually functions as a subject or an object *(lady, country, family)*
  See **clause, noun.**

number   the form a word or phrase assumes to indicate singular or plural *(light/lights, mouse/mice, he has/they have)*
  cardinal number used in counting or expressing quantity (*one, twenty-three, 6,825*)
  ordinal number refers to sequence (*second, fifteenth, thirty-first*)

object a noun or noun equivalent
   direct object receives the action of the verb (The boy caught a *fish*.)
   indirect object affected by the action of the verb (Please do *me* a favor.)
   prepositional object completes the relationship expressed by the preposition (The cup is on the *table*.)

orthographic See **verb (orthographic-changing)**.

participle a verb form used as an adjective or adverb and in forming tenses
   past participle relates to the past or a perfect tense and takes the appropriate ending (*written* proof, the door has been *locked*)
   present participle assumes the progressive "-ing" ending in English (*protesting* loudly; will be *seeing*)
   In Spanish, a participle used as an adjective or in an adjectival phrase must agree in gender and number with the modified noun or noun equivalent.

passive See **voice (passive)**.

person designated by the personal pronoun and/or by the verb form
   first person the speaker or writer *(I, we)*
   second person the person(s) addressed *(you)*
   In Spanish, there are two forms of address: the familiar and the polite.
   third person the person or thing spoken about *(she, he, it, they)*

phrase a word group that forms a unit of expression, often named after the part of speech it contains or forms
   prepositional phrase contains a preposition *(in the room, between the window and the door)*

predicate the verb or that portion of a statement that contains the verb and gives information about the subject (He *laughed*. My brother *commutes to the university by train.)*

prefix a letter or letter group added at the beginning of a word to alter the meaning (*non*committal, *re*discover)

preposition a connecting word used to indicate a spatial, temporal, causal, affective, directional, or some other relation between a noun or pronoun and the sentence or a portion of it (We waited *for* six hours. The article was written *by* a famous journalist.)

pronoun a word used in place of a noun
   demonstrative pronoun refers to something previously mentioned in context (If you need hiking boots, I recommend *these*.)

indefinite pronoun denotes a nonspecific class or item (*Nothing has changed.*)

interrogative pronoun asks about a person or thing (*Whose is this?*)

object pronoun functions as a direct, an indirect, or a prepositional object (Three persons saw *her*. Write *me* a letter. The flowers are for *you*.)

possessive pronoun indicates possession (The blue car is *ours*.)

reciprocal pronoun refers to two or more persons or things equally involved (Maria and Juan saw *each other* today.

reflexive pronoun refers back to the subject (They introduced *themselves*.)

subject pronoun functions as the subject of a clause or sentence (*He* departed a while ago.)

radical See **verb (radical-changing)**.

reciprocal construction See **pronoun (reciprocal)**.

reflexive construction See **pronoun (reflexive)**.

sentence a word group, or even a single word, that forms a meaningful complete expression

declarative sentence states something and is followed by a period (*The museum contains many fine examples of folk art.*)

exclamatory sentence exhibits force or passion and is followed by an exclamation point (*I want to be left alone!*)

interrogative sentence asks a question and is followed by a question mark (*Who are you?*)

subject a noun or noun equivalent acting as the agent of the action or the person, place, thing, or abstraction spoken about (*The fishermen* drew in their nets. *The nets* were filled with the day's catch.)

suffix a letter or letter group added to the end of a word to alter the meaning or function (like*ness*, transport*ation*, joy*ous*, love*ly*)

superlative level of comparison used to express the utmost or lowest level or to indicate the highest or lowest relation in comparing more than two items (*highest* prices, the *most* beautiful, *least* diligently)

absolute superlative when a very high level is expressed without reference to comparison (the *very beautiful* mirror, *most diligent*, *extremely well*)

tense the form a verb takes to express the time of the action, state, or condition in relation to the time of speaking or writing

future tense relates something that has not yet occurred (It *will* exist. We *will* learn.)

future perfect tense relates something that has not yet occurred but will have taken place and be complete by some future time (It *will have* existed. We *will have* learned.)

past tense relates to something that occurred in the past, distinguished as **preterit** (It *existed.* We *learned.*) and **imperfect** (It *was existing.* We *were learning.*)

past perfect tense relates to an occurrence which began and ended before or by a past event or time spoken or written of (It *had existed.* We *had learned.*)

present tense relates to now, the time of speaking or writing, or to a general, timeless fact (It *exists.* We *learn.* Fish *swim.*)

present perfect tense relates to an occurrence that began at some point in the past but was finished by the time of speaking or writing (It *has existed.* We *have learned.*)

progressive tense relates an action that is, was, or will be in progress or continuance (It *is* happening. It *was happening.* It *will be happening.*)

triphthong in speech, three vowel sounds changing from one to another within one syllable *(wire, hour)*

verb a word that expresses action or a state or condition *(walk, be, feel)*

intransitive verb no receiver is necessary (The light *shines.*)

orthographic-changing verb undergoes spelling changes in conjugation (infinitive: buy; past indicative: *bought*)

radical-changing verb undergoes a stem-vowel change in conjugation (infinitive: draw; past indicative: dr*e*w)

transitive verb requires a receiver or an object to complete the predicate (He *kicks* the ball.)

voice the form a verb takes to indicate the relation between the expressed action or state and the subject

active voice indicates that the subject is the agent of the action (The child *sleeps.* The professor *lectures.*)

passive voice indicates that the subject does not initiate the action but that the action is directed toward the subject (I *was contacted* by my attorney. The road *got slippery* from the rain. He *became* tired.)

word order the sequence of words in a clause or sentence

inverted word order an element other than the subject appears first *(If the weather permits,* we plan to vacation in the country. *Please* be on time. *Have* you met my parents?)

normal word order the subject comes first followed by the predicate *(The people celebrated the holiday.)*

GRAMMATICAL INDEX